Global Network
GN21
グローバルネットワーク21
人類再生シリーズ
2

オリエンタリズムを超えて

東洋と西洋の知的対決と融合への道

F・ダルマイヤー
片岡幸彦❖監訳

新評論

グローバルネットワーク21

人類再生シリーズ

「発刊のことば」

今日世界はあらゆる分野でグローバル化が進行し、かつてない急激な変動に直面しています。地域紛争、資源食糧問題、環境破壊、文化的想像力の喪失など次々に襲う深刻な問題群に対して、近代科学技術を総動員してもなお有効に対処することができないでいます。

アメリカ一極支配の幻想の下で喧伝された「自由と民主主義」の希望も実体を失い、先進国主導で進めてきた「自由主義市場経済」なるものの普遍性も、地球的規模で呆気なく崩壊の危機を迎えようとしています。またアジアへの期待は日本、韓国、タイから中国大陸へ移ろうとし、アメリカの世紀の終幕はユーロへの期待にすり替えられようとしていますが、弱肉強食とカジノ資本主義経済のグローバリズムに明るい展望がないことはもはや火を見るより明らかです。

私たちGN21は、このような終末的現実と闘っている南側の大多数の人々や少数ですが次第に数を増しつつある北側の人々と連帯し、特に問題意識を同じくする世界各地の個人・団体と率直に意見や情報を交換することによって、破滅的な第三次世界戦争や世界総テロ化の防止に向け、また地球村に未来をもたらすオルタナティブ・システム&プラクティスの創造のために、世界に発信したいと考え、本シリーズを刊行することにしました。

1999年4月

GN21

GN21は、問題意識を同じくする世界各地の個人・団体と手を携え、
展望を切り開きうるオルタナティブを日本から世界へ発信する国際NPOです。

【GN21事務局】
〒556-0013　大阪市浪速区戎本町1-5-18　ヴィラなにわII 801
TEL／FAX 06-6643-4550　E-mail GN21745@aol.com

日本語版への序文

拙著が日本語に訳され読まれることは、私にとって大いなる喜びであり、名誉です。私が本書を書いたとき、アメリカの知識人だけではなく、世界のできるだけ広い地域の人たちの手に届けたいと思いました。本来、本書は多くの人々に届いてほしいと願った希望のメッセージ、つまり人々のより良き理解と友好協力にいささかなりとも資することができればという願いから書かれたものだからです。

「オリエンタリズム」という言葉には、エドワード・サイード〔パレスチナ生まれの社会学者 コロンビア大学教授〕が定式化したように、明らかに攻撃的で抑圧的な態度、すなわち西洋諸国によって非西洋諸国を規定することで、他者を私物化し、支配しようとする意図が見えます。この支配の態度は、言うまでもなく、植民地主義や帝国主義と一体のものでした。拙著『オリエンタリズムを超えて』は、これとは異なる道の存在を追求したものです。東の人も西の人も、また北の人も南の人も、差別なく違いを尊重し、克服しあう道です。この道の追求は、本書が書かれた当時より、今、緊急に求められています。アフリカやバルカン半島、その他いたるところで「民族浄化《エスニック・クレンジング》」の残虐な事例が見られるだけに、感情の増幅を抑制し、対立を忍ぶ必要がますます大きくなっています。

拙著が日本語に訳されたことは、まこと幸先よいことでした。私は日本に何回か来ていますし、その度に日本の豊かな伝統文化にますます愛着を覚えるようになりました。日本の伝統文化は、地球社会に確実に明るい洞察力と少なからざる教訓を与えてくれるものだからです。しかし、その日本も狂った暴力や世界戦争の傷、とくに広島と長崎という深い心の傷を背負っています。その日本の人々とともに私たちも声を限りに「二度と再び起こさない！」と叫びたい。そして、「オリエンタリズムを超えて」、地球村《グローバルヴィレッジ》連帯の道へともに大きく踏み出そうではありませんか。

二〇〇〇年八月

フレッド・ダルマイヤー

畏敬の念を込めて
エドワード・サイードと
ハンス・ゲオルグ・ガダマーに捧ぐ

自国に郷愁を抱く者は、いまだ嘴《くちばし》の黄色いひよっ子にすぎない。
他国を故郷と感じることができる者は、すでに立派な一人前だ。
しかし、全世界を異郷と感じる者こそ全き人と言うべきである。

——聖ヴィクトル・ユゴー

この国にいるのは、私たち（白人）と彼ら（黒人）である。
私たちとは、誰なのか、
彼らとは、誰なのか？

——ナディン・ゴーディマー
『ジュライ家の人々』

オリエンタリズムを超えて／目次

●グローバルネットワーク21〈人類再生シリーズ〉②

オリエンタリズムを超えて——東洋と西洋の知的対決と融合への道

はじめに

本書では、私の知的関心の中心がこれまでとは違う方向に移っている。これまでの私の著書や研究テーマにすっかり馴染んだ読者にすれば、西洋的思考、とくにヨーロッパ大陸的思考に育まれた筆者が、いったい何ゆえに「異文化摩擦」の問題、わけても非西洋的視点や生活様式に関心をもつようになったのか、不思議でならないかもしれない。その理由は二つある。一つは明瞭な政治的背景によるもので、いま一つは、それほど明確ではないが、知的な変化である。過去半世紀の間に政治は劇的に動いた。グローバリゼーションの確実な進行と、市場と情報のめざましい発展によって、多くの国際都市や「地球村《グローバルヴィレッジ》」が出現した。これらは植民地主義や「オリエンタリズム」の当然の結果でもあるが、同時にまた従来のヨーロッパ中心主義《ユーロセントリズム》のイデオロギーが、地球規模に広がりつつある非西洋社会や文化に、未来世界創造の主役を譲るという、いわば驚くべきコペルニクス的変革をもたらしつつあることだ。

このような劇的な政治的変化も、実はこれまで無視されてきたもう一つの動き、つまりヨーロッパ自身による西洋的思考の問い直し、ないし、そこからの脱却という知的運動によって、密かにかつじょじょに醸成された結果なのである。このような自己脱却の傾向は最近のヨーロッパ大陸の哲学、とくにポスト構造主義、ポストモダニズム、脱構築*用語解説（巻末参照、以下同）などの思想に顕著に見られる。表現の仕方は異なるものの、要するにこれらのグループに共通している特徴は、「差異」や「違いの」の存在の強調、とくにこれまで馴染んできた思想や生活様式のなかに別世界のものが入り込んでくるのを先取りしようというところにある。ヨーロッパ哲学に深く培われた私自身の仕事も、この数年間は、この種の異質な文化との接触によって、ミハエル・トイニッセン〔ドイツの哲学者 一九三二〜〕のうまい表現を使えば、まさに「変質」を遂げているのだ。ところが最近になって、異質なものを単にほめあげることでよしとしたり、違いの強調を神託か安易で中味のない修辞上の定式などに置き換えて足れりとする傾向が気になった。そこで今では国内に在っても国外にいても、できるだけ差異の具体的な形に注意を向けて、これらの潮流とは一線を画すようにしている。つまり今日支配的な哲学的前提や習慣に十分対抗できる具体的なライフスタイルや文化的様式に関心を集中させるようにしたのだ。こうして私はごく自然に、西洋の伝統的な世界観に限界を感じるようになり、それ以外の異文化に積極的にふれるようになったのである。したがって上述した私の思想的立場の変化は、一時的な気まぐれや偶然の産物ではなく、長い間に私自身のなかで準備され蓄積された結果である。

さて本書では、非西洋世界のなかでも南アジア、主としてインド亜大陸に発祥もしくはつながりのある伝統文化に注目している。なぜインドかと言えば、確かに偶然で個人的な幸運もあったのだが、実の動機は他でもない哲学的関心からであった。初めてインドの地を踏んだのは、今から一〇年以上も前の一九八四年だった。このとき以来私の思想と人生にインドが深いインパクトを与えたのである。その後も講演や集中講義などのために何度かこの国を訪れ、一九九一年にはフルブライト研究奨学金を受けて長期滞在の機会を得た。お陰で多くの同僚や友人の協力を得て、インド国内各地に多数置かれている教育・文化センターを訪ねることができた。本書を構成する多くの章はこのときの経験に触発されて書かれたものである。哲学的にも学術的にも、インドは現存する最古の文明の一つであるばかりでなく、より古くからある文化的要素により新しい文化的要素が加わり、いずれをも縮減されたり排除されたりすることなく、見事に融合された一つの文明がそこに息づいている。したがってインド亜大陸は、文化研究のための貴重な宝庫であり、そこでは、ある時代を例にとってもまた歴史全体を通しても、異質の文化が融合して多様な形態に仕上げられる「知の考古学」の格好のフィールドなのである。またインドは、幾世紀もの間にヒンドゥー教、ジャイナ教、仏教などの多岐にわたる絢爛たる文化的伝統を生み出した地であり、さらにはイスラム教布教の先導役を果たし、後にはヨーロッパ植民地主義の洗礼も受けている。かくして南アジアは、多様な生活様式が混じりあう地域であり、東洋と西洋、多神教と唯神教、さらには伝統と近代が文字通り交差する十字路に他ならない。

本書は、系統立って書き下ろされた学術書というより、むしろ研究のテーマから言って、小論文集というべきであろう。しかし終始一貫した学術論文集として、競合する多様な異文化や生活様式の全体を客観的総合的に俯瞰できるように努めたつもりである。異文化接触の研究では、このような観点が有力ではあるものの、対話を重ねつつゼロから進めてじょじょに結論へと導いていかなければならないだけに、つねに不確定な見通しの上に立って学習を進める覚悟が同時に必要である。私はこれまで文化研究のある時は扇動者で、またつねにその受益者であったし、それがまた読者にも役に立つと思ってやってきた。しかし今では、ヨーロッパあるいは西洋の歴史的経験に依拠することでは、高い包括的な展望に立つことはできないと考えている。なぜなら今日のような政治的風土のもとでは、のっぺりとしたグローバリズムや普遍主義《ユニバーサリズム》を擁護したり支援したりすることは、新植民地主義という現代の支配形態を往々にしてカモフラージュするのに役立つだけだからで、私はこのような立場にはけっして立つつもりはない。

本書は論文集ではあっても、単に偶然に集められた小作品集ではない。強引な系統化を避けつつも、細心の注意を払って議論の進行にそう形で各章の配列が決められている。第1章は、異文化接触の多様な形式を歴史的なパースペクティブでとりあげている。普通行われるように歴史的な経過をたどる形で、まず征服・帰依・同化の戦略をとりあげ、次いでより穏やかな相互に影響しあう異文化接触を、最後に対等な対話と交流による異文化融合の形式を論じている。本書は、主としてハンス・ゲオルグ・ガダマー〔ドイツの哲学者 一九〇〇〜〕とジャック・デリダ〔フランスの哲学者 一九三〇〜〕の示唆を受けたため、「脱構築的対話」や「差異の解釈学」などの概念を使った。したがってここでは、同化の現象より異質のままで相互に認めあう対話が重視されている。第3章以下では、インドと西洋の関係に重点を置いて、異文化間の優れた架け橋となった先駆者たちの業績を検証している。たとえば、インドの著名な哲学者ラーダークリシュナン〔インド哲学者 一八八八〜一九七五〕とメータ〔インドの哲学者 一九一二〜八八〕、ドイツ系アメリカ人哲学者でインド学者のウィルヘルム・ハルファースの三人の仕事をとりあげている。第6章では、まずより広い比較文化論の立場から、コンテクストを無視した文化論の方法と、コンテクストを重視した文化論の方法との差異に注目して、西洋的思考とインド的思考を比較論じている。さらに第7章以下では、より具体的な政治社会的問題、たとえば、社会開発すなわち近代化論の問題や、多《マルチ》文化主義《カルチュラリズム》*用語解説や、世界化した民主主義の問題に挑戦を試みている。とくに第8章では、民主主義の課題が仏教の空《シューニャター》の概念によって説明され、そのことによって政治権力もアイデンティティもけっして固定したものではなく、民主主義的な論争や対話による交渉の道がつねに開かれていることを示してくれるだろう。

本書の全体としての狙いは、地球規模の詳細な青写真を提示することよりも、むしろ傲慢なヨーロッパ中心主義を克服する試み、つまり「オリエンタリズムを超える」試みに挑戦することにある。であるから当然ではあるが、サミュエル・ハンチントンが『文明の衝突』〔一九九八年〕で示した世界観を凌ぐような世界観を示そうと考えたし、いわゆる「オリエンタリズム」を超えるために、エドワード・サイードの同名の著作から多くの示唆を学んだことも事実である。彼は、ヨーロッパの多くの伝統的な学問がヨーロッパの植民地主義的拡張主義と共犯関係にあったと指摘して読者の目を開かせ、最近にも、ヨーロッパの植民地帝国主義時代が終わったからといって、西洋の経済的軍事的覇権主義がなくなったわけではないと明言している。一方、ヨーロッパ中心主義から脱却する方法として、積極的に異文化接触のモデルを研究し、そこからオルタナティブを引き出すという本書のやり方については、ガダマーに多くを学んだ。とくに彼の哲学的解釈理論は、読者と著者および過去と現在の間の、対話による交流を積極的に採用している。デリダによれば、ガダマーは最近の著書で、異文化間の共鳴による相互同一化を避けて、「在るがままにとどまる」式の同化拒否の立場を擁護しているそうである。以上のような理由から、尊敬と感謝と敬愛の気持ちを込めて、サイードとガダマーの両氏に本書を捧げたいと思っている。

両氏の他にも、いちいち名前をあげることはできないが、多くの方からお教えを受けお世話になった。この場を借りて感謝の意を申し上げたいと思う。なかでもインドの友人と同僚、とくにインドでの私の文化研究と楽しいインド訪問を実現してくれた以下の皆さんにはたいへんお世話になった。

バローダでのトーマス・パンタム、プラフッラ・カール、ガネーシュ・デーヴィーの三氏、デリーでのアーシシュ・ナンデイ、ラージュニー・コタリ、ラジーヴ・バールガヴァの三氏、さらに、プーナでのスンダラ・ラージャン、カルカッタでのパールト・チャテルジー、マドラスでのパドマナバーンの三氏である。とくにトーマス・パンタム氏は私の家族との友情を長年にわたって培ってくれた。若いインドの友人では、いつも私を幸せな気分にしてくれたヒテーシュ・ソーニ氏にとくに感謝したいと思う。ウィルヘルム・ハルファース氏の指摘は一つひとつ的を得ていて、実に多くのことを教えられ、オリエンタリズム克服への私の挑戦に大きな勇気を与えてくれた。またジーン・エルシュテン、ファ・ヨル・ユン、ステファン・ホワイトら、アメリカの同僚たちには、多くの助言と励ましを得た。私自身が所属するノートル・ダム大学に関係する友人たちも、私の視野を広げてくれたし、豊な人生を与えてくれた。なかでもステファン・ワトソン、デヴィッド・バーレル、ジェラルド・ブランズジョセフ・バチギーグ、エヴァ・ジャレック、クリス・ジャレックの各氏にお世話になった。

　私の家族、とくに妻ルイスに感謝する。長期の不在を許してくれたお陰で、異文化研究に没頭できたからである。そして、未熟な私が異文化対立や「文明の衝突」という新しいテーマと格闘できたのも、私たちの子どもたちのために平和で輝かしい未来を用意し、インドの賢人が言う「世界は一つ《ローカサムグラハ》」の実現にいささかなりとも貢献したいという思いがあったからである。

序論　ハイデガーからサイードへ

ハンス・ゲオルグ・ガダマーは、インドの政治理論家トーマス・パンタムと最近行われたインタビューで、以下のようにのべた。

私が考える人類の連帯とは世界の単一化ではなく、多様性の融合である。これからの世界は多様性や複合性、文化の違いを評価し、許容しあっていかなければならない。スーパーパワーと呼ばれる一国のみが世界の覇権を握っている現状は、人類の弊害ともいえ、人間の自由を束縛するに等しい。ヨーロッパが代々継承してきた異文化共存こそ多様性の融合であって、まさに一様性や独裁的権力に対抗するものである。多様性の融合が日本、中国、イスラム世界へと全世界に広まれば理想的である。どんな文化や人種にも、人類の連帯と幸福のために、その国でなければできない貢献の仕方があるはずである。(1)

ガダマーのこのコメントは、数年前に『ヨーロッパの遺産』のなかで明らかにした、文化の多様性についての彼の考えを再確認するものだ。彼は自分の観点を地球規模に広げて、コスモポリスとも呼ぶべき地球社会の到来への期待に応えようとしている。思いつきで西洋世界からそれ以外の世界へ観点を広げたわけではけっしてない。ガダマーは長年、ヨーロッパ哲学専攻の教え子たちに、ヨーロッパ以外の思想にも数多く接して視野を広げ、知識を豊かにすることを奨めてきた。彼の著作、『ハイデガーの道』のなかでは、ヨーロッパとアジア、西洋と東洋との出会いの道、話し合いの道をハイデガー〔ドイツの哲学者一八八九〜一九七六〕は示していると、彼はのべている。[2]

ヨーロッパ以外の生き方に、生涯を通じて耳目を傾注してきた恩師のマルティン・ハイデガーの教えに倣って、ガダマーは自らの視野の拡大を図ったのである。二つの大戦の間にフライブルグで行われたハイデガーの講議にはアジアの学生が数多く出席していた。なかでも、禅と西洋哲学との関係を追究した京都学派と呼ばれる日本人グループの姿が目立ったという。一説によると、ハイデガーが道教について読み始めたのもこの時期であるらしい。戦後ハイデガーは、数年かけて『道徳経』の膨大なドイツ語訳を中国人の学者と協力し手がけたが、結局これは日の目を見なかった。[3]

その後もハイデガーは、世界が西洋の技術に支配されていくことによって、地球全体が「ヨーロッパ化」、西洋化していくことを懸念し続けた。一九五五年、エルンスト・ユンガー〔ドイツの小説家一八九五〜一九九八〕に宛てた手紙のなかで、世界文明の技術偏重は西洋「ニヒリズム」の当然の現れとハイデガーはのべ、技術偏重を阻止する解毒剤とも牽制球ともいえる「地球的思考法」の普及を求めた。一九六九年、ドイツのメスキルク〔ハイデガーの故郷〕で行われたハイデガーの八〇歳の誕生祝賀会で基調演説を行ったのは、京都学派出身の辻村公一で、西洋と東洋の交流を求めるハイデガーにふさわしいものだった。同じ頃ハワイ大学で開かれた「ハイデガーと東洋思想」というシンポジウムでは東西の哲学者が集まり、忌憚《きたん》のない意見を交換しあった。このシンポジウムの実行委員会に宛てた手紙のなかで、ハイデガーは次のようにのべている。「くどいようですが、時を置かず、東洋の思想家たちとの対話をさらに進めるべきです」[4]。

西洋の科学・技術・工業の世界普及化がいよいよペースを早めている今日、ハイデガーの発言の重要性が明確となった。グローバリゼーションによる「世界単一化」の歩みを封じるために、思考面だけでなく政治のレベルでも異文化との接触と対話の必要性が強まっている。したがってハイデガーやガダマーの教えを単に繰り返したり、彼らの論説をまとめる程度では、問題の解決には到底ならない。学究的評釈の必要性もおろそかにはできないが、今日必要とされていることは、彼らの論説に思い切ってメスを入れ、彼らの未知の部分に足を踏み入れることである。その結果、彼らの舫《もやい》から解き放たれることになっても、いっこうに構わない。

舫《もやい》をほどいたからといって、彼らの業績の精神に背くものでもない。晩年、ニーチェ〔ドイツの哲学者 一八四〇～一九〇〇〕が書いたもののなかに、「いったん私を発見してしまえば、ニーチェを見つけるのはたやすかったと思えるだろう。難しいのはさて、今度は私を捨ててみることだね」という叙述がある。ここで言う「捨てる」とは何も遺棄することではなく、先達が培った業績のなお尽きない可能性や未知の発展を追究することを指していると、ハイデガーは説く。これこそ先達の業績に忠実で誠実な態度というべきだ。「発見することより、捨てることの方がはるかに難しい。というのも、「捨てる」とはこの場合見限ることではなく、ニーチェの考察の成果を前に、頭を柔軟にすることであるから」(5)。ハイデガーやガダマーの所説に真に忠実であろうというのならば、われわれもまたこの例にならい、自由な心でもって彼らの思考の軌跡を追いつつ、ヨーロッパ式言説《ディスクール》の枠を踏み超えて、視野の広い異文化複合の試みに取り組むべきであろう。

今やこのような越境と自由な追究の旅は孤独な冒険の旅ではなくなり、西洋・東洋の思想家の多くが手を携えてともに進める道づれの旅となった。ハイデガーに傾倒した西洋の思想家ジャック・デリダなどもこのようなステップを大きく踏み出した一人と言える。最近の彼の著作『他の岬――ヨーロッパと民主主義』では、ヨーロッパは地理上のみならず、「世界文明、もしくは人類の文化全般のリーダーとして」つねに世界の「首都」（頭）であると自負してきたと、のべている。ところが近年、ヨーロッパの自負は破綻に瀕している。世界情勢の激変が自省を促し、ヨーロッパの伝統的なアイデンティティの是非に疑問をもち始めたのである。しかしヨーロッパの孤立化や分断化を避ける意味でも、ヨーロッパの文化的大志を押し殺したり、逆に、強権的な態度、つまり帝国主義的姿勢を保持してヨーロッパの遺産に固執するのは間違っているとデリダは明言した。今のヨーロッパは二方を塞がれた状態にある。一方では、種々の文化の独自性を失ってしまうような、「多数の小地方」化を生む危険を避けなければならない。なぜならこのような小分割は「視野を狭め、ねたみを増長し、交流を閉ざす」からであるが、しかしだからといって、「汎ヨーロッパ文化主義」を振りかざして、ヨーロッパのみならず、非ヨーロッパ世界の本質をも制御し規制しかねない「中央集権化の中枢」となることによっては、危機を克服することはけっしてできないからである。(6)

デリダの考察は、現代の「地球村《グローバルヴィレッジ》」に共存する西洋文明と幾多の非西洋文化の関係にあてはめてみることができる。つまり、どうしたらヨーロッパ、あるいは西洋が非西洋文化に歩み寄れるのか。さらに言うならば、どうしたら西洋は「頭の切り換え」ができるのか。単なる目先の方向転換やうわべだけの真理追求ではなく、思い切って対岸に渡ってみてはどうかとデリダは提言している。しかしこの点に関しては歴史的に見ても、実践の成果は芳しいものではない。ヨーロッパあるいは西洋は他の文化に接するさい、政治面でも知的面でも相手を支配し、教化して、新たなモデルをつくる帝王気分で接してきた。エドワード・サイードの名著『オリエンタリズム』は、ヨーロッパが歴史上いかなる態度でイスラム文化と接触してきたかをまとめた研究書である。『オリエンタリズム』という題名は、「ヨーロッパ史上、特別な関係にあったオリエント」と「折り合いをつける」ためにつけられたとも言える。また、ヨーロッパがオリエントについて「のべたり、人々に教示したりするのは、実はヨーロッパに都合のよいオリエントをつくって、オリエントを支配する」ためなのでもあって、オリエンタリズムとはそういう意識の連合体だと、サイードは指摘する。端的に言えば、「オリエントを再構成して、権力顕示を図る、西洋一流の支配のあり方」なのだ。(7)

サイードも指摘するように、学問、制度、文学などにおけるオリエンタリズム研究の台頭は、西洋植民地主義、帝国主義の拡張と軌を一にしている。一八一五年から一九一四年にかけて、まさにヨーロッパの植民地支配が地球の八五%を占めた時期である。学術研究と植民地支配との緊密な関係を紐解いていくうちに、サイードはオリエンタリズムをニーチェ的な「知的野心」および「権力への意志」と結びつけるに至る。当時のオリエント研究者の言説は厳密な学術的考察というより、戦略的な作為をもってつくりあげた、世情に迎合する「紋切り型イメージ」であり「想像の産物」だったのである。「オリエンタリズムとは、たまたま東洋が西洋より劣勢であったがゆえにつくり出された政治的教義《ドクトリン》であり、オリエントがもつ異文化としての価値の認識など抹殺してしまった。つまりオリエンタリズムとは、侵略、策動、裁判、そして真実と知識に対する支配の意志のために利用された文化的道具以外の何ものでもなかったのである」。これがサイードの議論なのだ[8]。

おりしも、グローバリゼーションに拍車がかかる時期に書かれた『オリエンタリズム』は、思想的方向転換のみならず東西の政治関係の再構成をも促すものだった。しかし、意欲あふれ、意義深い魅力的なこの書も、とまどいや論理的矛盾を完全に避けることはできなかった。しばし持ち出されるニーチェ的論拠は、ともするとこの本の批判の矛先と説得力を鈍らせる嫌いがある。サイードが評釈するように、異文化の解釈がつねに戦略的な権力欲から発するものであるなら、東洋学専攻の西洋の学生は、この思想的帝国主義の修得を免れるわけもなく、必然的に学問対象を「オリエンタリズム化」せざるを得なかったのである。その実、サイード自身、権力と知識の相関関係に完全に依拠して発言しているわけではなく、注釈を重んじて対象に切り込む構成主義と微温的な現実主義との間で揺れ動いている。たとえばオリエントの分析のさい、オリエント研究者の言説がつくりあげたものと、彼が漠然と「現実のオリエント」とか「真のオリエント」、「オリエントそのもの」と呼ぶものを並列的にのべて、単に対比するにとどめている場合もある。

『オリエンタリズム』の冒頭で、「オリエントとは単なるイメージで、現実をともなわないつくりものだと早計するのはまちがいだ」と、サイード自身示唆している。西洋の側がいかように論議しようとも、「想像にも及ばない生々しい現実」を抱えた人々や、そういう彼らが織りなす生活と文化がまぎれもなく存在したのだし、今も続いているのだから。しかしその一方で、オリエント研究者の言説は「陳腐なイメージか単なる比喩である」とも評し、一目で劇中の人物が見分けられる「お決まりの衣装」となんら変わらないとも言う。公平に見て、『オリエンタリズム』はつくり物と現実の二極性を超え、的を射た指摘を備えていると言えるだろう。「オリエンタリズムにとって代わる、現代的な」研究をすすめることこそ、われわれの最大の課題だとのべているからである。いかにすれば「知識と権力が絡む複雑な問題を根本的に」問い直し、「非弾圧的、非洗脳的な視点」をもって異文化を研究できるのか[9]。ためらいがちではあるが、サイードもまた、解釈重視の分析へと思考の方向転換をはかった。すなわち、歴史的、分析的なパラダイムに閉じこめられたオリエンタリズムの枠を乗り超えようとしたのである[10]。

各章の要点

『オリエンタリズム』にはいくつか弱点が認められるものの、覇権、権力闘争が世界中に蔓延しているとするサイードの危機感には大いに共鳴すべきである。なにも今に始まったことではないが、異文化相互の接触は今日、政治的・経済的不均衡にいっそう脅かされており、西洋と非西洋、北半球と南半球、先進社会と発展途上社会といった分離矛盾をますます深めている。対話の実行、解釈重視の分析ぐらいでは、緊迫した世界的不均衡の是正にはほど遠い。本書の第1章「異文化接触のモード」では、まず異文化接触のなかでももっとも衝撃と破壊力の大きい、侵略と肉体的服従の現実から分析を始めた。ここでは主に、ツヴェタン・トドロフ〔フランスの記号学者 一九三九〜〕の圧巻『アメリカ大陸の征服』を参考に、スペインによるマヤ、アステカ文明の征服と絶滅を例にとって、この体系の説明を試みた。スペインによるマヤ、アステカ文明の征服は、価値規準のまったく相反する異文化の衝突を内包する問題だったとトドロフは指摘する。かたや先住民は宇宙的・神秘的世界観にどっぷり浸かっており、かたやスペイン人は文化的背景など度外視した、彼らの考える普遍的法則と合理的構造の上に統治が成り立つものと信じていたのである。つまり、このような先住民とスペイン人の異文化衝突という形をとった征服の事例が、これ以降の西洋と非西洋の文化接触の歴史に暗い影を投げかけ、今日のグローバリゼーションの問題群まで続くのである。トドロフはこのような現象を「啓蒙の弁証法」と皮肉って、グローバリゼーションはとりもなおさず西洋文化の威光を示すと同時に、それ自身の悲劇を表していると評した。

第1章における一四九二年以降の異文化征服の事例分析も、スペインのフィリピン征服を例に、軍事的侵略と併合の道を示している。まさに西洋（ヨーロッパと北アメリカ）の植民地主義の前兆である。次いで論議の対象は、軍事的侵略のような直撃型ではないが、いわば文化を通しての支配体系へと移っていく。この種の文化支配は主として宗教的・思想的改宗、つまり文化変容や同化政策を手段とするもので、西洋と非西洋のどちらの側の社会にも例証が見られる。さらに論点の矛先を変え、侵略的拡張とは異なる事例、つまり接触面積の限られた、打撃の小さい異文化接触のケースや異文化共存の形体を分析する。そのためには、文化的模倣の諸事例や、西洋リベラリズムが背景となっている禁欲的中立、もしくは政治的不介入のモデルにも焦点をあててみる。

第1章の締めくくりには、異文化相互接触のきわめて印象深い事例を二通り紹介する。一つは闘争という形の接触、いま一つは対話をベースにした交流である。前者は帝国（あるいは階級）支配に対する反乱といったケースにおいて顕著に現れ、後者は非暴力的、非誘扇動的な異文化間の交流に大きく道を開くものである。トドロフも『アメリカ大陸征服』のなかで「異文化間の対話」の促進を奨励している。というのも、地球村《グローバルヴィレッジ》が広がるにつれて、今までとは比較にならないくらい文化の相互交流による実り豊かな進展が見られ、植民地支配にはあからさまに烙印が押されるようになったからである。

ここでいう対話とは、個人が全体の傘のもとに呑み込まれかねない従来のコンセンサスをさすのではない。ましてや無秩序なおしゃべりを意味するのでもない。確かにトドロフの奨励する対話を通しての文化交流は、底知れない海溝上に架橋するような労力を要する。しかも多大な労力を払っても溝が消えるわけではなく、ましてや「対岸」を自分のものとするわけでもないことをしっかりと認識しておくべきである。自己・他者関係をめざした対話をするということは、相手方のもつ「他者性」に身をさらすことを覚悟し、しかも「相手」と「自分」との間には距離の隔たりがあることを自覚する必要がある。とはいっても、まったく計り知れない距離というのはないものである。対話を手段とする交流は帝国主義的併合や支配、また権力になびきやすい自己没却（つまり「絶対視した」相手への降伏）からの脱却に活路を開く接触の仕方といえる。しかし、そのためには降伏と制覇のいずれにも与《くみ》しないで、つねに緊張した「知的競合的《アゴーン》」*用語解説な関係を維持できる高い資質が求められる。「自分自身を試練にさらす」ぐらいの意欲がなければ、自分を異文化の現場にさらすことなどできまい。自分と相手の位置関係につねに配慮して、自分を調整し自己変革できる勇気が不可欠であろう。

対話派および対話学習派の現代西洋哲学を代表する者といえば、まずハンス・ゲオルグ・ガダマーの名があがる。ただ、彼の方法は共感主義、もしくは「地平の融合」＊用語解説というコンセプトに狭く固定されて理解されがちである。確かに、初期の頃には融合主義の痕が見られたが、その後の複雑で精巧な彼の解釈学の明確な発展を見れば、この評価は不当である。さて第2章では、ガダマーの論説に「方法論的」道標をつけるためにも、彼の自己・他者関係と異文化関係についての論点を分析してみた。同じ議論を展開するジャック・デリダの論説ともあわせ検討してみると、興味はさらに深まる。そこに「差異の解釈学」が見えてくるからである。まず、英訳されていない『私は誰か、お前は誰か』〔一九七三年〕というガダマーの小冊子の紹介からデリダは始めている。ここではパウル・ツェラーンの詩の分析が行われているが、視点融合的な分析を避け、ツェラーン〔ドイツ系ユダヤ人の詩人　一九二〇〜七〇〕の詩の世界を常識的な解釈に封じ込めまいと努めている。行きつ戻りつ解釈を繰り返し試みて、ツェラーンの詩や、とくにその詩法が開花した詩編『瓶の中のメッセージ』がもつ「距離性」や、「他者性」を読み落とさぬよう注意を払っている。距離を守るということは、言葉と沈黙、言と不言の間合いを尊重し、解釈の勇み足を戒めて余白を残すことであって、解釈の放棄ではけっしてない。

　言葉と沈黙の組み合わせを尊重するガダマーのアプローチは、「ロゴス中心主義」に対するデリダの批判や、さらには論理的・認識論的明証への信仰に対する批判に似通うものがある。こうした学問的姿勢から、節操をわきまえた解釈学と脱構築＊用語解説が生まれる。第2章では、このような詩と人間の内面の理解から始めて、さらに広範な異文化交流の問題へと議論を広げている。ガダマーは『ヨーロッパの遺産』のなかで、デリダは『他の岬――ヨーロッパと民主主義』のなかで、それぞれヨーロッパ文化を一枚岩としてとらえるのではなく、それとは逆にヨーロッパ文化の多様性を強調し、擁護している。すなわちヨーロッパであることはヨーロッパ自体を否定することでさえあるのだ。そしてこの多様性をつなぐ橋こそ、それぞれの差異を尊重する（脱構築的）解釈学であると言及する。ヨーロッパの植民地主義の影響も、現在世界に広まる「ヨーロッパ化」の現実も視野に収めつつ、両者ともヨーロッパ中心主義や旧来のオリエンタリズムの残骸のなかから、非抑圧的文化が生まれる可能性を模索しているのである。

異文化研究と異文化解釈学は、もはや西洋の特許ではなくなってきている。二〇世紀に入って以降、「人類間で交わす会話」に非西洋側の声が日増しに混じるようになり、サイードが糾弾した単一の論理のみが幅をきかす傾向を（少なくとも部分的には）修正してきている。そこで、第3章と4章では、西洋と非西洋の文化間の橋渡しに長年携わってきた、現代を代表するインドの哲学者と知識人を二人紹介している。一人は、マハートマ・ガンディー〔インドの政治家・独立運動の指導者 一八六九〜一九四八〕とジャワーハラール・ネルー〔インドの政治家 一八八九〜一九六四〕の共通の友人であった、サルヴェッパリ・ラーダークリシュナン*用語解説〔インドの哲学者 一八八八〜一九七五〕である。彼は、駐ソ連大使と短期ではあるがインドの大統領を務めたうえに、祖国とヨーロッパ（おもにオックスフォード）で教職に就いている。ドイツ観念論と世紀末の生の哲学に着眼して、古代インドの教えと経典に風を送り込んだ、新ヒンドゥー教のスポークスマンである。そこで、まず第3章で、彼が提案する総合、もしくは融合をめざしたアプローチの刺激的な可能性と論理的難点の両方を探っている。

ラーダークリシュナンの架橋作業には、文化混交主義《シンクレティズム》のきらいがあるのに対し、彼より若い世代のJ・L・メータ〔インドの哲学者 一九二二〜一九八八〕は文化の特異性にはるかに敏感であり、しかもそれらを理解不可能と片づけてしまうのでもない。メータは、主としてハイデガーとガダマーの解釈学にのっとり、インド的コンテクストから西洋の形而上学や東洋学が与えるイデオロギー的バイアスを取り除き、ポスト形而上学とポストモダンの導入を容易にすることによって、インド的特徴の理解を図った。[11] そのためにはすすんで異文化間の対話に参加し、西洋諸学の無条件導入も無条件拒否もどちらも避けるよう心がけた。こうして第4章では、西洋哲学とヴェーダ聖典やヴェーダーンタ学派*用語解説のようなインド古典の世界のみならず、民衆の間に広がるヒンドゥー教の世界をも巧みに渉猟する哲学者、メータの緻密な航路をたどってみた。

異文化間対話と異文化に対する高い関心が、最近インド学研究の本山にも見られるようになった。第5章では異文化間対話の代表的な参加者のうち、ドイツ系アメリカ人哲学者で、インド学の専門家であるウィルヘルム・ハルファースの業績を紹介する。彼の書を読むと「オリエンタリズム」脱皮を先輩の誰よりも積極的に試み、西洋文化とインド文化の双方の「絶対化」されたイメージを打破しようとする決意がうかがえる。つまりハイデガーの存在論とガダマーの解釈学を基盤に、ハルファースはインドの古典、およびその後のインド哲学諸派の教典を中心としたインド思想の読解に、新風を送り込んで波紋を投げかけたのである。この章では、ハルファースの近年の研究のなかから主軸になる論考三点に焦点をあてている。第一に、彼の異文化理解のアプローチ、とくにハイデガーとガダマーの論説との関連。第二に、インドの古典教本への彼の解釈学的解読法の適用。第三に、民主主義と政治的平等をうち立てた西洋的概念と古典的ヒンドゥー教との両立性および非両立性に関する彼の考察である。また、いずれの場合も、ハルファースの考察を従来の「オリエンタリズム」の教義《ドクトリン》を生んだ背景と対比させて論じてみた。

　第6章では、前章までの個々の思想家の検討から包括的な比較哲学の試みへと移り、「西洋思想とインド思想」の相克関係を扱う。「本質主義的」単純化を拒み、通例の、理性対直観、物質主義対精神主義、討論対評論といった従来の対置の仕方とは異なった分析を試みた。インドの詩人であり言語学者でもあるA・K・ラーマーヌジャン〔シカゴ大学教授も務めた一九二九～九三〕の提言にしたがい、世界の多様なコミュニケーションの形態や世界観の違いに焦点をあてている。たとえば、「コンテクスト拘束型」の全体的思考・言説と、「コンテクストフリー」な直線的水平的思考・言説との相違点を分析している。ラーマーヌジャンの説によれば、インドの文化、芸術、文学は基本的に具体的な日常世界に密着した内容をもっているので、状況化《コンテクスト》の傾向が強いのに対し、西洋の思考と言説は逆に脱状況化《コンテクスト》の性格が強く、したがって傍観者的傾向をもちがちなのである。もちろん、ラーマーヌジャンの諸説には耳を傾ける点が多い。しかし、強いて難をあげれば、彼自身知らず知らずのうちに西洋形而上学に陥る傾向がある。

　第7章では時間的・歴史的観点に立って、「開発」、近代化、歴史的目的論などの問題に焦点をあてて、西洋と非西洋社会の状況を探ってみる。この論点は、この数十年、社会科学の文献に顕著に見られ、脚光を浴びた論旨である。ここでは主としてインドの社会、経済、文化の発展に注目して、経験主義的「近代化理論」と近代的「啓蒙モデル」、そして「ポストモダン」という、三つの理論的オルタナティブの立場から分析を試みる。終戦直後に流行った近代化理論は、西洋社会を万国に共通する規格に仕立てあげ、強引な社会科学的オリエンタリズムを生んだ。啓蒙的モデルは人類解放の普遍的、統合的規律をうち立てたが、難点は諸文化の伝統と知的競合《アゴーン》的対話《ダイアローグ》を通した考察に欠けることである。とくに、非西洋の立場が欠如している。「ポストモダン」はまさにこの面の考察に心を砕く。単なる西洋モダニティの拒否で終わらない。理論の意味を説明するために、「ポストモダン」の例を現代インド文学だけでなく、古典も利用した。

最後の二つの章では、社会政治的問題をとり扱う。まず、第8章では西洋、および非西洋社会がどのように民主主義をとらえているのか、両者の議論の論理的貢献を検討する。初めに、「政治」と「政治的」という用語の通常の判別（前者は表面化した活動、後者はそのような活動を可能にする舞台）を頼りに、西洋社会における主権という概念の変容の軌跡を追う。この議論が最後に行き着く先は人民主権であるが、実はこの主権というコンセプトはそこでは「空なる場所」、あるいは「空存在」の場所というようにとらえられている。この見解を、「空《シューニャター》」と呼ばれる仏教の教えと対比してみる。「空《シューニャター》」の定義について、古典ではナーガールジュナ（竜樹）〔インドの仏教思想家 一五〇頃～二五〇頃〕や道元〔日本曹洞宗の開祖 一二〇〇～五三〕から、現代では禅の京都学派に属する西谷啓治〔一九〇〇～九〇〕と阿部正雄〔一九一五～〕の新解釈に目を通している。

西洋と東洋の理論の融合をはかることによって、民主主義と民主主義的主権という概念の定立化を試みている。それは肯定と否定の均衡を注意深く保とうとする不安定な政体であって、明確なアイデンティティによって打ち固めることのできない、そういう政治的意思形成のあり方なのである（とくに、この点については議論が戦略的関心に陥らないように注意した）。第9章は「民主主義と多文化主義《マルチカルチュラリズム》」＊用語解説と題して民主主義の同一性と多様性を追究し、この本を締めくくる。まず、トドロフの明快な文化パラダイム論に帰って、民主主義の理論と政治倫理の関係性について、西洋における議論の進展に光をあてる。とくに、「文化の違いに合わせた政治」の役割について検討する。具体例として、カナダやいくつかの発展途上社会の政治背景に見られる多文化主義のあり方を分析する。最後に、これらの議論が普遍主義《ユニバーサリズム》と個別主義、およびグローバリズムと地域的偏狭主義《パロキアリズム》という、二つの対立する難問を超えようとする理論の創造や政治制度の革新のための原動力となるよう努めたつもりである。

以上の各章を通じて、拙著が探究しようとした内容は、オリエンタリズムを超えようとする動きである。ぬるま湯につかったような同化政策やメルティング・ポット*用語解説的なコスモポリタニズムを退け、人間の可能性と向上心がより深まるようなやり方を求めるならば、地球開発は必ずしも悪夢にはならないだろう。そのような人間の向上心は、さまざまな方法によって、多様な文化的伝統を活用することができるのである。ガダマーやメータなどが表示した異文化の真の解釈学問題を道しるべとして、人間の可能性を活用するべきであろう。ガダマーは、先に引用したトーマス・パンタムとのインタビューのなかで、「一ヶ国が覇権を牛耳る世界の現状をぜひとも覆し、人類連帯に基づいた新たな世界秩序をつくりあげるべきです」とのべた。それには哲学的解釈学が「対話政策と実践的な知恵」の後ろ盾として必要になるのである。メータもエッセイ『解釈への意志とインドの夢見る精神』（*The Will to Interpret and India's Dreaming Spirit*）のなかで、この点についてさらに深い思索を試みている。

今まで閉鎖的だった世界中の人種や民族の伝統がお互いに門を開くようになり、これまで分割されていた各々の歴史が一つにまとまる傾向にある。もっとも、やや前代未聞な、奇妙な形になることも間々ある……。ところが今のところ、地球規模で呼称できる「われわれ」に関する解釈学がない。しかも、世界中ですでに技術的な枠組みの普及による世界単一化のプロセスが実際に進行し、共通の言葉を理解する努力や、個々に分割をしないで文化遺産を共通に分かちあう機運が芽生えているというのに……。（肝要なのは）相手を何がなんでも理解しようという強引な形而上学を捨てることである。相手をあるがままにしておくこと、相手がその自己と伝統を創造する姿勢で再生することができるように促すべきである。やがては限りない未来と可能性が開けてくる。非西洋の知識人にもぜひこの魅力ある事業に参加することを薦めたい。そうすれば貴重な伝統文化を継承しつつ、しかも、歴史的背景の偶然に惑わされないみずみずしい真実にたどり着くことができる。すると、誰も発言も発想もしなかったことがらの中から至宝が現れ、やがて長い間閉ざされてきたその宝の蓋が開くのである(12)。

第1章 異文化接触のモード――一四九二年の意義を考える

西洋世界でアメリカ発見五〇〇年の祝賀が行われたのはつい先頃のことであった。「コロンブスは帆に風受けて、青い大海原を渡って行った」とは聞き慣れた文句であるが、この一四九二年の彼の壮挙を讃える行事が各地で行われた。これらの記念行事が表向きにどのような意図で催されたかはともかくとして、この歴史的なできごとは西洋史の転換をもたらしたものとして、すなわち束縛された、あるいは自己拘束的であったともいえる時代から、拡大、伸張、そして限りなき探険の時代へと向かう転換の先駆けをなしたという点で、間違いなく重大な意義をもつものであった。いわゆる「旧世界」はこの時点で「新世界」を生み出したのである。数々の新しい世界、限りなく拡がる未開拓の地平は、彼らが足を踏み入れるのを待っていた。コロンブス〔イタリアの航海家 一四五一〜一五〇六〕はコペルニクス〔ポーランド生まれの天文学者 一四七三〜一五四三〕と同時代の人間であるが、ルネサンス精神とも言うべき探求心、自立心、旧弊打破の批判精神を備えているという点で時代の典型的人物であった。しかし彼の勇猛果敢さは、同時にまた、これから先へと伸びていく長い軌跡の始まりを告げるものでもあった。というのは、「発見の時代」は探求と自主・自立の強調によって、宗教改革と啓蒙主義の時代、そしてさらにはその後に続く産業・技術などの近代革命への道を切り拓くものとなったからである。現代西洋文明のなかに身を置く一員として、われわれすべてはこの歴史の軌跡、つきつめればコロンブスの航海を引き継ぐことにより、そこから利益を得ているのである。いったいコロンブスの旅をありがたいとも思わなかったり、感激することもなかったなら罰があたろうというものである。あの彼の大胆さ、探求精神、技術知識、さらにはむき出しのあの強がりをも含めて。

そうはいっても、われわれはこの話にはもう一半があることを知っている。コロンブスの航海は、単に歴史的に重要というだけにとどまるものではない。そこには、われわれの心を重くしたり、たじろがせたりする何ものかがある。その意味で、いろいろと思索をめぐらすべき多くの課題を含んでいると言える。人類進歩だとか合理精神の解放などという耳に心地よい物語との釣りあいをとるかのように、これとは根底から異なる物語、すなわち先住民の受けた支配、搾取、それに絶滅の物語が別に存在する。これら二つの物語の相補関係が偶然的なものではないことに、われわれは（おぼろげながらも）気づいている。コロンブスの航海を記念するムードの最中にあって、われわれは思わず知らず罪悪感と共犯意識に襲われ、そしてさいなまれている。われわれは人類の歴史のなかでも類まれなほどの恐るべきジェノサイド実行者の血を引く者ではないのかと。ヨーロッパによる新世界へ向かっての拡張、というよりもむしろ、ヨーロッパ勢力によるアメリカ大陸の「征服」によって、わずか一世紀足らずの期間に、殺戮、飢餓、疫病により約七〇〇〇万人もの先住民が命を失ったことをわれわれは知っている。これを証拠立てる歴史資料を突きつけられると、打ちのめされてしまうほどの思いがする[1]。この驚くべき数字を前にしては、一四九二年の祝賀の声も響きを失う。発達した西洋文明の構成メンバーであるわれわれの内にみなぎっている一人よがりのお祝い気分も、その足元を見すかされては落ち込まざるを得ない。われわれの心をひるませるものは、過去の残虐行為に対する悔恨の情だけではない。もう一つ別のことがらについての共犯意識がある。すなわち（弁証法にそった形での）西洋の進歩と支配、合理的精神の解放と支配についての自責の念である。われわれは西洋の進出や開拓と植民地的あるいは帝国主義的事業の企てとの間に、何らかの関連があるのかどうかについて考えざるを得ない。さらにやっかいなのは、科学技術の進歩は「自然の状態にあった」人々（土着、原住の人々のこと）に対する支配をも含めて、自然をまるごと支配する事業と一体にして不可分なのかという問題である。もう少し一般的に言うと、合理的で自律的な進歩は「内的本性」（フロイト『文明とその不満』）を切り捨てるという代償を払わなければ得られないものなのか、という疑問である。

この視点から見ると、一四九二年という年は西洋文明のもつあらゆるアンビヴァレンス（両面性）を自らの内に集約する。この文明の偉大さと悲劇性はコロンブスの航海に縮約されているということもできるのである。

だからといってここで歴史を単に回顧的に検証しようというのではない。過去は、いつでもそうであるように、現在においてもなお作用しているか、それとも沈殿しているかのどちらかである。すなわち、ここで問わんとするところは、われわれは再び西洋の進出と開拓の時代の最中にいるのではないかということである。もっとも、今回は純粋に世界次元での話ではあるが。ルネサンス期にヨーロッパが進出していったのは新世界であったが、われわれの時代における西洋の進出先は、「近代化」と称する「西洋化」の看板を背にしつつ、世界全体へと向けられている。規模こそ異なるとはいえ、この歴史の反復を見過ごしてはならない。今日の西洋の進出はコロンブスの時代と変わることなく、ある使命感によって駆り立てられている。使命感といっても、もはや宗教的なものではない。進歩とか発展などという世俗的なスローガンで言い表されるものである。再び一四九二年を繰り返すかのように、今日の探険的な進出は、軍事・経済力あるいは覇権構造の支援のもとに行われている。そこに違いがあるといえば、ルネサンス期のスペインの優位性が、今日では北アメリカとその大西洋側のパートナーとによる世界的規模での覇権にとって代わられただけにすぎない。

このような歴史の並行現象を見るとき、われわれはコロンブスの航海の意味に、もう一度思いをめぐらさざるを得ない。今日の西洋の拡張がめざすものと、それによってもたらされる結末とはいったい何であるのかを、われわれは問わねばならない。西洋の進出は、必然的にあるいは不可避的に征服と支配の政策に結びつき、そのことが異なる生活様式と文化に対して、服従やさらには絶滅をもたらすことになるのかと。また、スペインとヨーロッパによる植民地主義の遺産として残っている旧来の方式にとって代わるべきものは果たしてあるのかと。これらの疑問こそ、本章の中心テーマである。ここでは、異文化接触のさまざまな可能性、あるいはその様式の違いについて考えてみたい。接触にはあからさまな支配から、自他関係のおだやかな、あるいは譲歩的関係に至るまでのいくつもの段階のバリエーションがある。可能な限り歴史的事例に則して見ていきたいが、歴史学というよりは、むしろ理論的・哲学的理解の方に重点を置きたい。もう一つ強調しておきたいことは、さまざまな類型を例示していくことになろうが、そのときに規範として設定した基準はあくまで相互承認ということであった。ここから逸脱しないように注意し、単なる記述を超えたものにしたい。ハイデガー的用語で表現するなら、この基準は「解放に役立つ配慮」および「あるがままにまかせる」という態度へと結びつく。そして「まかせる」とは、相手がその文化的差異や多様性を保持するゆとりをもち、自らの自由とアイデンティティを確保するのを認める立場に立つことを意味するものである(2)。

1 征服

征服文化

征服によって他所《よそ》の土地や住民を自分の支配下に取り込むことは、昔から人間の歴史を通じて行われてきたことである。古代・中世に関する政治史書を紐解いて見ると、侵略、占領、征服の物語は、ペルシャ戦争からローマ劫掠《ごうりゃく》〔一五二七年、ドイツ・ポーランド人傭兵とブルボン公によるローマの略奪、殺人、破壊〕、そしてノルマン征服〔一〇六六年、ノルマン人のイングランド征服〕に至るまで事欠かない。伝統的な政治・法律理論を見ても、征服による統治と、同意または旧習に基づく政体とは、つねに区別されている。しかしながら、他国の領土や住民の併合はすべてみな同じ形式で行われるわけではない。中世のイスラムの拡張は別にして、古い時代にあっては、征服は主としてあくなき権力欲や掠奪欲にかき立てられて行う残忍な侵略と、それにともなう結果としてもたらされた。これとは対照的に、近代的な侵攻は周到な検討と準備のもとに、システマティックに実施されるのが普通である。西洋の近代国家は領土拡張を決意するや、まず征服のためのいわゆる「調査・研究」を行い、作戦を立てる。すなわち、理路整然と筋道を立てた（これには宗教的合理化も含まれる）行動をとる。この限りにおいては、スペインの征服者たちは、言語を絶する残忍さを発揮したにしても、まぎれもなく植民地統治のパイオニアであり、後の「開発」戦略の先駆者であった。

G・M・フォスター〔アメリカの文化人類学者 エクスター大学教授〕は『文化と征服――アメリカにおけるスペインの遺産』のなかで、征服者権力によって強制された文化の特性を言い表すのに、「征服文化」という用語を使っている。フォスターの指摘するように、征服文化は「人工的で、規格化され、簡素化され、観念化されたもの」だとみなすことができる。つまり、少なくとも部分的には意識的に創出されたものであり、また、同時に現実の必要に応えるものでもあった。スペインの政策は「三世紀以上にもわたる目的意識的な変革をめざした一貫性をもつ論理哲学」によって特徴づけられるが、この点から見ても、文化の規格化という特徴がスペイン領アメリカにおいても際立っていたのは当然であった。フォスターは、南北アメリカにおける征服文化はヨーロッパ本国でのスペイン文化とは明確に区別されるべきものだと主張する。なぜなら故国では伝統的にきわめて多様で、しかも地方・地域的な独自性が保持されていたからである。征服者たちはこの多様性を否定しようとして、アメリカにスリム化したスペインの政治と宗教を押しつけたのである。

征服文化はダイナミックで拡張する文化を選別にかけた。そしてそのなかにあるあらゆる特質、構成要素、形態などをふるいにかけ、その大部分を捨て去ってしまった。（このようにして）統治者の決定によって文化の多様な要素はとりあげられ、それらに替わる新しい要素がひねり出された。たとえば、お上《かみ》のお声がかりによって規格化された町の組織がつくりあげられたのもその一つである。イベリアにきわめて多様な形態があるのとは大違いである。町の街区に至ってはすべて碁盤目状に揃えられた。一六世紀スペイン社会の町は大雑把に計画されるか、それとも無計画につくられていたのであるが。お上《かみ》によって先住民たちは一つの村に集められ、商売や取引は管理された。カトリックのドグマや儀式が、おあつらえむきに仕立てられたうえでアメリカに広められた。(3)

スペイン人侵略者たちのシステム化・規格化された計画こそは、迅速な征服とアメリカ領土における効率的な支配統治拡大のためのカギであった。同じやり方は、征服文化と先住民たちとの接触の様式をも決定した。しかしあらゆる規格化をもってしても、支配の奪取自体はスムーズにはいかなかった。コロンブスの航海からわずか三〇年が経つか経たないかのうちに、エルナン・コルテス〔スペインの武将 一四八五～一五四七〕はメキシコのアステカ帝国を侵略し、モクテスマ皇帝〔アステカの最後の皇帝 一四六六～一五二〇〕を含む指導者たちを捕らえ、征服した。それから二〇年の後には、フランシスコ・ピサロ〔スペインの武将 一四七八頃～一五四一〕がペルーに本拠を置くインカ帝国を同じようなやり方で征服した。スペイン王室の保護のもとに達成されたこれらの偉業によって、メキシコシティーとリマには総督支配の強固な基盤が築かれ、ここを足場としてスペインは中南米一帯へと支配を拡大していった。これらのめざましい成果がきわめて容易に得られたことは、征服が十分に「練られ」、綿密に考えぬかれた計画によってすすめられたことを意味する。すなわち、これはスペイン人侵略者たちを駆り立てた合理的精神に基づく使命感によってもたらされたものであった。この使命感は先住民の文化や習慣の違いによって影響を受けたり、弱まったりすることはまったくなかった。

コルテスとコロンブス

ツヴェタン・トドロフ〔フランスの記号学者 一九三九～〕は『アメリカ大陸の征服』のなかで、植民地メンタリティと先住民文化との出会いのありさまを、主として将軍コルテスに焦点をあてて描き出している。トドロフによると、スペインの入植者たちはその土地での固有の生活様式を異質なものとして遠ざけていたわけではない。少なくとも先の見通しをもっていた人々は、先住民文化を学び、理解しようと努めていた。もっともこれはより効率的な支配に役立てようとのねらいをもつものであって、その文化のもつ本質的な価値を理解しようとする意図があってのことではなかったが。ベーコン〔イギリスの哲学者 一五六一～一六二六〕にならって、スペイン人も、「知識は力なり」ということは十分に承知していたのである。コルテスはこの点でも「このうえない典型」だとトドロフは言う。

彼のこの行動は、図式化すると二つの局面によって構成されている。第一は相手に対する関心であるが、これはある種の共感や一時的なアイデンティティとの引き替えによって成立する。コルテスは相手の立場に身を置こうとする。そのことによって、彼は相手の言葉の理解と彼らの政治体制についての知識を得ようとしている。しかし、そのとき彼は自分の優越感をけっして放棄したわけではない。むしろ、自分のもつ他者への理解能力によってその優越感はよりいっそう確かなものになった。次に第二の局面となるが、ここでは彼はただ自分のアイデンティティ（彼は徹底してこれに固執した）を再確認するだけでは満足できない。それどころか、先住民を自分たちの世界に同化させようとするのである。

トドロフはここでさらに、ヨーロッパあるいは西洋文化がとり結ぶ、彼ら以外の世界との（偏向した）関係について一般的な観察を行っている。すなわち「ヨーロッパ人は、驚くべき柔軟性と臨機応変さという資質を発揮して見せたが、この資質ゆえに自分たちの生活様式の押しつけはいっそう度はずれたものとなった」(4)と指摘する。

植民者としての姿勢は——未だ萌芽的で、単純なものではあったものの——すでにコロンブスの先住民への対応のなかにはっきりと表れている。トドロフの描くところによれば、コロンブスは先住民のもつ明確な差異性を認める意思も能力ももたなかった。使命感と西洋を普遍化してしまう性向のおもむくところ、彼に許された選択肢は二つしかなかった。すなわち、先住民をスペイン人と同等の人間とみなすのか——この場合、彼らが何者であるかわかっており（あるいはわかることができ）、理解するための特別な努力は必要ない——、それとも、彼らは根本的に異なる者たちであって、野蛮人かそれとも自然界の他の生物・非生物レベル並みのものとして引き下げて考えるのかという、二者択一であった。彼が言語の多様性を認めることができなかったというのも、この二元論の反映である。先住民の言語に接したとき、トドロフによるとコロンブスには二種類の反応しかあり得なかった。一つは、「それを言語として認めるが、違った種類の言語だとは考えない」、もう一つは、「違いは認めるが、それが言語であるとは認められない」というものであった。

彼が一四九二年に先住民と最初に出会ったときに、この第二の反応が誘発された。彼はスペイン国王に次のように書き送っている。「もし神がお喜びになることであれば、出発のさいにここから六名の者を連れ、陛下のもとへお届けし、彼らが話すことができるようにいたしたく存じます」と。言語の多様性の拒否は、スペイン人と先住民の接触には大きな齟齬《そご》があったこと、より一般的に言うなら、自他の関係のなかに根本的な亀裂が入っていたことを示すものであった。「スペイン人と先住民との出会いは、完全な同化か、それとも完全な拒否と征服かという、二者択一の上に立っていたことにより、最初から失敗であった」とトドロフはのべている。このような二者択一は、何もスペインによる征服だけに見られるものではなく、「今日に至るまで」「植民地化する側が、される側に対して必ずとる」行動の原型である。コロンブスの選択について、トドロフは次のように描写している。

一つの選択肢は、先住民たちを自分と同じ権利をもつ人間として認めることであるが、しかし彼らを同等とみなすだけでなく、さらには同一とみなすところまですすむものである。この立場は同化主義、すなわち自分自身の価値を他者に向かって投影しようとする動きへとつながる。もう一つは、差異から出発するものであるが、この差異はすぐさま優劣関係に置き替えられる。……ここで否定されるのは、真に異質なものとして存在する人間的な実質である。すなわち、それはひょっとすると、単なる自分自身の不完全な状態としてあり得るものかもしれないからである。

トドロフは、ここで広い意味での哲学的解釈を引き出す。「他者性の経験」の二つのタイプは、どちらも「エゴ中心主義」に基礎を置いているというのである。つまり、「世界は一つだという確信のもとに、自己の価値と価値一般とを、すなわち自分たちの自己と宇宙とを同一視している」と指摘する。(5)

コルテスは植民者としては、コロンブスよりもはるかに先を見通す目と行政手腕をもっていた。もっとも、本国は最終的には彼の功を無効にしてしまったが。コルテスはすでに見てきたように、知識と権力とを結びつけ、権力を知識によって強化してきた。彼の書いたものを見れば、彼には民族学の才はなかったものの、先住民の習慣や信仰を敏感に把握しており、彼らの宗教を自分に有利なように利用していたことがわかる。得られた知識はお互いのために用いられたのではなく、すべて、富と利益の追求、征服、そして最後の物理的な破壊に役立てられた。ここに見られる理解と破壊の「おそるべき結合」について、トドロフは思索をめぐらしている。彼は次のように問いかける。「いったい理解は同情と並び立ってはならないものなのか。掠奪の欲望はそのなかに、他者をこれから先の富と利益の源として確保しておくことを含めてはならないのか」と。コルテスやその部下たちが先住民を繰り返し称賛していたり、スペイン人が彼らを軽蔑するどころか、アステカ文化の高さをほめ讃えていたことを考えると、理解と破壊の結合を解明することは簡単ではない。しかし、ここでトドロフはすぐに次のことに気づいたのである。これらの賛辞の一大特徴は、「ほんのわずかな例外を除くと、そのことごとくが物に向けられている。すなわち、家などの建造物、商品、織物、宝石などである」という点である。コルテスとその手下たちは、まるで「今日の観光客」のようにエキゾティックな工芸品に嬉々の声をあげるだけで、これらの品々をつくり出した職人たちの生活には、ほんのカケラほどの興味も示さなかった。アステカの工芸品に有頂天となったコルテスではあるが、これらのものが「彼と同じ人間一人ひとりの手によってできあがったものだ」という意識はなかった。トドロフは、さらにその哲学的観察の目を広げ、重要な発見を行う。

少し角度を変えて眺めて見よう。ほとんどの場合、スペインの記録者たちは先住民のことをほめて書いている。しかしほんのわずかな例外を除くと、彼らは先住民たちに直接話かけるということはしていない。ところで、いったい、他者に対して直接に話かける（命令を与えるのではなく、対話《ダイアローグ》をする）こともしないで、相手を己れ自身と対等な一個の主体として理解することができるだろうか。相手を一個の主体として理解するのでない限り、そこに残るのは搾取や利用だけである。すなわち、知識が権力の下僕と化すことになるのである。

スペイン人の征服の一つの際立った特徴である途方もない残忍性と物理的破壊を、この知識と権力との結びつきだけで説明するのは不十分であり、曖昧《あいまい》さを免れ得ない。大量虐殺の理由についての明快な説明に窮しているときに、トドロフの研究はその手がかりを与えてくれた。彼は地理的な隔たり、すなわち本国から遠く離れたことにより、これまでの因習的束縛から征服者たちが自由になったことに、その理由を見い出そうとした。「スペイン人が発見したことは、本国と植民地とではまるで別世界だということであった。というのは、行動を律するモラルの規範が、向こうとこちらとでは根本的に異なっていたからである。大量虐殺にはそれなりのコンテクストが必要だった」と彼は書いている。(6)

新しい三位一体

スペイン人の征服の物語は(ここでは主としてトドロフのレンズを通して見たものであるが)当時の歴史的状況を超えて、そこから先のヨーロッパ、あるいは西洋の植民地主義にとって教訓となるものであった。言うまでもなく、後に続く植民地事業は、それまでのスペインのやり方、たとえば大胆さ、新たな発見、文化的違い、そして(おそらくは)物理的な残忍さにおいて、一つとして重なりあうものはない。後の植民者たちはスペイン人の先例から学ぼうとしたが、全体として見るなら、彼らはコルテスの癇癪《かんしゃく》持ちなどの悪い点のまねではなく、先の見通しの立て方などの積極面から多くを学ぼうとした。『アメリカ大陸の征服』のなかで、「新しい三位一体」という格好な表現がつくり出されている。これは「型遅れの武力征服者」の代わりをつとめたり、あるいはこれを補完しようとするもので、学者、僧侶、商人の三者によって構成されている。そして第一は、その国に関する情報収捨、第二は、「精神的併合」の促進、第三は、「利益確保」というそれぞれの役割分担が決められている。(7)

実際のところ、この三位一体策はその後の何世紀にもわたって、政策の重点が移動するにしたがって修正が加えられていった。知識と権力との結合は、その刃の切れ味を保ったまま鞘《さや》におさめられることが多くなった。スペインの植民地主義は、もともと規範的で合理的な性格をもっていたにもかかわらず、近代的な合理性の要求にマッチすることができなかった。カトリック強国としてのスペインは、個人的自由(良心と思想・信条)、資本主義の自由な経済活動、そして政治的リベラリズムという近代化の基本路線に、けっして十分に調和することができなかった。歴史の偶然性は別にしても、スペインの覇権が凋落し(一五八八年以降)、そして覇権の担い手がじょじょに北ヨーロッパへ、そして最後には北アメリカへと移動していった主要な原因の一つは、この点にある。これらの新しい覇権諸国もまた、かつてのスペインと同様に、規範化された普遍的原理、または思想を指針とした植民地支配に乗り出すのであるが、これらの原理はもはや教会の教義でつづられたものではなく、いっそう世俗的で進歩的な用語で（時には直截な進歩主義の言葉で）表現されていた。キリスト教信仰は必然の成りゆきではあったが、だんだんと支配的イデオロギーあるいは「世界観」に道を譲るか、それと融合することになった。この限りにおいては、学者・僧侶・商人の三位一体は、しだいに知識人・宣教師・企業家という新しい三つ揃えと姿を変えていった。

フィリピンの場合

征服についての議論の最後の締めくくりに、スペインのもう一つの植民地であるフィリピンに簡単にふれておこう。スペイン人によるフィリピンの征服は、メキシコ征服からほぼ五〇年後のことであった。フィリピンの征服は、旧来の武力一辺倒のやり方が大幅に姿を消し、トドロフの言うような新しい三位一体説に近い形で行われた。この切り替えとは別に、フィリピンの征服は、スペインの「普遍主義《ユニバーサリズム》」の証拠として、また覇権支配が長期的にはスペインから北アメリカへと移っていくことを示すものとして重要である。フィリピンの征服の物語は、ジョン・フェラン〔イギリスの歴史家〕によって詳細が語られている（『フィリピンのイスパニア化』）。彼が指摘するように、今回の征服軍はスペイン王（およびバチカン）から、剣を福音書に持ち替えるように、あるいは少なくとも福音書を剣よりも前面に押し出すようにという、厳しい命令が出されていた。こうして、植民地政策には「平定《パシフィケーション》」とか、「平和占領」などと聞こえのよい呼び名が用いられた。

征服の目的に関して、フェランは三つほどあげているが、普遍主義の意味あいの低いものから順番に並べると、第一は、香料貿易参入という経済目的、第二は、群島住民のキリスト教化という伝道の使命、第三は、「カトリックへの改宗をはかるための中国・日本との直接接触」であった。あとの二つのねらいは、フェランがスペイン人が国力とその威信に対してもつ「ほとんど無限とも言うべきほどの信仰心」と呼ぶもののもたらす当然の帰結であった。

スペイン人は、自分たちは神の意思を実行するために新たに選ばれた民族であると信じた。スペインの使命は全人類の精神的統一をもたらすことであり、そのためには旧世界の内にいるプロテスタントを打ち破り、トルコの攻撃からキリスト教徒を擁護し、そしてアメリカ・アジアの異教徒たちの間に福音を広めなくてはならないと考えた。……アジアの諸民族を改宗させることにより、人類すべてはキリスト教に統合される。それこそは世界の究極目的達成の予兆だと説く者もいた。

スペインの世界支配の野望は、その実現のために大きく踏み出し、執拗な努力が払われたにもかかわらず、誰もが知っているように挫折に終わった。フェランによれば、スペインによるフィリピン征服の事業は一五六五年に始まり、やっと一八九八年に至って完了した。そして、この全事業は次の三つの局面に分けることができるという。第一は、群島北部および中部の占領の成功である。第二は、ミンダナオ島ならびに北西ルソン島における二つの局地的抵抗に、不断の攻撃をしかけたことである。第三は、奇妙なことであるが、一九世紀後半に占領統治の最後の絶頂期と終末の両方を迎えたことである。一八九八年までに抵抗の中心勢力はすでに壊滅していたが、まさにこのとき、「スペインの植民地体制は、フィリピン人ナショナリストたちの反乱と合衆国の断固たる介入との連携により打倒される前夜」にあった。(8)

2　改宗

キリスト教による平定

征服には、特殊な場合を除いて被征服者の物理的な服従、さらには強制的な文化の同化をともなうのが普通である。後者が強まるところでは、征服は改宗へと道を譲る。征服と改宗とは、往々にして一体不可分のものではあるが、つねにそうであるとは限らない。歴史の教えるところでは、あからさまな同化なしに征服が行われた例もある。もっとも、近代的スタイルによる征服の場合には、征服者の一般的な思想（宗教またはイデオロギー的なもの）の広宣流布をともなうのが普通であるが。逆の言い方をすれば、征服や強制された服従なしにでも改宗は行われたということである（しかも、時としては政治的、文化的支配に対抗する運動として）。これらの二つの切り崩し策は、もとより異なるものではあるが、はっきりと共通する特徴がある。それはどちらも意味のある人間の差異を否定するという点である。征服の場合、差異は実際には根本的な支配・非支配のヒエラルキーのなかで確認されるにすぎず、差異によって表される相互的関係は犠牲にされて捨て去られ、精神と物質、文化と自然、文明人と野蛮人の間の厳然たる対立と分裂が容認される。改宗の場合には、人間の本性の共通性、あるいは同一性を主張することによって差異が否定される。この同一性によって、征服された住民たちが唯々諾々として改宗をせまる宣教師たちの餌食となるように運命づけられてしまうのである。

宗教信仰には改宗をせまる行為がつきものかというと、けっしてそうではない。世界のおもだった宗教のなかにも、布教活動を嫌悪するものがあった。西洋の宗教としてはユダヤ教、東洋の宗教（あるいは準宗教）としてはヒンドゥー教、道教、儒教などがそうである。後者に属するものでは、ただ仏教だけが大規模な布教活動に従事したが、征服は避け、説教と修行を見せることを主とした。このように見てくると、世界宗教ではイスラム教とキリスト教のみが布教に武力を用いたことになる。歴史的には両者のうち、キリスト教の方がより成功したと言えるが、これは主として個人主義と進歩主義という近代的な精神（「プロテスタント倫理綱領」に見られるように）と親縁関係にあったことによる。イスラム教の拡大が、中世から一四九二年にかけて最盛期を迎えていた一方で、キリスト教の拡大はコロンブスの航海とともに始まり、後に西洋近代の世俗的野望と合体した。[9]

イスラム教の初期における近東、地中海沿岸への拡大成長を詳しく語る物語が残されているが、そのなかにはイスラム以前のアニミズム信仰との接触の事実を示すものが含まれている。[10] しかし、ヨーロッパにおけるキリスト教初期の拡大成長時期の状況は不明である。使徒の伝道「行為」や、非信者（ユダヤ人や異教徒）の手にかかった殉教者の物語はわれわれの間に伝えられてはいるものの、コンスタンチヌス帝〔コンスタンチノープルに遷都したローマ皇帝　二七四頃～三三七〕の改宗後のキリスト教のめざましい拡大を詳細に物語るものは残っていない。ただはっきりしていることは、拡大がきわめて急速であったことと、初期の信仰形式や「非キリスト教」信仰が（地方に残存していたにもかかわらず）ほとんど痕跡をとどめていないことなどである。このキリスト教拡大の規模や、キリスト教以前の信仰が長く生き延びていたことなどを考慮すると、改宗が争いや抵抗なしに、あるいは服従させるための戦略などの手段に訴えることなしに行われたとは考えにくい。こうした戦略の後に続くものが（おそらくは）「平定」という政策になるのであろう。

非キリスト教信仰の利用

全体として、初期の教会がとった方針は、断固とした非キリスト教の信仰否定と、彼らの伝統や教理を選択的に「利用」するという二面政策、すなわち部分修正を施したうえでキリスト教教義への統合をはかるというものであった。これを実行するにあたっては、有名な神学者たちが加わっているが、それでも教会ヒエラルキーの目から見ると、この「利用」にはつねに疑わしさがつきまとった。信仰の正統性を守るために、疑念があったり、また必要と認められれば、せっかくの統合も断罪を逃れられなかった。多くの教父たちが書き残したものを見ると、教義上の争いが少なくとも知的レベルでは（政治レベルではまれであるが）激しかったことがわかる。

テルトゥリアヌス〔カルタゴ生まれのキリスト教神学者　一六〇～二二二〕とオリゲネス〔初期キリスト教の思想家　三五三～四三〇〕は、非キリスト教徒、もしくは異教徒に向けた長大な論文を残している。これらは教護論をふりまわしたもので、相互性や対話に基づくものとはとうてい言えない。異教徒という用語自体がキリスト教の命名法に他ならない。聖アウグスティヌス〔北アフリカ生まれの初期キリスト教会の教父　三五三～四三〇〕は『神の国』のなかで、キリスト教がローマの衰亡に寄与したという非難に対する弁護論を滔々《とうとう》と弁じ立てている。彼の作戦は単純きわまりない。彼は、キリスト教的美徳とローマ的悪徳、神の救済と世俗的・異教徒の腐敗を平然として相争わせるのである。このやり方では、カリギュラ〔ローマ皇帝　一二～四一〕との戦いには勝利できても、とりわけバロ〔ローマの学者・著述家　前一一六?～前二七?〕のように、著作や実際の生活のなかで伝統的なローマの美徳と宗教的信心を貫いた高潔な人物（キリスト教徒の原型としてではなく）が相手となると、たちまち分が悪くなる。そこで聖アウグスティヌスは――不思議なほど現代的に――キリスト教信仰がいかに理解を基礎にした合理性をもつものであるかを、異教徒の無知と迷信とに対比して、その優位性として訴えるのである。スペインの宣教師、ベルナディノ・デ・サハグン〔フランシスコ会士 一四九九頃～一五九〇〕の言葉で説明するならば、次のようになる。

聖アウグスティヌスは『神の国』の第六巻で、異教徒の信じられないような話をわざわざとりあげて論じるのはそれなりの値打ちがあることだ、とのべている。なぜなら、彼によれば、異教徒たちはありもしない話で、いい加減な神をデッチ上げているが、ひとたびそうとみんなにわかってしまえば、それらがけっして神などではないことや、理性を授けられた者が、そのようないい加減なものから利益を得ることは何もないのだ、ということを理解させるのにかえって便利だからであった(11)。

サハグンはフランシスコ修道会の宣教師であるが、メキシコに渡ったのはコルテスの征服〔一五二一年〕の一〇年後のことであった。その頃は先住民たちの改宗の動きがちょうど峠を越して落ち着きを見せ、「平定」時期にかかっていた。実際のところ、改宗はスペイン人の侵略の固有の特徴としてその当初から見られたものであり――掠奪の欲望に次ぐ二番目に大事なものであった――侵略を正当化する理由づけに用いられた。この理由づけはコロンブスによっても奉じられたが、彼の場合には多分にひらめきによるものであり、計算ずくのものではなかった。スペインへ最初に帰るにあたって、彼は先住民の何人かを連行することにした。彼らをスペインの生活にふれさせて、「習慣や信仰を受け入れさせる」つもりだった。彼は一四九二年の日誌に、先住民をスペイン王に拝謁させることについて、次のように記している。「陛下は彼らを見てお喜びになられるであろう。彼らをクリスチャンにして、王国の良きしきたりを教え込むことができるであろうから」と。ここで言う「良きしきたり」とは、クリスチャン（カトリック）としての信仰告白をするとか、「衣服を身につける」などということであった。すでに上で示したように、布教活動が本腰を入れて行われる場合には、相手もまた同じ人間であり、したがって、もともとキリスト教の信仰を受け入れる素地ももっているのであるから、与えられる救済の機会を必ずや待ち望んでいたはずだという前提に立たなくてはならない。ところが、あいにくなことに、この期待が往々にして乱暴に裏切られることがあった。トドロフは、この改宗がなかなか容易なものではなかったことと、キリスト教的慈悲の危うさを示すエピソードを紹介している。

二回目の遠征のとき、コロンブスに同行した僧侶たちは先住民の改宗にとりかかった。しかし彼らのなかには、まったく思いがけなくも、聖像をありがたく拝むのを拒む者が出てきた。「礼拝堂を出ると、彼らは聖像を地面に叩きつけ、その上に土をかぶせ、小便をまき散らした」という。これを見たコロンブスの兄弟のバルトロメーは、彼らにキリスト教式の罰を加えることにした。「総督代理ならびに諸島の統治者として、彼はこれらの不届き者たちを裁きの場にひき立て、罪状を糾《ただ》した。そのうえで、彼らを大勢の前で生きながらに火責めにして殺した」のである(12)。

この種の事件はまれなものではなく、しばしば発生したと思われる。征服地の植民地化、あるいはイスパニア化の特徴をなす極端な残虐性が、平定の時期に入ってからもなお久しく続いた理由の一部分は、この点にもあったかもしれない。

ラス・カサスの告発

この残虐さが、その頃もっとも明敏で穏健な宣教師の一人であったドミニコ派のバルトロメー・デ・ラス・カサス〔スペイン人聖職者、歴史家 一四八四〜一五六六〕の心を衝いた。スペイン人の犯した残虐行為は、ラス・カサスの目には——後のサハグンにとっても同じであるが——武力による植民地化の方式は、告発されるべきこととして映っただけでなく、このような方式自体を福音書の教えにかなった布教の努力に置き換えなくてはならないという思いに駆り立てた。ラス・カサスは

『インディオの涙』でスペイン人の残忍さ、たとえば吊し首、手足の切断、火責めなどを描いているが、こうすることにより人々の注意を喚起し、さらにはスペイン王に政策の変更を訴えようとしたのである（しかし、これは後なってスペインの敵、北ヨーロッパのプロテスタントに格好の武器を与えることになった）。ラス・カサスはバリャドリード〔スペイン中北部の都市〕で歴史家、ジネ・デ・セプルベダ〔スペインの歴史家一四八九頃〜一五七三〕との間に歴史的にも名高い激しい論争を繰り広げた（一五五〇年）。セプルベダはアリストテレスの『政治学』にある奴隷正当化説を一部援用しながら、先住民服従化の正当化をはかった。彼らは生まれつき劣っているので、改宗は征服の論理的帰結だと主張した。彼によれば、政治も宗教的救済も同じ原理によって支配されているという。すなわち不完全なものは完全なものにより、弱者は強者により、悪徳は美徳により支配を受ける。この見方でいくと、スペイン人と先住民との関係は、「大人と子供」「男と女」、あるいは、文明人対「野獣」もしくは野蛮人という図式にはめ込まれることになる。ラス・カサスは、すべての点でこれらとは根本的に反対の方向を選んだ。それは断固とした平等主義の考え方を指し示す方向であった。人はすべて等しく魂を授かっており、キリスト教の信仰により分け隔てなく救済されるという考え方であった。彼はセプルベダへの返答のなかで、次のように訓戒している。「さらばアリストテレスよ！　キリストから授かった永遠の真理『汝の隣人を汝のごとく愛せよ』という戒律がある。……キリストが求められるのは魂であって、財産ではないのだ」（『インディオの擁護』）。ラス・カサスは、この精神に鼓舞されて完全な戦略の転換を提唱した。それは具体的には武力征服、強制的な土地収奪（エンコミエンダ）、先住民の奴隷化を放棄することであった。ラス・カサスがこのような人道的な訴えをしたにもかかわらず、トドロフは彼を精神的な植民地主義者として批判する。トドロフの見方はおそらく無難なものであろう。ラス・カサスはイスパニア化、すなわち「先住民の併合」を、「兵士ではなくむしろ僧侶によって行う」という条件で引き続き支持していたからである。トドロフは、宣教師が改宗を進める一方で隣人愛を説くことに疑問を投げかけている。彼は、「もし相手のアイデンティティについて無知か無知に近かったなら、あるいはそのアイデンティティの代わりに自分自身や自分が勝手に想像するものの投影を置いて見るなら、その相手を愛することがいったいできるだろうか。……ある一つの文化が、一人よがりに他の文化を変えてしまい、ひいてはそれを支配下に置こうする危険を侵しているのではないのか。そのような愛にどれほどの値打ちがあるのか」と問うている[13]。

ラス・カサスは植民地活動そのものを変えさせることはできなかったが、植民地統治者たちに手荒なことは控えさせ、慎重な準備を行い、さらに（おそらくは）後での釈明可能な行動をとることの必要性を多少なりとも教え込むことはできた。宗教改革に続き、資本主義市場の勃興の当然の結果として、植民地の覇権はスペイン（およびポルトガル）から北ヨーロッパの勢力、とりわけイギリスとオランダへと移ろうとしていた。スペインの場合と同様に、これら強国による植民地の膨張は、宣教師による布教および文化とイデオロギーの拡散とに密接にからみあっていた。西洋の文明を伝える役割は「白人の責務」とみなされていたが、この活動は功を奏し（礼拝から政治・経済に至るまで）非西洋住民の生活のあらゆる面で影響を及ぼし始め、その後の開発と近代化を予示するものとなった。宗教の分野においては、キリスト教の宣教師たちは植民地建設者と二人三脚を組んで、アフリカ、インド、極東へと向かった——コルテスとラス・カサスの二つの路線の間を右往左往しながら。

話を前に戻すと、改宗は必ずしも植民地化推進者や植民地支配者の思惑通りには役立たなかった。それどころか、まったく正反対の、破壊的とも言えるような結果を招くことすらあった。すなわち、信仰が今ある社会・政治情勢を超越し、さらには支配よりは解放に役立つ力として働くという特徴を現し始めた。インドでは、ガンディーがヒンドゥーの自治《スワラージ》、無抵抗不服従《サティヤーグラハ》、ラーマラージャ（インド的空想社会主義）などの概念を、イギリスの植民地圧迫に反対する闘争の指針として掲げた。一方、とりわけ独立達成後には、インド社会に残るカースト制度によって公民権を奪われている各種のグループが自ら進んで改宗を受け入れ、イスラム教徒や仏教徒になった（キリスト教への改宗も往々にしてあった）。ロイド・ルドルフとスザンヌ・ルドルフ〔ともにアメリカの文化人類学者シカゴ大学教授〕の研究によると、一九五六年にはマハラシュトラ州だけで三〇〇万人が、あるいはひょっとすると二〇〇〇万人もの不可触賤民が仏教に改宗したという。これらのいずれのケースでも、政治的および財政的な誘導策がかなりあったことを勘定に入れなくてはなるまいが、その発生の根本原因は虐げられた人々が、たとえ目標の達成が不確かな状況であっても、自由と尊厳を断固として求めたところにあったと見るべきであろう(14)。

3 同化と文化変容

文化の同化と統合

これまで見てきたように、改宗はつねに征服にともなう当然の結果としてもたらされるものではないし、また宗教信仰が拡大すれば必ずその結果として発生するものでもない。他領への植民地的拡大の場合は別にして、文化的覇権は「国内」(すなわち政治的におおむねまとまりをもつ)状況のなかでも作用することがある。この場合には文化パターンや生活様式(宗教的、世俗的伝統のどちらか、あるいはどちらも)は緩やかに浸透していき、覇権支配の対象とされるのは、主として社会的に疎外された民族、国籍、言語に所属するグループ(移民によって構成されていることがある)である。この種類の植民地化は外部からの植民地主義と対照区別されて、社会科学や人類学の分野では普通、「同化」、あるいは文化変容の分野として扱われている。ここで大雑把な定義をしておくのが適当であろう。ロバート・パークおよびアーネスト・バージェス〔アメリカの人間環境学者シカゴ大学教授〕によれば、同化とは「相互浸透と融合のプロセスであって、そのなかでグループや人々が他のグループや人々のもつ記憶、感情、性向・態度を獲得し、さらに彼らの経験や歴史を共有することによって、共通の文化生活のなかに統合されてしまう」ことだという。西洋あるいは西洋化の過程にある国々では、同化という語は政策について用いられているが、文化変容という語は国内接触から始まって、覇権的な西洋文化と発展途上にある非西洋社会との間の国際的な相互影響に至るまで、ほとんど無限といっていいほど広範囲に用いられている。

二〇世紀に入ってから、同化と文化変容とは、後者はそれほどでもないにしろ、ともかくナショナリズムと民族国家の思想によってあおり立てられ、強化されてきた。これについては、ルパート・エマソン〔カナダの政治学者一八九九〜〕のよく知られた説がある。

今日の世界では人類の大部分にとって、民族とは自分自身がもっとも強烈でまた無条件にアイデンティティとして結合されている共同体である。……今日、民族はもっとも大きな規模をもつ共同体であって、ひとたび事あれば、たちまち忠誠心を発揚させ、共同体内の少数者や楯突くグループを蹴散らしてしまう力をもつ。……この意味では民族は「最終的共同体」と呼ぶことができる。

ナショナリズム、および国民国家のもつ覇権的な影響力は、発達した西洋諸国だけのものではなく、非西洋の、ポスト植民地社会にも見られる。独立運動のなかでは、「国家」は異質な植民地主義の装置とみなされて、最初は反対すべきものと考えられていたが、国家権力の獲得をめざすようになると、さっそくナショナリスト特有の修辞を使いはじめた。クロフォード・ヤング〔オーストラリアの政治学者　一九三一〜〕の言うように、「反植民地主義の指導者たちは委任統治を求めながら、しばしば専横に走る植民地国家を普通の国家へと変化させる方向に踏み出した」のである[15]。

西洋圏での文化的同化のなかで、一番よく議論にとりあげられ、ユニークだとされている例は、アメリカ合衆国とイスラエルである。これらの国々では世界各地からやって来た膨大な数の移民が、もっとも優勢を占める社会・政治的構造のなかにじょじょに統合または編入されていった。アメリカはよく知られているように、「メルティング・ポット」*用語解説 政策がここ一〇〇年以上にもわたって現実に成功をおさめた例である。次から次へとやって来る移民たちは、個人の意欲と利益追求に価値を置く「アメリカ式生活様式」を着実に身につけ、社会に順応し、同化していった。メルティング・ポット方式にひび割れや亀裂が見つかった場合でも、その方式自体を手直しするのではなく、疎外されたグループをよりいっそう入念に取り込み、そして「統合」することによって克服しようとした。このことは、初期の公民権運動を見ても明らかである。その後の時の経過とともに、民族対立の先鋭化、「ブラックパワー」の運動、全国各地の都市における人口密集区での暴動などに表れているように、亀裂は広がるばかりであった。こうした情勢が拡大する頃に書かれた『メルティング・ポット』〔一九九〇年〕のなかで、ネイサン・グレイザー〔アメリカの社会学者 一九二四〜〕とダニエル・モイニハン〔アメリカ民主党議員 一九二七〜〕はその情勢を次のように分析している。「アメリカの生活のなかで、民族グループや宗教グループはこれまでに例を見ないほどに混ざりあい、しかもそれがなおも進行しているので、最終的に均質化されて一つのものになってしまうのも時間の問題ではないか、などという意見もあった。しかしこの意見は役に立たず、あてにもならないということが判明したのだが、それにもかかわらず生き続けた」。

上記二人の見解は多くの研究者から支持を受けた。ミルトン・ゴードンはアメリカ文化のなかに「構造的に排除された下位社会」が根強く残っていることを指摘し、マイケル・ノバックは「坩堝《るつぼ》のなかで混じりあわない」民族グループが存在することを強調している。メルティング・ポット説は批判や事実の検証を受けたが、別の新しい理論によってとって代えられるというよりも、むしろ補強されていった。たとえば「多文化主義《マルチカルチュラリズム》」＊用語解説、あるいはより広範囲の社会的統合を主張する、文化の「虹の連合」などである。イスラエルの場合には、同化モデルは最初から単純なもので済んだ。というのは、移民はいろいろ異なる国からの出身者で構成されているが、すべて同一の（あるいは同種の）宗教的背景をもっていたからである。このような文化的共同体がないところでは、メルティング・ポット方式の支持は急速になくなり、争いが幅をきかせることになる。最近のイスラエル・パレスチナ関係がそのよい例である(16)。

メスティーソ化

イスパニア系アメリカ人の話に戻ろう。同化は一九世紀初期に出現し始めた新興独立国の有力な政策となった。その頃までにはラテンアメリカの社会は、主として「クリオーリョ」（海外生まれのヨーロッパ人）の手によって、スペイン（あるいはポルトガル）本国の文化パターンを基礎にして強固に組み立てられていた。この覇権的な様式の押しつけは独立達成後の時期においていっそう強化された。ヤングは次のようにのべている。

一九世紀の不安定と混乱の時期に、クリオーリョのエリート層は新しい国家に消すことのできない文化的刻印を押した。文化形成の中心となったグループ――弁護士、軍指導者、知識人、僧侶――はスペイン人で固められていた。都市文化――町や市――の核となったのはイベリア社会の一般化されたモデルであって、とりわけ空間的配置や文化タイプについては、リオ・グランデからマゼラン海峡に至るまで、きわめて画一化されたものになってしまった。

一九世紀の時の流れのなかで、植民者やクリオーリョによって形成された覇権文化は、メルティング・ポット的徴候を色濃く見せながら、彼ら以外の社会構成員、とりわけメスティーソ（先住民と白人の混血）、ムラート（先住民と黒人の混血）、先住民たちの間にますます浸透していった。通常「メスティーソ化」の名で呼ばれるこの同化のプロセスは、やがてペルーやボリビアなどの他地域にまで波及していった。この文化体制の亀裂に社会学者や人類学者が注目するようになったのは、ごく最近になってからのことである。北アメリカの場合、同化とメスティーソ化を基礎に立てられた分析モデルは、今日では文化の多様性と民族的対立に重きを置いた説によって挑戦を受けている。フィリピンの状況はかなり複雑であった。スペイン化とキリスト教への改宗は広範囲にわたる影響を及ぼしたが、スペイン人植民者の数は少なかった。このため、もとからここに住んでいる（あるいはメスティーソ）フィリピン人のエリート層の出現が可能となり、彼らが一九世紀末のナショナリストの運動の中核となった。さらに後に続いてやって来た、近代産業と民主主義を掲げたアメリカ植民地支配の影響が加わり、他とは非常に異なった文化的背景が形成された。フィリピン社会はその全体像から見るなら、「統合と多文化主義《マルチカルチュラリズム》」の両者にまたがった格好になっていたと言うことができる(17)。

社会的上昇としての同化

これらの文化変容についてはさらに論ずべき点がある。同化は、上の方が勝手に一方的な形で押しつけてくる政策としてのみあるのではない。すなわち、覇権的な文化はつねにエリート層を通して、住民のなかの従属層を形成するグループに拡散するという形をとるわけではない。時として（というよりもむしろ多くの場合）覇権的な文化は、従属層にとって強力な魅力をもつ。彼らは差別から逃れるために、何とかして社会に認められ、受容されたいと願っている。こうしたことが意識的に追求されていたり、それが成功する見込みのある場合、われわれは社会的上昇をめざした文化変容を目にすることになる。社会的・経済的に地位の低い人々や、とり残されたグループが、より高い地位をめざして懸命になることは（中産階級化と呼ばれることがあるが）西洋社会ではよく知られた現象である。インド社会での低・下位カースト者の上昇移動は、M・N・シュリーニバスによって「サンスクリット化」と名づけられたが、彼はこの状況を鋭く、また詳細に描き出している。彼によれば、低い地位にあるグループが、カーストのイメージを逆に利用して、確固として根を張っているカーストの障壁を、自分たちがエリートの文化様式を取り入れることによって――たとえば高位（すなわち「再生」）カーストの儀式を行うなどのやり方で――打破するのにしばしば成功したという。

シュリーニバスやルドルフの後を受けて、ヤングは南インドのタミル・ナードゥ州のナダール階級をとりあげて論じている。伝統的なカースト構造では、彼らはシュードラ階級よりも下であり（ピラミッド構造の最下位ではないが）、各種の儀式・儀礼に関する制限（たとえば特定寺院からの排除、バラモン階級の者の身体に近づいてはならないことなど）を受けていた。植民地時代にナダールは経済活動を盛んにすることによって、極貧のくびきを脱した。経済的に富裕になるとともに、彼らは上流階級の文化様式をとり入れるようになった（この動きは最初エリートグループから猛烈な抵抗を受けた）。女性たちは上位のカーストの衣服を身につけたり、結婚の儀式に一部バラモンのやり方をとり入れたり、さらには神聖な法衣まで着用すると主張する者も出てきた。ヤングはこの変化を次のようにまとめている。「今日、ナダールは進んだ社会に属しているとみなされている。この地位の逆転は過去一世紀にわたって、グループが結束して社会的地位の上昇をめざしたこと、儀礼・儀式をつくり変え、昔からの奴隷的状況を生み出した根本原因に挑戦したこと、教育・商業などの近代的な便宜さを効果的に利用したこと、さらには政治を巧妙に共同体のために利用したことなどを通じて達成されたのである」。ヤングはインド以外の非西洋社会にも、このような集団的な社会的地位の向上をはかった例をいくつかあげている。一つのめざましい例は、西スーダンのフル族に見ることができる。彼らは長期にわたってアラブ人との接触を深めていた。アラブ人のグループは優れたアラブやイスラムの文化の伝達者と考えられていた。フルの人々は、彼らからイスラム教、商業活動、学校制度を学んだだけでなく、アラビア語も習得した。ヤングの説明によると、アラビア語は「優れた力、名だたる宗教」というだけでなく、「学校や都市移住を通じての社会的・経済的近代化のチャンス」というイメージに結びついていた。彼はさらにアラビア語が使えることは「フルの人々の間で、社会的地位を向上させるチャンスを広げる正当な手段であった」とつけ加えている[18]。

4　部分的同化、文化の借用

文化的借用と貸与

文化接触にはつねに吸収や融合がともなうとは限らないが、文化の借用（および貸与）という形で部分的な適応や同化をもたらすことはあり得る。こうした適応現象が発生するためには、個々の文化が向きあったとき、すでにのべたような純然たる覇権的、またはヒエラルキー的な関係とは対照区別されるような、すなわちその文化のレベルがほとんど同等か、まがりなりにも肩を並べ得る程度にあることが必要である。いずれにしても、部分的な適応は自他関係においてかなりの微妙さを孕んでいる。社会的地位を駆け昇ろうとするときには、特定の文化を自分で自分に押しつけたり、あるいは自分の意志で放棄しようとする。しかし選択的に借用するときにはこれとは異なり、他者の文化の特質や特徴を認める意思と同時に、自分たちの本来の嗜好性を少しくらいは保持しておきたいという熱意を必要とする。こうした部分的受容の結果として生じるものは、きわめて多様である。メルティング・ポット症候群と似ているために、あまり興味を引かないかもしれないが、外国の要素が、現に優勢な文化的基盤のなかに完全に吸収されてしまう場合がある。これは部分的「統合」と呼ぶことができるかもしれない。さらに別のケースとしては、接触が相互的な順応あるいは互いのギブ・アンド・テイクの関係を促進することもある。その結果、文化混交主義《シンクレティズム》のアンビヴァレントな形態あるいは、不安定な文化的並列や共存を生じさせることになる。また、これらとは異なる最後のケースとしては、成り立ちや組み立ての異なる文化に接したさい、それとの比較において正真正銘の自己変革をめざす動きを発生させる場合がある。これは、新しいものの見方や生活様式を初めて経験することによって、今広く行われている文化を評価し直そうとするものである。もちろん、理論的な区分を現実に適用する場合には、他の場合もそうであるが、注意が必要である。というのは歴史の具体例を見ると、レッテル通りにはなかなか分類できないことがあり、ありとあらゆる多様性をはらんでいるからである。

部分的同化とか選択的借用と呼ばれるものは、西洋文化ではよく見られることである。西洋の歴史を振り返って見れば、部分的な適応や統合の例にはこと欠かない。時によっては、土着の伝統とはいったい何を指すのか、疑問に思えてくるほどである。最近の歴史研究によって、初期のギリシャが北アフリカやミケーネからいかに文化の借用を行っていたかが明らかにされている。またギリシャの半島部の範囲だけに限って見ても、都市国家間で非常に活発な交流が行われていたこともわかっている。もっとも、彼らは例外なく東方の「蛮族《バーバリアン》」に対しては厚い文化障壁を築いていたのであるが。ローマ共和政の時代には、ギリシャの知的文化の影響は非常に高まっていた。エピクロス学派やストア学派を含めて、いくつもの有名な哲学の流派がギリシャで誕生し、その後にローマの地に移植された。ローマ帝国の国力の拡大にともなって、ローマはますます外国との、とりわけ近東との文化や思想体系の接触を広げていった。征服と植民地化が彼らの基本政策であったとはいえ、首都ローマが蒙ったこれら周辺文化からの影響は、けっして無視したり軽視できるものではない。この意味で、ヘレニズムとローマ帝国の時代は、まさに活発な文化混交主義《シンクレティズム》の時代であった。

同化、および文化の借用は中世でも引き続き行われた。キリスト教が異教徒の教えを部分的に吸収した、いわゆる「利用」についてはすでに見てきた通りである。さらに時代が進み、地中海周辺にイスラム文化がうち立てられると、その哲学や科学などの学問が広範に拡散していき、一一〜一二世紀の西洋学問やキリスト教スコラ哲学の大きな発展を促すことになった。数世紀後にコンスタンチノープルが陥落したが〔一四五三年〕、このできごとによって「東のローマ」とうたわれた地域から多くのギリシャ人学者が流出した。これが、ヨーロッパ・ルネサンスへの大きな刺激となった。中世後期における文化の借用の例はいくらでもあるが、なかでもとりわけ際立っているものは、疑いもなく古典ローマ法、すなわち市民法の遺産の「受容」であった。そしてこの遺産は、後に大陸ヨーロッパ（およびその植民地）の法体系の基礎となった。この場合、借用は、適応および部分的統合の複雑なプロセスをたどった。古典ローマの原理原則と、歴史的に形成された法習慣や地方的な法規定との折りあいをつけなくてはならなかったからである。具体的なドイツの状況については、次のような優れたコメントがある。「ローマ法の受け入れは、この実験のもつ画期性から考えるなら、意外にもそれほど大きな争いや反対にも合わずに行われた」。このコメントはさらにこうのべている。その土地に元からある慣習法の訓練を受けたドイツの法学者たちは、じょじょに「市民法の判事」としての学識を積んでいった[19]。

マルコ・ポーロ

中世において文化受容が見られるのは、大陸や近東だけに限られているわけではない。時には、はるか遠方におよぶことすらあった。一四九二年〔新大陸の「発見」〕とコロンブスの航海を、あれほどまでに褒めそやすのであれば、もう一人別の探険家・旅行者が、コロンブスとは正反対の方向へと旅して行ったことも忘れてはなるまい。マルコ・ポーロ〔イタリアの旅行家 一二五四〜一三二四〕のことである。コロンブスの遠征よりも約二〇〇年前に、彼は当時モンゴルのフビライ・カーン〔元初代の皇帝 一二一五〜九四〕の支配下にあった中国へと、はるばる足を運んだ。西洋には多少の偏見があるようだが、事実としてモンゴル王朝は発達した文化に対して真剣な興味を抱いていた。マルコの父が一回目の訪問を終えて帰国するとき、フビライ・カーンは彼に教皇への手紙を託した。これは、キリスト教の教義や文芸・学芸などを教えてくれる優れた学者を派遣してほしいという要請であった。一二七一年に、マルコとその一行は極東へと向かって出航した。それは、二五年後にやっと終了する長い旅の始まりであった。

ヴェネツィアを出発してから、一行はまずペルシャ湾に臨むホルムズをめざした。ここから海路をとって中国へ渡るつもりであった。しかし、事情によってペルシャを経由して北上することになり、大筋としては、後世「シルクロード」と呼ばれることになる道をたどった。それから先はクルサンを横断しオクサス川上流に至り、さらに進んでパミール高原に達した。そしてゴビ砂漠（ポーロは「ロプ砂漠」と呼んでいるが）を横切り、ついに上都にあるフビライ・カーンの王宮にたどり着くことができた。ポーロは到着するや、すぐにその土地のいくつかの言語の勉強を始めた。そしてほどなく官界に入り、高い役人の地位に就くことができた。彼はしばしばカーンにより遠隔地や辺境居留地への出張を命じられたが、その度に貴重な直接情報をもち帰ってきた。マルコおよびその一行は、中国から帰国するときには、まずペルシャまで船に頼り、そこから先は陸路でヴェネツィアに帰り着いた。このときも、やはりカーンから、教皇をはじめ幾人かのヨーロッパの王に宛てた友好的な書簡を託されていた。マルコたちは、旅行中にはその記録を実際に作成することはなかった。マルコが自分たちの経験を仲間のイタリア人に口述筆記させたのは、帰着後数年も経ってから、ジェノヴァの牢獄でのことであった。マルコの旅行記は、極東への大きな関心を呼び起こした。また、他方では「科学的な」地図製作法の進歩も促すことになった。ルネサンスと宗教改革の時代には、いくぶん極東への関心が薄れてきたが、これはやがて来る古典および聖書時代の古代学への関心の復活や、新世界《アメリカ》への熱狂の前触れであった。中国に再び関心が集まるのは、啓蒙主義時代、言い換えれば「理性の時代」のことであった。この時代には啓蒙主義の洗礼を受けた絶対主義が、アジア的王朝の官僚主義と優を競いあっていたが、一方では中国式の衣服、髪型（かつら）、宮廷作法などの中国趣味が拡がりつつあった[20]。

仏教の伝播――クマーラジーヴァ、ボーディダルマ、円仁

探険や大旅行は、ヨーロッパや西洋だけのものと考えられがちだが、これはまったく事実に反する。格好な例として、中国、日本など極東諸地域への仏教の伝播についてとりあげよう。仏教の東漸は、人類史上で特記されるべき文

化の借用の一例である。文化の借用と提供は、ここでは探険的旅行とほとんど一体化している。エリック・チュルヒャーはよく知られているように、「仏教の中国征服」などという表現を使っているが、それは誤解もはなはだしい。仏教はインドから旅の僧侶たちが艱難辛苦に耐え、時には迫害を蒙りながらも長い旅路の果てに伝えられたのである。彼らは、コルテスやピサロの命令一つで動く、万全の装備を施したコンキスタドール〔アメリカ大陸を征服したスペイン人たち〕の軍隊などというものはもたなかった。最初の仏教僧たちが中国にやって来たのは、一世紀のことであるが、そのとき、彼らは経典とともに、瞑想《ディヤーナ》や精神集中《サマーディ》などの修行法ももたらした。彼らは到着と同時に異文化と接触することになったが、それは自分たちの文化と本質において相通じるところもあれば、また根本的な異質さをもつものもあった。これら旅僧たちのおもな仕事の一つは、経典の翻訳であった。この作業には優れた翻訳の技量だけでなく、相当の文化的な柔軟性と相互適応性が欠かせなかった。経典の解釈と翻訳の作業が重ねられたが、結果としては仏教のなかに当時広く流行していた道教、とりわけ老子や荘子の思想がとり入れられたり、あるいはそれらによって補完されることになった。一方、道教の側でも仏教の存在論や形而上学がそのなかに組み込まれ、思想の幅が拡がると同時に変化をもきたした。インドおよび中国仏教の研究家、ハインリッヒ・デュモリンは、インドと中国の文化要素の複雑な相互作用を次のように注意深く描いている。

> 仏教がその発祥の地から中国の文化と生活のなかに移植されたことは、宗教史におけるもっとも重要なできごとの一つである。このことは、経典、教義、戒律、そして祭儀などの完備された、より高い水準にある宗教が、独自の古代文明をもった土地に導入されたことを意味する。……仏教の教えを説いたり、それを実践するにあたって、道教の用語を使ったことが、翻訳という困難な仕事をきわめて容易にしただけでなく、仏教経典を中国民衆にとって身近かなものにするうえで大いに助けとなった。……仏教が身にまとった「道教的装い」は末長くは続かなかったが、仏教思想の深部にまで変化を及ぼすものであった。仏教が古代中国の精神的遺産と出会ったことが、中国仏教のさまざまな流派をつくり出す源泉となった。教義上いろいろな違いはあっても、それらは互い

にきわめて密接な関係にあった(21)。

すでに見てきたように、この文化の進出を思い立ち、そして実行したのは、権力や富を渇望する将軍や商人たちではなく、古くからの文化的境界を横切り、踏み越えようとする意欲に燃えた学問ある僧たちであった。このようにして中国にやって来た最初の旅の僧の一人に、安世高〔パルティアの訳経僧 二世紀中頃〕がいる。彼は、しばしば「中国において最初に名を知られた仏教経典の大翻訳者」と呼ばれている。彼の努力は、主としていくつかの古典的な経典、および瞑想作法についての翻訳に向けられた。後者は、道教の修行と奇妙に混じりあっている。中国へやって来た僧のうちでもっともよく知られているのは、クマーラジーヴァ（鳩摩羅什）〔インドの仏教僧 三四四～四一三〕とボーディダルマ〔禅宗の始祖 ?～五二八〕であろう。前者は歴史的にも実在の確かな四世紀の学者であるが、後者は六世紀初の、どちらかといえば伝説上の人物である。クマーラジーヴァはインド北部の人で、子供の頃に出家し、小乗および大乗の両方を学んだが、後にははっきりと大乗の教えをとった。インドで名声が確立した後、彼の人生も晩年にかかろうとする頃に長安（後の西安）に至り、そこで訳経所を設立した。彼の業績のなかでもっともめざましいものは、大智度論（大般若経の註釈で、ナーガールジュナの手になるものとされている）の漢訳一〇〇巻である。中観学派の大乗仏教が他の流派を押さえて中国仏教の支配勢力となったのは、クマーラジーヴァに負うところが大きい。

歴史の記録ははっきりしないが、ボーディダルマは南インドのバラモンの家に生まれたらしい。若いときに仏教教団に入り、長い間苦労しながら南アジアを旅した。中国に着くや梁王朝の創立者である武帝とさっそく議論を交わしたという。伝説によると、ボーディダルマはそれから揚子江を葦に乗って渡った後、寺の壁に向かって座禅を組んだ。瞑想にふけること九年におよび、両脚は萎えて消失してしまった。彼は翻訳家としてはそれほど知られてはいないが、型破りの思想と瞑想法とで名を残した。しかし、その当時は反発する人も多かった。なかでもとりわけ嫌われたのは、公案と呼ばれる悟りを忽然と開くための鋭い逆説的問答であった。彼はこうした方法や新しい思想をもたらしたことにより、禅の創始者として崇敬されている。また禅修行者の間では禅宗の初祖とされ、また、ブッダ・シャカムニから数えて二八番めのインド人の祖師として称えられている。こうして彼は、後に長く続く系譜と思想の出発点に位置することになったが、この流れは後になって、さらに中国の国境を越えるのである。ボーディダルマ自身がつくったとされる詩に次のような句がある。

私がこの国にやって来たのは、ダルマという法を伝え、
そして錯誤から人を救うためだ。
花は五つの花弁を開く。
実はおのずと熟れる(22)。

仏教は、中国から李氏朝鮮、日本、およびその他極東の近隣諸国へと急速に拡がっていった。そのさいに、文化の借用と提供の実際的な役割を果たしたのは、またしても旅の僧侶と学者たちであった。仏教の教えは彼らによって、海を越え、陸を伝って普及していったのである。日本に仏教が浸透し始めた時期は、ボーディダルマの時代に先立つ。一〇〇年も経たないうちに、仏教は一般社会に受け入れられ、いろいろな宗派や教団に分かれて隆盛期を迎えた。しかし広く信じられたとはいえ、聖典そのものについての知識や実際の使用などは限られたものであった。この欠陥を克服するために、日本の僧たちはより深い理解と修行を求めて、仏教の来た道を逆にたどることになった。このもっとも代表的な例としてすぐに思いつくのは、円仁《えんにん》〔天台宗山門派の祖 七九四〜八六四〕、日本では慈覚《じがく》大師として知られている人物である。円仁が中国へ渡航したのは、ボーディダルマから三〇〇年の後、マルコ・ポーロよりも四世紀も前の時代であった。彼は中国に一〇年間留まり、当時唐王朝の支配下にあった広大な中国の国土をあちこちと巡り歩き、克明な旅の日記を残した。この記録は『入唐求法巡礼行記』（ここで法とは「ダルマ」のこと）と題されているが、その旅の意味をよく表している題名である。マルコ・ポーロの旅が基本的には商売目的のものであったのに対して、円仁は日本でも高い地位にある学識豊かな僧であり、目的はおのずと異なった。エドウィン・ライシャワー〔アメリカの歴史家、外交官、駐日大使を務めた。一九一〇〜九〇〕は

円仁の日記を英訳し、詳しい評を加えているが、この二人を比較して次のようにのべている。

マルコ・ポーロは基本的に異なる文化の出であるために、彼が目にした中国の高い文化を理解したり、評価するに十分な素地をもっていなかった。彼は実際のところ、中国の伝統文学の偉大さなどを知るよしもなかった。彼が滞在していた頃の中国は、全体としてはなお仏教が中心に信じられていたが、彼の目にはそれは単に偶像崇拝以上の意味をもつものではなく、彼に宗教的な理解を求める方が無理であった。それに対して、円仁は中国文化の支流ともいうべき日本からやって来た。複雑難解な漢文を学んで育ったうえ、彼自身が相当の学問を身につけた仏教学者でもあったから、いわば少なくとも中国文化の継子《ままこ》のようなものであった。マルコ・ポーロが嫌われ者の蒙古人征服者の仲間として中国にやって来たのに対し、円仁の方は信仰をともにする者として来たので、中国の生活の核心の部分に容易に溶け込むことができた。

ライシャワーは、円仁に関する評論のなかで、円仁の数々の冒険的な行動を追いながら解説を加えている。そのなかには日本の役所との交渉から始まって、中国各地を巡礼したこと、仏教徒弾圧のさなかで彼自身も苦労したことなどに至るまで数多くの経験が含まれている。読者は、円仁が旅の道中で観察した唐王朝の文化、経済、さらには政治の仕組みなどを事細かに知ることができる。ライシャワーは、自分自身の学者としての一般的な見解も紹介しているが、これは今日でも一読の価値がある。彼は次のように語っている。「今日、われわれは一つの世界に向かっての統合という苦痛に満ちたプロセスを経験しているが、このような偉大な歴史書は、中世の極東という特殊性があったとしても、人類共通の遺産として時空を超えた価値をもっている(23)」。

5　リベラリズムと中立主義

メルティング・ポットと手続き主義

これらの例を見てもわかるように、文化の借用には、異質な生活様式のなかに自分の身を長期にわたって忍耐強く置くことが必要であった。こうした状況のもとでひたすら学び続けていくことにより、少なくとも自分本来の習慣を部分的に変えていくというプロセスを踏んだのである。しかしながら、文化接触はつねに、あるいは必然的にこのような関わりの形をとるわけではない。文化は、時として互いに無関心のままに存在または共存することに何ら痛痒を感じないこともある。近代的リベラリズムやその流れをくむ「手続き論」を唱える人々における接触とは、おおむねそのようなものである。近代的リベラリズムは、「レッセフェール」（干渉せずあるがままにまかせる）のスローガンのもとに、相対的な相互無関心と孤立とを基本に置き、文化や生活様式の寛容な並列的存在を推進した。この提唱者たちには（混乱防止のために）全体的な枠組みや構造が必要であるとの認識があり、そのため制限つきの手続き的支配システム、あるいは「もっとも統治の少ない」統治という考え方を掲げた。そこでは、具体的にどのような生活様式をとるかなどについてはそれぞれの私的な個別習俗の問題とされる。自他のこのような関係は、分裂的かあるいは対立的なものにならないのかという疑問が生じる。というのは、同一性《アイデンティティ》が一般原則として（「理性」とか「人間の本性」という概念に合わせて）その存続を認められるとはいうが、他方では歴史的な文化や信条・信仰が異種混合の奔流のなかに放擲《ほうてき》されてしまう（このとき、一般社会からの隔離とかゲットー化をきたしやすい）からである。

西洋の先進国の社会にはこのリベラルな「エートス」が何らかの形で注入されている。アメリカ社会を分析するのに、しばしば根本から相容れない二つのモデル、すなわち「メルティング・ポット」と「リベラルな手続き主義」が用いられているのは、奇妙と言わねばならない。前者は、あらゆる文化の成分を漸進的に同化して、一つの統一的文化を形成することを前提としている。ところが後者は、いかなる文化に対してもすべて中立的、あるいは無関心な手続きの適用を称揚する。この後者のモデルは、メルティング・ポット・モデルの前提をいくぶんなりとも手直しするのには役立つかもしれないが、文化の分析手段としては必ずしも的確なものではなく、また文化の出会いの青写真としてもそれほどの魅力はもたない。リベラルな寛容性を主張する立場は、「開放性」という点で訴えるところがあるが、概していえばその代価が大きい。それは、形式と実質、生活領域における公と私との間の亀裂という代償を求めるからである。したがってこの限りにおいていえば、今日、しきりに目につく「メルティング・ポットを超えようとする」動きは、われわれの時代においては手続き主義を超えようとする動きによって補完することができる（またそうする必要がある）のかもしれない。

手続き的リベラリズムと中立性

手続き的リベラリズムについてはよく知られているので、ここでは簡単にふれるだけで十分であろう。アメリカにおけるこのモデルの代表的な提唱者としては、ジョン・ロールズ、ロナルド・ドゥウォーキン〔アメリカの政治学者〕、そしてブルース・アッカーマン〔アメリカの政治学者イエール大学教授〕などがあげられるが、これに異存はあるまい。ロールズは『正義論』やその他の本で、手続き的公正さ（実質的な「優遇」ではない）の概念を意識的に展開している。この概念は、個人やグループを基礎にした文化的伝統や宗教的信仰を超越し、不偏の立場をとることを内容としている。ロールズは現代西洋社会の現状に焦点をあてて、その文化の基本的特徴（彼はこれを「主観的情況」と呼ぶ）を浮かびあがらせようとする。その特徴とは、個人と団体とは善の観念やその実現の方法について、相対立する考えをもっていること、そしてこの違いが「互いを争わせ、ひいては制度・習慣について対立的な要求を主張するに至る」という事実のことをさす。ロールズの研究によれば、現にある生活様式の違いを緩和させるためには（けっして取り除くのではない）、政治政策の基本方針として、社会のすべての構成メンバーが不偏の精神をもって支持し得る、抽象的・普遍的原理を形成することが先決だという。周知のように、この研究のなかで提起されている基本的な原理というのは、「平等についてのリベラルな概念」(人生の目的を自由に追求することを保証する)の原理、それに「差異」(制度的不利益からの保護)の原理である。

前者の「平等の自由」という原理は、ドゥウォーキンによってさらに「平等の原理」、あるいは「平等の自由概念」などの名でいっそう内容豊かなものになっていった。彼の考えでは、平等な正義を追求する近代的な政府は、いわゆる、良き人生とは何かなどといった問題には厳格に中立の立場を貫かなければならないという。同様にして、公の政策は良き人生の概念とか人生の価値などという問題に対して、それが個人の奉じるものであれ、あるいは、文化的、民族的、宗教的集団などの奉じるものであれ、そこから独立していなくてはならないという。アッカーマンはドゥウォーキンからのヒントもあって、中立性をリベラルな憲法理論と法的裁定の中心的基盤のなかに組み込もうとした。彼は、もしも判決や裁定が、ある特定の文化的な伝統や生活様式を特別扱いしたり、あるいはさらに厳しくいえば、現にあるさまざまな伝統的あるいは宗教的なものの考え方の差異や違和感などといったものが法に関係することがらであるかのように考えること自体、中立の原理を蹂躙するものだと主張する。この解釈に立つなら、歴史的に形成された生活様式などは、「形式的」論理の権化のようなリベラルな手続き主義の言い分と太刀打ちできるものではない。所詮は、偶然か「主観的趣味」としてとり扱われるのがおちである。リベラルな正義はけっして具体的な文化の相互作用の上に位置するものではない。リベラルな正義が成り立つのは、文化的白紙状態においてのみである(24)。

中立性への疑問

リベラルな手続き主義の欠点についても、これまでしばしば言及されているので、ここではごく簡単にふれるだけにとどめておこう。論理的・理論的レベルで論ずるなら、手続き主義は簡単に言って次のようなジレンマに陥っている。すなわち、法律が真に中立的で普遍性をもつのであれば、それは抽象的で内容がなく、トートロジーに終わるしかない。それとも、それになにがしかの内容があるというなら、その場合には文化的な差異(ここでは文化とは生活様式のことを意味し、単なる「主観的情況」のことではない)を含むことになる。このジレンマは、ロールズも率直に認めているところであり、他のリベラルな手続き主義の提唱者もこの点大いに彼を見習うべきであろう。ロールズが最近書いたものを見ると、彼の法律論はあらゆる時代や場所を超えてあてはまるものではなく、近代的でリベラルな憲法社会という文化風土にあわせてつくられたものであるとのべている。ここで風土という言葉の意味するところは、人間の行動、間主観的（契約的）関係、および世俗的生活スタイルについての、互いに他とは異なった前提のことを指している。しかしながら、手続き主義の問題点は性格的にはその論理性だけにあるのではない。重要なのは文化の相互作用に対する影響という点である。リベラルな手続き主義の論によれば、生活形態の違いは完全に無視されてしまうか、あるいは優勢で覇権的なリベラルな文化に（よりあけすけに）拝跪《はいき》を強いられるのである。いずれにしても、具体的な異文化間の交渉は押さえ込まれてしまうか、回避されるかのどちらかである。

　この押さえ込みの作用に対して、ウィリアム・コノリー〔アメリカの政治学者 ジョンホプキンス大学教授〕は大きな反発を示す。彼は『アイデンティティ／差異』（一九九四年）のなかでこの点を雄弁に論じている。彼は、同化や「集団的アイデンティティ」の提唱者たちとは反対の立場をとるが、「リベラルな中立主義」あるいは手続き主義にも猜疑《さいぎ》の目を向ける。彼の指摘によると、リベラルな中立主義をとる連中は、他と張りあうような生活スタイルやアイデンティティの主張には、永続性がないことを知っていながら、「このような対立を公の舞台から取り除こうとしている」と言う。アイデンティティを表現し、擁護し、そして変化をもとり入れようとするなどのせっかくの工夫や努力も、中立主義者たちにかかっては、たちまちにしてまるごと押さえ込まれてしまう。そして次にやってくるのが、「生活とアイデンティティとがもっとも密着している領域」の追放である。それが彼らのやり方だとコノリーは見ている。コノリーは、交流がいっそう強まるような社会のあり方を望んでいるので、「アイデンティティや、何が善かといった問題」は、人々の対話のなかでもっととりあげられるべきであって、議論の俎上にも載せないのはもっての他だと言う。マイケル・ペリーは、倫理的および法的な面に重点を移し、そこからリベラルな手続き主義に辛辣な批判を浴びせる。ペリーは（上記のような）おもだった論客たちの議論を踏まえたうえで、リベラルな手続き主義の目標とするところは、もはや「賞味期限を過ぎている」から、「異なる道をとるべき時にきている」と言う。この道は、彼の言葉で表現するなら、

「慎重でかつ変革をめざす政治」の道ということになる。彼はグローバルな立場からの政治という点に焦点をしぼり、次のような迫力ある主張を展開している。

現状を見ると、アメリカ人は慎重で政治変革の能力に欠けているようだ。人類の精神文化がもはや多元性を失ったのと同様に、あるいはまたそれ以上に、アメリカのそれも多元的ではなくなっている。このことを考えると、アメリカが上述の能力に欠けていることはいっそう危険に思えてくる。「精神・宗教」と「政治・法律」との関係の問題が、アメリカのようなとりわけ多元性をもった国家でなぜ発生しているのかを考えてみる必要がある。建設的な精神的対話を、自国内だけでなく多元的世界においても実行するのだという大きな目標を掲げて取り組むうえで、われわれはたぶんその助けとなるような洞察をそこから得ることができるのではなかろうか。[25]

グローバルな情況を踏まえたペリーの評論は、今日リベラルな手続き主義の影響がとりわけグローバルな規模で顕在化してきたことを考えるなら、きわめて優れた見識だと言わなければならない。発展途上にある社会がじょじょに「落葉」していき、民俗学のなかへと遠ざけられているが、これが西洋の科学や知識のリベラルな中立性とか中立的客観性とかの名のもとで行われていることの実体である。これらの社会では、リベラルな手続き主義が、一般的には「非宗教主義」、あるいは非宗教国家という偽りの衣をまとって現れる。非宗教国家においては、その構造や基本原理がしばしば植民地時代の遺産の一部をなしていることがある。したがって、近代化を進める発展途上国のエリートたちは、元からいる住民の「偏見」や、民族、宗教、あるいは共同体の伝統から発する数限りない混乱を鎮めるための手段として、非宗教主義や非宗教的手続き主義を発動させることになる。非宗教的中立は、民族間あるいは共同体間の寛容さと、それがもたらす社会平和のための前提条件であるというのが、エリートたちの議論における基本戦略である。しかしながら、このような議論は、西洋の中立主義も同様であるが、文化掠奪に対する抵抗の意志を固めている第三世界の知識人から強力な挑戦を受けている。アーシシュ・ナンディ〔インドの政治心理学者 デリーの社会開発研究所所長〕は労作『非宗教主義の政治学と宗教的寛容さの回復』のなかで、文化相互間の寛容性は、排除ではなく、むしろ伝統的な信仰様式におおっぴらに頼ることによって擁護できるのではないか、という可能性を追求している。彼はリベラルな中立主義と原理主義との間で巧みに舵をとりながら、非宗教国家が覇権的な文化体制をうち立て、宗教政策を優柔不断に操る手段にしていることをずばりと批判している。ナンディによればこうなる。

宗教的寛容さを、脱エスニック的で中産階級に属する政治家、官僚、知識人などの小グループの誠実さや良心の上に築きあげようとしても無駄である。寛容の哲学、シンボリズム、神学が市民の信念としてうち立てられなければならない。この道の方がはるかに現実味のある事業なのだということに、われわれはもうそろそろ気づくべき時ではないのか。また同時に、南アジアの国家体制が宗教的寛容さを、ヒンドゥー教、イスラム教、仏教、シーク教の日常の姿から少しでも学んでくれるよう望みたい（逆に、一般のヒンドゥー教徒、イスラム教徒、仏教徒、シーク教徒たちが、これらの国が手を変え品を変えてもち出してくる、見てくれのよい非宗教理論から寛容さを学んでもらっては困るのだが[26]）。

6　対立と階級闘争

ローマ共和国における貴族と平民

リベラルな中立主義は、文化的あるいは宗教的な差異をそのままそっとしておくことを好む。しかしその一方で、たくさんの実体のない観念的な形式手続きでそのまわりをとり囲むのである。ロールズの表現を借りれば、正義は、公平さと同様の前提の上にうち立てられている。すなわち、「宗教的、哲学的、そして倫理的な教理における広くて深い差異性」が「人間の生活に付随する永遠に変わらない条件である」という前提である。このようにして、手続き主義者たちは現実として生活様式には違いがあることを当然と考えるが、その一方で、それぞれに共通する一般原則によって構成された同意という薄いヴェール一枚でなんとかその違いを目立たないものにしようとする。この薄い膜がはがれてしまうと、生活様式や信心・信条の違いがもろにぶつかりあい、そのあげくには、無関心かそうでなければ（たいがいは）相互反発や争いという結果を招くのである。後者の場合はとりわけ小さな集団が標的となったり、あるいは一つ領域内でいくつもの文化集団が優位や覇権を争うときにそうなりやすい。極端な状況のもとでは、争いによってお互いが排斥しあい、否が応でも自己を鮮明化するために文化的な差異がラディカルな他者性へと転じることになる。

　社会的、文化的相互作用の一つの様式としての争いは、（ラディカルなものも含めて）人間の歴史の記録や社会・政治思想の文献のなかでも際立った主題である。トマス・ホッブズ〔イギリスの政治哲学者　一五八八～一六七九〕の説によると、「自然状態」における人間関係の主要な特徴は、争いと相互敵対だとされる。同情心の欠如が前提となり、理性的な合意に基づいて樹立される「リヴァイアサン」は、主として力と恐怖とに訴えなければならない（つねに脆弱な文化的コンセンサスの代替物として）。より具体的で歴史的なレベルで見るならば、マキアヴェリ〔イタリアの政治思想家　一四六九～一五二七〕の政治理論における社会的な争いとは、調和のとれた中央舞台を意味する。ローマ共和国の熱烈な賛美者であったマキアヴェリは、貴族と平民（あるいは貴族と人民）との間の争いこそがローマ政治の力と活力の基本的源泉であったと考える。彼はローマ史についての『論考』のなかで、タルクイニウス〔ローマの第五代王　前六一六～前五七八〕の追放から帝国の始まりまでの時期を分析しているが、（リビウス〔ローマの歴史家　前五九～後一七〕にならい）集団間の敵対と闘争が共和政の道徳と自由を支える、まさに大黒柱であったとのべている。そこには次のような記述がある。「元老院とローマ市民との争いを非難することは、自由の源を非難していることに他ならない」。ここから多くの教訓を引き出したマキアヴェリは、さらにこの本のなかで、争いを非難する者は二つの事実を無視していると批判する。その事実とは、「一つには、いかなる共和国においても貴族と平民という二つの陣営が存在するということ、もう一つは、自由にとって好ましい法律は、ローマのできごとから容易に見てとれるように、相互の敵対がもたらした結果なのだということである[27]」。

マキアヴェリの説明では、ここでの争いは実際には食うか食われるかというせっぱつまったものとしては考えられていない。というのは、対立する両者ではあるが、共和政における自由の維持という点では共通のゴールをめざしており、ともにこれに資するものとみなされているからである。彼の言うように、この時期における社会集団間の差異が原因で「国外追放になった者も、流された血もごくわずか」であったことを思えば、この差異は一般の生活にとってとくに「害を及ぼしたり、命に関わる」ものだったとは言えない。集団間の争いがラディカルなものとなり、深刻に敵対しあうまでに高まるのは、もっと後になってからの、経済・社会理論のなかに出てくる特徴であり、とりわけマルクスの「階級闘争」の理論においてである。

ブルジョアジーとプロレタリアート

マルクス（およびエンゲルス）は『共産党宣言』のなかで、社会集団間の関係を二つの主要な階級、すなわち支配するものと搾取されるもの、ブルジョアジーとプロレタリアートの階級間の対立に収斂させた。これに先立つ数世紀の間の階級関係は複雑多様に織りなされていたが――この結果として階級区別がいくぶん穏やかなものとなっていたのだが――産業革命によって社会的な相互作用が攻撃的なものとなり、最終的には搾取者と被搾取者という決定的な敵対関係へと発展していった。そしてこの関係を糺すには、もはや革命による転覆以外に頼る術《すべ》は残されていなかった。

『共産党宣言』によれば、一九世紀はめざましい一つの成果をあげた。それは、「階級対立の単純化」である。その結果、社会は全体として「大きな二つの敵対する陣営、真正面から対峙する二つの大きな階級」へと方向を定め、相互排除という関係を強めながら分裂の度を加えていった（まさにゲーム理論でいう「ゼロサム・ゲーム」*用語解説のような状況である）。この文書がのべるように、工業化の担い手であるブルジョアジーは、「絶えず生産手段を革命化する」というプロセスを重ねることによって巨大な生産力を解放し、「あらゆる国の生産と消費にコスモポリタン的性格」を着実に与えていった。しかしながらこの解放された力は、今やすでに確立されたブルジョア的所有関係の様式を制約するものになりつつあった。すなわち具体的には、生産性の本源である労働者階級に対する搾取や収奪に異議申し立てが始まったのである。賃労働を生み出したことにより、ブルジョアジーは気づかぬままに自らの「墓掘り人」を生み出し、「自らを死に至らしめる」武器を鍛造した。そして最終的には、長い間社会のなかでくすぶり鬱積《うっせき》していた「ヴェールを被った市民戦争」が、ついに必ずや「公然たる革命に発展する」ところまですすみ、「プロレタリアートは武力によってブルジョアジーを打倒し、自らの支配の基礎を築く」に至る。かくしてプロレタリアートの勝利は、「不可避」だとされた(28)。

対立と出会いのモデル

根本的対立のモデル——あるいは相互排除による自己規定——は、とくに伝統的なマルクス主義だけのものではない(最近の数十年の間に彼らの影響と説得力は大きく後退した)。このモデルは、マルクス主義の「階級闘争」の概念とは一見大きな隔たりがあるような前提や理論系譜をもつ知的領域においてさえしばしば浮上してくる——たとえば、実存主義やポスト構造主義(の一部)などである。初期のサルトル〔フランスの哲学者・小説家 一九〇五〜八〇〕の作品では、社会的なあるいは人間相互における関係は、ほとんどすべて根本的な対立と闘争という観点から概念化されている。『存在と無』で表されているように、このような対立は、基本的には相互の「対象化」の結果としてもたらされたものである。というのは、対象化のプロセスで自己と他者とは交互に、あるいは相互に意識の「対象物」となってしまい、あげくにはこれが操作や支配の標的にされかねないからである。この本のよく知られている章、「注視」に出てくる話であるが、急に他人が現れてきて思いがけずこちらをじろじろと眺めたなら、何か自分が他者の世界のなかに単なる一成分として組み込まれたような気がして自律心が動揺をきたす、とある。しかしこの種の自由や自律の喪失は、単なる一時的なものにすぎない。なぜなら、自分が他者に視線を投げ返すことによって、自我は他者の優勢を否定あるいは無効化できるし、相手の視野に制約を加えることもできるからである。このようにして、他者は私自身がなることのできない他者となるのである。

相互否定および支配・服従から出てくるものは、人間の相互関係における本質的な不安定さである。ここでは自我は変容と退化との間を行ったり来たりするだけで、「これら二つの存在様式の総体を俯瞰《ふかん》する」ことができない。簡単に言えば、「争いとは、他者のための存在の原義をなす」ということである。ポスト構造主義者たちは、実存主義者の唱える「ヒューマニズム」に強い拒否反応を示すにもかかわらず、奇妙にもサルトル的分析には身をすり寄せることがある。「差異」や多様性の強調は、メルティング・ポット式同化や、「全体主義的」統合にはひときわ目立った対立をなすものであるが、時として自他の乖離とか非和解的な敵対の賛美に流れることがある。リオタール〔フランスの哲学者 一九二四〜九八〕は『ポストモダンの条件』において、「全体的統合」、すなわち「ユニシティ」へ向かって邁進《まいしん》する同化に対して、強烈な批判を浴びせている。この同化の方向には、マルクス主義（共産主義体制における）も身を屈する傾向があった。彼はあらゆる統合的・全体論的戦略に対決を挑んだが、「社会的なものの総体」を言語ゲームの多様なネットワークとして、原子レベルにまで分割するというやり方は、ポストモダンやポスト構造主義のトレードマークとして理解していた。彼の研究は、一致に関しての不一致があることを強調しているが、その望ましい方向としては、「ゲームの理論」をとり入れて、ゲームの相手も含めて基本ルールづくりをするよう求めている[29]。

グローバルな舞台に目を移すと、現在の国民国家間での国際的政治情勢をどう評価するかの問題で、対立抗争を重視する立場が表立ってきた（この評価は「現実政治」がなすべき責務を照らし出す役割を果たすものだが）。国民国家以外の舞台での――より合法分野で――西洋と非西洋の共同体間での、とりわけ植民地権力と植民地化された土地の住民との間での抗争もまた激しくなってきた。極端な状況では『共産党宣言』にあるような、非常に「単純化された対立」、すなわち、徹底的な他者性と相互排除の上に立つ敵対関係という性格をもつものとなった。このような状況において、征服のときによく見られた出会いのモデル（あるいはむしろ非出会いのモデル）が再び現れてきたのであるが、それは奇とするにはあたらない。しかし今回は植民地化する方ではなく、される方の優位な立場からこれを見ることができる。反植民地闘争のジレンマや苦悩のいくつかは、フランツ・ファノン〔フランス領マルティニク生まれの革命思想家・精神科医 一九二五〜六一〕が『地に呪われたる者』〔一九七六年〕のなかで具体的に、厳しく妥協のない筆致で描いている。ファノンはその本のなかで、「植民地解放は世界秩序を変え始めたが、これは明らかに完全な無秩序のためのプログラムである」と書いているが、この無秩序は次のような事実から生じている。

植民地解放は、本質的に対立しあう二つの勢力のぶつかりあいであるが、それらはもとはと言えば、実際に植民地の状況によりつくり出され、育成されて実質化されたものに他ならない。それらの最初のぶつかりあいの特徴は、暴力的であったことと、共倒れにはならなかったことである。すなわち、植民者が先住民を多数の銃剣と大砲とを用いて制圧し、搾取を継続していったのである。……非植民地化にあたっては、植民地の状況について徹底した疑問をもつことが必要とされる。

「疑問をもつ」ことの意味をはっきりさせるために、ファノンは聖書にある「後の者は先になり、先の者は後になるであろう」という言葉を引用するが、彼の解釈は特異である。すなわち、「もしも後の者が先となるにしても、そうなるのは二人の主役同士の命をかけた最後の闘いの後になってからの話である」と言うのである。コーネル・ウェストは、この点に関してはファノンの言葉は、「極端にマニ教的」ではあるが、先住民を嫌悪・恐怖する植民地権力によって「卑しめられ軽蔑され、憎まれ追い詰められ、抑圧され搾取され、辺境に追放され人間らしさを失わせられたことに対する一世紀にもおよぶ心からの人間的反応」がきわめて率直に表されている、と評している(30)。

7　対話への参加

トドロフの「コミュニケーション」

異文化接触の様式についての考察を終えるにあたって——けっして最終結論をめざすものではないが——もっとも

真正で、しかも規範として推奨に値するような接触のタイプ、すなわち、対話を通じて関わりあい、互いに影響しあうという関係に焦点をあてて検討してみよう。そこで、この章の始めにとり扱ったツヴェタン・トドロフにもう一度帰ることにしたい。彼は『アメリカ大陸の征服』のエピローグのなかで、「コミュニケーション」、あるいは「対話《ダイアローグ》」への参加に関する彼自身の基本的立場、あるいは関わり方、とくに文化に関する（あるいは文化間の）対話について自らの希望をも含めて書いている。それによると、「われわれの時代を特徴づけるもの」は文化の対話であり、それは民族学という形をとって具体化されている。そしてこれは、「植民地主義の生み落とした子どもであると同時に、その断末魔を示す証拠」でもあるという。トドロフは自分の立場を選択するにあたっては、コミュニケーションや対話を支持する他の多くの当代の作家――ハーバーマス〔ドイツの哲学者 一九二九〜〕、ガダマー、バフチーン〔旧ソ連の哲学者・言語学者 一八九七〜一九七五〕などが代表であるが――と足並みを揃える。しかし、彼の見解はコミュニケーションと対話の様式を区別するという点に特徴がある。

ハーバーマスの場合、「妥当要求」の評価が重視されるので、対話は「討議《ディスコース》」として、またコミュニケーションは「合理的」コミュニケーションとして定式化される傾向にある。その基本的な組み立てを見ると、前者の場合には一般的な規則、手順、およびカテゴリー（西洋近代独特の型式であるが）の遵守が含意されているか、あるいは前提とされている。この限りで、形式的同一性は少なくとも討議の前提としてある「合理性」のレベルにおいては、具体的多様性よりも優先される。一般にハーバーマスの理論においては、同一が文化的同化を意味するものではないと言われるが、これは公平な指摘であろう。リベラルな手続き主義の場合と同様に、合理的討議は形式に基づく同意、あるいは原則的合意を必要とするだけであり、具体的差異についてはそのままにして手をつけない。再びここでも、手続き主義者のとる方式と同じになるのだが、彼の方式もまた、差異を括弧に入れた形で同意をとりつけようとする。このため、差異がさまざまな規則の枠を超えてしまうことにもなる。ガダマーは大著『真理と方法』〔一九六〇年〕の中で、究極的な「地平の融合」*用語解説という概念を提起したが、これは理想化された同意のタイプとして評価されている。しかし、ここで理解しておかねばならないのは、彼の融合は認識規制的なものだという点である。これは読者とテクストとの関係に見られるような、先伸ばしされた解釈学的関わりをさすのであって、遠い目標として置かれている。その類似でいえば、文化としての生活の様式間における解釈的・対話的関わりがめざすところでもある。ガダマーの後期の作品では、相互接触において他者を認めることがより強調されており、融合主義からは着実に距離をとるようになっている[31]。

　トドロフはすでにのべた作家のなかでは、バフチーンの立場に一番近く、とくに彼の「対話による交流」の考え方に共感を寄せている。トドロフは差異に力点を置くという点で、ポストモダンやポスト構造主義と立場を同じくしている。しかし彼はラディカルな分離を好まず、他者性を保持することと、非同化的対話へ参加することとを融合させることによって、他者に対し他者であり続ける余地を与えようとする。トドロフは、対話というものをどちらかが最終的な決着をつけるものであるとか、一方の意見が単なる客体の位置に下げられたり、あるいは優位な位置に引き上げられたりする場としてはとらえなかった。スペインの征服についての彼の歴史的評価は、自ら認めているように、「両極端」に陥らないよう極力注意を払って行われている。一つの極は、歴史主義者的な誘惑に応えるものであり、征服者たちの声を「ありのままに」再現する、すなわち、「他人〔被征服者のこと〕のために」「己れ〔征服者のこと〕の立場」を捨てかかるやり方である。もう一つは、「相手を自分に従属させ」「操り人形のように自分が糸を引く」やり方である。この中間の道こそ、不安定ではあるが「対話の道」であり、究極的には人間的条件、あるいは世界における人間存在それ自体から発したものである。そしてこれは再び二つの極端、すなわち私が世界を侵略するのか、それとも死体と灰という形で世界の方が最終的に私を飲み込んでしまうのかの問題へとつながることになる。

　『アメリカ大陸の征服』のエピローグでは、バフチーンの新しい用語である「エクゾトピー」についてふれられている。この語は「他者の外部性（あるいは非同一性）の是認」を意味するので、「他者を主体をもつものとして（あるいは同じ人間として）認める」という立場に歩調を合わせたものだということができる。エクゾトピックな関係というのは、別の見方をすれば、「和して同ぜず式の愛」として描き出すことも可能である。すなわち、恋愛関係にあってもお互いの自由までは拘束しないということである。この関係は、ラス・カサスが晩年に至って先住民を自分自身の理想からではなく、彼らの理想から出発することによって愛敬したことに見ることができる。この点で、ラス・カサス（および同僚の何人か）は後の民族学者、さらにはより範囲を広げていえば、「現代の亡命者」、すなわち「国を失ったうえ、次に身を置く場所もなく、二重の外部性あるいは二重の危険性にさらされて生きている者」の姿勢を先取りしていたことになる。しかし、トドロフにとっては、亡命とか外部的存在としてあることと、「何かにつけ」放浪、あるいは「一般化された相対主義」的態度をとることとは同義ではない。というのは、このような根無し草的放浪は何かに本気で関わることを求めようとはしないので、ただ退屈か、そうでなければ無関心に向かうしかないものだからである。

亡命は、もしも同時に二つの文化に所属したままで、そのどちらにもアイデンティティをもたないなら、得るところがあるかもしれない。しかし、もしも社会全体が亡命者だけで構成されていたなら、文化の対話などはなくなってしまい、その後を埋めるものは折衷主義と比較主義だけであろう。そこでは何事に対してもわずかな愛着しか感ぜず、お互いは誰にも強い結びつきを感じることはなく、ただそれぞれが選択するところを互いになんとなく認めあうにすぎない。異なる声を響かせることができるのは、異種構成された社会であり、必要とするのはこのような社会である。ポリロジー〔エテロジー（他性論）に対する多性論〕は無味乾燥なものである[32]。

新しい接触のモードとコロンブスのもう一つの発見

自己と他者との関係（それには異文化接触も含まれていると解されるが）において、エクゾトピックな関わり方を提唱するのはトドロフとバフチーンだけではない。同様の見解は、今日の社会・政治思想のなかにもしばしば見い出すことができる。コノリーは『同一性／差異』のなかで、「ゆるやかな涵養の倫理」とか、「知的競合《アゴーン》的敬愛の倫理」を提唱しているが、これは、相互に対立的な関係にある同化と原子論的孤立主義、あるいは同一性の自己強化と相互排斥との中間（さらにはこれを超えることをめざすのだが）へと舵をきるものであり、非常に不安定なコースである。

コノリーの論ずるところでは、この倫理は他者に対して一定の距離を置きつつ、また時として積極的な関わりをもつ姿勢を保つこと、部外者が立ち入るべきでない他者の領域を認めつつ、また差異に対して真摯な「配慮」をすることなどをその内容としている。このような他者に対する思いやりと尊敬の心は、固定観念で身動きがとれない状態から脱したり、同一性への固執に憂身を費やすことのない生活を経験することによって、よりいっそう醸成される。なぜなら、そのことによって社会全体のなかでの自己規定、あり得べき将来像、自分の位置などが明確となり、また自己が社会のなかに「ゆるやかに撚《よ》りあわされ、まだ尽くされていない自己の可能性を探る道」が開けるからである。コノリーはそう主張する。このような開放性の体験は、注意深く行われるなら、知的競合的な相互依存の姿勢をつくり出し、保持していくのに役立つ。これをもう少し一般化して言うなら、「敵対者同士が、知的競合的相互性のモードのなかで互いに尊敬しあい、かつ、ともに存続していく倫理、あるいは、互いに異なるそれぞれのアイデンティティが他者を他者たらしめる相手の差異に対して、知的競合的な尊敬心を育てる倫理、さらには生活への気遣いを忘れないという倫理」を育てるのである。

一四九二年のコロンブスの「発見」に戻るが、コノリーによれば、アメリカの「発見」は、その意義が十分に認識されていない、もう一つ別のさらに重要な発見をともなったという。その発見とは、他者、すなわち「異質の世界」の発見であった。しかしスペインの新世界へのなりふりかまわぬ拡張は、この大きな難問や、自己と他者との間の謎、異質な文化間の倫理規範の関係についての謎を覆い隠し、避難させてしまった。コノリーは次のように言う。

コロンブスの行なったもっとも重要な発見とは、一つの謎——この謎は一方であくまで解明を要求しながら、いざそれをはっきりと定式化する段になると、これを拒むのであるが——の発見のことであった。この謎とは、他者性とそれについての知識、他者性と個人的アイデンティティの構成、他者性とそこからの離間……、他者性と倫理的統合のパラドックス……などに関するものである。コロンブスのアメリカ発見は、一四九二年に思いがけなく行われた。しかしこのできごとは、今や純粋で、きらきらと輝く無垢《むく》なる表面の下に横たわる、その深層において解明されようとしている[33]。

中世におけるキリスト教・ユダヤ教・イスラム教の接触

コロンブスの場合には、この謎が実際に体験されているさなかにあったにもかかわらず、「消し去られ」てしまったので、適当な形で問題提起されることはなかった。しかし、一四九二年の例は一般化しすぎてはなるまい。人類の歴史を通じて、洋の東西を問わず、この謎の解明への取り組みはなされてきたのである。それは、知的競合《アゴーン》的対話《ダイアローグ》あるいは配慮（このような配慮の意味するところは、少なくとも部分的には意識されていたであろうが）などを通じた数々の文化接触の例に見ることができる。西洋が関わった知的競合《アゴーン》的対話《ダイアローグ》のもっともめざましい例は、中世全盛期の初期におけるキリスト教・ユダヤ教・イスラム教の接触に見ることができる。もっとも、この接触は大部分が学術分野でのものではあったが、だからといってこの相互刺激の意義をいささかも減じるものではない。この時期、古典学問はイスラムおよびユダヤの翻訳を経由して、未開のヨーロッパに到達したことはよく知られている通りである。ギリシャの知的資源、とくにアリストテレスの文献は、アラビア語やヘブライ語からラテン語へと翻訳され、キリスト教の修道院や大学において西洋思想を活性化させた。当時の偉大な思想家たち、たとえば、アヴィセンナ（イブン・シーナー）〔アラビアの哲学者・医者、アリストテレスの研究者 九八〇～一〇三七〕、アル・ファーラービー〔イスラムの哲学者 一〇世紀〕、ベン・マイモン（マイモニデス）〔コルドバ生まれのユダヤ人教賢者、医者・哲学者。一一三五～一二〇四〕、アルベルトゥス〔ドイツの哲学者・司教 一二〇〇頃～八〇〕などは、互いにその存在を知り、（直接・間接に）著作を利用している[34]。

中世の例は、現代の近東における異文化間の交流の惨憺《さんたん》たる状況を考えればまさに特筆に値する。ルネサンスおよび宗教改革時期には、異文化間の対話は影をひそめ、国家や教派間での争いや敵対に道を譲り、ついには血なまぐさい宗教戦争に発展するまでに至った。このおかげで、今日の民族紛争もはるかおよびもつかぬほどの荒廃が、ヨーロッパにもたらされた。フランスがカトリックとユグノーとの敵対・抗争の真っただなかにあったとき、ジャン・ボダン〔フランスの政治哲学者 一五三〇～九六〕はその当事者たちを（その宗教的な差異を取り除くことなく）包み込むような拡がりをもった

＊用語解説

公的・政治的な場を設定するよう提言した。彼は後年になって、一週間にもわたる知的競合的《アゴーン》対話《ダイアローグ》、あるいは論争を行ったときに、『ヘプタプロメーレス対話』と題する論文を書いた。これは、カトリック教徒、カルヴァン主義者、ルター派、イスラム教徒、ユダヤ教徒、理神論者、さらにはエピクロス主義者をも含めて、さまざまな異なる宗教・信条のスペクトルを描き出したものであった。この論文は、彼の時代には正当な評価を受けることはなかったものの、宗教的寛容さを備えた関わり方の規範を設定したものであると言える。後世これに匹敵するような文献は、多少の例外はあるが、ほとんど出ていないし、ましてやこれが実行に移されたのはまれなことであった。ボダンの作品が発表されてから約二世紀の後、ヨーロッパで啓蒙主義が最盛期を迎え、世が世俗主義へと向かうなかで、ゴットホールト・レッシング〔ドイツの劇作家 一七二九～八一〕は、『賢者ナータン』という戯曲を書いた。これは宗教的な多様性を受容しつつ、信仰そのものを賞賛するものであった。ボダンの論文と同様に、この戯曲でも異なる宗教的信条――この場合には、イスラム教、キリスト教、ユダヤ教であるが――をもつ代表者が、互いに知的競合的《アゴーン》議論のなかでそれぞれの主張を戦わせている。まぎれもなく、ここで暗示されているのは、救済は教義信仰を超越するということであった[35]。

　異文化間の対話の例は、西洋においては割合断続的にしか見られないが、非西洋世界では多数あり、しかもいっそう現実と結びついている。インド文化における宗教交流のもっとも顕著な例は、一六世紀にインドのほとんどをその政治的支配下に置いたムガール帝国皇帝アクバル〔一五四二～一六〇五〕の時代に見ることができる。アクバル自身は、スンニ派イスラム教徒であったが、ヒンドゥー教の宗教と文化だけでなく、他の宗教にも敬意を払い、ついにはラージプートの王女と結婚した。フランスでは、カトリックとユグノーの争いたけなわの一五七五年、アクバルはファテプール・シクリに「礼拝の家《イバーダット・ハーナ》」を建て、ここで諸宗派のイスラム教徒、ゴアのイエズス会神父、ゾロアスター教徒、ヒンドゥー教学者その他を集め、彼らとアクバルとの間で、あるいは彼ら同士の間で宗論を戦わせた。この議論の結果としてスーフィー教、ゾロアスター教、そしてアクバル自身が後に信仰告白したヒンドゥー教とを組み合わせて一種の唯一神教が創り出されたが、帝国内でこの信仰が強制されることはなかった。

対話としての東アジア文明の発展

歴史的に見ると、異文化間の交流は極東の地でよりいっそう盛んであった。テオドール・ド・バリー〔アメリカの社会学者 コロンビア大学教授〕は、一九八六年にライシャワー講座での講義のなかで、東アジア文明の発展を「対話《ダイアローグ》の五段階」として跡づけた。ド・バリーは対話という用語を、より形式的な言説と対比させて、「(もっとも広義に解釈して)意見や考え方を共有し交換すること」という意味で使用しているが、これにはもちろん「思想や制度・習慣の相互の影響」までもが含められている。彼の講義によれば、極東文化の第一段階は、「道の論者」によって支配されていた。すなわち、道家、墨家、儒家、法家を巻き込んだ論争の時期である。第二段階では、仏教徒、儒教徒、「他の極東諸国の土着の伝統」との接触へと焦点が移動した。第三段階では、新儒教の発生とそれに続く仏教との対立、第四段階は、新儒教の伝統に対する西洋近代の来襲によって特徴づけられる（第五段階では、共産主義中国の出現があった）。ド・バリーの講義では異文化間に生じる苦悩、敵対、さまざまな交錯による複雑さが詳細に論じられている。第二段階を例にとると、この時期の文化的風土は「道教の陰陽五行説、儒教の中庸思想、仏教の民主主義的平等思想」の諸潮流が知的競合《アゴーン》によって一つに合わさったものとして要約できるという日本人学者の説を、バリーは紹介している[36]。

ド・バリーはこの講義の締めくくりの部分で、グローバルなレベルでの異文化間の関係についての将来の展望を思索している。彼は、もしも文化が互いに本気で関わりあいをもとうとしないならば、つまり、自分自身の特殊性や差異を保持しながら同時に相互に学ぶことができないなら、将来の見通しは暗いと指摘する。彼は、「いくら体制を改めても、過去の遺産をたぐり寄せることを怠るならそれは永続きしないだろうし、伝統の方でも儒教徒であれ、仏教徒、キリスト教徒であれ、グローバルな闘争の坩堝《るつぼ》のなかでは、変革なしに生き延びることはできない」と言う。彼はここでさらに鋭く踏み込む。この闘争は、けっして世界支配や、果ては宇宙征服をめざすものであってはならない。今日ますます小さくなりつつある地球村のもっとも緊要な課題とは、互いの責任意識を涵養し、世界や人々の幸福への思いやりをみなが等しく分かちあうことだ、と主張している。

われわれは、外へ外へ、西へ西へと拡張を続け、最後の辺境（新世界のもともとの領域）にまで踏み込んで行った。以来、長い時が経過したが、われわれは未だに一つのことがらに気づいていない。すなわち、われわれにとってのこれからのニューフロンティアとは、もはやわれわれがこれまで侵入の対象とみなしてきた他者の領域であってはならないということである。われわれは東アジアの人々が何世紀にもわたってそうしてきたように、限られた土地をより深く、より効率的に耕作することによって、他者とともに生きることを学ばなくてはならない。われわれが必要としているものは、スターウォーズといったような征服の対象としての新世界ではなくて、同じ地球や惑星に住む者どうしとして共有できる新しい郷土意識なのである(37)。

トドロフはエピローグのなかで、歴史的な叙述から将来の展望と可能性の評価へと目を向けている。今日のわれわれの世界は、二〇世紀の終わりを迎えようとしているが、もはや一四九二年とは大いに異なる。もっとも、仮借ない征服と支配への衝動が存在するという点では、依然として恐るべき類似がいくらかは残っているというべきだが。しかし、何といってもグローバルな状況が一変したことだけは確かだ。「私の信じるところでは、ヨーロッパ史におけるこの時期——一方的な植民地化の時代——は今日終焉を迎えつつある」とトドロフは言う。少なくとも、西洋文明の代表者たちは「もはやその優位性を素朴に信じてはいない」し、したがって、「同化への動き」も沈静化し始めている。同様の変化はイデオロギーの分野でも起こりつつある。われわれの時代は平等を求めるが、そのことによって「アイデンティティの受容が強制されてはならない」し、またわれわれは差異をも求めるものであるが、それは「優劣関係に堕するものであってはならない」。この分野において、あれかこれかの選択ではなく、「両者の優れた部分を」組み合わせることが追求されているのも、その意味においてである。この間のさまざまな変化を考慮するなら、スペイン人によるアメリカ征服は、将来の文化的関係の模範や従うべきモデルではないし、またそうみなすべきでもない。いくら、われわれによりいっそうの進取の気風があったとしても、「もはやコルテスのようにはいかない」。逃れられない運命を宣告するという意味ではなく、学ぶ経験を積むうえでの教訓として、歴史は依然として人生の教師である。

トドロフの引用で、この章を締めくくることにしよう。

われわれは征服者と似ているが、同時に異なる点もある。彼らの行なったことは教訓とはなるが、われわれが彼らとは異なったるふるまい方をしているからといって、実際に彼らと同じ轍を踏んでいないとは確言できない。新たな状況にただ順応しているだけなのかもしれない。しかし、彼らの歴史はわれわれにとって戒めとはなる。なぜなら、それはわれわれが自分自身を省みて、似ている点、異なる点を見つけ出すことに役立つからである。もう一度強調しておきたい。己れを知ることは、他者を知ることによって深められるのだということを。(38)

第2章　ガダマー、デリダと差異の解釈学

自分たちを互いに隠しているベールの息づかいを
ともに呼吸してみよう

――ツェラーン『フェルナン』

実際に生きるという経験からなる世界――「生活世界」――と哲学がもつ関係は、複雑で論争的である。伝統的な用語でいえば、問題は、哲学的習慣がプラトンが用いた比喩のように、視野を閉ざされた洞窟の内部につながれた状態にあるのか、あるいは外部にあるのかということにある。今日の時代になっても、この問題が収まる気配はない。「分析」哲学者が分析対象を外部化するか、そこから距離をもとうとする一方で、（少なくともハイデガー以降の）ヨーロッパ大陸の思想家は、そうした思想的な立場の心地よさを拒否してきた。ヨーロッパの思想家は、敏感な地震計のように、かつては堅固であった西洋文化という土台を揺るがしている、目に見えない地下の振動を感知しているのだ。揺らいでいる土台というのは、主観性という主柱であり、自我《コギト》という主柱であり、あるいは自然に対する支配の手段としての合理性という主柱である。この地震計の鳴動が指し示しているのは、置き換え、つまり、存在論的脱中心化の過程である。すなわち、主体と客体、自己と他者、人間と（人間の拡張物である）自然の間の境界をずらす目論見である。これが行われると、われわれの時代では経験上の振動に引き続いて、広範な地政学的置き換えが生じる。つまり、舞台中央からヨーロッパが追い出され、これと競いあい、とって代わろうとする対抗文化の地球的規模のうねりのなかへ、ヨーロッパが投げ入れられるのである。確かに、ヨーロッパや西洋は今なお強力に覇権を行使してい

る。とはいえ、このヘゲモニーの地位に対する自信や自己認識は、取り返しのつかないほどに失われ、あるいは、少なくとも危機に瀕しているのである。(1)

本章は、とくに傑出し信頼のおける二つの地震計、ハンス・ゲオルク・ガダマー〔ドイツの哲学者 一九〇〇～〕とジャック・デリダ〔フランスの哲学者 一九三〇～〕に着目することで、置き換えのこの二重運動について考察する。この二人の思想家は、異なった視角から取りかかり、違った動機に動かされてはいるが、ともに見通しのきかない現代という時代に光をあてることに多大の貢献をした。二人のうちガダマーは、長期的な観点と真に「世俗的」な見方という特徴がある。ガダマーは一九〇〇年に生まれ、二〇世紀における敵対と転換の、とりわけ継続的で魅力的、明敏な参加者であり続けている。彼は長い経歴を通して、自己と他者の間、読者とテクストの間、話し手と言語の間の浸透的な関係に一貫して考察を集中させてきた。この限りにおいて、彼の著作は何世代にもわたる研究者を導く道標として役立ってきた。すなわち、「形而上学の終焉」のために、アイデンティティが屈折し、自己は他者性に汚染されたのだが、これらに心を悩ませている研究者への道標としてである。同時に彼の仕事は、広範な地球的・地理文化的な関心とも深く共鳴しあっている。ヨーロッパ的「ヒューマニズム」とヨーロッパ的「ヒューマニティ」の現代の最たる代表者として、ガダマーはヨーロッパや西洋の文化の意味について根気強く考察し注釈してきたのであり、本質的な偉大さと悲劇や限界の可能性との両方について読者に警告を発してきた。他方、デリダは異なった道筋を通りながら――伝統的なヒューマニズムからはずっと離れながら――同様に「ポスト形而上学」や、自己・他者関係と異文化関係に対するその意味について関心を寄せてきた。したがって、両者の思想家は、異なったやり方ではあるが、アイデンティティや弁証法の伝統的な観念を超えて、複雑な「差異の解釈学」の基礎を築きあげてきたと言える。それは、出現しつつある地球都市《グローバルシティ》と、対話を通じて組み立てられるグローバルなキリスト教世界にとっての重要な礎石を提供し得るような解釈学である。

本章は、間人間的な問題、つまり、自己・他者関係の問題から始め、より広範な地理文化的関心、とりわけ異文化間の対話《ダイアローグ》のテーマにまで対象を広げる。最初の問題を例示するため、『私は誰か、お前は誰か』と題された短い本を私のガイドとしてとりあげよう。この本は、パウル・ツェラーン（ドイツ系ユダヤ人の詩人 一九二〇～七〇）の詩に関するガダマーの注釈を収録しており、これに関係して、自己と他者の相互浸透、あるいはアイデンティティと差異の相互浸透について考察している。ツェラーンについての議論は、おもに対話と対話における「善意」の役割に関するガダマーとデリダとのやりとりに言及することで補足される。その後、文化的な領域に関心を広げ、ガダマーの不当にも無視されることの多い作品『ヨーロッパの遺産』を引証点としてとりあげる。この領域でのガダマーの議論もまた、デリダの最近の著書の一つ『他の岬——ヨーロッパと民主主義』に言及することによって描写を深め、おそらくはその限界を見極めることにもなろう。われわれの時代はグローバルな異文化接触を試みているのであるが、この新しい挑戦に対してヨーロッパ中心的な言説、つまり、「オリエンタリズム」がもつ伝統的様式の限界を超えるために、差異の解釈学がいかに有効であるかに焦点をあてることで、本章の結論をまとめよう。

1　ツェラーンの詩解釈にみるガダマーの他者性と差異の概念

前に示したようにガダマーの作品は、自己・他者関係という問題を中心に展開してきた。ワイマール共和国の衰退期、ファシストの全体主義に直面して、若きガダマーは、対話《ダイアローグ》を通じての相互作用からなる共和国のあり方を描こうとした。そのイメージは、プラトン的対話の遺産に深く依拠したものだった。もっとも、彼は究極的知識を所有しているとされる「護民官階級」に訴えることはしなかったが。こうしたコンテクストにおける対話とは、恒常的な形成の過程、つまり、公共生活と個人生活の双方の意味において、参加者のアイデンティティを絶えず問い直すような過程にある共同体を媒介とするものであり、功利主義とユートピア主義の両方を避けようとするものであった。(2)対話《ダイアローグ》のこうした見方は、戦後になってガダマーが言語学と解釈学の理解——彼はハイデガーと後に出会うのだが、部分的には少なくともその結果として——を深めるにつれて、哲学的な裏づけを得た。彼の成熟した思考の驚くべき中核である『真理と方法』(一九六〇年)は、読者とテクストの間の、現在と過去の間の、土着と外来の文化の間をつなぐリンクとしての対話を示している。だが、その豊かな洞察と成果にもかかわらず、この点に関するガダマーの記述は、一種の観念主義を反映し、露呈している。言うなれば、自己と他者の間のほとんど予定された調和を、そして読者とテクストの間の最終的な「地平の融合」を重んじるあまり、差異がいささか薄められたような外観を呈しているのだ。とはいえ、さまざまな要因やそれに引き続く経験があいまって、なかんずく後期ハイデガーの著作、フランスのポスト構造主義の影響、そしてパウル・ツェラーンの詩との出会いによって、この外観には時代とともに修正が加えられるようになった。とりあえず、これらの要因に序列を立てることなく、あるいは他よりあるものを特権化することなく、最後のツェラーンの経験から検討しよう。

『真理と方法』に続く一〇年間、ガダマーは繰り返しツェラーンの詩編の解釈を行い、このテーマについて講義をし、著作を書いた。彼の注釈は一九七三年に出版された『私は誰か、お前は誰か』に最終的に収められた。この薄い本には、ツェラーンの「呼吸のクリスタル」と呼ばれる詩編を検証する注釈が集められている。注釈に先立つ前文にすぐに見てとれるのは、差異と根元的な他者性の感覚の強調である。ガダマーはこう書いている。「パウル・ツェラーンの詩は私たちに到達する。そして、その論点を私たちは見失う」。こうしたコミュニケーションの失敗、あるいは決裂は、けっして偶然でもないし、偶発的でもない。結局、「瓶の中のメッセージ」として詩を書いたのは、すなわち、メッセージを読み解き、瓶にメッセージが入れられているのかをさえ決めることをすべて読者にゆだねたのは、他ならぬツェラーン自身であった。ガダマーも、前文で自分自身をツェラーンの瓶の単なる受けとり手として描き、自分の注釈を「ほとんど読みとれないサイン」を解読しようとする「読み解きの作業」として記述している。彼の観察によれば、そのような瓶に接近しサインを解読するには、テクストにおける差異や他者性の強調に対して、忍耐、勤勉、慎重をもち続けることが求められる。瓶に閉じこめられた詩には、おそらく、完全な透明性を生み出したり、数学の問題のように論理的な解答に服したりすることを期待することはできない。しかし、差異の認識は、絶望への助言とは同義ではない。ガダマーは、自分自身の労作に関して次のように書いている。

長々と考えた結果、この読者はこれらの暗い揺籃期における「意味」を探し求めてきたと思い込む。だが、読者は必ずしも一義的な意味としてこれをとらえるのではなく、また一つの完結した（あるいは完全に透明な）意味としてとらえるのでもない。多くの例において、読者は単にいくつかの節を解読したり、（テクストの理解ではなく）自分の理解のギャップがどのように修復され得るかについての漠たる予感を提供したりするだけである。誰がツェラーンの詩をすでに「理解」したと信じようとも、その人物は私の対話者ではないし、これらのページの発信人でもない。そうした人物は、この場合、理解が何を意味するかをわかっていないだけだ。(3)

ガダマーの著書で議論されている詩編は「呼吸のクリスタル」と題され、『呼吸の転換点』と呼ばれる大部の一連の詩集に収められている。呼吸とその転換と結晶への言及は、瓶の中の様式化されたメッセージへの手がかりを示している。つまり、読者がここで出会うのは、高度に成熟したコミュニケーション、つまり非コミュニケーションを通じてのコミュニケーションなのである。ガダマーが観察するように、「彼の後期の詩編でパウル・ツェラーンがさらに接近しているのは、秘密の暗号に転じた言葉のなかに潜む沈黙の死の静けさである」。この種の詩に沈潜し踏み込むためには、読者は見知らぬ土地への長い探索、あるいは旅を覚悟せねばならない。この土地では、手際よさといっても、とくに博識な準備というわけではなく、むしろ言葉の「死の静けさ」に聞き耳を立てる周到さを意味する。この旅行では何らかの手がかりやサインが詩人自身の手で与えられているかもしれず、それを細心の注意と慎重さをもって扱わなければならない。詩とは、単に詩人の私的な感覚の表現とか彼や彼女の内的自己（つまりエゴ）の開陳とかであるだけではない。であるから、詩の意味を考えることを、単に精神的な共感に置き換えることはできない。これらの警告は、ツェラーンが個人的な代名詞（私、汝、私たち、あなたなど）に繰り返し呼びかけているとしても、隠された、つまり「解釈的」な彼の詩の場合においてはとくに重要である。こうした呼びかけにもかかわらず、代名詞へのツェラーンの実際の言及は、すべての事例において「深遠に不確定」であるとガダマーは記している。したがって、詩のなかで頻繁に用いられる私という言葉も、読者の「自己」とは異なる何かである詩人の自我を単に示しているだけではない。むしろこの言葉は自己一般を、つまり、「私たちのすべて」を指しているのだ。しかし、この定式でもまだ不確実さが残る。なぜなら、すべての自己というのも、「汝」あるいは他者（自分自身のなかの他者を含む）との争いがある以上、同じように確たるものとして安定化したり、指摘したりはできないからである。ツェラーンが用いたように、汝あるいはあなたが意味し、あるいは意味し得る用語は、またもやすべての人、つまり、読者、友人、隣人、あるいはたぶん「もっとも緊密にしてもっとも隔たった汝である神」である。ガダマーによれば、こうした言い方の正確なターゲットなど「確定することはできない」。実際、「私が自己（つまりエゴ）であり、かつまたほとんどそうでないのとまさに同様に、汝は『私』であり、かつまたそうではない[4]」。

　これらの注釈に関しては、ツェラーンの作品のなかの最初の詩編に例を見てとることができる。この詩は、「あなたは」と語りかける代名詞から始まる。「あなたは手際よく／雪をもって私を歓迎するだろう」。これに続く詩の数行は、夏の日のみずみずしさや、自然のはちきれんばかりの成長と「心を同じくして」生きる生活のたゆまざる歩みにふれている。詩の最初で雪の静けさを讃えているのは、夏のみずみずしさという背景に反しているが、個人的な代名詞を使って雪を讃えていることに注意すべきである。詩の最初の「あなた」によって、誰、あるいは何が意味されているのだろうか。こうガダマーは問い、答えている。それは、「休むことなき営みの夏の後に、心からの救済を許し与えるよう期待されている他者、もしくは他者性それ自身に他ならないもの」である。同じように、この数行でふれられた「私」は、単に詩人の自己ではなく、冬と沈黙を、おそらく死の隠遁《いんとん》の寡黙さえをも渇望しているすべての（人間の）存在でもある。ガダマーは言う。「これらの数行で表現されているのは、他者性――それが何であろうとも――を受け入れる準備である」。大切なことだが、冬や雪への言及は、単に季節の変化や自然の外見上の循環にだけふれているのではない。訴えたいことは、むしろ、その抑制された短さと寡黙な希薄さのなかに、詩それ自体のなかに明瞭である。この限りにおいて、これらのくだりは呼吸の転換と結晶化をみごとに凝固させたといえる。ガダマーの言い方では、詩の静けさは――

息継ぎのときに、息を新たに呼吸するほとんど耳に聞こえない瞬間に広がる静けさと同じものである。というのは、これこそが「呼吸の転換点」の意味するもの、すなわち息を吸い込むことと吐き出すことの間の無声の、動きのない間隙の体験であるからだ。あえて言うなら、ツェラーンはこうした息継ぎ、つまり、呼吸の逆転のこの瞬間を、動きのない寡黙な状態だけでなく、すべての逆転や転換に暗示されている抑制されたある種の希望とも結びつけているのである。

しかし、秘められた希望のこの要素も、ツェラーンの詩の完全な平静や難解な非表現性をいささかも損なうことはない。この非表現性はまた、相互精神的な共感に基づいた意味論的透明性という見通しを掘り崩し、覆す。ガダマーはつけ加えて言う。「私とあなたの、詩人自身と読者自身の間の区別は、失敗に終わる」。「私は誰か、お前は誰か」という問題に対し、ツェラーンの詩は「問題をオープンにしておくことによって」答えているのだ[5]。

ツェラーンの他の詩についてのガダマーの注釈は、きわめてニュアンスに富み、探求的であり、そのため、ここでふれたコンテクストで要約することがまったくできない。ガダマーは一歩ずつ注釈を積み上げ、その最後にエピローグを添えて、もっとも重要な論点を浮き立たせている。中心的な論点は、詩の通釈の性格、つまり、詩のテクストの解釈の性格、とりわけツェラーンの瓶の中のメッセージのような秘密にコード化されたテクストに関係する。ガダマーによれば、こうした場合、解釈者は全面的な盗用と放棄の双方からの誘惑を避けながら、注意深く進まねばならない。ツェラーンの詩は発話と沈黙、暴露と秘匿の間を気まぐれにただようので、同様に注釈は、余白の空間を依然手つかずに残しておくような慎重な解釈を与えることによって、理解と非理解のはざまの中道をたどらねばならない。ガダマーにとって、理解の試みは、詩人の寡黙にもかかわらず、単に放棄されれば済むというものではない。彼が記すように、理解の失敗や破綻をただ記録するだけでは不十分である。むしろ必要なのは、突入可能な拠点を捜し、次にどのような方法でどこまで理解を貫けるかについて探求する試みである。しかしこうした解釈の試みの目標を見誤ってはならない。大切なのは、隠されているもの（そして隠されたままでなければならないもの）を透明にすることではない。詩のテクストの透明性と非透明性の複雑な組み合わせを理解し尊重することである。エピローグでは、こう書かれている。

> 詩人の意図の一義性を見分けたり、探しあてたりすることは、目的ではない。いかなる意味でもそうではない。詩それ自身のなかに表現されている「意味」の一義性を見定めるということでもない。むしろ求められるのは、詩のテクストによって解き放たれた曖昧さ、多重の意味、非決定性に注目することである。つまり、多義性によって、読者に空欄を埋める資格が与えられているのではない。むしろ、テクストが要求する解釈学的闘争という目標そのものが構成されているのだ。(6)

解釈上の忍耐を強調することで、ガダマーのエピローグには理解しようとする一般的な気質、つまり「善意」のようなもの、すなわち分裂や解体を結論とはしない傾向が反映されている。ウィトゲンシュタイン〔オーストリアの哲学者 一八八九〜一九五一〕やリオタールが銘打った言葉を借りれば、「言語ゲーム」や「字句の家族」の間の通訳不能性を讃える代わりに、ガダマーの解釈は、言語と言説の目標がオープンであり、少なくとも部分的には相互に浸透可能であることを強調する。彼の解釈学は、テクストと読者とを根本的に切り離すのではなく、共通世界への埋め込みを強調する傾向がある。この世界は「ユニバース」というよりは、「プルリバース pluriverse」、つまり異質な要素からなる多重的な構造をもつ。とりわけそのエピローグは、全面的隠遁という避難を詩人たちに認めてはいない。ガダマーによれば、そうした隠遁は詩人のテクストを秘技のカルトや学問の専門家の対象へと転換してしまう。これらの理由で、詩は「専門家にとって学問上の暗号」としてではなく、「共通世界を分かち合う言語共同体のメンバー」に向けられたテクストとして扱われるべきであり、この一般的格言が「健全である」と彼は考えている。その世界には、「詩人、読者、聴取者が等しく」住んでいるという。

そうした多面的なコンテクストでは、「理解」は、精神的共感の過程とか、主観的内包性の直接の把握とかを意味することはない。すなわち、外見と語法が多様であるために、注釈は闘争や敵対的関与の性格を示すことになり、あらかじめつくられた合意というより、「知的競合《アゴーン》的対話《ダイアローグ》」＊用語解説といったものにそってすすむことになる。他のすべての解釈の試みと同様に、詩の注釈は何よりもまず、テクストの完全さを尊重しなければならない。つまり、詩の言説の（言われていないことと同様に）「言われたこと」に注意を向けなければならない。この程度において、詩人の特殊な動機とはまったく独立して、詩の純粋な「テクスト性」について語ることができる。しかしテクスト性は、より広範な構造の一部である。それは、世界の「テクスト」という構造であり、そこにおいて読者が（成功したりしなかったりするが）理解しようと模索しているのだ。これらの読者の探求に対し、詩は答えるが、時に暗号めいた寡黙によって答える。ガダマーは次のように書いている。「対話のすべての言葉と同じく、詩もまた答弁の性格をもっている。この答弁は、詩によって語られてはいないが触発されて生じた期待感の一部を暗示する。おそらく予想としては失望するようにだけ放たれた感覚を」。この点は、ツェラーンのような現代の叙情的な詩編にとくにあてはまる。(7)

読者の問題や期待しだいで、詩は異なった反応を示す。すなわち異なった段階で、つまり意味と重要性のそれぞれのレベルで反応する。現代の詩人は、読者にある意味で多言語を用いるよう、言説の様式と語法の多様性にオープンであるよう、要請する。ある点についてツェラーン自身が書いているように、彼の詩は解釈の「異なった出発点の可能性」を認めるのであり、そのため、意味（と無意味）のレベルの間の運動を容認する。ガダマーがすばやくつけ加えているが、この容認は、ランダムさ、つまりテクストそのものの分裂と同一視されてはならない。この点に関しても、ツェラーン自身の証言が、自分の詩は分裂とか厳密な分離とかを示していないという主旨にふれている。ガダマーの観察によれば、ツェラーンの詩には複雑な多層的意味があるとしても、内的な首尾一貫性と完全性を示しており、この完全性は言語学的な短縮、凝縮、あるいは省略によってしばしば成しとげられている。この限りにおいて、彼の詩は迷宮や手品師の箱よりも、むしろ多数の仕方で光を反射する磨かれた水晶（「呼吸のクリスタル」）に似ている。エピローグにはこう書かれている。「優れた詩を魅惑的な手品のトリックから区別するのは、その構造と効能の様式へと深く入れば入るほど、その内的正確さが明らかになるという事実である」。こうした側面を現代の「構造主義」

分析は正しく認識してきたと言える。もっとも、構造主義は記号論的要因にのみ注目するあまり、言語論的一貫性を読者の期待のコンテクストをも含む広範な意味論的世界のコンテクストに関連づけることを怠ってきた。こうした広いコンテクストへの注意だけが、詩の意味論的な多義性の余地をつくり出すことができる。ガダマーの見方では、詩は単に自己抑制的な芸術のオブジェであるだけではなく、読者との対話的交換を通じてのみ適切な地位を獲得できる。彼はこう書いている。詩がすべての読者に提示し、あるいはほのめかしているものを、すべての読者は「彼または彼女の自らの経験によって補わなければならない。これが詩の意味を『理解する』ということである[(8)]」。

エピローグで強調されているように、この種の補足は、個人的な性癖や恣意的な読み替えへの逸脱、つまり、テクストの他者性とその本質的な要求を無視したり迂回したりするような逸脱を意味するのではない。この観点からすれば、解釈学は主観主義や主意的な盗用の同意語ではなく、むしろ継続的な対話の学習過程の同意語である。ガダマーによれば、主観的印象は「まったく解釈ではない」。すなわち、それはむしろ「注釈の裏切りそのもの」にすぎない。注釈の失敗の共通の原因は、瓶の中のおそらくコード化されているであろうメッセージなどのテクストの訴えに、対峙しようとしない（あるいはその善意がない）ことにある。そうした意志の欠如は、外来的な枠組みや基準の押しつけ、より一般的には私的な感情への頑迷な執着に表れる。つまり、「この種の理解では主観主義から逃れられない」。この種のアプローチより好ましいのは、テクストの根元的な他者性を認め、非理解を単純に承認することだろう。ツェラーンの詩ではこうした自認が、事実上、「解釈上の正直」のサインとなることもしばしばである。

しかしガダマーにとって、だからといって非理解を一般的目標、あるいは格言へと昇華することはできないのであり、実際、そうした格言は解釈の努力への無関心や気のゆるみのための処方箋となるにすぎない。テクストが難解で強情であるからといって、「解釈学的循環」*用語解説の熱心さをそいで、探求とテクストの回答との持続的な交換を免じることはできない。確かに解釈の試みは、詩の「客観的」意味や変わることのない「真実」を産出するものではない。すなわち、読者の期待の多様性とテクストそのものの多義性の両方が、そうした最終的な理解の達成を阻害する。しかし、接近法と意味論とのレベルが多様であるからといって、相対主義の単純な勝利をもたらすわけではない。相対主義は主観的な自己耽溺のモットーになってしまう。エピローグに書かれているのは、テクストの要求を注釈上の自由裁量と組み合わせることである。

詩のテクストの意味と全面的に共鳴する解釈の可能性をある事例で受け入れる一方で、より正確でそれゆえより「正しい」類いの解釈を別の事例で考慮することは、矛盾することではない。異なったことがここでは関係している（そして考慮されなければならない）からだ。一方では、すべての解釈の目的である「正しさ」に接近する過程である。他方で、おのおのの方法ですべて「正しく」あり得るような理解のレベルの収斂と均衡である。(9)

そうした解釈上の立場の強調、つまり、テクストの他者性と理解の試みの両方に関する差異の解釈学は、ガダマーの後期の仕事、とりわけ一九八一年の「ガダマーとデリダの出会い」から生まれたいくつかの作品にはっきりと見てとれる。出会いの数年後に発表された公開書簡で、デリダらがガダマーにラベル貼りしたある種の観念論的な、あるいは形而上学的な偏向という非難に対して、ガダマーは熱心に自己弁護した。そのさい、ガダマーはこうのべている。「理解するとは、いつも異なったように理解するということである。これを私も認める」。「言葉が別の人に届く」、あるいはテクストがその読者に届くときに前面に出てくるものが、「確固たるアイデンティティ」や合意の調和のなかで安定化されることはけっしてない。むしろ、単語やテクストとの出会いが意味するのは、自分の問題や予想を清算することなく、つねに自分自身の外部へ一歩踏み出すことである、と書簡は書いている。

したがって、理解というものは、合意が収斂することや、「他者にならって何かを繰り返す」試みだけに到達するのではない。むしろ、自己と他者の境界領域や隙間に進んで入り込み、そして対話《ダイアローグ》と相互の問いかけの開かれた「法廷」の前に自分自身を置くことを意味する。自己意識や自己理解といった用語――『真理と方法』で拡張されて用いられた表現であり、（自己性への没頭を想定していたために）批判の標的になったのだが――の意味の評価が必要なのは、この点においてである。ガダマーの手紙によれば、その用語はいかなる種類の狭い自己中心性を意味するものではなく、むしろ自己反省と自己問答のソクラテス的な過程、つまり、安定したアイデンティティや揺るぎのない自己の確かさという前提を、まさに掘り崩すことになる反照を意味する。ガダマーによるツェラーンの初期の解釈である『私は誰か、お前は誰か』の中心的なモチーフをとりあげながら、ガダマーは自分自身の仕事の奇跡をよりはっきりと浮き上がらせたのである。少なくともデリダに部分的に賛同しながら、彼はこう言う。「解釈学とはかき消すことではなく、自己性と意味論的意味の脱中心化をともなう。というのは、私たちである者とは成就されない何かであり、いつも新しい企てであり、いつも新しい敗北なのだ(10)」。

こうした方向の議論は、数年後に書かれた「解釈学とロゴス中心主義」というエッセイでも、さらに展開された。ここでもまた、ガダマーは次のような批判に直面した。彼の作品が暗号的観念論を備えており、とりわけ、差異の認識に敵対的な「ロゴス中心主義」と、自己性の渦のなかに他者性を取り込んで従属させる性癖とを隠しもっているという批判である。デリダや他の最近のフランス人思想家が論じたように、こうした批判はある種の直感的な訴求力――と自己の囲い込みの破綻――をもっていたが、結局は的外れであった。というのは、根元的な他者性、あるいは異質性を仮定するときに、解釈学の「脱構築」*用語解説が、まさに自己と他者の出会いや関わりあいを頓挫させたり妨げたりしがちだからである。ガダマーはこうのべている。

> 今、デリダなら、理解はつねに盗用に転じ、他者の拒絶につながると言うことによって反論するだろう。レヴィナス〔ユダヤ人哲学者 一九〇五～九五〕もまたこうした議論を高く評価している。したがって、軽んじられるべきでないのは、他ならぬ観察なのである。しかし、そうした同一視が理解の内部で生じるという想定は、実は観念論的で「ロゴス中心主義的」であるような立場、とくに、第一次世界大戦後にすでにわれわれが修正と観念論批判のなかに葬り去ったような立場に起因するように思える……。テオドア・ヘッケル〔ドイツの牧師 一八九四～一九六七〕やフェルディナンド・エブナー〔オーストリアの人格主義哲学者 一八八二～一九三一〕らのキリスト教者だけでなく、カール・バルト〔スイスのプロテスタント神学者 一八八六～一九六八〕やルドルフ・ブルトマン〔ドイツの新約学者 一八八四～一九七六〕のような神学者、フランツ・ローゼンツヴァイク〔ドイツの哲学者 一八八六～一九二九〕やマーティン・ブーバ

ー（ユダヤ人哲学者 一八七八～一九六五）による観念論のユダヤ的批判によって、当時の思潮が形づくられていたのだが、われわれの思想がうごめいていたのは、そのなかにおいてであった。

『真理と方法』で議論された「地平の融合」＊用語解説のような概念は、完全な合併やヘーゲル的な止揚の意味でとらえるべきものではなく、対話的な出会いへの関わりの意味でとらえるべきだと、ガダマーはつけ加えている。つまり、「私は持続したり、同一視し得るような『個体性』に言及しているのではない。会話というものが進行するときに起きるものをまさに指しているのだ」。対話的出会いは、おそらくヘーゲル流の弁証法よりも、ソクラテスや、相互尋問と相互論争を通じたソクラテス的な自己問答の方法に多くを負っている。ガダマーによれば、「人がそこから開始し、また私がデリダの理解に、そしてデリダとともに理解に至るときに私も開始した」アイデア、あるいは手がかりをわれわれが見い出すのは、「ソクラテスにおいて」である。この手がかりとは、自己批判と自己の脱中心化の危険を冒してまで「人は他者を理解しようとしなくてはならない」ということであり、そこから「自分が間違っていることがあり得ると信じる」ことでもある。「差異」の強調については、デリダ流の脱構築は一つの貴重な洞察を含んでいるが、それは解釈学の適切な理解に密接に関連している。すなわち、「アイデンティティのなかに差異は存在する。さもなければ、アイデンティティはアイデンティティたり得ない。思想は差異と距離を内包する。さもなければ、思想は思想たり得ない[11]」。

2 ヨーロッパの評価――ガダマーとデリダの対比

ガダマー的解釈学は、知的競合《アゴーン》的な関与のあり方として見ることができるが、それは、テクストの狭義の注釈に関係するだけでなく、社会的・政治的な広範な領域への関心にも深く関係していると言える。対話的共和国についての彼の初期のエッセイが、ちょうどワイマール（とその後のファシスト）時代の政治シーンにおいて発表されたのと同じように、解釈的理解についての彼の後の記述は「地球都市」の出現に関連している。すなわち、西洋の一方的な覇権への抵抗の高まりと、文化間の競争とによって特徴づけられる、形成期の世界秩序についてである。現にそうであるし、また私が前に指摘したように、ガダマーはわれわれの時代から怠惰に遊離した見物人ではない。またもや、変動する世界状況のなかでの人類のジレンマと将来の見通しについて（哲学的に着色された）見解を打ち出しているのだ。ここでの目的のために、デリダとの出会いの一〇年ほど後に発表された、道標とも言える『ヨーロッパの遺産』をとりあげよう。この仕事でガダマーは、自ら関わりのあるヨーロッパ人として、つまり、適切に咎《とがめ》を受け「脱中心化」されたヨーロッパの、自覚をもった市民として自己を提示している。この研究は、ヨーロッパの顕著な特徴と業績をとりあげて賞賛してはいるものの、けっして至上主義的には見えないし、はるかに世界的規模の批判や憤慨の対象となってきたヨーロッパ中心主義《ユーロセントリズム》の立場をとることもない。この作品が強調するのは、科学と技術の西洋の先進性ではなく、むしろヨーロッパ文化を形づくる伝統の内的な異質性や多様性である。ガダマーにとって、純粋な「ヨーロッパの遺産」、つまり、非西洋社会に対しても、また出現しつつある全キリスト教的世界文化に対しても模範となり得る遺産を特徴づけるのは、こうした本質的多様性、言い換えれば、差異のなかにおける、そして差異を通じての統一に他ならない。

ガダマーの脱中心化された視点は、巻頭のエッセイである「ヨーロッパの多様性——遺産と将来」にはっきり見てとれる。エッセイの一行目で、彼は中立的傍観者ではなく、二〇世紀に展開するできごとに反照的に関わる参加者として自分を記述している。彼は書いている。「私は幼年時代からこうした波乱に満ちた時代を生きてきた。それゆえ、自分を目撃者としてとらえることができる」。つまり、熟達の域に達した専門家としてではなく、現実生活の体験とすり合わせを求める哲学者としてである。ガダマーにとって、二〇世紀のおもだった体験の一つは、舞台中央からのヨーロッパの撤退であり、地球大の相互作用のネットワークのなかへのその挿入である。彼の言葉ではこうのべられている。「両次の世界大戦の時代は、すべてを地球的次元に拡大し投射した。政治における問題は、誰の目にもわかりやすい外交の古い基礎であるヨーロッパの勢力均衡ではもはやない。むしろ、今日問題となっているのは、均衡の地球的バランス、つまり、広大な権力配分における共存の可能性という問題である」。

この深遠な転換が、今日の世界でのヨーロッパの地位と役割に影響しており、ヨーロッパの地位は過去と比べてはるかに低くなっている。ヨーロッパ人として、ガダマーはこうつけ加えた。「われわれの小さな、分裂した、豊かで、多様な大陸の上で、われわれはもはや私たち自身のなかにはいない」。むしろ「世界のできごと」のなかに深々と挟み込まれ、関連づけられている。ヨーロッパは世界のできごとのなかに巻き込まれ、人類が今日直面している地球的脅威や危険、とくに核によるカタストロフィーと生態学的災害からもまた脅かされおののいている。ガダマーにとって、これこそが、そこから思考を開始しなければならない現在の社会・政治的現実である。「現代の世界危機に、できあいの解決策を誰も提起できないような危機のなかに、ヨーロッパは深く陥っている」[12]。

この危うい状況のなかで、ヨーロッパはどのような役割を担うことができ、また担うべきだろうか。この問題に取り組むには、ヨーロッパの長い歴史の軌跡のなかで明らかになったヨーロッパの意味とその特徴的な重要性について考察することが必要である。ここでガダマーは、フッサール〔ドイツの哲学者、純粋現象学を開拓　一八五九～一九三八〕とハイデガーの足跡にそって、ヨーロッパの特異なトレードマークをある種の哲学の傾向に見い出している。この哲学は当初から瞑想よりも探求に傾けられ、それゆえ（広義の）科学に一定の本質的親和性をもっていた。ガダマーが記すように、われわれのヨーロッパ文化、あるいは西洋文化では、哲学は「始めの頃から科学的な調査に結びつけられてきた」。これが実は、「ヨーロッパを一つに特徴づけ、一つに束ねてきた新奇性、つまり、特異な性格なのである」。哲学的思考の科学的な一群や分派が、ヨーロッパ文化の広範な構造から自ら抜け出すことに成功するには、何世紀もの年月が必要だった。この過程が、世界的覇権における西洋の科学と技術の優勢への跳躍台として役立ったのだ。しかしガダマーにしてみれば、これは話のほんの一部にすぎない。西洋哲学は科学的探求に親和的であった一方で、形而上学、芸術、文学、人文科学、神学とも伝統的に結びついてきた。近代以前の時代、普及していた文化の枠組みを形づくっていたのはこれらの特徴であった。この枠組みをつくる成分は、穏やかに混ざりあって一つにまとまるのではなく、むしろ緊張をはらみながら、そしてしばしば紛争を起こしながら隣りあって成立していた。ガダマーを再び引用しよう。ヨーロッパでは文化と哲学は、「知的活動の多様な側面の間で、先鋭きわまる緊張と対決を生じさせる」ような方法で形づくられた。そのうえで、哲学的探求の起源的な概念を考えれば、ヨーロッパ文化の決定的な問題——世界のなかのヨーロッパの位置を最終的に決める問題——は、哲学と科学の間の、あるいは、科学と文化構造の他の成分との間の関係であるはずだ(13)。

ヨーロッパ的コンテクストと世界的コンテクストの両方での（経験科学を意味する）科学の優勢は、近代の産物であり、とりわけ古典的・中世的な目的論の放棄の産物であるが、これが自然の認識的・技術的支配に有利に働いた。科学は、広範な文化的言説の参加者であることをやめ、支配的な用語法として台頭した。周囲の世界全体から距離をとって分析にふさわしい対象に変えてしまい、そのために全体的な観察者（あるいは大君主）としてふるまうことができるような能力を科学者が得たからである。ガダマーの注釈によれば、人類の理性や知性が「自然を人工的対象物へと転換し、世界全体を産業生産の一つの巨大なワークショップにつくり直す」ことができる歴史上の時代を、近代は告知しているという。科学のこうした台頭に対する伝統哲学からの反応は、始めは純粋に防衛的であった。実践家はしばしば単なる「下層労働者」の地位へ、つまり、科学的探求に必要な概念の道具と認識の技術の洗練に考察を限定する立場へと、後退した。

この後退がとくに広がったのは、一九世紀、実証主義の最盛期であった。しかしこの間、状況は劇的に変化した。部分的には技術の勝利によって引き起こされた今の時代の潜在的危機からすれば、問題はもはや科学を単に手助けすることではない。むしろ、ヨーロッパと世界との両方の舞台で、文化の他の側面に対する科学の関係について改めて熟考することである。ガダマーによれば、ヨーロッパの状況の外見上の変化をもたらした主要な功績は、フッサールとハイデガーによって始められた現象学と解釈学に行き着くという。このコンテクストでとりわけ重要なのは、「生活世界」というフッサールの概念である。これは実際に経験する文化的体験という広い背景を主題化した概念であり、そこから科学そのものが成立し、それなくしては科学の語彙も意味をなさない。ハイデガーとその後継者の研究によって、「生活世界」の概念は人間の「実践」と人間存在の基本的な「世俗性」とに結びつけられ、これによってさらにこの概念が具体化された。この観点から見えてくるのは、「一時性、有限性、投機、記憶、忘れっぽさと忘れられやすさ」などの特徴で彩られる人間生活の本質的な状況性である。(14)

世俗的な状況性は、距離化の特権への挑戦である。つまり、少なくともそれは、特権化された、つまり、現実について唯一正しい見地に立つとされる観察者や監督官という前提への挑戦である。現代哲学は、現象学と解釈学の洞察を追究し、人間の経験のコンテクスト性、すなわち、自然環境や歴史的に成長する文化のなかに人間の経験が埋め込まれているということに注目してきた。そこでは自然はもはや単に派生物とは見られない。ガダマーは力強くこうのべている。「自然はもはや探求の単純な対象とみなすことはできない。むしろ、そのすべての表現において、私たちの仲間として、言い換えれば、生息地を私たちと分かちあう『他者』として経験されなければならない」。仲間として見れば、自然は緊密にわれわれと絡みあっている。自然は、根元的な外部性を示すのではけっしてなく、「私たちの」他者性、もしくは「私たち自身にあっての他者」である。そして実際、私たち自身という他者ではないような純粋な他者性など存在するのだろうか、とガダマーは問い直している。

こうした考察は、人類の共存、つまり、共有された世界での間主観的な異文化間の「共生」の領域で、とくに重要である。そこでは問題は、他者を外部性という無関心へ遠ざけるのでも、帝国主義的行為のなかへ他者性を吸収したり盗用したりするのでもない。異文化間のレベルでは、自己・他者の相互連関のこうした局面は、ヨーロッパ大陸の深い歴史体験の一つであった。これによって、ヨーロッパ科学に支えられて進みつつある世界の西洋化を超えた、ヨーロッパの、あるいは今の時代に言う「ヨーロッパの遺産」の、特殊な文化的妥当性が見えてくる。ガダマーにとって、大陸の遺産と世界の期待を繋ぎ止めるのは、おもに多様性（あるいは多文化主義《マルチカルチュラリズム》＊用語解説）に他ならない。彼はこう書いている。

他者である他者として、他者とともに生きること。それはマクロレベルだけでなくミクロレベルにもあてはまる基本的な人間の責務である。われわれの誰もが個人の成熟の過程において、他者とともに生きることを学ぶのとちょうど同じように、同様の学習の経験が、より大きな人間の共同体、つまり、国民や国家でも生じる。そしてここに、ヨーロッパの他のどこよりも勝る特異な優位さの一つがあるのかもしれない。つまり、他者が実に異なったものであっても、彼らとともにいかに生きるかを住民が学ぶよう強いられ、また学ぶことができたということにである[15]。

ガダマーの見方では、ヨーロッパの多様性は、国民的な（そして国民の下位的な）歴史の軌跡に、文字と宗教の伝統の異質性に、そしてとりわけ、土着語の豊かな混淆に明らかにされている。ヨーロッパ統合をめざした試みが進展しているとしても、ガダマーにとってこの多様性はぬぐい去られることはないし、そうすべきでもない。世界的な文化の視点からすれば、ヨーロッパ統合、とくに地政学的な権力配置という面からのヨーロッパ統合は、比較的小さな意味しかもたない。もし歴史の重みをもった母語を犠牲にして文化と言語の画一化を進めるならば、統合という目標は実に怪しげなものになってしまう。彼のエッセイによれば、ヨーロッパの深遠な意味は、多文化的で多言語的な性格のなかに、つまり、歴史的な「狭い空間での他者との共生」になかにある。こうした共生を通じてヨーロッパ人は恒常的な紛争と挑戦を経験しており、共生は、人類全体のための、あるいは、台頭しつつあるキリスト教的世界文化のための教訓を意味する。

自生的な伝統と母語を強調することは、自己と他者の相互連関の見通し、つまり、他者性との純粋な共生の見通しに反するように聞こえるかもしれない。実際、文化の特異性へのこだわりが、偏狭主義《パロキアリズム》や自民族中心主義《エスノセントリズム》へ後退する危険をもたらすこともある。だが、この後退がつねに強いられるというわけではない。ガダマーが指摘するように、地域の伝統の役割は、解釈学や「解釈学的循環」に特有の特徴、つまり、矯正可能だが拡大不可能な理解の出発点としての「偏見」や予断の危険性を強調するという特徴にある。訓練された他のいかなる形態の探求と同じように、注釈においても、予想された考えの硬化を防ぐ決定的な警戒の余地がなくてはならない。だが、ガダマーは次のように結論する。

目標が支配や管理でないならば、われわれ自身の予想という背景にまさに反して、他者の他者性を経験すべきである。われわれが取り組むべきもっとも評価される至高の目標は、他者とともに生き、他者との違いを分かちあうことである。したがって、これらを熟考したうえで、最終的な政治的帰結として次のような教訓を引き出すことは、さほど大胆ということでもなかろう。つまり、人類の未来の生存は、権力と（技術的）効率性という資源を利用することができるかどうかだけにかかっているのではない。他者の他者性、つまり、人々や国民の歴史的に成長してきた文化だけでなく自然の他者性も含めて、その前で立ち止まって思案することができるか否かにもかかっているのである。そうすればこそ、「私たち自身という他者」としての他者の人間や他者性を体験し、互いに共存することを学ぶことができる(16)。

『ヨーロッパの遺産』のなかで、ヨーロッパの世界的な意義についての議論は、「ヨーロッパのヒューマニティの将来」と題された章でさらに肉づけされている。ガダマーの言うヒューマニティは、近代科学の普遍的な命題だけでなく、伝統哲学の「永遠なる真理」の命題を批判し、伝統の歴史的成長、母語の機微の豊かさ、人間の生活世界の具体的な構造を強調する。一九世紀の歴史主義と二〇世紀の現象学と実存主義の影響のもとで、ヒューマニスティックな探求は、一時性、歴史性、人間生活の有限性といった哲学的に着色された問題にしだいに注意を向けるようになっている。その限りにおいて、ヒューマニティは伝統的な形而上学に挑戦するものではあるものの、ヨーロッパの形而上学への深い関心の嫡子なのである。ガダマーの言葉では、「究極的な問いかけという偉大な遺産を（多少とも自覚的にだが）引き継ぎ」、それによって哲学に新たな「歴史志向」を与えたのは、「まさにヒューマニティ」なのである(17)。

ヒューマニティは、歴史的な多様性と偶発性に注目することで、ヨーロッパの遺産という様相——世界の着実な西洋化、つまり、世界の容赦ない画一化・同質化の過程に直面して、しばしばこの局面は無視されたり疎んじられたりしてきたのだが——を浮き上がらせた。画一化の過程に対抗して、ヒューマニティは、ヨーロッパの多様性、すなわち、ヨーロッパがもっとも多様な国民的・文化的伝統からなる「多言語構造」であるという事実を強調する。この歴史的多様性は、国境を越えたヨーロッパの世界的な発展や世界文化の台頭にとって有益である。ガダマーは次のように書いている。

われわれが目のあたりにしているのは、植民地主義の終焉とイギリス帝国（とその他の帝国）のかつての構成国の解放によって開始された世界的な過程に他ならない。われわれに突きつけられた責務はどこでも同じだ。つまり、国民的な（そして国民の下位的な）自律を求めて、自生的なアイデンティティを案出し凝結させることである……。ここからわれわれは中心的なテーマに戻る。問題となっているのは、ヨーロッパの未来であり、世界のなかのヨーロッパの将来の役割にとってのヒューマニティの意義である。中心的な問題は、もはやヨーロッパのみではなく、世界経済と世界大の通信ネットワークによって生み出される文化的な枠組みであり、したがって、この惑星に出現しつつある文明の紋章としての文化的多面性や多様性の可能性である。

こうした争点は、人間と社会の進化の問題に、なかんずく社会「発展」という議論を巻き起こした問題にスポットライトをあてることになる。ガダマーによれば、社会「発展」を西洋化と単純に同一視する当初の見方とは対照的に、われわれの時代においては発展や近代化の方向の意味は、「一義性」を、つまり、明瞭な性格を失いつつある。その結果、今日多くの諸国が、「自ら自身の伝統とヨーロッパ的スタイルの経済発展に深く根を下ろした生活世界の価値」とを妥協させ得る文化様式を求めるという困難な作業に取り組んでいる。「ヒューマニティの大部分」が、今やこの苦悩の課題に直面しているという(18)。

発展途上国は、科学やテクノロジーに対して自生的・土着的伝統のバランスをとろうと、暗黙のうちに、あるいは間接的に、ヒューマニティのヨーロッパ的な遺産を賞賛するようになっている。したがって、「ヨーロッパ中心主義」

への敵意や反帝国主義は、必ずしもヨーロッパの思想の時代遅れや無効性の同意語ではない。ガダマーの考えでは、地域的、あるいは国民的な生活形態への関心はどこでも優勢である。第三世界の指導的な知識人の関心を占めているのは、もはやヨーロッパ啓蒙主義とその分派を吸収することではなく、あるいはそれだけではなく、「どのようにすれば、自生的伝統の基礎の上で純粋な人間的・社会的発展が可能になるか」という問題である、と彼は書いている。しかしこの問題は、ヘルダー〔ドイツの思想家・文学者 一七四四—一八〇三〕の教えを前面に押し出す。ヘルダーは、ヨーロッパのヒューマニティの創始者の一人であり、「歌のなかの人々の声」のコレクションと「大衆精神」についての関心で有名である。ヘルダーの思考の流れにしたがって言えば、ヒューマニティの探求は、始めから歴史的伝統と生活形態の多様性や、土着的な資質の発展および展開としての「文化」の役割に、とくに関心を集中する傾向があったという。

ガダマーの見解によると、ヘルダーの遺産は、ヒューマニティや人文研究というカプセルのなかに収納され、世界の容赦ない画一化、すなわち、科学と産業とテクノロジーの優位のもとでの一方的な「西洋化」に抵抗する防波堤を形成しているという。ここから次の点が読みとれる。今日、人類が直面している問題は、合理化された「世界官僚制 Weltverwaltung」というユートピア、もしくは逆ユートピアに不愉快にも到達することになるのか、それとも逆に歴史がその本質的な緊張、紛争、多様な成分とともに「動き続ける」のか、ということにある。あらかじめこの問題の決着がつくことはないが、後者の選択肢を支持する強い傾向を今日の社会は示しているようだ。地球規模での画一化と統一への誘引に抗して、今の時代には「これまで隠されてきた特徴との新鮮な接合や、分化に向けての」確固たる傾向の高まりが見られる。いくつかの超大国の覇権的主張に対抗し、そして伝統的な国民国家のもろさを超えて、横断的に「文化的自律を求める努力、つまり、優勢である権力配置にあえて背く努力を、いたるところで見つけることができる」(19)。

この努力はヨーロッパ内部で顕著である。たとえば、ベルギーでのフラマンとワロンの紛争や、スペインのバスクや東側のバルト諸国の分離運動に見てとれる。しかし、この現象のより深い意味は、範囲が世界的であるということにあり、これは出現しつつある世界文化の性質に関係している。ガダマーの言うヨーロッパは、穏やかなメルティング・ポット*用語解説を形づくることとは程遠く、「もっとも狭い空間にもっとも豊かな異質性を示し」、そして「多くの世紀と世代に挑戦を突きつけてきた、言語的・政治的・宗教的・エスニック的な伝統の複数性」を示している。ヨーロッパにおける文化と歴史的軌跡のこうした異質性は、技術的・産業的な画一化をすすめる圧力へのまさに解毒剤であり、それゆえ、今日の世界への教訓となる。ガダマーがつけ加えているように、もし「寛容」が中立的な無関心の結果としてではなく、自分自身の生活世界（とその予断）の優位からの他者性の評価として理解されるならば、土着的伝統を育むことは異文化間の寛容とは両立しないわけではけっしてない。寛容を、自生的な生活形態と信仰の放棄を求める価値だと考えることは、「広く流布した過ち」だと、彼は書いている。しかし、他者性が他者性との相関物としての自己性を意味することだと前提するなら、寛容は、異なった視点や現実に生きるという経験の異なった様式の間の（多分に知的競合《アゴーン》的な）具体的対話《ダイアローグ》としての関与からしか生まれない。この限りにおいて、ヨーロッパの内部と外部の文化の多様性は、全キリスト教秩序への障害というよりは、その前提であり、その実現に向けての保証である。ここに現代世界におけるヨーロッパの、つまり、適切に脱中心化され批判されたヨーロッパの純粋な意義がある、とガダマーは結論する。「これは私にとって、ヨーロッパの自覚のもっとも明瞭な印であり、最深部の精神的紋章に思える。つまりそれは、異なった文化と競合し交換しながら、息づいた伝統の特色ある特異さを保存する能力である。私の見方では、このような保存の努力を維持することは、ヨーロッパの未来の進路にだけでなく、人類の未来に対しても、ヒューマニティがなし得る永続的な貢献となる[20]」。

　ガダマーは、今日の世界におけるヨーロッパやヨーロッパ文化の役割について考察することに関し、大陸の哲学者のなかで孤立しているというわけではない。人間相互の（あるいは自己・他者の）関係についての考察と同じく、ヨーロッパ文化の多様性についての彼の見解は、同じ問題点についてのデリダの最近の注釈のいくつかとうまく並置することができる。それらを比較すれば、ガダマーの一般的なアプローチに裏づけを与えることができるし、その基本的な外形をいっそうはっきりさせて限界を見定めることにも役立つだろう。デリダは『他の岬——ヨーロッパと民主主義』で、ガダマーと同様、ある種の文化的アイデンティティを想定することを放棄することなく、つまり、共有された「ヨーロッパの遺産」の概念を放棄することなく、ヨーロッパの文化的多様性や「多文化主義《マルチカルチュラリズム》」を強調しようとした。明らかにデリダは、ヨーロッパの一部に見られる外国人嫌い《ゼノフォビア》の高まりや、ローカルな狂信的愛国主義《ショービニズム》に対抗しているのだ。

> 一方において、ヨーロッパの文化的アイデンティティは己を四散させてしまうことはできない（「できない」と私が言うとき、それは「してはならない」という意味にもなるはずである。——困難の核心にはこの二重の体制がある）。ヨーロッパの文化的アイデンティティは、おびただしい数の諸地方、いたるところにはめ込まれた固有言語、自己保存に汲々として翻訳不可能な小ナショナリズムの多様性などにおのれを四散させることはできないし、また四散させてはならない。大循環あるいは交通の現場を、つまり、翻訳とコミュニケーションの、したがってメディア化の大道を放棄することはできないし、また放棄してはならない。

しかし、デリダは、内部的な細分化を批判しながら、画一化と同質化の公的・私的な推進力に促される均一化の悪夢にも同じだけ懸念を抱いている。「他方において、（ヨーロッパ）は中央集権的権威をもつ首都を受け入れることはできないし、また受け入れてはならない」。それは、「超ヨーロッパ的な文化的装置を通じて、国家的であれ非国家的であれ、出版やジャーナリズムやアカデミズムの集中体制を通じて」、生活のあらゆる資産を「コントロールし画一化」しようとする。したがって、「独占も四散も」、ヨーロッパ文化のモットーとはならない[21]。

しかし、モットーをこう単純化するだけでは、少々誤解を招くだろう。むしろ、この論点についてのデリダの観察を、「差異のなかの統一」定式というブランドに限定することができないことに注意すべきである。ヨーロッパの「文化的多様性」の概念を支持し確認する一方で、彼の注釈は、ガダマーの本では間接的に暗示されたにすぎない差異の他の形態を主題としているのである。これはいわば、ヨーロッパと非ヨーロッパの差異であり、（もっとも重要な）ヨーロッパのそれ自身との差異である。デリダは、ヨーロッパの「岬」、つまり、世界の先端、つまり「首都」

——ここで言う「首都」は地理と経済の意味の両方で使われている——としての伝統的な自己概念に言及して、われわれの時代における他の方向性の可能性を指摘している。その可能性とは、ヨーロッパ中心主義の限界を（その単純な否定に陥ることなく）決然と超えることに他ならない。この可能性の方向が、「他の岬」とデリダが呼ぶものである。彼が言うには、それは「私たちのものであるだけでなく他者のもの」でもある。つまり、「私たちがそれに基づいてアイデンティティをもち、計算し、決定する」ようなものであるだけでなく、「私たちがその前で応えねばならず、私たちが思い出さねばならず、私たち自身に思い出させなくてはならない」ような他者による方向づけである。デリダは、この侵犯という特色をさらに強調し、それは方向転換だけでなく、方向の意味の変化にも関与すべきだと記している。すなわち、目標を定めた目的論的努力から、ある種の相互的事件、つまり、暴露への転換をもたらさなければならない。「私たちの方向を超えて私たちを呼び戻さなければならないのは、ただ単に他の方向へばかりではなく、とりわけ他者の方向へばかりでもなく、おそらくは方向の他者へとである。言い換えると、もはや方向の形式、記号、論理に従わず、反方向のそれらにも従わない他者へのアイデンティティの関係へと、私たちを呼び戻さなければならないのだ(22)」。

　こうした観察を今日の世界におけるヨーロッパの役割に適用して、デリダは、ヨーロッパ文化のメンバー一般やヨーロッパ人にとっての二重の命令——二重の拘束であるかもしれないが——に逢着した。この命令は、一方での同化主義や「メルティング・ポット」的普遍主義《ユニバーサリズム》と、他方での文化的ナルシシズムとの両方に対抗する防壁をうち立てる。デリダはこうのべている。「われわれは、ヨーロッパの理念の護り手に、ヨーロッパの差異の護り手にならなければならないが、しかし」——そして義務の二重性がここで生じるのだが——「しかしこのヨーロッパは、自己自身のアイデンティティに自閉せず、自己自身のアイデンティティではないものへ、他の方向、あるいは他者の方向へ、模範的に前進していく＝突き出ていく」ものに他ならない。そして「これはまったく別ものであるだろうが、この近代的伝統の彼岸であり、もう一つの船＝縁の構造であり、もう一つの岸辺であるような岬の他者へ向かって」。後に彼の注目すべきエッセイにおいて、（ニヒリズムゆえに頻繁に非難される）脱構築主義者であるデリダは、道徳的な「責務」――この責務も今日では微妙なひねりや組み替えを経験しつつあるが――に注目し、実践理性というカント主義の遺産をはっきりとうち出した。今日われわれに要求されているのは、「ヨーロッパの記憶の呼びかけに応答し、ヨーロッパという名のもとに約束されたものを呼び戻し、ヨーロッパの再アイデンティティを求めるという責務」である、と彼は書いている。だがわれわれの時代の二重の拘束を反映して、同じ責務はまた「岸辺でもあるゆえに、われわれを分割してゆく岬の方から、ヨーロッパを開くように命じ、ヨーロッパではないもの、ヨーロッパではけっしてなかったもの、ヨーロッパではけっしてないだろうものへと向かって、ヨーロッパを開くよう命じる」[23]。

以下の点をつけ加えるべきであろう。つまり、別の岸辺という他者性にそれ自身を開くとき、ヨーロッパは外部の他者――地理的・地政的な差異――にだけでなく、また(そしてより重要な)内的分裂、あるいは、一種の自己の差異にも向き合う。この出会いは文化的アイデンティティの概念自体を差異で侵すことになるので、文化的アイデンティティをいっそう複雑にする。デリダの言葉では、「ある文化に固有であるものをその文化自体に同一視することはできない」という基本公理として規定されている。これは単に(純粋な拒否という意味で)「アイデンティティをもたない」ことを意味するのではない。むしろそれが意味するのは、「自己自身に同一化できず、『私』とか『私たち』とか言えず」、したがって、「自己への非アイデンティティにおいてでなければ、あるいはお望みならばこう言ってもいいが、自己にあっての差異においてでなければ、主体の形式をとることができない」ということである。デリダにとって、アイデンティティと差異(あるいは非アイデンティティ)の結合は、ヨーロッパの世界とそれ自身に対する関係という問題を超えて、あらゆる種類の自己概念や自己関係に妥当する。こうした見方からの自己概念は、他者を通じて調停されるだけでなく、内的に調停され、破断され、二重化される。前述の二重の命令という用語で言えば、自己性は「二重の命令の文法」に従う、つまり、二重の拘束にとらわれ得る。すなわち、「自己にあっての差異がなければ、文化や文化的アイデンティティは存在しない……」。このことは、逆にまた交互に、あらゆるアイデンティティや同一化について言うことができる。すなわち、文化なしには(つまり、文化的アイデンティティなしには)、ただし、他者の文化としての自己の文化、二重所有格と自己への差異の文化としての文化なしには、自己への関係も自己への同一化も存在しない[24]」。

3　異文化接触への解釈学的アプローチ

デリダの議論は緻密に定式化されており、時にはほとんど理解し難いものとして非難されることはあるものの、われわれの時代にとって実に有効であることには疑いがない。彼の注釈は、怠惰な思考ゆえに陥る精神のジレンマを反映することとは程遠く、むしろ、本章の最初でとりあげた世俗的な置き換えや分裂の問題に鋭敏に反応している。この限りにおいて、ガダマーの仕事の地震学としての性質を適切に補い、強めていると言える。アイデンティティや差異の問題について双方の思想家の見解は、哲学的・理論的理由と政治的理由の両方から精査する価値があると、私には思われる。両者の思想家は、厳格に哲学的な次元ではポスト形而上学的な領域にあえて踏み入り、自我（コギト）、つまり思考する自我の伝統的な中心性を不安定化し危険にさらすように動いている。その効果は、理性と啓蒙された言説の伝統的な岬、つまり、理性と啓蒙された言説の「首都」としてのヨーロッパの地位にも波及している。社会的・科学的な分析に関しては、彼らの議論は現代の「文化理論」の主流派と対立する。この主流は、文化（と文化的差異）を社会学的決定要因の単なる派生物にまで、あるいはさもなければ、政治経済の付随的現象にまで単純化してしまう[25]。しかし、ここでの目的にとってもっとも重要なのは、地政学的・地理文化学的な状況のなかでの彼らの仕事の有効性である。西洋スタイルの普遍主義《ユニバーサリズム》や好戦的な様式の自民族中心主義という強い誘引によって引き裂かれた世界において、間人間的で異文化間の相互連関を彼らが強調することで、未来への希望に満ちた展望が開ける。それは、世界官僚制と外国人嫌いによる分裂や排外主義の（相互に強化し合うような）反ユートピアを超える展望である。

この主張は、多くの理由で十分には説得的ではないかもしれない。ここまでで本章で提起されてきたものは、基本的に少なくとも二つの主要な反論に対して脆弱である。第一に、ガダマーとデリダの関係については曖昧な類似性といった程度で残されており、その正確な輪郭がさらに特定されなければならない。第二に（より決定的に）、二人の思想家の関心が、おもにヨーロッパやヨーロッパ文化（と内的な文化的多様性）に関わっており、ヨーロッパ中心主義の残滓を示しているように見える点である。この二種の批判はここで十分にとりあげるには複雑で入り組みすぎているので、解答は限られたものになる。だが、焦点を、共通の教師、つまり、双方の思想家のインスピレーションの主要な源であるマルティン・ハイデガーに戻すことで、かなりの程度、両方の問題を明らかにし、解くことができる。

単純化すれば、『真理と方法』までのガダマーは、ハイデガーの初期の仕事からおもな示唆を受けていたが、デリダはおもに後期の記述から洞察を得て考察していたと言えるだろう。デイヴィッド・ホイは、より繊細でニュアンスをつけた言い方で、二人の思想家の関係を、それぞれ回復の解釈学と懐疑の解釈学の観点から議論している。彼によれば、ガダマーの解釈学とデリダの脱構築は、「ハイデガー流の考察を、一見すると対立するような異なった方向でとりあげている」ように思われる。脱構築主義者からしてみると、ガダマーのアプローチは、次のような仮説を保っているように見える。つまり、「テクストは内的な意味の統一性をもたねばならず、意味とは解釈が再構築すること（つまり、発見すること）をめざさなければならない単一のものだという、隠された仮説」である。この回復をもたらす動きとは逆に、デリダの脱構築は、テクストの言語のなかに「意味の統一という仮説が破れる瞬間」を見つけることによって、「テクストの意味へのそうした信頼を問題視すること」に傾注している。だがホイが示すように、どちらのアプローチも別個には進められないし、一貫して維持することもできない。回復の解釈学は、言われていないこと、あるいは、暴かれていないことのなかに自らの限界を見い出すからである。ツェラーンの詩のガダマーによる読解は、十分にこの事実と合致している。他方、脱構築は、まったく意味なしに済ませるということもできない。解釈学的循環からの「脱却を幻想化する」外見をもってしまうからだ。ホイによれば、ハイデガー自身による考察には、「再構築的な試みと脱構築的な試みの両方のおもだった特徴」を互いに調和させるという特徴がある。[26]

二番目の問題は、ハイデガーに考察を戻しても、そう簡単には解答できない。ガダマーやデリダと同様に、ハイデガーは生涯を通じ、ヨーロッパ、ヨーロッパの運命、ヨーロッパ文化（時には「ヨーロッパの危機」と呼ばれていたもの）に深く心を奪われていた。批判的な観察者のなかには、ハイデガーの仕事全体が、非ヨーロッパ的な思想形態への接近を全体的に阻んでいる限りにおいて、ギリシャやギリシャ・ヨーロッパ的哲学の前提に根ざしていると主張する者もいる。だが、こうした方法で行われた批判は、見当違いであることは確かで、反論もたやすい。ハイデガーは一般にヨーロッパ的・西洋的領域としての厳格な意味での「哲学」を扱っているにもかかわらず、何年かのうちにこの種の哲学を、後に「ロゴス中心主義」として知られるようになるもの、つまり、合理主義の硬直的なタイプと同一視するようになった。彼はそこから、「もう一つの始まり」へ、そしてより追懐的な思考様式の方向へ脱出しようと試みたのである(27)。ヨーロッパ中心主義の限界を超える彼の冒険のいくつか、とくにアジア思想の形態（おもに道教や仏教）への真摯な関心については、すでに論じた通りである。もっとも、本書では多くの章をインドとインド思想に割いているので、これ以上はふれない。

ハイデガーがインドの伝統と文化に明白で広範な注釈をけっして加えなかったことは、ほとんど否定しがたい。ハイデガー研究でもっとも注目を集めたインド人研究者であるJ・L・メータは、この事実をはっきりと認識している。だが、メータの考察では、ハイデガーがインドから距離をとったのは、ヨーロッパ中心主義の残滓のためであるよりも、逆に、古典的なインド思想と西洋のロゴス中心主義が容易に合致するのではないかという疑い（まちがった疑い）をもったためである。西洋のロゴス中心主義の様式は「ギリシャの伝統のなかでそのもっとも広くもっとも純粋な形態のなかで充足された」ので、ハイデガーは「サンスクリットがいかにしゃべるかということにも、そしてそこから発して進化した伝統にも、興味をもたなかった」とメータは書いている。ハイデガーによれば、サンスクリットは言葉を発するという言語活動であって、人ではないからである(28)。

メータは、そうした疑惑の根拠のなさや、インドの古典思想が現実にはロゴス中心主義の限界をどの程度超えていたかを示すことに、一生の仕事の多くを捧げた。同じ問題が、ハイデガーとの個人的な接触のなかから、レイムンド・パニッカー〔アメリカの宗教学者 一九一八〜〕によってとりあげられた。このやりとりのなかでは、インドの古典思想にポスト形而上学的・非ロゴス中心主義的要素があるのではないかという示唆に対して、ハイデガーは少なくとも——その態度は比較的無知であることを認めることで弱められているものの——否定的ではない。パニッカーは彼との議論のなかで、ハイデガーの「存在」の思考がウパニシャッド[*用語解説]文献のなかで展開された「ブラフマン」の概念に少々似ているのではないかという問題をとくにとりあげた。ウパニシャッド文献では、ブラフマンは遍在するけれども、「思考の主体とも（ましてや）客体とも」みなし得ない。ここで注意すべきだが、パニッカーは彼の生涯の仕事において、世界の主要な宗教の間だけでなく、東洋と西洋の間においても、重要な架け橋の建設者であり調停者であった。異文化間接触の試みの結論として、パニッカーもまた特異な解釈学的アプローチを開発した。それは、再構成と脱構築の様式の間のコースをうまくすすむことによって、ハイデガー流の思想と強く共鳴するものであった。このアプローチは、異なった文化の地形学を特徴づける他者性を強調するので、「空間論題的 diatopical解釈学」と名づけられ、モノカルチャー的で歴史主義的な解釈形態と好対照をなしている。枠組みや共通分母をあらかじめ立てておく居心地のよさを避け、空間論題はここで対話《ダイアローグ》と相互学習の過程のみに立脚する。パニッカーの言葉では次のように記されている。

> 空間論題的《ダイオトピカル》な解釈学は、克服しなければならない距離——いかなる理解のためにも必要だが——が単一の文化のなかや文化の時間的な隔たりではまさになく、二つの（あるいはそれ以上の）文化の間の距離であるときに求められる解釈の方法である。それら文化は、異なった空間topoiに個別に発展した、しかるべきカテゴリーにそった理解可能性に到達する独自の方法や独自の哲学様式をもっている。(29)

この点に関し、そして結論として、ここで解釈学的・方法論的考察から現実の異文化間の遭遇の領域に下りて考えよう。インドに焦点を置いた一連の章と同じく、ヨーロッパと非西洋の出会いの具体的な例にハイライトをあててみたい。すなわち、インドのヨーロッパによる支配という例である。著名なインドの小説家で詩人であるニルマル・ヴェルマ〔インドの小説家 一九二九〜〕は、「インドとヨーロッパ——自他についての考察」という題のエッセイで、二つの文化の対照を特徴づける知的競合《アゴーン》的な関係と深い対立について考察した。ヴェルマが書くように、インド文化へのヨーロッパの衝撃はそれ以前の侵略や占領よりも実に甚大で破壊的であった。というのは、ヨーロッパの影響が、目に見える社会構造だけでなく、無自覚の伝統的な生活スタイルの支柱をも侵したからだ。彼が言うには、ヨーロッパが植民地化しようとしたのは「領土空間」だけに限ったことではない。むしろそれどころか、「インドの時間感覚をも植民地化しようとした。現在は単なる過去の腐朽であり、過去はいかに栄光のあるものであったとしても、今では死に絶えてしまったと信じられるような、時間感覚をである」。この図式では、もしインドの過去が「ヨーロッパ的な現在に転換」される場合にのみ、つまり「ヨーロッパの理想的イメージ」になかに再投影されるときだけ、インドは一時的に救済され得る。時間の枠組みへのこうした暴行は、伝統的なアイデンティティへの攻撃をもたらす。なぜなら、「ヨーロッパ人という理想化されたイメージが、自分自身の『自己』のヒンドゥー的イメージを破壊し、それを『下位の自己』の状態に引き下げ」、ヨーロッパ的モデルの充足を絶えることなく希求するようになるからである。

　こうした発展の結果、インド文化は内部的に分裂した。インドは、「同時に別の方向を向いた、つまり、知識と物質的進歩を求めてヨーロッパに向かい、解脱《モークシャ》＊用語解説と救済を求めて自己の伝統に向かう」ヤヌス〔古代ローマの神門の守護神〕のように見えるようになった。これとときを同じくして、ヨーロッパ文化やヨーロッパ精神が植民地化された人々の亀裂に直面するようになり、同様の分裂がヨーロッパを苦しめるようになった。ヨーロッパは物質的先進性と繁栄にもかかわらず、ここ一〇〇年間、しだいに「内部分解する荒れ地の感覚にとりつかれ」、したがって相関的な差異の証人となってきている、とヴェルマは観察する。「植民地化する側が植民地化される側の容貌のような、荒れすさんで惨めな状態に見える地点に、インドとヨーロッパが歴史の循環的経路を通じて到達しているのは、天罰であろうか」。ヴェルマが強く求めているのは、これらの文化の将来の関係についての対話である。だがこの対話に染みわたっているのは、知的競合《アゴーン》に満ちた配慮、寡黙、そして時には沈黙である。

　インドとヨーロッパという二つの伝統は、互いに一種の終了を模索している。それは、哲学的言説や相互横断的な問いかけを通じてではなく、片方の声がもう一方に応答の反響を呼び起こし、自己の剥奪を他者へのあこがれを通じて感じるような「共通空間」をつくり出すことによってである……。それぞれの側の文化人類学者、歴史家、哲学者のすべての発言の後で、おそらく、インドとヨーロッパの両方が少し立ち止まり、沈黙のなかに互いの声を聴く時がきているのだ。それは、他のいかなるものよりも「健全な」言説の方法であるだろう。(30)

第3章　存在と実存に関するラーダークリシュナンの思想

前にものべたように、エドワード・サイードは、オリエンタリズムをヨーロッパあるいは西洋の植民地主義、帝国主義と深く結びついたものとして位置づけた。彼の描くところによれば、オリエントについての西洋の言説《ディスクール》は、基本的には非西洋世界を概念化し、処理し、また究極的には支配するために仕組んだ独自の企みであった。サイードがのべていることは、植民地主義全盛時代における学問の成果としてはおおむね正確であったが、現代に適用するとなると、何らかの修正が必要である。以前は、オリエンタリストの独演《モノローグ》であったが、今では状況は変わってきている。少なくともまだ幕が開いたばかりの舞台ではあるが、しだいに旧植民地諸国出身の知識人や作家たちも登場できるような対話《ダイアローグ》の舞台へと変わってきている。非西洋世界の思想様式と西洋の出会いを振り返りつつ、ウィルフレッド・カントウェル・スミス〔カナダの宗教学者 一九一六〜二〇〇〇〕はこのような変化を見て、文化の相互関係において重要な新局面が出現したとみなし、この生まれたばかりの対話の現実に歓呼の声をあげている。スミスにとってわれわれの時代は、今までの東洋学の形態と比較した場合、初期のオリエンタリズムとは異なるタイプの新たな「本舞台」の出現を知らせているのだ。一九世紀という時代は、巨大な百科全書的知識の時代ではあったが、ヨーロッパ以外の諸文化について言えば、深くはあっても一面的な知識しかなかった時代であった。だが他方、われわれの二〇世紀は、「他者自身」が現実に存在する、そんな段階の始まりの時代となっている。かくして、かつての大規模な資料の編纂は、今や「生きた出会い、さまざまな信仰をもつ人間相互の大規模な直接的出会い」によって、しだいにその不足部分が補足されてきている。この変化の含意を熟慮しつつ、スミスは次のようにつけ加えている。未来の歴史家は「二〇世紀をまずもって科学の成果の時代として回想するのではなく、人類が初めて一つの共同体となった人々の連帯の世紀として、おそらく回想することであろう[1]」。

スミスはこのような変化を示すために、何よりもインドの哲学者サルヴェッパリ・ラーダークリシュナン〔インドの哲学者 一八八八〜一九七五〕について、とりわけ彼が一九三六年にオックスフォード大学の東洋宗教・倫理学教授に任命されたという事実をとりあげている。これ以上の適例は選べなかったのであろう。(「ツバメが一羽来たからといって、それだけで春が訪れたことにはならない」という諺があるが、彼は一例でもってものごとをすべて判断するような人物では断じてなかった)。ガンディー、ネルー、ラビンドナラート・タゴール〔ベンガルの文学者・思想家 一八六一〜一九四一〕と同世代の友人であったラーダークリシュナンは、おそらく当時、もっとも名声のある高名なインドの思想家であっただろう。インドにおける最良の諸大学で教育を受け、かつまた、マドラス大学、マイソール大学、カルカッタ大学、ヴァーラーナシー〔英語名 ベナレス〕大学などで学術研究に従事するなかで、彼の教育活動と著作に対する名声はたちどころにインドから世界へと広がっていった。一九二七年、カルカッタ大学で教鞭をとっているとき、彼は招かれてオックスフォード大学のマンチェスター・カレッジで講義を行い、引き続き一九二九年には、オックスフォード大学で講義を行うという栄誉を得た。この講義の旅を通して名声を確固たるものにしたラーダークリシュナンは、一九三六年、招かれてオックスフォード大学の学部教授となり、一九五二年までその職に就いた。インドが独立を達成すると、学術活動だけではなく、数多くの社会・政治的職務の遂行が彼の仕事につけ加わった。かくして、彼は在ソヴィエト・インド大使として、また後年、一九六二〜一九六七年にかけては、インド共和国大統領として祖国に奉仕した。(このようにして、彼は他のいかなる現代の哲学者よりも、プラトン的な意味での哲学者であり統治者である地位に近づいたのであろう)。

本章の目的から見て、ラーダークリシュナンの学問業績のなかでもっともとりあげるにふさわしいのは、西洋と東洋の対話のパートナーとしての役割である。事実、この役割はラーダークリシュナンがもっとも大事にしてきた願望の一つである。彼は生涯を通じて、自分自身を異なった世界、異なった生活様式を仲介させる人物、あるいは架け橋の建設者になろうと考えていたのだ。宗教的には「ネオ・ヒンドゥー教」のスポークスマンであるラーダークリシュナンの態度は、古典研究対象としての過去と、民主主義の実現対象としての現在とを、そして古代の信仰と、現代の理解とを慎重に仲介しようとした。（とはいうものの、忠実な伝統主義者も急進的近代化論者も彼のそのやり方を、必ずしもこころよく思ったわけではなかった(2)）。似たような仲介者的役割は、もっとも厳密な意味での哲学領域において見ることができる。西洋哲学とインドの哲学の文献に等しく精通したラーダークリシュナンは、西洋の学問とインドの洞察力の実行可能な融合の土台を築こうとした。そうすることによって、その土台の上に真の全世界的な哲学の言説を築こうとしたのだ。批判的留保の声があがるのは、まさにこのくだりにおいてである。対話のゴールとグローバルな理解を追求するあまり、必ずしも十分な目配りができていたわけではなかったのだろう。そのため身を守りきれず、文化混交主義《シンクレティズム》や虚偽の統合という落とし穴に落ちることも時としてあった。多様な生きた世界と多様な思想形態との調停を求めつつも、彼の著作はそれぞれの文化に特有な言語の相違性、他者性を十分見抜いていたわけでもなかった。あるいは、異なる意見を互いに闘わせることによって相互交流が現れるのをじっと待つこともなかったと言える。

本章では、ラーダークリシュナンの検討はいくつかの段階を経て行われる。まず、第一節では、ラーダークリシュナンの哲学的存在論に焦点をあて、主として自らの自伝風の叙述に依拠しつつ、ラーダークリシュナンの全体的思想の枠組みの紹介を行う。第二節では、『ブラフマ・スートラ』*用語解説と『バガヴァッド・ギーター』*用語解説のような古典的テクストについての解釈に眼を向けることによって、ラーダークリシュナンの哲学的見解の基本的特徴を明示するように努める。第三節の結論では、実り豊かな討論を損なうような障害物を取り除くよう努めつつ、現代西洋哲学の諸傾向の文脈のなかに、ラーダークリシュナンの著作を位置づけて、彼の学問的貢献についての試論的な評価を行うことにする。

1　ラーダークリシュナンの哲学的存在論

マルクスとの類似——理論と実践の結合

ラーダークリシュナンの視点から見たインド思想*用語解説を簡単に図式的にまとめるのはむずかしいが、西洋の読者にはその思想はけっして難解なものでも、手に負えないものでもない。ラーダークリシュナンは、たとえば一九二七年の講義録（『生活についてのヒンドゥーの見解』）あるいは、一九二九年の講義録（『生活についての観念論的見解』）におけるように、自己の基本となる世界観の諸相を何度も繰り返し要約している。歳月を経て、彼の世界観の体系化は着実な前進や成長の跡を示している。それは、慎重さにおいても洞察力においても円熟の域に達したという点においても認められる。また、思想的に深い研究にふさわしいものとしても認められるところである。この節の目的から見て、彼の思想を理解する手だてとなるのは、比較的晩年に書かれた『現存哲学者叢書』（ポール・シルプ編、一九五〇年）に収められている自らの作品の序言である(3)。

その序言は自伝的性格のものでもあり、ラーダークリシュナンの作品に循環している哲学的テーマを概観したものになっている。自伝的側面について言えば、細部を提示することや、読者の関心を満足させるという点から見たとき、著者が控えめであることに気づくかもしれない。彼は編集者宛の手紙でこうのべている。「私の人生のできごとは、この書物の読者にとってたいして興味のあることではない。さらにまた、書物は、実際著者によって書かれるものではあるが、その書物の価値は著者以上である、と言われるのも一理ある」。このくだりはラーダークリシュナンの作品の全般的主旨、すなわち、主観的目的をくじき、自分のうぬぼれを剥ぐ意図の例証となっている。ミシェル・フーコー〔フランスの哲学者 一九二六〜八四〕は、告白しようとする衝動は少なくとも中世初期以来、西洋の生活諸形態に根づいていると論じつつ、西洋人を「告白する動物」と的確に名づけた。この論議が正しければ、まったくラーダークリシュナンは典型的な西洋の思想家であるとは言えない。しかし、彼の序文には、『告白の断片集』という、西洋人向けに説得力ある副題がついているのだ(4)。

彼の意図にしたがって、ここでは自伝的事実について長々とのべることはやめにしよう。ただし、いくつかの一般的に見てより重要な注目すべき自伝的なことがらをとりあげることにする。ラーダークリシュナンは、マドラス・クリスチャン大学での学生時代についてのべつつ、当初はこれからどのような学問を学んでいくのか決断していなかったが、その後の活動を決定づけるような幾冊かの哲学書に行きあたったことを回想している。彼は次のように言及している。どう見てもこのような哲学書との出会いは、「まったくの偶然」であったが、「私の人生を形成した一連のできごとを見るとき、人生にはただ眼にふれる以上のものが底流に存在していると私は信じている。……見た目には偶然形成されたように見える現実も、内面の深部では他の諸々の力が働いているのである」。何気なくのべられてはいるが、このくだりは、著者が執拗に展開する現象の表面と深淵の相互関連、現象と実在の相互関連に、インドの言葉で言えば、幻影《マーヤー》と存在《サット》の相互関連に、ただちに結合し得るものである。何気なくのべられているが、本音を示しているのは、先に引用した文章の直後に続く彼の見解である。そこでは、次のようにのべられている。「マルクスは、有名な『フォイエルバッハに関するテーゼ』において、今までの哲学は生活の解釈ばかりに関わってきたが、今や生活を変革する時代となったと宣言した。哲学者についての私の見解は、いくつかの点でこのマルクスの見解に似ている」。ラーダークリシュナンにとって重要な点は、哲学は「創造的仕事」として見られるべきであり、あるレベルでは「精神の孤独な巡礼」であることを含意しつつも、別のレベルでは、哲学は「生活の機能」あるいは、他者への専心的奉仕である、というものであった。

明らかに、ラーダークリシュナンの経歴を見れば、理論と実践の調和と結合の必要性、理論的熟考と政治的関与、哲学者の役割と政治家の役割を調和的に結合させる必要性、この三点に対する基本的確信は十分に読みとれる。おそらく、彼の著書で強調されている一連のもっとも重要なものは、理性と信仰、世俗的生活と精神的生活の相互関係であろう。これは、『告白の断片集』の最初の数ページにおいて強調されている見地である。現代における諸文化の相互作用、相互浸透が増大していることを示しつつ、次のようにのべる。「インド思想には、日常経験世界を覆っている精神的実在の深い意味があり、威厳ある洞察力や不朽の願望がある。そのようなインド思想は、世俗世界にばかりどっぷり浸かってきたわれわれ現代人を、とらわれ状態から引き離してくれるかもしれないのだ。また、われわれ現代人は、先を見通せない現世的理論形成にとらわれすぎ、そのため論理的思想があまりにも頻繁に精神的願望を閉じ込めることを求めてきたのであった。インド思想は、そのようなとらわれ状態からわれわれ現代人を引き離してくれるかもしれないのだ」。世界は今日、経済の支配力や技術革新の支配力によって統一されようとしているが、他方では、われわれの道徳的かつ熟考的感性は、これに遅れまいと必死になっている。「世界は、一個の身体としての自己を見い出しはしたが、現在、自己の魂を手探りで捜している状態である」(5)。

西洋とインドの伝統の継承と新たな創造

ラーダークリシュナンの説明において、西洋とインドの結合ときわめて近縁関係にあるのは、伝統と近代、現在・過去と未来の関係の問題である。おそらく、(何よりも)この問題は彼自身、初期の学生時代を終えてから、集中して取り組まねばならない問題だったのであろう。彼の論文が率直にのべているように、インドは長い伝統をもっている。「そして、私はそのなかで育った。だから、私はインド贔屓《びいき》という偏見をもって出発した」。ミッション・スクールへ行くことは、啓蒙的体験であり、また強烈に身を焦す体験でもあった。それというのも、(概して)教師たちが彼の幼い時代の信念に好意的な関心を示さなかったからだ。「インド思想を批判することによって、ミッション・スクールの教師たちは私の信仰を混乱させ、私が学んできた伝統的支柱を揺さぶったのだ」。時を経て、彼はこの混乱を有益なできごととして、独善的まどろみからの覚醒(とはいっても、根源は破壊されることはなかったが)として、感謝するようになったのだ。彼はまったくソクラテス風に、次のようにつけ加えている。「巷間《ちまた》に流布している諸見解を聞いても、心おだやかであるならば、これぞという哲学的状況は生まれ得ないのだ。懐疑という知的能力をなくしたならば、哲学的にものごとを考えるという気持ちは生まれ得ない」。

現代において、批判的懐疑や熟考は、小さくなりつつある地球上の諸文化の相互作用が増大していることによって、高められ、かつまた方向性を指示されさえしている。この序言に次のようなくだりがある。「諸宗教、諸哲学についての多くの歴史的知識」を集積したがゆえに、「われわれは世界の思想の継承者となった時代に暮らしているのである」。このような状況において、特定の生活形態あるいは伝統を排他的に主張することは、必ず崩壊へと向かう。事実、多種多様な思想の影響を受けると、まったくの懐疑主義や相対主義がはびこるか、それとも、ものを考えない権威的な伝統主義がはびこるかのいずれかである。だが、そのいずれをもラーダークリシュナンは求めなかった。互いに対抗しあうモデルやパラダイムに直面するなかで、彼は次のようにのべている。「われわれは伝統主義者か、懐疑論者となっている。だからこそ、ヒンドゥー教の批判的研究が私に課せられているのだ」。過去と現在の諸要求は相対立しあうが、これらの要求を解明する方法は、基本的には解釈学の手を借りることであった。それはガダマーの「解釈学」や「解釈学的循環」の概念に酷似したものである。「過去の哲学的諸実験は、現在の生きた精神の一部となっている。……生活は過去を拒否することによってではなく、それを受け入れることによって、そして過去が再生を経験するような未来へと自らを織り込むことによって続くのである。主要なことは、過去を思い起こし、かつまた新たなるものを創造することである(6)」。

ラーダークリシュナンの作品からは、哲学的・宗教的伝統の維持と創造的見直しが読みとれる。『告白の断片集』は西洋と東洋の双方において得た先人の思想、あるいは自分が得た着想のいくつかを率直に明らかにしている。インド文化に関しては、中心的影響力はヴェーダ聖典とヴェーダーンタ学派＊用語解説の教えからきており、それは後の諸解釈、とりわけシャンカラ＊用語解説〔インドの哲学者・神学者 七〇〇〜七七〇頃〕の超越論的一元論（不二一元論学派《アドヴァイタ・ヴェーダーンタ》）＊用語解説とラーマーヌジャ〔制限不二説を唱えたインドの哲学者 一〇一七〜一一三七〕の人格神論を通じて濾過《ろか》された教えである。これらの先行の説は、ラーム・モーハン・ローイ〔インドの宗教活動家 一七七二〜一八三三〕からスワーミー・ヴィヴェーカーナンダ〔インドの宗教家、ヒンドゥー教復興運動の完成者 一八六三〜一九〇二〕やタゴールに至る、後の思想家によって豊かに展開されるのである。西洋の思想家については、「プラトン〔ギリシャの哲学者 前四二七〜前三四七〕、プロティヌス〔ローマのギリシャ哲学者 二〇五?〜二七〇?〕、カント〔ドイツの哲学者 一七二四〜一八〇四〕、ブラッドリー〔イギリスの哲学者 一八四六〜一九二四〕、ベルクソン〔フランスの哲学者 一八五九〜一九四一〕」の著作を、「たいそう」影響を受けたものとして彼は評価している。しかし、おそらく数えあげればその数はもっと多いであろう。歴史的発展についての彼の見解には、ヘーゲル的目的論との類似も見られる。さらに、『告白の断片集』は、キルケゴール〔デンマークの哲学者 一八一三～五五〕からハイデガー、ヤスパース〔ドイツの実存哲学者 一八八三～一九六九〕に至る西洋実存主義と同様、ホワイトヘッド〔イギリスの数学者、哲学者 一八六一～一九四七〕の形而上学の議論にも大きなスペースを与えている。

しかしながら、ラーダークリシュナンは、単なる先人の弟子であるだけではないような、より広い地平や知的豊かさがあり、彼はとりわけ雄弁にその点を主張している。それは、実体験の豊かさと自主的な思想の豊かさなのである。「過去の教義に負うところが大きい」と言いつつも、彼は次のように書いている。「私の思想はいかなる伝統的形態にもしたがってはいない。というのは、私の思索にはもう一つの源泉があり、それは私自身の経験から起こったものであるからだ。その経験とは、単なる研究と読書によって獲得されたものとはまったく異なるものである」。哲学的研究と洞察力は何から得るところが大きいのかといえば、単なる「現実との出会いの歴史的研究」よりも、「現実とのわれわれの出会い」の方であると、彼はつけ加えてのべている。このような個人的体験の強調を見るとき、われわれはヘーゲル〔ドイツの観念論哲学者 一七七〇～一八三一〕の『精神現象学』やブラッドリーの直観への関心と共鳴しあうものを感じとることができる。しかし、おそらく、もっとも強く共鳴しあうのは、ベルクソンの生の哲学、二〇世紀の現象学や実存主義であろう。というのは、それらは知覚的ないし経験的「明証」および、思想と生の行為の非分離性の強調によって特徴づけられるからである。しかし、このような強調が、形而上学や超越論的一元論とそのまま両立できないことも自明である。それでも、この問題がどのような方法で解かれるにせよ、経験主義はどんな伝統理論の固執にも、また愚かなドグマの繰り返しに対しても強力な解毒剤となる。(7)

存在と非存在、プルシャとプラクリティ

その序文が入念な注意を払っているのは、広い意味での形而上学的教義と西洋実存主義に反映されている、人間の経験が果たす役割である。形而上学的考え方によると、世界は目的のないカオスではなく、「精神」によって組織化

され生み出された合目的構造であり、世界は発展のなかで姿を現し、自己の現実化をめざすのである。ラーダークリシュナンは形而上学の立場に立ってこのように主張する。この主張はいくつかの西洋の見解によって支えられてはいるが、最終的には古典的インド、とくにヴェーダーンタ学派の源泉にまで跡づけができるものである。それに関して、次のようにのべられている。「ウパニシャッド[*用語解説]によれば、精神の原理は実在のすべてのレベルにおいて働いており、その働きによって低位のものは高位のものへと形成される。……宇宙の進化の究極の結果であるアーナンダ（精神の自由なたわむれ）は、活動しているものの、目には見えない原理であり、ゆっくりと自己を顕現する」。もし、精神が創造的かつ持続的力であるなら、精神が働きかけ、自己実現を獲得するところの他者という媒介が存在しなければならない。このことは、「存在」（精神に対応するもう一つの言葉）がまさに非存在を前提するように、ある意味では、精神は非精神を前提していることを意味している。プラトン的言葉で言うと、この区別は「形相」「質量」という言葉の区分にあるが、他方、インドの用語法では、プルシャ（純粋精神）とプラクリティ（非精神、物質）は区別されるのである。

　二つの側面の関係は複雑であり、正確にのべることは困難である。その理由は、主として非存在は単に無と同義ではなく、物質あるいは非精神は単に精神の対立概念ではないからである。そうはいっても、二項対立的解釈へ入り込みたい誘惑は強力ではあるが。ここでラーダークリシュナンは、一元論と二元論の間にある不安定な小道について説明している。「世界の過程は、存在と非存在という二つの対立的ではあるが、同時に相補的でもある原理間の闘いとしてしか考えられないのである。いわゆる非存在は、客体側の限定的概念、知られないものの名称、客観的世界の仮説的存在理由である」。ある意味では、非存在は単なる「抽象概念」にすぎない。すなわち「われわれは世界に対して実存、形式、意味を付与するが、それらすべてを世界から抜きとったときに」残っているものをさすのである。非存在は「形式の不在」を意味するが、「完全に形式を欠いた」ものは、この世界には現実に何も存在しない。彼は以上のように補足している。物質に対して精神を、あるいは非存在に対して存在を前提とすることを承認しつつも、『告白の断片集』は注意深く哲学的二元論に陥らぬように迂回路を求めている。「精神《プルシャ》と自然《プラクリティ》の二者は、二つの究極の原理ではない。その二者は、二つに分離した世界精神《ドヴェーダ・アバターヤト》の部分なのである。この二者は相対するものであるが、すべての実存の究極の両極である[8]」。

これらの形而上学の前提に立って、ラーダークリシュナンは、精神が自然を生み出したり、精神の後で自然が生じるという考え方を否定する自然主義的、唯物論的諸見解には強く反対する。そのような前提から、彼はベルクソンの進化学説に共感した。その学説では、「生の飛躍 élan vital」が自然淘汰と適応の領域にまで作用していると考えられているからなのである。このベルクソンの体系において問題となるのは、そこには理路整然とした目的論がないこと、かつまた物質の諸条件の地位と役割の説明が不適切なことである。「ベルクソンは、精神的原理の前進する過程の中断や逸脱・逆行があるとのべているが、これは重要である」。しかし、「ベルクソンは、なぜこのようなトラブルや中断が発生するのか十分な説明をしていない」。これらの欠点のいくつかを修正したのは、サミュエル・アレクサンダー〔イギリスの実在論的哲学者 一八五九〜一九三八〕の進化論や初期の「プロセス神学」である。そこでは、（最高の実在としての）神を創造的始原ないし、完成された現前としてみなすのではなく、着実に進化する「空・時」の母胎から現れ出る目標地点、あるいは頂点としてみなしている。

唯一の超越的存在――神的精神

ラーダークリシュナンは、アレクサンダーが提起した秩序づけられた発展の道筋を肯定しつつも、その歴史主義や急進的な未来派的特質には反対する。「もし、絶対的なもの、すなわち完全かつ不変のもの、時間の外側にあり、したがって、進化過程の外側にあるものを仮定しなければ、われわれは進化の方向あるいは進化の目的の成就を確信することはできない」。ホワイトヘッドの哲学は、この点では妥当な形而上学の形態に一番近いものとして引き合いに出される。ホワイトヘッドの定式において、神あるいは永遠なるものは、無限の可能性の領域としてあるが、他方、自然あるいは経験的実在は、着実な変化の過程に関わっている現実の活動領域にある。自然的世界の創造に先行して、神は「潜在的可能性という絶対的な豊富さ」として存在するが、これは概念的抽象性のレベルにおいてのことにすぎない。自然と世界を通過することによってのみ、神の潜在的可能性（あるいは、少なくとも一連の原初的可能性）は、現実のものとなり、完成へと到達する。その序言は『過程と実在』から引用しつつ、次の点に注目している。「神の本性とはつきつめて言えば、……神自身の本性と一体化した形で、また神の知恵の変容を通じて、現実世界をつくりあげることである。（神の）根源的性質（本性）は概念的なものであり、その結果生じる自然は、その根源的諸概念に神の肉体的諸感情を編み込んだものである」[9]。

ラーダークリシュナンは、これらの洞察力に磨きをかけ、自分自身の言葉へと移し替えて、「存在」と「世界」の区別とその複雑な関係に依拠しつつ、形而上学的概念の定式化にとりかかる。この概念において、存在は世界に関しては、その超越的かつ構成的意味において、基本的な地位を占めている。「この世界が現実に存在することこそが、世界が導き出されるところの存在の実存を含意している。存在は、それ自身何ら現実に存在していなくても、すべての現実存在の基盤となるものである」とのべられている。かくして、「何かがあると言うときはいつでも、存在という概念を使用しているのである。それゆえ、それはもっとも普遍的なもっとも理解できる概念である」。この普遍的意味における存在とはモノではない。あるいはまた、経験主義的な存在物being、あるいは客体の一つでもない。この理由のため、存在は経験的に証明することはできず、「自明のもの」として受け容れられねばならない。というのは、もし存在がなければ、「何ものもたぶん現実に存在することはできない」からである。同じ理由のために、存在は厳密な意味において、あるいは文字通りの意味において、形而上学の概念である。それは物理的なもの、現世的なものを超えて定められ、かくして世界を完全に超越する。ラーダークリシュナンの言葉では、存在は「いま存在するすべてとはまったく相違をなし、また根本的に異なっている」。アセイタス aseitasという概念は「まったく自己自身のために、何の理由も要求せず、その本性こそが存在すべきであるという点を除いて、自己の実存のためのどんな正当化も要求せずに、現存する存在の力」を意味する。「唯一のそのような存在」があるべきであり、「それは神的精神である」。インドの伝統において、この精神を表す言葉は、ウパニシャッドにおいて表現されているブラフマン〔梵。存在そのもの〕である。同じような見解は、経典に見られる「私は今ある私である」という言葉にも表れており、存在《エッセ》としての神を純粋な、飾りけのないものとのべたトマス・アクィナス（スコラ哲学の完成者 一二二五頃〜七四）の言葉にも表れている。これらの定式に共通なのは、次のような見解である。「神は、依存的かつ条件づけられた存在とは異なったものとしての絶対的なものである。秩序づけられた多様性の基盤として、神は一者であり、多ではない[10]」。

絶対存在ブラフマンと無制限の活動イーシュヴァラ

この点で生じる問題は、存在と世界の関係の問題であり、より明確に言えば、世界の実存の根拠や動機づけの問題である。ラーダークリシュナンは、観念論の教義にしたがって、精神の絶対的自由を拠り所とする。すなわち、世界を創造する（あるいは創造しない）その能力に依拠するのである。「（現実的世界としての）世界の従属関係がいやしくも、なぜ存在すべきかという問いに対する唯一の答えは、絶対的なるものは存在であり、かつまた自由であるからそう言えるのである。神は『条件づけられない活動 actus purus』である。もし神が活動していないなら、すべて世界は崩壊して無に帰するであろう。神の意思は、存在を無の深遠に落ち込ませぬようにする」。ヴェーダーンタ哲学の源泉に再び回帰しつつ、ラーダークリシュナンは神の根源的本質とブラフマンとを同一視し、活動的自由の局面と「イーシュヴァラ（人格神）」とを同一視する。「神 the supreme には二つの面がある。すなわち、われわれがブラフマンと呼ぶ本質的超越的な存在 Being と、われわれがイーシュヴァラと呼ぶ自由な活動である。それは、時間空間を超越した実在性とその力と特性から創造的にあふれ出てくる、意識的活動的な喜びである」。『告白の断片集』によれば、創造的活動は世界を形成し、それを宇宙へと変える「神的ロゴス」と同義である。このレベルにおいて、ヒンドゥー教の思想によれば、神の力は、まったく絶対的なものではなく偶然性から完全に自由でもなくて、むしろ「神の有限な被造物の生活に加わる個人的存在者」であり、「自己の有限性という全体的な重荷」を、被造物のなかにいながら、被造物とともに背負うのである。

『告白の断片集』は、存在と世界の関係についてさらに理論展開をしつつ、絶対的存在としてのブラフマン、無制限の活動としてのイーシュヴァラと（微妙な、あるいはさほど微妙ではない形態における）「世界精神」との間の区別を喚起しているが、その区別はウパニシャッド文献に見い出されるものである。最後のレベルにおいて、（ブラフマー、ヴィシュヌ、シヴァ[*用語解説]のもつ）精神の創造的能力、持続的能力、消滅的能力の間の補足的区別がなされ得る。このような見解から見れば、世界自体は単なる幻影ではないが、現象的な実在でもある存在の複雑な意味において、現象という地位を有する。これらのさまざまな意味のあやは、マーヤー（幻影）という伝統的な概念と合体している。ラーダークリシュナンの言葉では、次のようにのべられている。「この世界は幻影ではない。それは無ではない。というのは、この世界は神によって意思決定されており、それゆえ実在のものであるからだ。……絶対的なるもののみが非被造物として実在性をもっている。他のすべては依存的な創造された実在である。これがマーヤーの学説の意義である[11]」。

人間的現存在 Dasein

『告白の断片集』は、これらの形而上学的概念の基盤に対して、「人間の状態」、すなわち、マーヤーという文脈における人間生活の地位の考察へと視点を向ける。ラーダークリシュナンも認めているように、このようなことがらは、最近とりわけヨーロッパの実存主義によって検討されている。とはいうものの、実存主義的アプローチについては、数多くの先行者たちが試みているが。かくして、ウパニシャッド文献は実存主義的洞察力に似た「人間個人の頻繁なる心理学的諸分析」を内包していると言われている。同様に、ブッダや他のインドの思想家たちは人生を一時的な段階とみなし、より高い変身へとすすむ「サムサーリン（永遠のさ迷い人、路上放浪者）」として人類をみなした。ヨーロッパの実存主義では、無あるいは非具象としての人間、すなわち、幻影《マーヤー》の領域から解脱する被造物（不動的一者）としての人間が強調されている。ラーダークリシュナンは次のようにのべる。このような見解における人間自身は、「科学的知識の対象ではない。それは、存在のなかに浸されている。だから、それは宇宙の創造的意思に参与するのだ」。

人間の自由を強調しつつ、実存主義は実存を物質的力へ還元することに抗議を表している。また、まったくの「思想の形態あるいは普遍的諸関係」へ実存を還元したり、あるいは個人の生きざまがもつ「何ものにも替えがたい唯一性」を否定する諸概念へ実存を還元することにも抗議を表している。それは、普遍は単に、「偶然的諸形態の存在とは区別される」プラトン的本質主義への抗議を含んでさえいる。この強調は、とりわけキルケゴールにおいて強い。「人間は知られるべき客体ではなく、獲得しようとする自己をもつ主体である」、そして、人間は自由な個々人の自己形成の可能性をもつ主体でもある、と彼は主張した。ハイデガーの『存在と時間』（一九二七年）においては、人間的実存は、「自己の実存の意識をもつことなく」生存している（石、植物、動物のような）人間以下の実体とは区別される。人間的存在、あるいはハイデガーの見解では、現存在《ダーザイン》*用語解説は、「現実存在から出て、存在の真理の内部にとどまろうとする力と決意」を内包している。「もし人間が、自己の実存の限界を超越することができなければ、彼もまた死と無を宣告されるであろう[12]」。

確かに、ラーダークリシュナンも理解しているように、ハイデガーのとらえ方における人間的実存は（他の実存主義者の場合も同様に）、自由のみならず、一時性と現世性における有限性と具体化が特徴となっている。ラーダークリシュナンは、ハイデガーの場合「実存は二つの恐ろしい確信、すなわち、死と一時性の確信、死の恐怖の確信に脅かされている」としていることに注目している。人間は「人生が衰退してゆくまさにそのときに、人生の極度の活動性に気づく」とハイデガーはのべている。このような恐怖にさらされるなかで、人間的現存在《ダーザイン》は「存在の根元的な不安」を経験し、自らが無の淵をさ迷っているのに気づく。しかしながら、ラーダークリシュナンの見解においては、このような経験は終点ではなく、自己認識のより高い様式への単なる踏み石、あるいは通路にすぎない。恐怖と実存的崩壊性へ焦点をあわせることは、おのずから意気消沈させる効果をもちそうに思われる。そのようなものとしての実存は、古典ヒンドゥーの教義とは一致しない。この点については、次のようにのべられている。

> インドの思想家たちは、幾人かの実存主義者たちのなかに見られるように、最終的なものとして苦悩と危機という人間の苦境を受け容れたり、またそこに満足を見い出しさえするような傾向を同情的に眺めることはないで

あろう。苦悩における実存主義者たちの喜び、運命としての無政府主義の受容、人間の不幸と無についての満足的熟考、病的なるものと変質的なるものへの没頭、絶対的かつ普遍的価値の拒否、これらは古代インドの思想家の書物には大きな支持を見い出すことはないであろう。

自己超越としての神との同化

緊張、不安、苦悩は人生において否定され得ないが、それらは弁証法的かつ目的論的存在理由に奉仕するものとして見られるべきである。というのは、このような要因がなかったなら、人間は「自己のまったくの虚無性、哀れさ、不十分さ、依存性、弱さ、空虚性に気づかないであろう」からだ。かくして、人間の苦悩はより深い洞察への通路を、形而上学的言語で言えば、実存から存在への通路を構成する。人間は「まず、空虚なるもの、無、中観派〔一切の法（存在）を空とみる中観を奉じる学派〕*用語解説 仏教徒の空《シューニャター》を体験しなければならない。それは無それ自身のためではなく、無を超越するため輪廻《サムサーラ》の世界を超えて存在の彼岸へ達するために、そうしなければならない」とラーダークリシュナンはのべている。ハイデガーの哲学において、恐怖の体験は、「人間は存在に達するのかどうか、無を廃棄して無を超えるのかどうか」という問題を提起する。ニヒリズムの克服が生み出すものは、「実存とは異なる実在」への上昇であり、一時性を超越する精神的中心あるいは「時間を超越する要素」への上昇である[13]。

ラーダークリシュナンにとって、超越すなわち超時間性は基本的には宗教的体験、神への自己の道程である。『告白の断片集』のもっとも魅力的なくだりには、この道程に関わるものがいくつかある。工業化社会が東洋と西洋の双方における生活態度に及ぼした影響を指摘しつつ、次のようにのべている。「われわれのほとんどすべては、神の信仰告白を行っても、現実には無神論者である。寺院を訪れ、宗教儀式に出て、祈りを繰り返しても、われわれはある種の敬虔さを装った無関心、あるいは聖なる気持ちを装った怠慢な態度で、まったくそうしているのである」。この怠慢さが指摘しているのは、生きた信仰の欠如である。確かに、このような無関心に対する例外もある。宗教が敵対的世界からの避難、逃避となっている人もいれば、体制を是認したり、正当化したりする手段となっている人もいる。

社会的病理に関心を寄せている正直な人々は、これらの事例からは、まずもって退けられる。この意味では、「戦闘的無神論は、不正直な宗教に対する解答である」。

ラーダークリシュナンにとって、宗教は、個人的な自己超越と世界の苦悩への具体的関与の双方へいざなうものであるべきなのだ。彼は次のように書いている。「われわれの宗教は、逃避を行おうとするのではなく、あえて誠実であろうとする思想の力をわれわれに与え、その意志の力が信じることを言い、言うことを行う力をわれわれに与えてくれるのだ」。もし、今日の世界が無神論の風潮に流されているとすれば、それは「より高度な宗教が出現の過程にあるからなのである」。『告白の断片集』では、この過程の思索から人間を鼓舞させる雄弁で明確な語句が出てくる。「歴史の意味は、自由な精神の王国を建設するために、すべての人を預言者にすることである。無限に豊かで精神の充満した未来、知性をじょじょに精神へと変容するこのドラマ、すなわち、人間の息子から神の息子への変容のドラマは、歴史の終着点である」。古典ヒンドゥー教の専門用語では、歴史の完成あるいは最終目的は神の王国《ブラフマローカ》であり、そこは神の潜在的可能性が現実性をもって出現する場所である。ラーダークリシュナンがホワイトヘッドの言葉を使って注目しているように、「天上の天国と同じように、精神の王国が地上にうち立てられるとき、地上の神は天上の神となる。ここに始まりと終わりの一致がある。……地上についての真理は、ブラフマローカ、すなわち宇宙の変容であり、人間の意識における革命的変化、あるいは人間間の新しい諸関係、神への同化である(14)」。

2 『バガヴァッド・ギーター』と『ブラフマ・スートラ』

ラーダークリシュナンは、『告白の断片集』を書いているとき、すでに『バガヴァッド・ギーター』についての注釈書を書き終えていた。そして、主要な書物であるウパニシャッド文献を解説する仕事に集中的に取り組み始めたところであった。これらの仕事は、『ブラフマ・スートラ』についての、等しく丹精込めた論文となって継承される。

インド文化の学徒たちならわかるように、このような一体となった三つの古典的テクストは、ヒンドゥーの宗教と哲学の重要な支柱を形成する「三部聖典《ブラスターナ・トラーヤ》」を構成している(15)。ラーダークリシュナンは、これらのテクストの研究において、それぞれにおびただしい注釈と説明をつけ加えて、綿密な翻訳を行った。その翻訳文の前には、テクストの背景、テクスト解釈の歴史、その一般的意義を詳述した長い序文が書かれている。この章の目的からして、『ブラフマ・スートラ』と『バガヴァッド・ギーター』の注釈の方に焦点をあててみよう。その理由は主としてそれらの注釈が二つの作品の補足的性格をもっているからである。おそらく紀元前二世紀に構成された『ブラフマ・スートラ』のテクストは、ウパニシャッド文献の基本的教義の説明的要約、したがってヴェーダ聖典の伝統の説明的概要になっている。対照的に、『バガヴァッド・ギーター』（おそらく紀元前五世紀にさかのぼる）は、「人間の状態」、すなわち世界における具体的人間生活のための教義の、より実践的意味を叙述している。両者の表現は異なっており、『ブラフマ・スートラ』が形而上学のレベルで、問題の主題化を行っているのに対して、『バガヴァッド・ギーター』は実践的存在論の方向を指し示している。

　ラーダークリシュナンは、文化的背景のなかに『ブラフマ・スートラ』を簡潔に位置づけた後、シャンカラからラーマーヌジャを超えて、バラデーヴァまでの解釈、あるいは、「実際の」歴史の叙述にとりかかる。広範な範囲に至るまで、テクストについての彼の解釈は、シャンカラや不二一元論《アドヴァイタ・ヴェーダーンタ》学派によって与えられた指示にしたがっているが、伝統的教義への固執や偏狭な徒弟主義のいかなる痕跡も見られない。ラーダークリシュナンにとって、解釈は単に太古の言葉を無思想的に繰り返すことを含み込むのではなく、むしろ創造的な適用の行為、すなわち、現在という変化した状況のなかで、テクストに生命を吹き込む努力であったと言える。彼は研究の序文で次のようにのべている。「伝統的解釈を考慮に入れつつも、私はまたわれわれの時代の問題をも考えている。古いインドの伝統と近代思想の諸要求を正当に扱う、道理に基づいた信仰を提示することが、私がなすべきことなのだ」。これらのコメントは『ブラフマ・スートラ』について、とくに強くあてはまる。というのは、それは当時、解釈学的思索を回復させた結果、生まれたものであったからだ。しかし、これらのコメントが連続的関連性をもっていると考えられるならば、古典的教義全般にも拡大することができる。ラーダークリシュナンは、次のようにのべている。「古典的作品は単なる過去の守護者ではなく、未来への使者たるべきなのだ。機械的に無分別に受けとろうとするならば、古典は死んでしまう。後の各世代が明確な意識をもって読みとろうと決意するならば、古典は生き返るのだ」。彼はガダマー風の言い方で、次のようにつけ加えている。すべての解釈は、解釈者の自己の生活状況、彼／彼女の個的判断、あるいは予断から出てくるものだが、このような判断、予断はさらなる研究と思想に救い難い影響を与えることはない。「私の見解は経験と権威と熟考に基づいている[16]」。

ラーダークリシュナンを『ブラフマ・スートラ』へと導いたのは、基本的には機械文明によって引き起こされた、われわれの時代のもつ精神的空虚性である。ヴェーダの洞察力は、（少なくとも）このような状況の部分的救済を呼びかける。『ブラフマ・スートラ』は、「今やそれゆえ、ブラフマン〔梵。存在そのもの〕の探究（真の実在であるブラフマンを知ろうとする熱望）が必要なのだ」という言葉で始まる。ラーダークリシュナンは、そのような探究を「究極的実在」、あるいは超越的存在の探究を意味するものと解釈している。問題は、このような実在がどのようにして探究可能となるのか、どのように実在が（厳密でない意味において）「知られる」のか、あるいは理解されるのか、である。注釈にしたがえば、ブラフマンは基本的には完全な存在あるいは実体であり、それは世界におけるすべての存在あるいは実体の源泉である。同時に、ブラフマンは有限な客体あるいは存在をラディカルに回避、超越する無ないしは非具象である。（シャンカラ説を大いに繰り返している）ラーダークリシュナンの言葉では、次のようにのべられている。「存在論的他者、超越的絶対性をもつ他者、すなわち、すべての現存する事物の源泉が存在する。すべての現存する事物が自己の存在と自然を引き出す完全な存在がある。この超越的実在を離れては、現存の事物は存在も持続もしない」。

存在の源泉でありつつも、ブラフマンは別の意味では、現世の現象を完全に超えているか、または逸脱しているのである。「神は世界の偶発的事物とは、まったく異なっている。それは現象の裏にあり、現象を超越する存在である」。結果として、神は「主客の区別から解放された不二」なのである。このレベルでは、ブラフマンは単に非具象的存在ではなく、肯定かつ否定を特徴とした逆説的混合、すなわち対立物の一致である。「それはすべてであり、かつまた無である。自己であり、かつまた非自己である。活動であり、かつまた休止である。非形相であり、かつまた形相である。すべての事物が、そこでは知られているところの知られざる知者である。すべての充足が流れ出る空虚である」。このレベルで見てみると、ブラフマンには否定的に、すなわち、否定的存在論《ヴィア・ネガティヴァ》の道によって最善の接近がなされ得る。ラーダークリシュナンは次のようにのべている。「われわれはブラフマンについて語ることなく、ブラフマンとは何かを教えている」。なぜなら、「すべての語られた言葉は、存在を絞り込むことになる」からである。われわれはせいぜいのところ、「存在はそれ自体である」と言ったり、あるいはそう主張したりできるくらいである。しかし、「始まりのない、絶対的ブラフマンは、神あるいは聖者によっても知られない」。ウパニシャッドによれば、超越的存在は「でもない《ネーティ》、でもない《ネーティ》」としてのみ、のべられ得る。別のヴェーダのテクストの言葉には、次のような言葉が見られる。「不二を好む者もいれば、二元を好む者もいる。彼らは二元と不二から解放された、同一の真理を理解しない(17)」。

本質的に超越的であり、明確な叙述を回避しているが、ブラフマンは同時に非存在に落ち込まないようにしつつ、世界を承認し世界に浸透する。ある意味では、ブラフマンは（経験的自己あるいは心理学的自我とは混同されるべきでない）人間のもっとも奥深い自己あるいは魂と同化しさえする。次のようにのべられている。「神的実在はそこを離れてあるのではなく、われわれのもっとも深い自己と一体である。ブラフマンは我《アートマン》である。つまり普遍的精神としての『汝はそれなり《タト・トゥヴァム・アシ》』〔「汝」はアートマン、「それ」はブラフマンであり、「自分がそのまま絶対者ブラフマンに他ならない」という意味〕である」。世界精神としてのこの機能に接近するとき、絶対的存在は単なる超越的原理ではなく、世界を形づくり承認する創造的衝動である。ブラフマンは活動としての人格神イーシュヴァラとなるのである。ブラフマンが「すべての個人を超越した万物の基盤であり、深淵」であるのに対し、イーシュヴァラは祈りと崇拝を通じて到達可能な個人的神性である。それでもなお、基盤としてのブラフマンと、個人的神性としてのイーシュヴァラは明確な実体として見られるべきでなく、むしろさまざまな装いをとる同じ究極の実在のさまざまな局面と見られるべきである。神的精神の役割においてイーシュヴァラは、形づくられていない、形のないすべてを鋳型に入れて創造し、その精神的目標へと世界を導く。この点では、イーシュヴァラは物質あるいは自然《プラクリティ》に対して、結果として起こる創造的精神《プルシャ》である。ラーダークリシュナンは次のようにのべている。「宇宙の過程は、この基盤としてのブラフマンと創造・活動としてのブラフマンという二つの原理の間に起こる相互作用である。イーシュヴァラは、自然《プラクリティ》、物質に働きかける究極の精神《プルシャ》、神である」。対立的に見えるけれども、基盤と活動というブラフマンの二つの原理は現実的には、絶対的実体の「相互補完的局面」なのである。それは、「非存在の原理は存在に依拠している」という単純な理由によるものである。世界に対する関係において、神的精神はさらに分化されて、創造的、持続的、消失的力、能力へと変わり、神性のレベルでは、ブラフマー、ヴィシュヌ、シヴァの三体（あるいは、ヴィシュヌ、シヴァ、シャクティ〔女性的能力を表す神〕の三体）へと変わる。この分化は、確かに多神教的方向にそって構築されるべきではない。神人同性説的把握において、神性は自己を通して表されるものを理解しようとする試みにおいて、ただ単に「精神を助ける」ことになっている。ラーダークリシュナンは、この点に注目している。神学的に純化されたときでさえ、個人的神は「存在とその反対の非存在の双方を超えるものの単なる現実化にすぎない。……われわれは自然を超えたものを自然化しようとするのである[18]」。

　古典的ヴェーダ教義の専門用語において、世界自体は流転と絶え間ない変化の領域圏内、輪廻《サムサーラ》にあるが、永遠性や超越的存在からまったく切り離されて、漂っているのではない。それを自立的なものとして扱うこと、切り離して漂わせることは、幻影《マーヤー》ないしは無明《アヴィドヤ》に屈することを意味する。現実に、世界は自己充足的なものでもなく、単なる幻想、あてにならないものでもない。超越的存在の派生物、添え物として世界は超越的存在の本性に合致する実在、すなわち存在に依存した部分的実体を保有する。ラーダークリシュナンは次のようにのべている。「世界は自己を強調する、こけおどしの正面玄関の飾りではない。世界は実体的なものではあるが、不完全なものである。神は世界の基盤であるがゆえに、世界は非実体的なものではないのである。マーヤーは現実の世界に立場をもつ」。シャンカラの解釈においては、世界を幻想、すなわち人間の心の空想の産物とみなすことは誤りである。もっと一般的に言えば、現実は意識の対象物に帰することはできないのであろう。世界を形づくるさいには、想像は含まれ得るが、想像は神的あるいは「宇宙的想像」であり、主観的で私的な空想ではないのだ。

深さのレベルではブラフマンと結合しつつも、有限の存在すなわち、単独のものは不可避的に存在と非存在の間にある漠然とした地帯に存在する。そして、そこから精神の介在を経て、ひとえにイーシュヴァラによって象徴化されるものとして、ただ現れ得る状態なのである。注釈では、「進展する生命のすべての形態は、第一の動者と第一の闇の結婚において生まれ、成長する。ハイデガーによれば、無は存在のベールなのだ。存在は無の背後に自己を隠す」とのべられている。進展する生命の終点は絶対的存在と同化することによって、完成に到達することである。個人のレベルでは、この進展は普遍的自己、あるいは世界精神との統一における我《アートマン》からの運動を意味する。「創造のすべての企ては、経験的自我を神化させるために、現象を主体のレベルに引き上げることである」。しかしながら、その運動は、個人の努力に限定され得ない。というのは、すべて個人は仲間としての人類、他の被造物と連帯して暮らしているからである。「世界の運命は、神の王国の完全な状態へと変えられるべきものである。神の王国《ブラフマローカ》という概念は、ヴェーダ時代の先覚者であるヘブライの預言者や、ツァラトゥストラ〔ゾロアスター教の創始者 前六世紀～前七世紀頃〕において知られているのである[19]」。

ラーダークリシュナンの研究は、完成の域に達するための特別な道、すなわち方法について、そしてまた世界がめざす目的を高揚させるための特別な道、方法についても論じている。しかしながら、これらのテーマは、中心的な位置を占めている『バガヴァッド・ギーター』のコンテクストにおいて、もっとも十分に論じられている。公式には、ウパニシャッドと呼ばれているが、『バガヴァッド・ギーター』はブラフマンや神についての形而上学的学説、理論を提供しているというよりも、むしろ卓越した道しるべに基づいて、人生の固有の行為の反省を提供している。大雑把に言うと、『バガヴァッド・ギーター』は理論と実践、思索的洞察と現世的活動をつなぐかけ橋となっている。そのテクストについての注釈において、ラーダークリシュナンは次のように言及している。「『バガヴァッド・ギーター』は、形而上学《ブラフマヴィディヤ》であり、倫理学《ヨーガシャーストラ》である。……精神の真理は厳しい修行によって、受け入れ準備をしている人々によってのみ会得され得る」。『ブラフマ・スートラ』の場合と同様に、ラーダークリシュナンは、シャンカラとラーマーヌジャからヴァッラバ〔清浄不二説を唱えたインドの哲学者 一四七九～一五三一頃〕に至る、二〇世紀ではガンディーからシュリー・オーロビンド

〔インドの思想家 一八七二〜一九五〇〕に至る『バガヴァッド・ギーター』の解釈的歴史を詳述する。次に彼は、発展化というよりむしろ、原文テクストにおいて簡単にのべられたり、前提とされたりしている形而上学的前提を素描している。

ラーダークリシュナンは、ウパニシャド文献において見られる、神は不変の超越的基盤として、かつまた宇宙の人格神として現れるということを復活させている。「永遠の実体は実存を支えるばかりでなく、世界の活動的な力でもある」。かくして神は、「近づき難い光のなかで暮らしてはいるが、それでもアウグスティヌスの言葉で言えば、「魂の自己に対する関係よりも、魂により親しい」のである。『バガヴァッド・ギーター』は多くのくだりで、ウパニシャッド文献の見解を支持している。「矛盾する属性は、経験的決定の適用不可能性を示すために、神に帰される。『神は動者でないが、それでも動者である。神は遠方にあるが、それでもまた近くにいる』。これらの属性は、存在と生成としての神の二重の性質を明らかにしている。神は超越的《パーラ》であり、内在的《アパーラ》である。すなわち、世界内的かつ外的存在である」とのべられている。しかしながら、『バガヴァッド・ギーター』の主たる強調は、自然《プラクリティ》から世界を創造し、存在においてそれを保持する人格神として見られている神的存在に関してである。ラーダークリシュナンは次のように叙述している。このような神は、「すべての生贄《いけにえ》の享受者かつ支配者」である。神は「諸価値の源泉にして保持者」であり、「崇拝と祈りにおいて、われわれとの人間的関係を結ぶ[20]」。

『バガヴァッド・ギーター』において、中心となる神はヴィシュヌである。この神は、ブラフマー、ヴィシュヌ、シヴァの三神一体において、救済的・維持的潜在力を表している。まずヴィシュヌは、神の化身《アヴァターラ》として行動する教師的神クリシュナという形態で、再現、顕現する。化身《アヴァターラ》という用語は、ここでは人間という形態における神の具象化と血肉化、および人間的自己を神的精神性のレベルへと上昇させることの双方を意味する。ラーダークリシュナンが説明しているように、化身《アヴァターラ》は単に、「人間的枠組みという限界のなかへ神的尊厳を無理に入れ込むより、むしろ、人間的本性を神との一体化によって神格のレベルへ高めること」を含み込む。彼は次のように補足する。『バガヴァッド・ギーター』は、地上での目的のために、神自身を限定する神としてアヴァターラ信仰を受け入れるが、また「永遠の化身《アヴァターラ》、人間の姿をした神について、神的意識はつねに人間のなかに現れる」ことをも強調する。『バガヴァッド・ギーター』において、クリシュナは神の代役、神ほどにはゆかない役割を演じるものではない。むしろ、クリシュナは、神とすべての現象の背後にある不変の真理と、同一視される。しかし、さらに重要なのは、クリシュナは骨身を惜しまぬ救済主であって、人間が神を理解し、従うことを容易にしてくれることだ。というのは、「不滅のブラフマンを求める者たちは、おそらく、ひとえに大いなる苦行の後に、神に到達する」からだ。クリシュナが世話と教育を惜しみなく与える人間は、アルジュナ、すなわち戦いの前夜に指導と啓示を求めているパーンダヴァ一族の指導者である。ラーダークリシュナンの言葉では次のようにのべられている。

弟子たるアルジュナは、未だ救済の真理に到達していない苦闘精神の持ち主である。彼は、より高い世界への道を阻む闇、虚偽、限界、死の力と戦っている。自己自体が当惑し、行動の有効な法がわからぬとき、彼はより高い自己へ、クリシュナとして典型化された世俗の教師、ジャガドグルのもとへ避難する。そして、悟りの慈悲を求める。(21)

人間の行為の教師として、クリシュナは超越的存在と人間の現状に、神の行動の領域と世俗的流転の世界、すなわち、人間の戦いと奮闘の世界に橋をかける。教師の姿において、ラーダークリシュナンは次のように言及している。「永遠なものと歴史的なものとの一致が示されている。一時的運動は、永遠性の最深部と関係している」。師によってアルジュナに伝えられた教訓は基本的には我《アートマン》、すなわち自己超越を通して神との統一に向かう偶然的、経験的自己の上昇に関わるものである。それに続く部分、章において、『バガヴァッド・ギーター』は、この上昇を成しとげるに必要な苦行《ヨーガ》のいくつかの小道、類型を描いている。どの場合でもゴールは同じである。無知からの浄化と解放は欲望と執着《カーマ》からの浄化と解放と同じようなものである。のべ方には違いがあるものの、ゴールは洞察、救済的智慧である。とはいっても、智慧は単に理論的、認識的ではなく、実存的かつ存在論的なものではあるが。

ヴェーダの源泉と調和した形で、苦行についての三つの主要な道、形態は強調されている。すなわち、それは知識の道《ジュニャーナ・ヨーガ》、献身の道《バクティ・ヨーガ》、行動の道《カルマ・ヨーガ》である。ラーダークリシュナンの注釈では、次のようにのべられている。「われわれは完成のゴールに達し、三つの異なる方法で、救済の真理を獲得できる。現実の知識（ジュニャーナ）、あるいは人格神への献身と信愛（バクティ）*用語解説、あるいは神の目的へ意志を服従させること（カルマ）という三つの方法によって、真理の獲得ができる」。三つの道は「理論的局面、情緒的局面、実践的局面」をさまざまに強調することによって、それぞれ他と区別される。だが、この三つの局面は、神において統一されている存在、善、至福と一致する。「真実を知ろうと求める人々に対して、神は永遠の光であり、真昼の太陽のようにはっきりした、燦然《さんぜん》たるものである。徳を求めて闘う人々には、神は永遠の正義であり、不動であり公正である。感動的に礼拝する者に対して、神は永遠の神聖の愛と美である」。ジュニャーナについては、『バガヴァッド・ギーター』は肉体の不摂生を避け、瞑想を通して存在に焦点をあわせるように精神を訓練し、神との調和に達する方法を詳述している。バクティは、本質において謙遜、献身、優しさ、神の恩寵への意志にいつでも身をゆだねることを含意する。クリシュナがのべているように、「私を愛する者は死滅しないというのが、私の約束である[22]」。

ラーダークリシュナンにとって、『バガヴァッド・ギーター』の主たる力点は、行動の道《カルマ・ヨーガ》である。テクストの始まりにおいて、アルジュナは展開してゆくドラマを予知しつつ、現世からの単なる回避、退却を望んで、現実には事件への関わりから抜け出すことを求める。しかしながら、彼の師である顧問たちは、強くそれに反対する。ラーダークリシュナンが批評しているように、クリシュナは「現世を幻影として、行動は罠であるから捨てよ、という解決策を採用してはいない」のである。クリシュナは「永遠の精神に繋ぎ止められた精神生活を備えた、現世の人間の充実した活動的生活」を勧めており、「かくして、『バガヴァッド・ギーター』は行動への命令である」。行動の道《カルマ・ヨーガ》を支持するなかで、『バガヴァッド・ギーター』は、存在と幻影《マーヤー》を超越する神と世界の間の（サーンキヤ学派*用語解説によって支持された）「急進的二元論」、すなわち知識と瞑想的解放を支持して、活動的な社会関与など無意味だと軽視する二元論の考え方に反対する。この点についてラーダークリシュナンの立場は、形而上学的一元論に固守しつつも、明確に行動するよりも瞑想を優先させるシャンカラの教義とは違っている。彼の注釈は、このような逃避的な立場を論駁して、現世において行動し働きつつも、精神的解放の追求の可能性を主張する。ラーダークリシュナンの批判の要点は、流行の西洋の見解、すなわち、まずヘーゲルによって公式化され、その後ショウペンハウアー〔ドイツの哲学者一七八八～一八六〇〕によって一般化された見解である。それは、ヒンドゥー教と東洋宗教一般は、現世否定、世捨てと同じ概念であるというものである。ラーダークリシュナンは言う。「ヒンドゥー思想は得られぬものを過度に求めようと努め、そのため現世の問題に無関心であったのは欠点だと考えるのは正しくない。貧者たちが裸で飢えて、われわれの戸口で亡くなるのを見て、内なる敬信に耽ることはできぬ。『バガヴァッド・ギーター』は現世に暮らし、現世を救うことをわれわれに求める」。このような展望に立った解放は、単なる撤退、退却の問題ではなく、人間生活全体に影響を及ぼす転換、変換の仕事をともなうものである。「解放は有限の人間生活から不死の精神を分離することではなく、人間全体を神々しくすることである。それは人間生活の緊張を破壊することによってではなく、神々しくすることによって達せられるのである(23)」。

確かに、行動の道《カルマ・ヨーガ》の精神においてなされる行いは、積極的行動主義、あるいは成功の性急な追求や、うぬぼれとは一致しない。修行の形態として、行動の道《カルマ・ヨーガ》は明確に、放棄と自己否定の様式をともなうが、行動自体の放棄というよりも行動の成果、見返りの放棄をともなう。注釈では次のようにのべている。「放棄は行為自体に関わるものではなく、その行為の背後にある心の枠組みに関わるものである。放棄は欲望の不在を意味する」。したがって、『バガヴァッド・ギーター』、すなわち師としてのクリシュナは、「欲望から超然とすること、あくせく働くことを中止すること」を主張する。そうすることによって、『バガヴァッド・ギーター』は世俗的多忙さと単なる受動性の二者択一を超えつつ、かつまた両者の間にある方向をすすむのである。「『バガヴァッド・ギーター』の理想的人間はこれらの両極端を超えてすすみ、巻き込まれることなく現世のすべての可能性と和解するプルショッタマ〔最高の存在者、神〕のように働くのである」。彼は、「未だ作者ではない業の作者《カルタランム・アカルタラム》」である。

『バガヴァッド・ギーター』において鍛えられた行動の目標は、古典ヒンドゥーの思想一般におけるように神の世界《ブラフマローカ》であり、それはすべての努力がめざすもっとも遠い地平にそそり立って見える。この目標をめざすなかで、解放された精神は、個人的欲望から解放されているが、活動的に、ともに世界を助け守る仕事をやり続け、そして世界の連帯《ローカサムグラハ》の実践を続ける。啓蒙化され、解放された個人は個人的利益から切り離され、行動しようとする利己的欲望を何らもたず、仲間と、世界全体との連帯のために行動の訓練を受ける。今一度、ラーダークリシュナンの言葉を引用しよう。「厳密に言えば、神と同じように賢者によってなされねばならぬものは何もないが、両者とも、世界の維持発展や世界の連帯《ローカサムグラハ》のために世界において活動するのである。われわれは神が行為者であるとさえ言えるかもしれない。なぜなら、個人はすべての欲望から自己を空しくしているからだ」。これは、アルジュナが、世界において自己に割りあてられた役割を行動に移すことに同意するとき、『バガヴァッド・ギーター』の終わりで学んだ教訓である。このようにして、アルジュナは、自分の師であるクリシュナの忠告を実行する。「知識のない者は自分の仕事への執着心から行動するが、知識のある者はまったくいかなる執着心もなく世界秩序を維持する目的をもって、行動するべきだ」(24)。

3　インド思想の現代的意義

今まで要約したように、ラーダークリシュナンの仕事からは、明確に、注意深い熟慮に値するみごとな一連の洞察力が見られる。『バガヴァッド・ギーター』についての彼の注釈では、とりわけ、刺激的な感化力のある、人の心を高揚させるような特性は排除されている。読者、とくに西洋の読者は知らず知らずのうちに、師の指示に熱心に耳を傾け模索を続けるアルジュナに、自己をしばしば同化させているのだ。ここで生じる批判的疑問は、論じられている原典作品の評価の欠如によって生まれるのではなく、むしろ、より良き洞察と理解に到達したいという願いから、最終的には異文化間対話《ダイアローグ》をすすめたいという願いから生まれるのである。主たる疑問点は、ラーダークリシュナンの作品においてのべられている形而上学の地位、形而上学的存在論に関するものである。また、関心があるのは、この形而上学と行動の道《カルマ・ヨーガ》の関係、超越的存在と人間の状態との関係である。

異文化間理解には幾多の困難さがつきまとうが、とくに、西洋思想が形而上学の「終焉」あるいは「克服」に向かって動いているときには、それが顕著である。私が思うには、その困難さが表れがちなのは、主として形而上学のレベルにおいてである。基本的には、この動きは伝統的形而上学の説明の不一致によって促進され、はかなさと人間の有限性に正面から取り組むことの不可能性によって促進される。これらの不一致は、ラーダークリシュナンの著作において十分に明確である。かくして、超越的存在は絶対的存在として、不在あるいは無として、あるいは存在と非存在の混合として、さまざまにのべられている。同時に、ブラフマンは主客の分岐を超えて位置づけられるべきであると言われている。しかし、アートマンは（ブラフマンとの一体において）主体性、主体的意識の最高の様式として、また示される。神的精神であるプルシャは、物質、自然の領域とは根本的に異なり、またそれの上位にある。しかし、その結果は内在的に世界にみなぎっているものとして見られてもいる。板挟みを示す例を二、三あげれば、それで十分であろう。

『ブラフマ・スートラ』の序文において、究極の実在は「すべての実存するものが、その存在と自然をそこから引き出している完全な存在」としてのべられている。また、「現象の背後にあり、現象を超越する存在」としてものべられている。この見解は、「何かがあるのであって、無は存在しない」という事実を指していると言われている。また「非存在に抵抗するものの力」を指しているとも言われている。しかしながら、同時に、超越的存在はまた、対立の一致として表現される。その意味において、超越的存在は「すべてであり、無であり、自己であり、非自己であり、活動であり、休息であり、無形であり、形であり、すべてのことが知られているところの知られざる知者であり、すべての完全さが流れ出る空虚である」。ブラフマンの否定的、非実体的側面を強調しつつ、彼の研究は否定的存在論の道《ヴィア・ネガティヴァ》を勧める。そこでは次のようにのべられている。「ヴェーダ聖典において、最高の本質は単に世界とすべての存在の実体として考えられているばかりではない。われわれがこの世で知り得るのは真理の四分の一にしかすぎず、残りの『四分の三』は『天上において不死のもの』として存在する。最高の本質は、現世のすべてを超越したその『四分の三』としても考えられている」。

二元論と不二一元説《アドヴァイタ》は同じような両義性、不決定性において具体化されている。一方では、最高の実在は「主客の区別から解放された、不二」として表現されるが、他方ではヴェーダの教義はブラフマンが他者と非他者を超え、「二元性と不二一元性から解放される」目的で要請されるのである。『バガヴァッド・ギーター』の注釈は、人間の状態、とくに心身の関係、精神と自然の関係に影響を及ぼす両義性を示している点で、有益である。ラーダークリシュナンはデカルト〔フランスの哲学者 一五九六〜一六五〇〕に批判的に答えるくだりで、次のように主張する。「精神的生活は、ちょうど肉体的生活が精神にその影響を与えるように、肉体の生活のなかへも浸透する」。この意味において、「人間における魂と肉体の生気あふれた統一」が存在する。「真の二元論は精神と自然、自由と必然のはざまにある」。サーンキヤ学派および、その学派の精神と物質、主体と客体の分岐化には一般的に反対しつつも、その注釈は次のようにのべている。「解放は内なる存在への、主体性への回帰である。束縛は客観的世界への、必然性、依存性への隷属である」[25]。

同様の板ばさみ状態が、『告白の断片集』にもたやすく見い出される。以前に示したように、絶対的存在は、そこでは「すべての実存の基盤である。それ自身は何ら実存しないのであるが」とのべられている。他方また、超越的実在として、絶対的存在は「存在するすべてに対して絶対的差異を示し、存在するすべてとは根本的に異なるものである」とのべられている。これらの特質を強調しつつ、別のくだりでは、この実体を「最高の完全性」、「虚無のない存在、自体的存在、時間秩序を超越した存在、自然の全体性」として描いている。しかし同時に、絶対的存在はすべての存在の様式に生命を与えて、世界を支え、世界に充満する。「もし、神が、一者であり多者であり、存在であり活動であり、超越的であり内在的であるなら、精神は世界内に生き、存在は実存のなかにある」。それでも、自然《プラクリティ》において、死において、無において実存の罠に落ちると、存在はこのため非存在から解放、除去されることはあり得ない。再び、否定的存在論《ヴィア・ネガティヴァ》の道を信頼する熟慮が必要となる。

存在と非存在の関係は、主客の区別を含めて、他の形而上学的二元論あるいは二分法に道を開くものとなる。その論文はのべている。「完全な洞察において、われわれは現実の存在と接触する。このもっとも高い知識は、主体客体の区別を超越する」。しかし、その論文の他の箇所では、この洞察は留保ないしは取り消されている。「神は客体ではなく絶対的主体である。われわれは神を感覚的知覚あるいは論理的推論のいずれかによって、理解することはできない。カントは存在が述語であることを否定したが、これは正しかった」とのべている。「実存ではない」絶対的実在あるいは存在に言及した、次のような主張がある。「この存在、主体、精神は思想に与えられた客体ではない。それは思想の基盤であり、源泉である」。実存主義者たちの足跡をたどりつつ、『告白の断片集』は（主体性の別の言葉であるところの）内的意識における人間的実存の特質の位置を見つけることに貢献している。「自然の産物である人間、その必然性に依存する人間は、その法則によって強いられ、その衝動によって追いやられるが、それでも自然の外に、『与えられた』自然の外に立つ非自然、精神である[26]」。

　ここでは問題は、（衒学的であるような）いくつかの知的間違い、あるいは一貫性のなさを記録することではない。私は、超越的存在に適用されたものとしての「完全な洞察」あるいは知的「直観」の地位によって、そしてしばしば十分に論じられている問題によって、困惑させられているわけでもない。関心はむしろ、形而上学自体に関するものである。ラーダークリシュナンは定式化の多くにおいて、いくつかの留保はあるものの、プラトンの時代から発展してきた西洋形而上学の成果に負っていることを明らかにしている。時折、存在の知識は「基底的なものとして受け入れられる」べきであると主張している。あるいはまた、存在は「すべての実存の基底」であると主張している。彼はまた、ブラフマンをトマス・アクィナス的「エッセ（純粋にして単純な存在）」と同一視するが、同時にその存在が「プラトン的本質、色あせた抽象」であることを警告する[27]。

　あいにく、西洋思想ではしばらくの間、根源的実体としての存在に的を絞って、敵対者は「基礎的」形而上学を包囲していたのだ。最初の急襲はヘーゲルによってなされたが、それは「存在」自体を前概念的なものへ、したがって基本的には前哲学的なものへと追放することから始められた。前概念的な、あるいは漠然とした存在は空虚や無と同じものだと見て、ヘーゲルは決然と、強調点を「生成」へと移し替えた。そしてかくして、「イデア」、「精神」、「主体性」の勝利において、概念的な全体的に理解可能なレベルへと達する歴史的目的論へと強調点を移し替えたのだ。

「生成」を強調する視点からまた、ヒンドゥー教や東洋思想一般の査定が行われた。すなわち、それらは否定性と不確実性のレベルをさ迷う思想として査定されたのだ。そのような背景から、ヘーゲル的目的論、ヘーゲル的用語の立場からヒンドゥーの概念を取り入れることは（修正されたホワイトヘッドの異型を含めて）、必然的に深い問題をはらむ危険な運命を担っていた。そしてそれは、必ずしも、ヘーゲルの査定の正しさを正当化するものではないのだ。というのは、明らかに目的論の保護のもとでは、存在は跡形もなく単純に消滅するものではないからである。ヘーゲルの弁証法的慧眼と「止揚《アウフヘーベン》」という概念にもかかわらず、ヘーゲルは存在をまったく生成に吸収されたものとみなし、概念と実在、精神と世界の同一性を断言するに至った。（最近、根本的な挑戦を受けているのは、この同一性の見解なのである）。インド思想に対するヘーゲルの査定は継続され、根本的に異なる援助ではあったが、ショーペンハウアーによって、さらに強化された。ヘーゲルにとって、前概念の不確実性は無力と非発展の印であったが、ショーペンハウアーはその同じ特徴点を、深淵の記号として、意志と具象的思考の領域からの出口の道として賞賛した。ドイツ観念論に対する正反対の姿勢にもかかわらず、ショーペンパウアーの「ペシミズム」は、ヘーゲルの形而上学の中心的前提、とくに（漠然とした空虚性としての）存在の解釈をそのままに残したのである。

いくつかの修正があり、さらに呵責なき反観念論であるにもかかわらず、同じことがニーチェ（ドイツの哲学者一八四〇～一九〇〇）の哲学にも言える。大いにニーチェは、否定、世界の否定として東洋思想の叙述を受けとめた。しかし彼は、否定性、「ニヒリズム」を新しい世界肯定への必須条件、入口として考え始めた。観念論的用語を避けつつ、世界肯定の強調によって、「生成」に対するヘーゲルの焦点を奪還した。とはいうものの、それは強調点を「イデア」、「精神」から、意志、「権力への意志」へと移しているが。ニーチェの批評の中心的標的は「プラトン主義」、プラトンの教義の中心であると彼が考えるもの、すなわち、「二世界」説、本質と現象、形相（精神）と質量（物質）の根底的分岐であった。権力への意志を通じての世界肯定は、これらの分岐と、伝統的形而上学の二律背反および同類の落とし穴からの救済に役立つことをねらったものであった。肯定的実践と「生成」（とくにツァラトゥストラの自己克服の様式）の間の関係、共存をめぐって論争が激しく続いた。しかしながら、多くのニーチェの文章にてらして見れば、彼の説明における世界肯定は十分に遊行托鉢僧《サンニャーシン》、行動の道《カルマ・ヨーガ》の実行者の固有の印として、クリシュナによって勧められた超然性、非帰属性の意味が浸透していたということを疑う理由はない。

新たな装いのもとに、存在の問題は再び二〇世紀にハイデガーによってとりあげられた。ヘーゲルから出発しつつも、ハイデガーは存在を単に不確定性として扱うことを拒否した。「概念」の最高性と完全性を問いつつ、概念的なものと前概念的なもの、精神とその世俗的土台の間にある、復興された相互性への道を開いた。それでも、存在への転換は（西洋の）形而上学の単純な回復としてではなく、むしろ、存在の実質的基底的見解として解釈されている形而上学の「克服（克　服《フェアヴィンドゥンク》としての克　服《ユーバーヴィンドゥンク》）」への跳躍石として企てられたのだ。ニーチェとともにハイデガーは人間的実存の有限性・世俗性と調和しないものとして、伝統的二世界概念――すなわち、本質と現象の対立――を攻撃した。『存在と時間』において、存在は、実存のイデア的本質や目的論的目標として提示されるよりもむしろ、現世の被造物としての実存、すなわち現存在が自己の道を見い出さねばならぬ開かれた舞台として提示されている。

存在と実存の緊密な結合、すなわち両者が編みあわされた関係にあることは、「存在論的差異」という概念においてもはっきりと示された。その概念にしたがえば、存在は存在者のなかに現存し、かつまた存在者とは離れて（異なって）いるのである。後期の著作において、ハイデガーはしだいに形而上学的、存在論的用語から解放されるようになった。これは発展とも言えるものであり、存在（についての説明）を「消し跡」の状態にしておくこと、すなわち、偶然的な世界の経験、物語がその上に書いては消され、書いては消されする羊皮紙上の単なる筆跡として扱うことへと、ハイデガーは着実に導かれたのである。同じような消し跡（という言葉）は、存在論的開示性の様式として、存在の（自己への）立ち返りの強調において、また存在と時間が非基礎づけ的事象、すなわち「与えられてあること es gipt」の結果として現れる「性起 Ereignis」という概念においても明らかに見られる。削除とポスト形而上学への動きは、最近のフランス思想、とくにデリダの伝統的哲学の「脱構築」*用語解説において強化されている。人間的実存の問題点は、脱構築的な読み方によれば、存在と融合することではなく、せいぜい継続的かつ基礎づけられない「社会の遊戯」（それは「遊戯《リーラー》」というインドの概念に近いであろう）[28]に加わることである。

ここでの問題点は、より極端な形で脱構築の議論を支持することではない。重要なのは、根づいた分岐によって形而上学を克服、超越する、最近の西洋思想において着実に強化された努力である。確かに、超越、消し跡はここでは、単に除去を意味するものではなく、むしろ異なった、より微妙な意味の違いのある読みを試みることを意味する。一般的に見て、そのような新しい読み方がもたらすのは、知識、すなわち認識論のレベルから隠喩や文学的、修辞学語句の領域への移し替えである。この角度から見てみると、形而上学概念は本質認識の結果というよりは、むしろ先験的・詩的想像の結果、創造的世界と意義ある構成が働き続けている結果である。このコンテクストに基づけば、ブラフマン、イーシュヴァラ、世界精神といった諸概念は、認識論的な本質というよりも、むしろ詩的宇宙、あるいは、(ヴィーコ〔イタリアの哲学者 一六六八〜一七四四〕の意味では)「創造的宇宙」である。後にハイデガーが詩的言語へと回帰したことは、(とりわけ存在が消し跡の状態にされたとき)存在への極度の没頭の必然的帰結のように見える。この見解は、西洋ならびにインド思想の著名な学者J・L・メータによって支持されている。メータはその点について、次のようにのべている。

ウパニシャッドとヴェーダーンタ「哲学」そのものへの関心が大きいため、それらの記述方法には、十分な注意が払われてこなかった。具体的に言えば、注意を払われなかったのは、文体と構造、作品そのものが詩であって散文ではないこと、修辞法と小さな装飾に思われるものに対してであり、また重要には見えなくてもじっくり取り組まねばならぬ魔術的・神話的な諸要素に対してであった。(中略)何よりも、たいていのヴェーダーンタの諸作品の最初と結論部に見い出される敬意と賞賛を込めた詩には、十分な注意が払われてこなかったのだ。(29)

確かに、ハイデガーもメータも、哲学と詩の単純な合同化、無差別的融合を勧めてはいない。両者の正確な相互関係は置くとしても、次のような点については注目できる。すなわち、詩的言語の重要性がわかると、(ポスト形而上学的意味において)想像的世界の開示は、理性的・知的、すなわち科学的知識の前進によって、けっして完全には入れ替わり得ない、すなわち取り替えられ得ないのだ。ヘーゲルの前提とは対照的に、世界精神の運動は（隠喩から概念への）一本道を単純に追い求めるものではないのだ。一本道を追い求めるものでないのなら、東洋と西洋の対話《ダイアローグ》は、過去の想像的、形而上学的・存在論的な教えによって、さらに豊かになり得る。事実、これらの過去の教えは、技術文明というコンテクストにおいて付加された意義を獲得する。この局面は、ウィルヘルム・ハルファースの研究の成果である『インドと西洋』（一九八八年）において、きちんと強調されている。技術的情報の交換のまぶしい光の影のなかで、中断されている両者の対話《ダイアローグ》の可能性を指摘しつつ、その研究書は次のように結論づける。「ヨーロッパ人ばかりでなくインド人にとっても、『地球のヨーロッパ化（すなわち西洋化）』は不可避的であり、抗し難いものになり続けている。まさにこのために、非同化性をもつ古代インド思想は、まだ具体化されてはいないが、それでも極度に意義深い距離と他者性をもっているため、時代遅れではないのである(30)」。

　私の見解では、インドの教えにはけっして時代遅れでない（そしておそらく、さらに現実化が可能な）もう一つの意味、すなわちコンテクストがある。それは、換言すると、実践的生活の領域、すなわち、非我執、とらわれから解放された行動のモードとして説明される行動の道《カルマ・ヨーガ》の領域である。この領域においても、たとえばハイデガーが行ったGelassenheitの研究において明らかなように、最近の西洋思想は一時的ではあるがインド思想への歩み寄りを開始している。（Gelassenheitは「平静」「解放」を意味するが、一般には「思考の言説」という言葉でぎこちなく理解されている）。それでも、この領域でのハイデガーの指導性、主導性は思索のレベルに関するほどは首尾一貫せず、限定的である。彼は思考のレベルでは、とりわけ新ヒンドゥー教によって再定式化されたものとしての、インドの洞察力を重視している。この点では、ラーダークリシュナンは信頼できる指導者であり、師となり得る。というのも、彼は思索と政治的実践を生涯にわたって、結合させてきたからである。彼の『告白の断片集』は行動の道《カルマ・ヨーガ》の行者、すなわち現世における我執なき主体者の役割に関する、魅力的なくだりを含んでいる。彼は書いている。「とらわれのない精神はすべてのもののなかにある暖かさへと手を差し伸べる。その精神はこの世におけるもっともまれな性質をもち、それと比べると、すべての知的賜物もちっぽけなつまらぬものに見える。それらの精神は柔和で、忍耐強く、辛抱強い。また、他者を理解するふりをしないがゆえに、他者を裁いたりしない」。インドの歴史に帰りつつ、ラーダークリシュナンは、生活のこのモードの傑出した諸例を見い出している。「何年も一人で瞑想したのち、ブッダは啓示を得た。それ以後のブッダの生活は、熱心に社会的、文化的事業に捧げられた。大乗仏教によれば、解放された精神は苦しんでいる人間に対する深い同情をもち続ける」。

二〇世紀において、「信仰深い人間として有名な」マハートマ・ガンディーは、孤独な運命を啓発するために、「人間のいる現場から逃げる」ことを求めたのではなく、むしろ、「彼は自己の宗教的義務のなかで、社会改革と政治的行動を考えた」。抑圧され、人並みの権利を与えられていない人々の側に積極的に関わることは、彼の見解において、「精神的生活の一部」であったのだ。ガンディーの行為は――彼と同様、行動の道《カルマ・ヨーガ》の信奉者の行為は――、狭く利己心に集中したものではなく、また恩着せがましさや愛国的同情心から起こったものでもなかった。それとは逆に、彼の行為は、「世界の連帯《ローカサムグラハ》」という確信に、「代償的な罰ではなく、勝利の苦悩は精神的生活の法則であるという確信」に固定されたものであった。一般的言葉で言えば、行動の道《カルマ・ヨーガ》の信奉者たちは自分自身の時代において、未来への見通しの眼をもった過去の約束を保持し続け、実現化するのだ。彼らは「頭と心を解放するために、まさに奴隷化された人々のレベルにまで耳を傾ける。彼らは同世代人の生活を鼓舞し、甦らせ、強化するのだ[31]」。

第4章　ハイデガー、バクティ、ヴェーダーンタ――メータへ捧ぐ

主よ、私の心はあなたの足跡で満たされています
トゥカラム『ヴィトバへ』

本章のテーマは、大まかに言えば、自他の関係についてである。この問題は抽象化したレベルで考えるなら単純であって、今さら議論すべき問題とは思えない。たとえば、同一性と差異とは相関関係にあると言うのと同じ口調で、自他の関係はお互いを前提としたものである、などとさらりと言ってしまえばそれでおしまいである。しかし、これが具体的で実際的なレベルの話となれば、たちまちにしてその単純さは雲散霧消する。このことは、われわれはいったいいかにして他者と、とりわけ遠隔の地にあり文化的に著しく隔絶した人々と近づき、つきあっていくことができるのか、あるいはこのためにとるべき何か特別な方法があるのか、という問題をとりあげてみれば明らかである。もし彼らに近づくということが、これとは逆に自分の現実世界、自分があたり前のこととして受け入れていることがら、予断などから遠ざかることを意味するのであれば、結局のところ、われわれは絶えずお互いに誤解に陥るよう運命づけられていることになるのだろうか。もし誤解の危険が避けられないとするなら、いっそのこと、最初からわかろうとする努力など放棄してしまい、住みなれた場所と古色に染まった伝統の安全さのなかに引きこもっていた方がよいのだろうか。しかし、それではわれわれは他からの反応を得たり、あるいは自らを逆照射する手だてを失い、他人はおろか、おのれ自身の理解すらおぼつかないのではないのか。今日、文化の浸透とともに、市場、メディア、技術のグローバリゼーションが着実にすすんでいるが、こうした世界状況のなかで、引きこもりはもはやとうてい実行可能

な選択とは思えないのである。

そこで、再び当初の問題、どのようにしたらわれわれは他者に関しての適正な理解を得ることができるのかという問題に戻ろう。われわれは、自分勝手な「かくあるべし」から出発するので、外国の文化・生活様式をとり入れる場合、これを同化することなしに自らのカテゴリーや信条のなかに収めることは無理なのであろうか。むき出しの文化帝国主義を回避しようとして、われわれはなるべくあらゆる文化に等しく適用できる中立的な受け入れシステムをつくろうとする。しかしこのシステムをつくりあげ、そして使用するさいに、またもや他ならぬ他者との差異、あるいは他者の文化の「異質さ」なるものを取り除き、それによって世界の統制や馴化《じゅんか》をはかろうとしているのではないのか。J・モハンティは次のような疑問を発する。西洋の認識構造、あるいは伝統的な解釈学的な枠組みから出発して、これを非西洋的な文化・生活様式にまで拡大しようとするなら、「賢明な解釈者なら避けようとするはずの、あの文化的暴力」に手を染めたり、与《くみ》することになるのではなかろうかと。(1)

モハンティのこの見解は、彼の友人でありまた同じインド人でもある哲学者、J・L・メータ〔インドの哲学者 一九一二〜八八〕の遺稿集の序文のなかでのべられたものである。モハンティのこの鋭い問いかけこそは、まさにメータがその長く豊かな学究生活のなかでたゆみなく取り組んできた課題であり、その意味でメータの人生と研究を貫く中枢神経にふれたものだということができる。当代の非西洋知識人のなかで、おそらく彼ほど、二つの文化世界の真の市民と言うにふさわしい人物はいないのではないか。彼は二つの文化世界をつなぐ定かならぬ道を注意深く探り続けたが、けっして陳腐な文化混交主義《シンクレティズム》に陥ることはなかった。ここでメータの経歴を簡単に振り返ってみよう。メータは、一九一二年カルカッタ生まれで、ヴァーラーナシー育ちである。学んだところも主としてヴァーラーナシーで、卒業後は引き続きここで心理学・哲学の教鞭をとった。この地はバラモン教とサンスクリット学の研究がたいへん盛んであった。その環境にどっぷりと浸かっているなかで、(彼が後に語ったところによると)「西から吹いてくる風」、とくに西洋文学(プルースト〔フランスの小説家 一八七一〜一九二二〕、ジョイス〔アイルランド小説家 一八八二〜一九四一〕、トーマス・マン〔ドイツの小説家 一八七五〜一九五五〕)、西洋心理学(フロイト〔オーストリアの精神分析学者 一八五六〜一九三三〕、ユング〔スイスの精神医学者 一八七五〜一九六一〕)および西洋哲学(当初は主としてウィトゲンシュタイン)などの影響を着実に受けていった。

これらとの最初の出会いがあってから間もなく、彼の関心はいっそう西洋思想へと集中していった。フッサール〔ドイツの哲学者 一八五九～一九三八〕、ヤスパース〔ドイツの哲学者 一八八三～一九六九〕から始まって、じょじょにハイデガー〔ドイツの哲学者 一八八九～一九七六〕の解釈学的現象学（彼の最初の主著のテーマとなる）の方向へと進路を切り拓いた。文献による基礎研究を十分に積んだうえで、メータは一九五七年インドを出発し、その後の長期にわたる西洋での滞在生活へと足を踏み出した。この間、ドイツ（ケルン、フライブルク）で一年、ハワイ大学東西センターで長期の研究員生活を過ごした後、最後にハーバード大学世界宗教研究センターで専任教授職に就いた。ハーバードを一九七九年に退いてから、メータはインドへの帰国を果たしたが、これは彼にとっていろいろな意味で学問上での里帰りともなった。というのは、これを機に、自らのヒンドゥー文化遺産をより精査研究することが可能となったからである。死の直前に書かれたエッセーのなかで、彼は次のようにのべている。

> 私の一生の仕事は、あまりに「現代的」な世俗の風に見まわれてきました。このために、私が遺産として相続した思考や生活の様式を、何らの疑問を抱くことなく、当然のものとして受け入れるということはできませんでした。しかし同時に、私には伝統の絆が細々ではあってもつながっていたので、近代的な今の時代を規範とみなしたり、あるいは、この時代が今も私に絶対的権威をもって迫ってくる伝統的規範に関して、判事のように裁きを下す権利を与えてくれたなどと、とうてい考えることはできません(2)。

私は不幸にしてメータの謦咳に接する機会を得なかったが（一九八八年没）、本章を亡き彼に捧げたい。彼を知る人で、彼の学識、沈着さ、温厚な人柄を讃えない者は一人としていない。多くの人々を代表して、モハンティは、同じ序文のなかで次のようにのべている。彼は「学識を鼻にかけるようなところは少しもなかった」。また、晩年に世間から認められたり栄誉を受けたが、少しも偉ぶらなかった。彼は素朴で感じがよく、それがとてつもない学識を覆い隠していた。彼の作品、とりわけ遺稿集に集められたものは、「発見者の勘、詩人の感受性、恋人の思い入れ、思想家の冷静さ」がよく表れている、と。誠に著名な哲学者仲間からの高い評価ではある。メータのすべての作品のなかで、ハイデガーについての研究（一九六七年、ヴァーラーナシーで『マルティン・ハイデガーの哲学』として最初出版され、後に一九七六年、ハワイ大学出版局から『マルティン・ハイデガー――方法とヴィジョン』として改訂出版）ほど広く読まれ高い評価を得たものは他にない。モハンティーによると、社会学研究新学派の会合でハンナ・アレント（ドイツ生まれの政治思想家　一九〇六〜七五）が「何語によらず、ハイデガーに関して書かれた本のなかで、一番優れたものは、インド人の手になるものだということに、みなさん方はお気づきですか」と言ったそうである(3)。

本章で、メータの多岐にわたる学者としての業績をすべて論評することはできない。ここでは非暴力解釈学の問題を中心に、メータの三つの側面、あるいは次元にしぼって論じてみたい。最初に、解釈に関する一般問題へのとっかかりとして、メータのハイデガーおよびガダマーの教説に対する位置関係、およびメータがこれら二人の異文化間の対話《ダイアローグ》、自他の関わりに関する教説から何を学んだかについて論究する。次にメータがいかに解釈学的理解を、ヴェーダ聖典やヴェーダーンタ学派*用語解説などの赫々たるインドの古典遺産に適用するのに努力したかという点に注目したい。締めくくりとして、ヒンドゥー教信仰のポスト古典における諸形式、すなわち『バガヴァッド・ギーター』*用語解説を始めとし、後に続くプラーナ文学やバクティ*用語解説の詩などにその跡をとどめている民衆の信仰と信心という遺産に対するメータの愛着を探ってみよう。

1　メータの学問的遍歴

ハイデガーとの出会い

メータにとって、西洋からのもっとも重要な知的インスピレーションの源泉は、マルティン・ハイデガーであった。しかし、この思想家へたどり着くまでの彼の道のりは、ストレートなものではなかった。彼の著作についての知識は、ほとんどすべてが独学によるものであった。晩年に書いていることであるが（師への追悼論文のなかで）、ヴァーラーナシーでの学生時代、続く駆け出し教師の時代に、まわりの誰一人としてハイデガーについて話題にする者はいなかった。このドイツ人思想家のいくつかの作品――とりわけ『形而上学とは何か』――に偶然めぐり会い、「見つけた！」という感激的体験をしたのは、第二次大戦後すでに一〇年も経ってからのことであった。それがそもそもの始まりで、続いてドイツでの一年間の留学となり、ついにフライブルクでハイデガーと直に接することとなる。この出会いは、彼のハイデガー研究の大冊『哲学』（後に『方法とヴィジョン』と題して改訂）を執筆するうえでの大きな励ましとなった。メータが語るように、長い廻り道を経て、初めてついに「私のハイデガー――一人のインド人の手になるハイデガー像――を独力で築きあげた」のである。

彼が得たものは、単なる人とは異なる体験や、二つの世界に身を寄せる孤独者特有の内面的省察だけにとどまるものではなかった。ハイデガーの研究を通じて、形而上学の克服を企てるなかで、彼は東と西、東洋と西洋の新たな出会いへの道を発見した。この道は、東洋を西洋カテゴリーへの従属から解放すると同時に、西洋が「新しい始まり」に向けて、これまで埋もれていた（ソクラテス以前の）資源の再評価を可能ならしめようとするものであった。ハイデガーの「形而上学的思考はもはやこれまで」とする、一段高い立場から見るなら、東西の違いは、もはや互いの不可解さを説明するための理由づけとして用いることはできず、敵対するものではなくなった。その結果、アジア的東方は単に否定されるべき敵対者などではなくなり、また逆に同じ理由で、東洋は西洋を他者のままで、そこから流れ出た歴史に飲み込まれることなく、受け入れることができることになった。ハイデガーへの別の追悼論文のなかで、メータは師のことを「西洋に現れた聖仙《リシ》」と評しているが、この聖仙《リシ》は「まさかのときの思いがけない」西洋の思想家でもあった。メータはさらに続ける。

ハイデガーの思想は、世界史の流れのなかでの現在という時点において、すべての非西洋文明にとっては、たとえそれが病み衰えたり深傷を負っているにせよ、希望をもたらすものであった。というのは、非西洋文明はある意味で（文字通りその意味で）、ハイデガーの言うところの「世界文明」の形をとった西洋形而上学の歴史に、解き難いほどに組み込まれているのであるが、そのことの裏返しとして、それが今や自由に自分たち独自のやり方で自分たちのために思考することができるようになった。そのことを教えてくれたのである(4)。

作品のなかで、メータは繰り返しハイデガーやその高弟、ハンス・ゲオルグ・ガダマーの教説を引用したが、これは引用自体が目的ではなく、姿を現しつつある「世界文明」の現在のコンテクストのなかで役立つ教訓を引き出すためであった。あまりきれいな図式化はできないが、これらの教訓は次の三つの項目あるいはテーマとしてまとめることができる。第一は、形而上学、とりわけコギトに関する近代形而上学の克服、次には、西洋の「進歩」思想に重点を置いた歴史発展の問題、そして最後に、異文化間の対話《ダイアローグ》・交流を焦点とする解釈学的理解の問題である。これら三つのすべての分野で、ハイデガー思想の重要な引き立て役、あるいはその背景を飾るものとして、つねにヘーゲルが姿を現す。メータが、近代形而上学に関連して、ヘーゲルの『歴史哲学講義』を近代自意識をはかる格好な物差しであるとはっきりとのべていることから見ても、これは少しも驚くにはあたらない。ヘーゲルが、デカルトのコギトの発見をモダニティの始まりと讃えたのは、他ならぬこの『講義』のなかである。ヘーゲルはまた、デカルトとの出会いを、哲学史家が（「嵐の海でさんざんにもまれた」船員同様に）やっとしっかりとした大地を踏みしめたようなものだとものべている。

デカルト以降、コギトの概念は思想家たちによってつぎつぎと装いを変えつつ、洗練され深められていった――ライプニッツ〔ドイツの哲学者・数学者 一六四六～一七一六〕の「モナド」、カントの超越論的意識、フィヒテ〔ドイツの哲学者 一七六二～一八一四〕の無限的自我、ヘーゲルの絶対精神、シェリング〔ドイツの哲学者 一七七五～一八五四〕の原初的自由などである。こうした定式化の軌道を調べることによってメータの達した結論は、近代西洋哲学の全歴史はまことに主観の解明とその発展だということであった。しかしながら、この軌道は二〇世紀に入ってから、「言語論的転回」*用語解説や実存主義者たちの有限性や現世主義（この世での存在）

の強調によって偏ってきた。ハイデガーの『存在と時間』は人間の存在、すなわち現存在《ダーザイン》*用語解説が、いかに主体と客体、知るものと知られるものとの区別を重視する現代認識論の図式にあてはまらないかということを渾身の力で示そうとしたものである。ハイデガーは意識や自意識に特権を与えるというやり方ではなく、存在への現存在《ダーザイン》の開放という考えをうち出したのである。ひとたびこの切り替えが受け容れられるなら、「人間を主体としてとらえる見方は、もはや問題とはならない[5]」。

　形而上学打破の対象は、言うまでもなくデカルト主義者のコギト偏重だけに向けられたものではない。ハイデガーの作品において、形而上学という用語はプラトンから今日に至るまでの、長期で持続した西洋哲学の営みを表すものであり、その意味では「西洋思想のエッセンスの総体」の別名と言ってもよい。この角度からとらえると、形而上学克服の企ては――と言うよりはむしろ形而上学的推論を、その推論が埋葬された場所へとたどる道筋を見つけることによって、これを超越しようとする企てと言うべきだが――西洋思想における歴史主義もしくは史的一元論を白日のもとにさらし、それによって新しい、異なるスタートをめざす先駆けであった。メータの言葉によると、ハイデガーの形而上学との格闘はけっして単なる反対や否定を意図したものではなく、西洋哲学の伝統を批判的に扱うことをねらいとしていた。それはこの伝統を新しい資源とし、また「将来のわれわれの世界思想に、制約ではなく解放のための基礎」たらしめようとしていたからである。このように見てくると、ハイデガーの取り組みがヘーゲルの形而上学、とりわけ、ヘーゲルの歴史概念と真っ向から衝突したのも当然のなりゆきであった。

　ヘーゲルの見解によると、歴史のもっとも初期の局面は、基本的には遅れた、幼児の言葉のような未発達な段階であり、それは後に続く思考や作業の発達のなかで、超越もしくは止揚さるべきものとされる。この見解はハイデガーの形而上学批判によって根底を揺るがす挑戦を受けた。ヘーゲルが弁証法によって、蒙昧《もうまい》さからより高い洞察力と明晰さをもった段階へと発達していくと説くのとは対照的に、ハイデガーはもっぱらあらゆる思想において、未だ「未思索」のままに放置されているもの、すなわち、過去の思想と経験の様式のなかになお手つかずのままに保持されているものを注視したのである。メータが評するように、ハイデガー的見解から言うところのヘーゲルの過ちは、「哲学思想は、その歴史的始まりにおいてはもっとも純粋でもっとも抽象的である」と考えたり、あるいは「歴史の始まりは原始的、後進的、不器用でかつ脆弱である」と考えるところにある。この仮説への反論として、彼は『形而上学入門』から次のような引用をしている。「このまったく逆が正しい。始まりはもっとも異常でもっとも強力である。その後に続くものは、発展ではなく希釈と拡散にしかすぎない」と。この同じ『入門』は、形而上学を克服し、また存在の重要性を甦らせることを、明確に歴史の回復と刷新のコンテクストのなかに位置づけている。彼によると、存在の意味を問い直すとは――、

とりもなおさず、われわれの(すなわち西洋の)歴史的・精神的存在の始まりを再現し、これを新しい始まりに変えることである。これは可能であり、しかも、実際にはもともとこれが実際の歴史のパターンなのである。というのは、あらゆる歴史は、すべてその始まりにこそ基本があるからである。ただし、われわれはこの始まりを、何か過去のすでに知られたものに矮小化して反復するものではない。そうしたのでは、単に観察し、それを模倣したというにすぎない。始まりはもう一度、始められなくてはならないが、今度はよりラディカルに、そして真の始まりにはつきもののあらゆる異様さ、暗黒、不安をはらんだものとして。(6)

ヘーゲル歴史哲学への批判

再生、あるいは「反復」の強調は、哲学・宗教の歴史と明白な関係がある。ヘーゲルの哲学史では、インドとアジアの思想は、単に形をなさない胎児として、つまり、概念の明晰さと確たる輪郭を欠いたものとして描かれている。同様にして、彼の宗教哲学において、インドは、「想像的インスピレーションの地」、「おとぎの国、魔法の世界」、「空想と感覚の土地」と評されているが、いずれにせよ真の哲学を生み出す能力の欠如した世界である。ドイツ・ロマンティシズムの影響もあって、彼にとってインドは、「夢見る状態にある精神の特性」、すなわち、彼が「インド人の性格の属性原理」として見い出した特性を表現したものであった。言うまでもないことであるが、ヘーゲルにとっ

て精神の働きとは、この眠りの状態――「夢を見ているインド」の状態――から目覚めて、世界のなかで自覚的な理性に基づき主体的役割を担うことであった。より一般的に言えば、この目覚めの過程は、さまざまに公式立てられるヘーゲル弁証法の「進歩」という、西洋思想の原発力を形づくるものであった。こうしてヘーゲル以降、ヘーゲル主義者、マルクス主義者、経験主義・進化論擁護者のいずれもが、歴史発展を人間の理性、意志、あるいはその他の能力の自己実現の過程とみなすようになったのである。

この実現過程は、メータの指摘するように、毒にも薬にもならない精神的なものではなく、想像に対する理性の、東洋に対する西洋の絶えざる支配の強化をともない、フッサールや（それに続く）ハイデガーが、絶えざる「世界のヨーロッパ化」と呼んだものであった。ヘーゲルは、インドの夢見状態が西洋植民地主義により中断され、一変すると予測したが――実際、そのときにはすでにイギリス支配下で現実のものとなりつつあった――、これはヘーゲルの歴史哲学が西洋支配の思想を受け入れていることの明白な表れであった。メータは皮肉を込めて言う――「夢の主人になれるのは、醒めた精神の権化のようなヘーゲル一辺倒の近代的、西洋意識にとっての特権ではないのか?」。メータはこれに続けて次のようにのべている。ヘーゲルはこの優越的立場から――、

（インドに対するイギリスの領主権についてのべたくだりに続けて）「アジア的帝国がヨーロッパに従属するのは必然の運命である。そして中国は遅かれ早かれこの運命に屈するであろう」と予言しているが、これはからずも深遠な真理をのべたことになる。というのは、ソクラテス以降の西洋思想史のなかで、現に目覚めてしまったか、あるいは目覚めたと夢想した精神が、今や世界を征服し、それを自らの一つの大きな夢のなかに組み込んでしまったからである。(7)

理性の弁証法という力が加わって、西洋支配は異文化間理解の事業に重大な――そして有害な――影響を与えた。植民地支配の拡大に平行して、西洋がアジアまたは東洋を、その逆ではなく、包み込んでしまうという有利な立場を

得たが、この原動力となったのは高度な概念の成熟であった。西洋の理念は、否定または否定規定の力に恵まれている。ヘーゲルに言わせると、それは世界から一定の距離を置き、分析・解剖をほどこし、それによって世界を合理的支配にゆだねる機能を備えているという。西洋精神は、否定や自己疎外もすすんで受け入れ、まず最初に退くか、それとも自分を世界から解き放つ。そして（次のステップとして）世界の中身を対象化する自由を手にする。最後に、それらを概念の枠組みのなかに組み込むなり、吸収したりするのである。この弁証法的優位さから得られる理解は、統合、同化、自己強化への努力へとおおむね結びつく。

メータはこの点で、こうした解釈学の手法は地平の開放などではなく、「他者に向けられた武器」であるとのべている。メータによると、ヘーゲル流のやり方では、他者の存在はいつまで経っても他者のままであり続けるだけであり、真実を自分に伝えようとしてやってくる声として認められることは金輪際ない。それどころか「夢見状態にある精神」としてだとか、弁証法の展開の壮大なドラマのなかで同化可能な一要素としてあるにすぎない。したがって、どのような解釈的「慈善《チャリティー》」がこの過程で発動されようと、他者の存在は「精神の弁証法による窒息」を余儀なくされてしまう。しかしメータには、われわれの時代においてこそ、進歩理論ともども、ヘーゲル的構想からも手を切ること、すなわち実際に西洋思弁思想の伝統を突破したり、決別することが期待できるとの見通しがあった。ニーチェの『悲劇の誕生』、ハイデガーの『存在と時間』、ガダマーの『真理と方法』などはこの縁切りを告げる画期的作品であり、解釈学的理解の新しい様式への道を切り拓くものであった。この「あるがままに」という新しい解釈学は、ヘーゲルの止揚の原理によって、過去や他者を、夢すなわち非現実に変えたりするものではなく、あるがままにまかせ、リアルで、そして彼ら自身の権利として語らしめるものであった。[8]

メータと解釈学

解釈学は、メータの著作のなかでは一貫して重要なテーマをなしている。彼の解釈学研究は、年を追うごとに厳密さと集中の度を加えていった。彼はいくつかの論文で、近代解釈学の発展についての概観——シュライエルマッハー

〔ドイツの神学者・哲学者 一七六八〜一八三四〕の神学的解釈学から、ディルタイ〔ドイツの哲学者 一八三三〜一九一一〕の歴史学的探求へ、さらにはガダマーによる哲学的（または哲学・存在論的）解釈様式に至るまで――を行っている。彼が繰り返し強調しているように、解釈学の徹底的な改編のための土台となったのは、主としてハイデガーの『存在と時間』であった。その改編とは、解釈学を内省的な感情移入による特殊な探求から、現存在、すなわち人間存在それ自体の一つの特徴的構成要素へと転換させることであった。現存在を「この世での存在」と見るなら、ハイデガーにとっての現存在とは、苦境に立たされつつも、同時に未来への投影を余儀なくされているものであった。そして、未来は自己理解と、他者および世界の理解という二つの理解をめざし、絶えず解釈のための努力を要求されるよう条件づけられている。メータは『存在分析論』のなかで、ハイデガーは「人間の存在構造をありのままにさらけ出して見せたが、理解は厳として人間のこの世における存在の本質的要素の一つとして、このなかに含まれている」と指摘している。

このように考えると、解釈学的理解は、もはや内なる自己（または主体）から他者の自己（または客体の世界）へ向けられる単なる共感の行為ではない。それどころか、人間が「そこにいる」ということの基本様式、すなわち現存在のもつ他者に対する「本来的な開放性」と、存在それ自体の根拠を表す象徴だと言ってもよい。主観的・意図的に描く構図とは大いに異なり、理解はつねに相互性や、他人・世界から得る経験という特質を含んでいる。その結果、他人を新しいレベルで理解できることは、同時に新しい自己理解と、それに基づく自己変革のプロセスへとつながっていく。もっとも重要なことは、この相互性を前提とするなら、理解はもはや弁証法が好む理性的な占有・同化などという言葉で説明することは不可能だということである。理解が本来めざすところは、そのようなものではなく、「あるがままにあらしめる」ことである。ハイデガーをパラフレイズしたメータの言葉によれば、「理解と、その蓄積結果としての伝統の発生は、それ自体が存在論的なプロセスであり、継続的言語事象、真理事象でもあって、主体が何か客観的に与えられたものに対して加える一連の操作ではない。それは今までのありようの記憶であり、未来へ向けての期待と開放性に関わるものである」と。(9)

ガダマーの『真理と方法』は、『存在と時間』への洞察を基礎にして、理解についての識見を自己と他者、読者と書物との間の対話関係の方向へと拡げていった。ガダマーにとっての理解は、「実存的被投性」〔人間的現存在の存在（実存）は、現存在が世界内存在の体制の中に投げ込まれ、引き渡されていることを特色とする〕の概念にそっているので、つねに歴史や伝統によって培われた、すでにある先在的理解と判断（自己理解も含む）とから出発する。もっとも、伝統とはいえ、（ひとたび当然とされていたものが消失するや）その都度修正を加えなくてはならないが。これらの先行判断は一見、歪曲であり、もしそうと十分知りつつこれにしがみつくなら、歪曲以外の何ものでもない。にもかかわらず、それは相互質問を始めるきっかけを提供するがゆえに、理解を可能たらしめる条件、もしくはそのための前提となり得る。ガダマーの解釈学は、ディルタイやその他の古い解釈学の伝統から袂を分かっているので、共感とか、他人の精神や著者の心へ近づこうとする努力などをあてにはしない。その代わり、経験、書物、伝統などの意味の理解に力点を置く。すなわち、今ある自己認識や同一性のあり方が試練を受け、時によっては変化させられる、そういう現実との関わりのなかでのみ生じる理解である。

客観主義批判と対話の重視

こうした試練は、個人同士、読者と書物の間だけでなく、異文化間でも起こり得る。「いかなる文化も自らの地平内に閉じ込められた小島のようなものではない。もっとも、あらゆる文化や伝統はそのような地平のなかに存在しているのではあるが」とメータは言う。文化は、「解釈学的体験」のエッセンスに帰属するものであり、この体験を通じて地平は「相互に開かれ、接近し、微なりといえど融合を果たす」のである。歴史の枠組みのなかに据えてみると、異なる物の見方が互いに出会うことは、ガダマーが「実効的歴史意識」と称するものの中心に位置するが、この意識があればこそ、過去の意味が引き出され、調整され、新しい関心によって問い直される。ここでもっとも重要なことは、ハイデガーと同様にガダマーの場合も、理解は意図的な手法を用いるのではなく、質問のやりとりという相互作用に加わることによる。そして、この相互作用のなかでは、支配を目論むのではなく、「ことがら」に向かって自分自身を投げ出す意思をもたなくてはならない。このプロセスへの参加者は傍観者ではなく、「発現しつつある真実」に引き込まれ、関わりをもつことになる。その意味で、ガダマーの言うように、何を信じるべきか、それを知りたい

と思うときには、すでにわれわれはとり残されたかのように感じるのである。(10)

ガダマーとともに、メータもまた「真実の発現」を「方法」の盲信に対置させる。とりわけ、方法論によって立てば、中立的で科学的な意味へのアプローチができるかのように言われる場合にである。メータによると、異文化間における理解は、生きた思想の動きとして、「地平の共有」を問題にはするけれども、「他者」の文化の定式を発見したり、「概念把握」することには関わらないと言う、ガダマー主義者の観点からすると、「中立的解釈と科学的歴史」などといった概念はほとんど荒唐無稽の代物である。啓蒙主義的合理主義の轍を踏む歴史主義や進化理論は、人間が束の間の存在であることに目を閉ざし、「魔法・神秘を打破し、合理化された世界のイメージ」を標榜する一方で、ともすれば、過去からその実効力をもった可能性を奪い取ってしまう傾向があった。実証主義の影響を受けて、解釈学までもが客観的で普遍的に受容可能な知識を提供しようとの意図から、「解釈の科学」などの装いをまとうことさえあった。この図式がはびこるところでは――実際に、精神分析学、人類学、および文化分析学でのいくつかの流派に見られように――理解は、世界に対する命令・管理・効率化のための方法、さもなくば無自覚的なあるいは抑圧された経験の解読・暴露・支配のための道具に変えられたのである。「あやしげな解釈学では、有効な対話《ダイアローグ》が成立するのは、まず最初に『認識的』理解が達せられてからだという。対話自体が理解の存在場所であり、舞台だというのに」とメータは評する。

同様の客観主義は、しばしば比較宗教学のなかにすら見られることがある。とりわけこれが「宗教科学」のなかに位置づけられている場合にである。メータは、実証主義がその本来の学問分野とする領域からはっきりと逸脱していること、またこの分野での学者たちが、哲学、文学、文学理論における「解放へと向かう同時代的発展」からほとんど隔絶されたところに身を置いてきたことに疑問を呈する。「もしかしたら」とメータは問いかける。

そもそもの出発点において、宗教学という概念がもっぱら「他宗教」の研究に向けられたために、方法論への過度の関心、社会科学・人類学へのあきれるほどのあけっぴろげさなどがもたらされたきらいがある。その反面、宗教思想やあらゆる宗教的伝統・宗教史（一つのものとして）を総体として論ずる方法の探求がおろそかになってしまったのではないのか？

メータは、ウィルフレッド・カントウェル・スミスからのヒントもあって、宗教研究は無色の好奇心からではなく、真の宗教的関心から発することも可能であると主張する。そしてそれは、「もはや特定の神学に結びついたものではないにしろなお宗教的であって、宗教人《ホモ・レギリオーズス》に関する総合的で普遍的な思考方法をめざすもの(11)」でなくてはならない。メータは客観主義と方法論かぶれには批判的ではあったが、科学や厳密な学問的探求を単純に拒否したわけではない。ただ、これらが何か理解にとって代わるものであるかのごとく扱うことに反対しただけである。彼はここ二〇〇年にわたって西洋の学問のなかで欠かせぬ一部分となっているインド学研究の領域にも、その学問性は認めている。西洋植民地主義と帝国主義の行き着く先は「オリエンタリズム」だと喝破したのは、エドワード・サイードであるが、メータはこの指摘を高く評価しつつも、西洋スタイルの学問成果も視野の拡大に資する限り、受け入れるにやぶさかではなかった。彼は、インド人にとっての課題は西洋学問の信用失墜をはかる方策を見つけ出すことではなく、自らの伝統に対する自分なりの関係を放棄することなしに、西洋の学問を共有できる方法を発見することだと書いている。

解釈学的関わりへの必要性に忠実に応えようとしたメータにとって、西洋科学と世俗主義の受容か、それとも土着の伝統主義を擁護するためにこれを拒否するのか、などという二者択一はあり得なかった。文化がますます内部浸透していることを考えるなら、インド人にとっては、もはや西洋的理性を人間の「精神の最終目標」として受け入れるか、それともインド特有の哲学的思索の塹壕にたてこもるか、という類いの選択はあり得ない。それどころか、選択可能な唯一の道は、誠に二つの世界のメンバーとしてふさわしく、「互いに異なるままで、双方の文化を理解しあい」、また「互いの言語を学び、そのことによって思考と対話のあり方をじょじょに発展させる」よう努めることであった。このような解釈学的関わりの目標は、メータにとっては、無味乾燥の普遍主義《ユニバーサリズム》や均質化をめざす文化混交主義《シンクレティズム》などにあるのではなく、おだやかな理解によって育まれた、異なるものへの尊敬心の養成にある。「安易な妥協や融和、間違った意味での『統合』ではなく、科学的意識と過去の遺産との間の緊張に対して容赦なく身をさらすことこそが、われわれの宗教的伝統に正しい問いかけをすることを学び、われわれの現状にふさわしい回答を得るための方途である(12)」。これがメータの達した結論であった。

2　インド古典の解釈学理解

ヴェーダへの回帰

メータの評論は空疎な言葉を並べ立てたものではなく、彼の人生経験にしっかりと裏打ちされたものであった。長年にわたる学問研鑽、それに長期の海外生活も加わって、彼は西洋の文化と学問とに徹底的に「身をさらした」。しかし、これはむろん単なる気まぐれの好奇心を満たすためではなかった。ヘルダーリン〔ドイツの詩人一七七〇～一八四三〕の場合と同様に（これはハイデガーの解釈であるが）、海外雄飛はメータにとっては、将来の帰郷に備えての、すなわちそのあかつきには自分自身の伝統、とりわけインド古典を「正しく問い直す」ための長い準備の始まりであった。この分野での研究の道はまったく塞がれていたというわけではないが、西洋流のインド学の研究があちこちで行く手に立ちはだかっていた。メータの見るところでは、インドに関する主だった西洋思想家たちは――たとえばヘーゲル、シェリング、ショーペンハウアーなど――インド世界については明らかに「あやふやな研究と間接知識に基づく二次資料」しかもっていなかった。さらにそれにとどまらず、善意にもかかわらず、彼らのアプローチは西洋形而上学の尊大さのなかで完全に混乱していた。パウル・ドイッセン（ニーチェの友人）のようなドイツの一流インド学者ですら、その懸命な努力にもかかわらず、自分のインド理解が、不動の基盤と考えるカント的前提にどれほど支配されているかを見過ごしていた。

他の国においても、自分のよって立つ哲学的前提についてのためらいや疑念は広がらなかった。とりわけイギリスにおいては、インド学を支える「基盤」は植民地の拡大とともに強化されていった。一九世紀後半にオックスフォードでサンスクリット語のボーデン講座〔オックスフォード大学に開設されたサンスクリット学の講座〕が設立されたとき、教授たちにさっそく与えられた特別任務は、聖書をサンスクリットに訳すことであった。これは同国人がインドをキリスト教へ改宗させるのに役立てようという肚から出たものであった。インド学と帝国主義利権との癒着は、一九〇九年にカーゾン卿が上院で行った演説において、おそらくはもっとも露骨に表明されている。彼は東洋的特質とされるものを理解する能力こそ、われわれがすでに獲得した地位を未来永劫にわたって保持していくことを可能にさせる唯一の基礎であるとのべ、さらに、この地位の強化に役立たない方策は陛下の政府にとって一顧だに値しない、と続けた。また、カーゾンはロンドンでの東洋学の学校設立を弁じ立てたとき、「このような研究は帝国の義務であり……大英帝国の必要な調度の一つである」と臆面もなくのべている[13]。

これらのオリエンタリストたちの活発な動きにもくじけず、メータは後半生において、インド思想の古典の源泉、なかでも『リグ・ヴェーダ』*用語解説を始めとするヴェーダ聖典へ回帰する道を求めた。これらの宝庫へ近づくには、おそらくは、西洋のインド学によるのが一番てっとり早いのであるが、しかし同時にその弊害もあった。（マックス・ミューラー〔ドイツの言語学者・東洋学者一八二三〜一九〇〇〕は『リグ・ヴェーダ』のことを、「人類の古い単純な心をもった民族」の性格を反映しており、「荒削りで、幼稚で、非科学的」であると評した話は有名なので、これを思い浮かべる人がいるかもしれない）。メータはインド学に対し、敬して近寄らずという関係を保っていた。近代的なリグ・ヴェーダ文献学がもたらしてくれた新しい光や新鮮な息吹きを、もしも否定するようなことがあれば、これは乱暴にすぎる、とメータは書いている。しかし、西洋の学問にとってこの研究テーマは「外来」のものなので、ヴェーダを生きた現実としてではなく、しばしば「もの」として扱ってきた。すなわち、研究の主たる関心は、ヴェーダによって長年にわたって培われてきた信仰が、人々にとってどういう意味をもってきたのか、ということよりもむしろ、テクストの故事来歴を探るところにあった。

インドの生きた現実という視点から見ると、『リグ・ヴェーダ』は、何といっても、「発生と根源の基盤」として機能してきており、その結果、後に続くほとんどの宗教文献は、まるでこの「注釈シリーズ」か「大冊の評釈本」のごとき観を呈している。このように西洋の学問と、上でのべたような実際の土地の人の経験との間には、明らかに対立するところがあった。西洋の学問が宗教との関わりなしに、また筋違いの先入観で武装してヴェーダの知識を追い求めるのに対し、インド人はヴェーダに根をもつ伝統の蓄積のなかに生活し、ヴェーダから必要なときに姿を現してくるすべて事象に思いをめぐらし、ヴェーダの追体験を求める。現代インド人のヴェーダ読者が求めているものが何かといえば、（これに対する答えは、メータが自分自身に言い聞かせているのでもあるが）、もし読者が「現代的であり、それゆえにそこからくる歴史的距離感覚の影響から免れ得ていないなら」——、

このテクストを理解するとともに、さらに経験による直感的理解《エビファニー》を体験することであろう。人々は生きなくてはならない、しかも真実にである。そしてこの「闇の時代」を十分に覚悟し耐えながら、夜明けの到来に希望を託す。そしてその到来は女神ヴァーチ（言葉とロゴス）への祈りを捧げる行為によってのみ促される。すなわち、これこそサブダ・ブラフマン（言葉としての現実）へ前もって捧げられたもの、ヴェーダであって、あらゆる言葉はその由来にかかわらず、これと無縁なものはない(14)。

『リグ・ヴェーダ』と神、世界

メータの『リグ・ヴェーダ』、およびヴェーダの伝統一般についての評釈はきわめて魅力的で、一定の距離を置きながらも深く踏み込んだ彼の読み方がよく見てとれる。ハイデガーの始原を尋常ならざる闇とみなす見解を念頭に置いて、彼は、『リグ・ヴェーダ』をインドの伝統の「原テクスト」と位置づけるにとどまらず、伝統を生み出しそして保持するところの「始原なるもの、すなわち宗教信仰の活力の源泉」であると考える。ヴェーダは一種のウア・ディヒトゥンク（原詩）であり、メータにとっては単なる意味の集積ではない。それどころか、「意味の地平を切り拓く」予兆であり、これ以後の時代は、諸聖典と洞察のすべての流れをここから導き出すことができると彼は位置づけ

る。メータはさらに綿密な検討を行うために、『リグ・ヴェーダ』とその遺産に焦点をあて、いくつかの基本的な特徴を具体的に指摘した。まず最初にとりあげられたのは、『リグ・ヴェーダ』の追体験における焦点となる「言葉の神聖さとその普遍的存在の事実（ヴァーチ、ブラフマン）」についてである（メータはここでインド学研究者ポール・ティーメの、ブラフマンを神聖な言語または発話と解釈する説に従う）。ブラフマンの基本義は、「詩型と言語形式を与える」ことである。とはいえ、それは人間の自己表現のためのものではなく、神の呼びかけ、または霊感に応じて発するものである。聖仙《リシ》は、ブラフマンをつくり出す。しかしそれは創始者や創造者としてではない。というのはブラフマンは神による被造者であるからだ。神聖なる言葉が中心にあるからこそ、ヴェーダ遺産の継承者のなかに「言語に対する鋭敏さ」が生まれ、後にパーニニ（インドの文法学者 前七世紀～前五世紀）の文法やヴェーダ語の古典サンスクリット語への発展などがもたらされたと言える。

『リグ・ヴェーダ』のもう一つの特徴は智慧であり、さらには「時として（ほとんどの場合は抑制されているが）爆発する「思索の情熱」である。メータによると、まさにここから「ウパニシャッド＊用語解説思想の力強い流れ、渦巻き、うねり」が生じたのであり、それが後になって諸哲学体系、とりわけヴェーダーンタ学派の枯渇することのない創造性へとつながるのである。三番目は、ヴェーダ讃歌が物語と「神話形成」の要素を含んでいることである。ただし、これは折々に何かに付随して表面に表れるにすぎない。この要素は後になってから讃歌のなかで練りあげられ、後の世紀に大量の叙事詩やプラーナ文学のなかで「豊かに結実した」。次に、とくに重要なものとして、『リグ・ヴェーダ』およびヴェーダ宗教の全体に見られるリタがある。メータはハインリッヒ・リュデルス（ドイツの宗教学者）にしたがって、リタを「真理」と翻訳している。（「真理を人生の最高の原理とするとは、おそらく今日の人々でも古代人に対し羨望を禁じ得ないところであろう」と言ったのは、他ならぬリュデルスである）。しかしながら、真理はここでは単に外的事実との一致とか相似とかを意味するのではない（西洋の形而上学ではこの意味を好むが）。この言葉の指す意味とは、ベールに包まれた、あらゆる思想と行為の「神聖なる根源と、その向かうところ」のことである（ハイデガーによるソクラテス以前の真理《アレテイア》の議論を彷彿とさせるが）。真理としてのリタと神の世界との間では、諸神と人間との間と同様に、因習的な絆や友愛の関係が支配する。これがメータの強調した最後の点である。メータは言う。

友愛とは、『リグ・ヴェーダ』においては、人間と神々との間の絆を表すもっとも一般的な名称であり、また人と真理との間の絆においてもそうである。超越的真理がもつ支配力、ならびに「真理の領域」の至高の神聖化をもたらす性質こそ、友愛をすべての関係のなかでもっとも重要なものにする所以である。したがって、「真実たらんとすること」は、人と神や自然、さらに他人や自分自身との関係において、等しく共通する神聖な手だてであり、また規範でもある(15)。

世界開示としてのヴェーダ諸神

メータは、高名なインド学者たちの仕事であっても、敬意は払いつつも、手ばなしで受け容れたりあるいは留保なしに追随することはなかった。議論の不一致の一つの例は、ヴェーダ宗教の展開する世界または「宇宙」論である。ティーメもリュデルスも、ヴェーダのテクストの解釈をめぐって、しばしば「ヴェーダ宇宙論」や「ヴェーダを生み出したアーリア人の世界図」を論じている。ハイデガーの警告を念頭に置きつつ、メータはこれらの説に異を唱えた。メータは言う、「この二人のヴェーダ学者は、どちらも世界図、世界観という観点から論じているが、これではまるでヴェーダの詩人たちが、自然を近代的なセンスで人間主体に立ち向かう客観物として、また『観察可能なもの』としてとらえていたかのようだ」と評している。最近の解釈学の説くところを見ていると、「いったい全体、世界概念とか世界図の構想についてハイデガー、ウィトゲンシュタイン、さらにはより最近のリチャード・ローティ〔アメリカの哲学者 一九三一〜〕などが出している哲学的批判を無視してよいのか」という疑問が生じる。世界という用語は、『存在と時間』の角度から見ると、「実存的世界」、すなわち「人間の存在様式の局面」として考えなければならないが、ハイデガーの後期の論文では、世界は「地球、天、神々、死すべき人間の四重の統一された舞台」であり、人間は「天の下、地球を家として住まうもの」だとされる。

このような世界の解釈は、言語を客観的にとらえようとする立場にある限り完全に阻まれてしまう。ヴェーダ信仰の精神についても、まったく同じことが言える。「世界観」などという題目を立てたが最後、もはや「聖なる火《アグニ》とかその下にある聖なる水、聖なる植物《ソーマ》」などが存在し得なくなってしまうのは明らかである。ヴェーダの聖仙《リシ》にとって、聖なる火《アグニ》とは断じて単なる観察可能な火などではない。それは、「自己超越を熱望して燃えさかる炎」であって、人間のメッセージを神に伝える媒体でもある。一方、聖なる植物《ソーマ》は「精神努力、十分な覚醒、力強さと喜びなどの人間の究極の目標、要するにその永遠性」を表すものである。もう一つの留保は、ヴェーダの諸神、たとえばアグニ、ルドラあるいはヴァルナなどの地位と役割に関するものである。ティーメやその他のインド学者たちにとって、これらの神々は自然の力が擬人化されたものか、それとも何か抽象概念が形象化されたものとして映った。メータは、これらの学者たちは、ヴェーダの預言者たちが、伝統的な自然のイメージを「意図的に、新しい目的のために」用いたかもしれないという点を見落としていると言う。メータは「ここにわれわれはロゴスからミュトス（神話）へのプロセスを見てとるのか、それともその逆であるのか」と問いかける。もしも、ヴェーダの聖仙《リシ》たちが抽象のレベルにまで至ったというのであれば、「いったいどうして彼らは神格化され、神話的な闇のなかに再び入ろうするのか」。メータにとって、ヴェーダ諸神も、またリタやヴァーチなどの神も――ちょうどハイデガーの「存在」がほとんど抽象概念ではないのと同様に――神格化された抽象概念ではない。それどころか、それらはまさに詩的な世界開示の一部をなすものであり、霊感を受けた「真理の詩」（これはハイデガーの言語観の優位さから考えれば認識できる）なのである。(16)

ハイデガーのインド思想観

同じ種類の詩的な世界開示は、後代の古典作品、とくに「激流し、渦巻き、うねり立つ」ウパニシャッド文献のなかにも見い出すことができる。ハイデガーがかつて極東の思想について論じたとき、老子の『道徳経』のことを、内省と詩との出会いの場としての「詩的思索」だと表現したことがある。メータはこれを受けて、次のような問いかけを発する。もしも、これをインドのコンテクストのなかに置き換えて考えるなら、ウパニシャッド文献にのべられていることがらも、また同じ領域、すなわち「詩と思索とが接するあたり」に移して考えることができるのではないか、いや移すどころか、その場所を「インド思想の土台もしくは水源」として、むしろ開放するとでもいうべきではなかろうかと。ハイデガーのインドについての論評はほとんど残っていない。しかし彼がウパニシャッドの一側面についてのべたときのものが一つある。それはヘラクレイトス〔ギリシャの哲学者 前五四四～前四八三〕に関するセミナー（一九六六、六七年、ユージン・フィンクとの共催）での発言であるが、こともなげに「インド人にとっては、眠りが最高の人生です」とのべている。物議や誤解さえも引き起こしかねない、このハイデガーの発言をどう解釈するのか、とメータは問う。メータはウパニシャッド文献、とくに『ブリハッド・アーラニアカ』と『マーンドゥーキア・ウパニシャッド』とによって、その可能な意味を探り出そうとする。これらの文献では、人間存在の状態、あるいは人間の自我の段階を（神聖なる音節「オーム〔祈祷の前後に唱える聖音〕」の詳しい説明として）論じているからである。これによると、人間の自我は、日々の意識の底にある「覚醒」の状態から、軽い夢へ、次いで深い眠りの状態、すなわち、主体・客体の区分がじょじょに脱落する状態へとすすみ、最後の第四の段階が視野のなかに入ってくる。この最後の段階では、アートマンとブラフマンとの融合が遂げられ、本物の自我あるいは純粋な存在が実現される。人間の自我の道筋はこのように跡づけられている。

　メータの疑問は、ではいったいなぜハイデガーは、「眠りを最高とするところで唐突に停まってしまい」、覚醒のかなたにあって、他の三つの段階がその存在の意味の拠り所とする第四の段階にふれなかったのか。メータの推測では、おそらくハイデガーの有限性へのこだわりこそが、形而上学的飛躍（理想世界への）を押しとどめたのであり、また同じ理由で、「インド人にとってもけっして眠りが最高の人生ではないのだとか、であるはずはない」と断じることを妨げたと見る。しかし、ことはもう少し複雑であったかもしれない。また例によってあの言語の問題、異文化間の翻訳の問題にも関連するところがあったはずである。西洋インド学においては、第四段階は――とくに「悟り」との関係において――「絶対自己もしくは純粋な意識性」が存在する場所と一般には翻訳されてきた。しかし、ハイデガー的観点から見ると、これらの訳語は、西洋形而上学と「近代主観主義」を直截に象徴するものだといってもよい。ちょうど存在という用語が、西洋存在論では慣習として存在物をさすように、もし「悟り」が人間意識に関連するものだと解されるなら、状況はまるで違ってくるとメータは推測する。このようにして、言葉の問題こそが——かつて「ヘーゲルを際限なく悩ませた」[17]ように——ハイデガーの場合も、眠りから次の第四の段階へのステップを阻む要因をなしていたのかもしれない、と見るのである。

　ウパニシャッド文献を通じて、ヴェーダの宗教知識はその後、各種の哲学体系や思想の学派に浸透していったが、そのなかでメータのとりわけ注目するところとなったのは、ヴェーダーンタ学派であった。ここで再び彼の西洋学問との関わり方が問題となる。彼は西洋学問の成果のいくつかは尊重しつつも、一定の距離を置こうとしていた。この点で興味がもたれるのは、インド学者のドイッセンの場合である。彼は熟達の専門家としてヴェーダーンタ学派の重要なテクストの翻訳を手がけたり、その解釈を行ったが、そのとき自分が依然として、カントやショーペンハウアーの前提としたところを踏襲していることに気づいていなかった。また有名なインド哲学者K・C・バタチャリアの場合も同様で、彼ですら不二一元論《アドヴァイタ・ヴェーダーンタ》学派*用語解説の研究において、自分の思想のなかにドイツ観念論の残りが染みついていることに鈍感であった。しかし、メータは違っていた。彼はこの苦境を脱し、新しいスタートをきるために、ヴェーダーンタ学派の古典的主唱者のうちの何人か——たとえばシャンカラ〔インドの哲学者 七八八?～八二〇?〕など——および、ハイデガーの著作に活路を求めた。しかし、ハイデガーに対しては古典文献の理解のための鍵を求めたのではなく、互いの見解についてに質問しあうという一種の対話を始めようというものであった。

　だが、この企てがいくつかのレベルで困難をきたしたことは明らかである。一つには、シャンカラは古典的ヒンドゥー教の比較的強固な伝統のなかで生活し著述した人間であるのに対して、ハイデガーは過去との決別というニーチェの衣鉢を継いでいることがあげられる。しかし、メータは、シャンカラもまた「単なる伝統主義者ではなく、ヴェーダの伝統保持に汲々としていたわけではなく」、「混沌のなかで茫然自失のみなぎる貧困状況（長期にわたる仏教支配によって引き起こされた）を自ら時代経験したことによってつき動かされた」独創的思想家であったとみなしている。次に、文化的・時間的隔たりの問題、とりわけハイデガーの古典インド思想に対するわりあいに疎遠な態度、より特定して言うなら、古典インド思想を西洋・プラトン形而上学と一体視する傾向（この傾向は、彼が極東文化を

「非表象主義的」思考の将来的可能性をもつものとして好んだことの説明となる）の問題がある。メータは控えめではあるが重要な注釈を加えて、このサンスクリット文献の形而上学的解釈を訂正したり、偏りを正そうとしている。サンスクリットにおける形而上学的な要素の存在を認めたうえで、彼は次のように論じる。

表象化や対象化の要素に対して修正をほどこすことによって、いかに独自の特長を発現していったかを検証することはきわめて有益である。すなわち、そうすることによって叙述のなかで表象とそれを打ち消す力とが、いかに緊張とバランスのうちに保たれているかがわかるであろう。インド哲学・宗教のユニークさは、対象化されたものを同時に非対象化すること、偶像主義の後にはすかさず偶像破壊のときがやってくることなどにあるのかもしれない(18)。

ハイデガーとヴェーダーンタ学派とを組み合わせた研究は、比較文化・哲学の研究において、一方的同化や浅薄な統合という陥穽《かんせい》をいかに回避するかという点で参考になるとメータは言う。メータによれば、これまで比較哲学の研究は、おおむね形而上学的考え方を無批判に採用した基礎の上にすすめられてきた。というのは、形而上学的考えは、「有効性がはっきりしており、かつ永遠に続くもの」とされ、非西洋の文化や伝統（たとえばインド）に無差別に適用されてきたからである。しかし、もしもわれわれがハイデガーの「哲学の終焉」や「形而上学の克服」などについての発言を真剣に受けとめることができるなら、将来に期待をもつことができる。なぜなら、これらの考えがめざしているのは形而上学の偏見からの解放、「思考の『概念』による束縛を緩めること」、および「洋の東西を問わず、あらゆる場所における思考内容」を新たにオープンなものにしようとしているからである。ハイデガー的観点から見るなら、形而上学的論証としての哲学の終焉の意味するところは、終結ではなく、むしろ完成・成就ととるべきであろう。すなわち、それはいま姿を見せつつある「世界文明」の中で、西洋科学技術の理念の勝利に基づいて、なすべきことをこの上なく成しとげたという事実が示している。

ブラフマンと世界開示

メータは問う。では、いったいわれわれは比較哲学を、この「成就の継続」として、すなわち世界文明とその役目に奉仕するものとして考えるべきなのか。いや、そうではなく、われわれはそれをハイデガーの言うように、形而上学の終焉にあたっても、なおわれわれに残されれている「思考の課題」——すなわちそれはとりもなおさず、もう一度原初に立ちかえり、過去の思想のなかにあって、まだ手つかずのままに残されている将来への可能性を追求すること——として考えるべきなのか。メータは明らかに後者の方を志向する。比較哲学という用語は、もしもこれを残しておきたいのなら、過去にとり決められたことの「解除のための無限に開かれた課題」をさす名称としてでなくてはならない、とメータは言う。すなわち、「これまで思想のなかに実際にありながら、東洋の伝統のなかで語られたり思考されないままにとり残されている思考の内容を、よく見えるようにし、現代的な方法と新しい語り口でこれを明確に表現するという課題」を表すものとして(19)。

とくにヴェーダーンタ学派に関して言えば、このようなアプローチが古典テクストの解釈の見直しと、そのための指針を必要とすることは当然予想されるところである。そのよい例はブラフマンの用語である。ヴェーダで使われている意味はすでに何人かのインド学者によって、形而上学的本質主義とは反対の立場から、「神聖な発話」と再定義されていた。メータの見解では、この用語の再考にはヴェーダ以降の文献にまで踏み込む必要があると言う。彼は次のように書いている。ウパニシャッド文献もシャンカラも、西洋的意味での認識論とは関係がない。したがって、ブラフマンという用語はアリストテレスの存在(ト・オン)に相当するものではない。それは、ちょうどブラフマンの聖なる智慧が、ギリシャ語の意味でロゴスやテオーリア(直観)と重なる部分がほとんどないのと同じである。後期ハイデガーからのヒントもあって、メータはブラフマンをむしろ世界開示、またはあらゆるものを巻き込んだ一種のできごとと関連づけて「形而上学的本質の援用なしに」考えようとする。この角度から見ると、ブラフマンは確かに存在ではある。しかしそれは「何のため、何にとっての存在か」ということへの関わり抜きの存在という意味においてではないし、また「眼前の現実として知り、思い、話すことの、それ以上にもつところの意味」においてでもない。

むしろ、「これらをそのまま存在様式として包含するもの」である。そういう意味で、ブラフマンは、「一体化したりまた一つのものとして存在するところの実存《サット》、悟性《チット》、歓喜《アーナンダ》であり、自分の存在もまたそれとともにある」のである。シャンカラの書いたもののなかに、この見解を支持するものがある（とくに『ブラフマ・スートラ』＊用語解説について評したものに）。そこではブラフマンを（理想的な）知識対象とみなすことが完全に拒否されており、またブラフマンのいかなる理解も「知られる対象、知ろうとする者、知識の作用、等々の区別」の除去が前提となっている。これらの区別は不可知論《アヴィドヤー》によってつくり出された架空のものだからである。「シャンカラの文献は不朽の価値をもつものではあるが、一指もふれてはならない完璧なものだ」と考えるべきではない。メータは、ヴェーダーンタ思想やヴェーダーンタ主義は、一つのものの考え方として、今までと同様にこれから先も、「過去の思想内の未思索の部分」としてあり続けることにより、「永遠に新たな出発点たり得る」と主張する。この優れた見解は、ヴェーダーンタ学派やシャンカラの作品がこれからも重要な主張をなし、新鮮さと若さをいつまでも保ち続けるであろうことを予見している。メータは言う。おそらくヴェーダーンタ学派はその原初から「将来の思想・言説の発展への秘密を秘めていたに違いない。またシャンカラの思想については今なお有意義であり、これから先その思索の成果がいっそう明確にされるであろう。実際今までにも彼の学派はそのようにして枝葉を広げていき、一時はその頂点をきわめたのである。ヴェーダーンタ学派の思想は、閉ざされたり完結されたものであるどころか、将来に向かってより開かれたものとして生き続けていくに違いない[20]」。

3　インドの伝統的民衆信仰とメータ

神聖性の足跡の探求

メータの古典文献の研究はますます深まり、重要性を増していった。しかし彼のインドおよびインドの伝統の研究はここで終了したわけではなかった。彼の業績を讃えるとき、もう一つ別の次元における彼の研究にふれることを忘れては、不十分のそしりは免れ得ないだろう。それは、叙事詩とプラーナ文学によって培われた、大衆の篤いヒンドゥー教信仰の遺産の研究である。この分野に関しては、西洋インド学は全体として、益よりは害をもたらしたというべきであろう。マックス・ミューラーは『リグ・ヴェーダ』の権威ある編集・翻訳に携わったが、その頃の手紙のなかで、インド人にとってのこの本の重要性を次のように表現している――「これは彼らの宗教の根源ともいうべきものです。ですからその根源（寺院でもなく、神像でもない）の本質を明らかにすることは、この三〇〇〇年にわたってそこから生まれ出てきたすべてのものを根こそぎにする唯一の方法だと、私は確信しています」。彼に続く西洋の学問は、おおむねこのような古典「ルーツ」への愛好と結びついている大衆のヒンドゥー教信仰を、否定評価するものであった。メータの研究には、このような偏見の影響はまったく見られない。彼はヴェーダーンタ思想家についての論文で、スレーシュワラがヴェーダーンタ学派を「ヴィシュヌ神の神聖な足から流れ出た科学である」とのべたことにふれ、賛意を表するにとどまらず、これは「単なる言葉のあやではない」とまで言っている。

メータにとって、インドの歴史のもっとも特異な点の一つは、何世紀にもわたり連綿として続いてきた宗教信仰心と敬虔さとである。インドの歴史における「もっとも劇的な変化と断絶」のさなかで、「ずたずたに切れた糸」のような状態にあるにもかかわらず、ヒンドゥー教徒が唯一の拠り所とし、けっして手放さず、しかも創造的な変化を絶えず加えることによって、固く守り通してきた一つのものこそ、「聖なるものとの、身近で生きた関係」であるとメータは言う。この関係は時に西洋の学者から、ミュトスからロゴスへの、すなわち魔術から理性への脱皮不能を表すものとして咎めを受けたり、慇懃無礼の嘲笑を浴びせられたりした。しかし今われわれが置かれた有利な時点、すなわち世界文明が姿を見せつつある時点から見るとき、違った状況が浮かび上がってくる。というのは、生活のあらゆる面で「脱宗教化が行き着くところまで行き着き」、また世俗化のもたらす影響についてのわれわれの認識が深まってきた時代にあって、インド人の宗教生活が過去から今に至るまで、なお依然として継続していることは一種の驚異と言えるかもしれないからだ。人類の宗教史における今日この時点での問題とされるのは、（実際には別に今というよりはつねにそうであるのだが)、「多神か二神か、それとも一神にしてかつ唯一神なのか、あるいはどの宗教が本物かなどということではない。身近にいる神、遠くの神、姿の見える神、見えない神、完全超越神か内在神かなどを問わず、唯一神・諸神をも含むいっさいの神に関わる次元に対して、生活が今やすっかり無縁のものとなってしまい、再び元へは戻れないのか」という点が問題なのである。(21)

メータには、インドの宗教または宗教性に関して、信仰と理性、神学と哲学という西洋式二分法に賛同したり、支持を与える意思は毛頭ない。彼の研究の中心課題であり野心でもあったのは、まさしくこの区分を乗り超え、「信じることと知ることを超え」、ハートとマインドとが結合する思考、または思索的信仰の方向をめざすことであった。この結合が行われるこの上ない場所は、「神聖な」領域であり、宗教人《ホモ・レギリオーズス》の住まう所である。なんとなれば、彼らこそ見えるものと見えざるものとをつなぐ橋であり、ニーチェの言う「対岸へ向かって射られた憧れの矢」だからである。メータによれば、インドの伝統こそは、聖なるものとの密着不離とその受容的態度において、思索的信仰、すなわち知ることが一つの信仰の様式となって永続していることを証拠立てるものだという。そしてこの様式があればこそ、「宗教と真実を本質的で、分割不能な一体のもの」として考えることができ、さらにはこれら二つのものが「統合されることによってもたらされる二重の豊かさを、至高のヴィシュヌ神の居所およびリタの座において経験すること」が可能となるのである。

今日確かに、この伝統は攻囲され、間断ない侵食作用にさらされている。人類は、「宗教的しらけの世界」の内に住んでおり、宗教はもはや過去のような「中心的、統合的、歴史的な効力」をもっていない、とメータも認める。ここまで近代化のプロセスに呑み込まれてしまうと、インドもまた否応なく「世界的規模での世俗化現象」の一翼を担うことになってしまった。しかし、インドの知識人にとっては、ここでしらけの単なる緩衝装置の役割を果たすのか、それとも古証文の証人として文化的レジスタンスに加わるのかという問題が残る。メータの問いかけは、「発展途上から発展した地位」へとすすみ、「いわゆる迷信」なるものを一掃してしまうその前に、「天使のうわさ」なるものを消さないで保ち、そうすることによって宗教のなかに人間の居場所をつくっておくことこそ、重要かつ時宜に適したことではないのか、というものである。メータはこのような仕事を自分のライフワークとしてかなり感じていたようだ。メータが最晩年の論文の一つでのべていることであるが、彼の当時の実生活のなかでは、もはや「自分が生まれ育った共同社会のエートス」は完全には存在していなかったが、しかし、その痕跡は「自分の存在の一番中心の部分で大事なもの」として残っている、という。しかし同時にメータは「今日のインドの実世界」のみならず、「全西洋世界に見られる現象であるテクニシティ」（ハイデガーの世界文明）の一員でもあった。メータはさらにこの論文で、このような状況のなかで、神聖性の足跡を探し求め、伝承としての宗教文献に立ちかえり、それらをして今日、何か意味あることを語らしめる言語として探し求めること以外に、自分のなすべきことが残されているだろうか、と自問している(22)。

『ラーマーヤナ』と『マハーバーラタ』

メータのこの足跡探求の事業はねばり強く行われたが、その格好の実例は叙事詩とプラーナ文献の研究に見ることができる。彼のハーバード世界宗教研究センターにおける最終講義は、「『ラーマーヤナ』の考察」で結ばれている。ここには彼の学識・造詣の深さが十分に示されているが、単なる「宗教学」の展開ではまったくない。彼は自らのべているように、ヴァーラーナシーのラムガートと呼ばれる一角で育った。トゥルシーダース（インドの文学者 一五四三〜一六二三）が『ラーマへの祈願』を書いたのはここだとされている。近所の家では彼の作品の集団朗唱が音楽の伴奏つきで毎週行われ、彼のここでの二〇年に生活の独特の雰囲気をつくり出していた。彼が長い経歴の最後にあたって、「始めと終わりを一つに結びつける」ために、「ラーマ賛美の短い言葉」で締めくくったのには、こうした背景にまつわるさまざまな記憶があったに違いない。メータの解釈では、『ラーマーヤナ』は人間の行為についての叙事詩的物語であるが、同時にまた宗教物語でもある。さらに厳密に言うなら、人間が神へと変容する物語である。

物語の始めとその前景に人間と悪魔との戦いがあるが、そのとき神々は、ただ「天上から戦闘のなりゆきを熱心に見守っているだけ」である。この時点では物語の主人公のラーマは、完全にこの上なく人間である。しかしメータはここで問いかける。「人間であるとはどういうことなのか。神に仕え、悪魔と戦い、そうすることによって光を受けて輝きを放ち、自分の内にある神性を満たし、それを顕示する人間とは何なのか」と。クシャトリアの王子として生まれたラーマは流浪へと追い立てられ、悪魔に挑まれてもっとも大切なもの、妻のシーターを奪われるのであるが、この経験は試練と変身への意義深いステップをなしている。メータは言う。

聖仙《リシ》バールミーキの作である『ラーマーヤナ』の巻を紐解いていくと、ラーマの本性、すなわちまさしく人間である王子の内にある人間以上のものが、まるでポラロイドカメラの印画紙の像を見るように、じょじょに浮かび上がり、鮮明になってくる。私の知る限りでは、物語のなかに見られる連続的な風景・地理・地勢の変化、あるいはラーマ自身の変化――それは何か人間以外のものへの変身ではなく、ますます輝きを増しながら彼を射透す超人間的光によって映し出される変化であるが――を指摘した学者は誰もいない。ラーマは作品のなかでは一度もヴィシュヌそのものだとされてはいないし、またラーマ自身がそう思っていることを暗示させるものもない。にもかかわらず、印画紙の上では像がだんだんとその姿を結んでいく。

物語はラーマがブラフマーの導きで聖なる場所へと戻るところで終わる。メータは、後世になって、今日のようにダルマが一本脚で立っているような時代にあっては、人は『ラーマーヤナ』を純粋に人間の物語、冒険談として解釈したいと思うかもしれない、と言う。しかし、もしもダルマと解脱《モークシャ》*用語解説に注意を向けてこの物語を読むなら、「もっとも豊かな信仰の宝庫の物語」と言い換えることもできる。純粋な信仰は「心の静穏さをもたらし、ここからあらゆる情け深さが流れ出る。これがラーマである」(23)。

インドに帰国して五年後に、メータはデリーにおいて『マハーバーラタ』についての講演を行った。そのなかでメータは、近代化をすすめ発展途上にある今日のインドと、叙事詩の時代のインドとの隔たりの大きさを認めたうえで、内なる情熱を込めつつ、その物語の舞台となったクルクシェートラの地への記憶を甦らせ、この叙事詩物語が、今日なおわれわれの想像のなかに生き続けるその「生命力」について語った。彼の説によると、この衰えを知らない活力の源泉はいくつかある。その一つとして、『マハーバーラタ』の「物語としてのおもしろさと、また小さな物語の宝庫」として、あとに続く多くの文学の源となり、鼓舞するものであったことがあげられる。しかし、よりはるかに重要なことは、メータによると、この作品はきわめ尽くされたとは言えないまでも、この上ない詩的熟練と想像的活力の産物であり、われわれの理解を拡げてくれる尽きせぬ力をもつことである。というのも、このなかで語り聞かされる話、またその話によって拡げられた意味の世界が、人間の置かれた状況や、その現実の意味を垣間見せてくれるからである。

『マハーバーラタ』は、彼も認めるように、同族であるパーンダヴァ軍とカウラヴァ軍との間に繰り広げられる劇的騒乱とむき出しの暴力の物語であるが、暴力を賛美するものではない。メータは、この物語の中心テーマは、「そのなかで何度も繰り返されているように、非暴力と同情は人間の最高の義務であり、また人間を人間たらしむ存在の様式である」、とのべている。

メータによれば、この物語はクシャトラとブラフマーとの関係をめぐって展開する。前者は肉体的な武勇と力を表し、後者は内省的洞察力と智慧を表す。半悪魔的クシャトラが、ダルマ神に忠実である智慧に対して反乱を起こしたことから、パーンダヴァの追放と苦難が始まるところとなり、変身と変容へのプロセスが促される。『マハーバーラタ』が描こうとするものは、メータの見るところでは、血族間の血なまぐさい戦話《いくさばなし》ではなく、パーンダヴァのクシャトラ反乱軍に対する必死の闘争とその最後の勝利である。物語の最後に示される教訓は、クシャトラはブラフマーに仕える限り平和への導き手となれるが、ブラフマーから離れたら「破滅」をもたらすということである。この教訓が強調されている場面がある。それは、パーンダヴァが最後にアシュヴァッターマン（カウラヴァの英雄ドローナの子）と出会ったとき、クリシュナがパーンダヴァに武器を放棄するようにと命じるのであるが、ただ一人ビーマ（アルジュナの兄弟）のみがこれに応じようとしない場面である。

そこでクリシュナとアルジュナは戦車を降り、自分たちの武器を捨て、敵アシュヴァッターマンの最高の武器である火炎の輪のなかに歩いて入った。そして無理矢理ビーマを従わせ、戦いをやめさせた。そのとたんに炎は収まり、止んだのであった。暴力のやりとりのさなかにあって、非抵抗または非暴力的抵抗の力を示すこれほど雄弁な証明が他にあり得ようか。これこそガンディーの非暴力哲学の神髄である。(24)

講義のなかで、メータはこの叙事詩のもつ人間以上に人間的な性格の重要性を強調しているが、とりわけ敬虔を重んずるヒンドゥー教のなかでもっとも人気のあるクリシュナ、ヴィシュヌ、シヴァの三神をとりあげ、非常に興味深い見解を披瀝している。『マハーバーラタ』においては、人間の英雄的行為とか同族間の抗争などが際立って描かれている。しかし物語のなかのできごとが、どのように構成されているかを理解するためには、「まずクリシュナとシヴァによって演じられる神々の重要な役割を理解することが不可欠である」、という。ハイデガーの論じた時間性、死へ向かっての存在（および「時間の進行」についての見解とともに）などからの示唆もあって、メータはクリシュナとシヴァを時間のよってきたる源、さらに厳密に言うと、この世における人間の一時的存在を支え、保護するものを表していると解釈する。メータは次のように書いている。最高神としてまた絶対的実在として、ヴィシュヌは「時間の根源そのもの」である。すなわち、存在を得たあらゆるものは、その庇護のもとで「しばし生きながらえ、そして死んでいく。個々の人間も、そしてあらゆる文明も含めて」。

生きとし生けるものすべて、命ある間は神の力により支えられている。そして個々の存在（一人ひとりの現存在も含めて）に時間を授けたり、割りあてたりする神の力が「神話のうえでは、ヴィシュヌまたはナーラーヤナ神の化身として、人間の姿をとったクリシュナ」である。その限りにおいては、クリシュナは、「ダルマ（法）が他のプルシャータス（原理）とともに支配する」時間の枠組みのなかにある人間の生活を支え、恵みを与え、力づける働きをする。このコンテクストにおける時間とは、（ハイデガー的意味においても）時計時間ではなく、生と死、存在と非存在、到着と出発のあやういバランスの上に立っている一時性である。定められた寿命のぎりぎりのところで、一時性それ自体、はかなさ、消滅、さらには死の役割を演じる——そしてその力は「神話のなかにおいては、ルドラまたはシヴァという名で表されている」。『マハーバーラタ』においては、シヴァは直接物語の登場人物となったり、ある人物の代理役になったりすることはなく、人間の活動の周辺にあって「傍観者」、あるいは、「奇妙で不自然な役」として現れるのみである。それにもかかわらず、いわば裏舞台においては、「物語のプロットを組み立てるうえで」一定の役割を果たしている。このように物語の場面展開のなかで、「ルドラの影としての存在は生の領域に出没する」。シヴァは、直接自らが姿を見せることはないが、「印やシンボルを通じて、その実在が物語のなかで暗示され、肝腎なところでははっきりと浮上してくる」のである。(25)

自己超越としてのバクティ

メータは、ヒンドゥー教諸神の研究と思索だけに没頭していたわけではない。彼の研究は、厳正な知識と思考とを基本に据えて行われたが、同時に彼の心を満たしていたのは、とりわけヴィシュヌ学派の伝統のなかで培われたバクティ（信愛）信仰であった。彼の論文のうちでもっとも優れ、もっとも印象的ないくつかは、まさにこの伝統を扱ったものである。この伝統とはクリシュナを中心とする『バガヴァッド・ギーター』に始まり、後の『ヴィシュヌ・プラーナ』*用語解説、『バーガヴァタ・プラーナ』*用語解説へとすすみ、最後にチャイタニア・マハー・プラブゥとその後継者による叙情的バクティへと続くものである。メータの説によれば、『バガヴァッド・ギーター』はエーカンティ・ヴィシュヌ崇拝（ヴィシュヌ神への絶対的な帰依・信愛）の原テクストとみなすことができるという。またこのテクストでは、信仰によるバクティが苦行《ヨーガ》の最高の境地であり、人間と神との結合だと説かれているという。『バガヴァッド・ギーター』におけるバクティとは、単純な情緒主義とは無縁のものであって、「理性、知性、情愛の一体化」を示すものであるが、言い換えれば、「人間の全存在」をかけて探求し、あるいは自己超越をめざすという、この至高なるものとの関係のあり方を示すものでもある。古くから伝わるナラとナーラーヤナとの関係（ともに聖仙で友人・同伴関係にある）が、『バガヴァッド・ギーター』においては、アルジュナが「クリシュナのバクタ（信奉者）」であるという関係において、すなわちアルジュナの「親愛なる友」は、また同時に最愛の指導者でもあるという関係として再現されている。『ヴィシュヌ・プラーナ』は知的、倫理面を強調する内容であるが、悪魔ヒラニヤカシプの息子として生まれたプラフラーダを、徹頭徹尾ヴィシュヌ／クリシュナに献身する「バクタの王子」として描いている。このなかで、プラフラーダが神との合一（苦行《ヨーガ》）を一心不乱の瞑想によって成しとげたことが語られているが、メータの表現によると、「バクティはここでは恍惚の頂点に昇りつめた瞑想的洞察を意味する」という。プラフラーダはヴィシュヌがあらゆる場所、あらゆる物の内に存在することを悟ったので、「人は敵味方を問わず平等である」と考えた。すなわち、「主は万物の内に在る」がゆえに、われわれは生きとし生けるすべてのものに対してバクティをもたなくてはならない、と考えるのである[26]。

メータによると、バクティの本質や働きが明らかにされるのは、『バーガヴァタ・プラーナ』においてであって、それに先行する文献ではわずかにその姿を垣間見せる程度にしかすぎない。『バガヴァッド・ギーター』においては、バクティは重視されてはいるが、描写は具体的ではなく、また『ヴィシュヌ・プラーナ』においては理想的な瞑想様式に中心が置かれている。これに対し『バーガヴァタ・プラーナ』では、「神の愛」への変わることのない賛美が語られる。このプラーナには、クリシュナの賢明で知性のある友人のウッダヴァが、クリシュナの伝言を運ぶ使者として、ブリンダバンの森へと旅する話が出てくる。この森には、クリシュナを慕う牧女ゴーピーたちが集っているのであるが、クリシュナは彼女たちに対して、精神の修練と瞑想だけで満足するように、という説得を友人に託したのである。しかし、メータによると、この企てはほとんど、いやまったく効果をもたらさなかった。「ゴーピーたちの心や思いは、すでにクリシュナのもの」となっており、その痛む心は「愛する人によって完全に奪われていた」からである。しかも、その愛する人は去って行ったが、「存在の名残りとしての不在という形で」彼女たちとともにあった。ここでウッダヴァは伝言を取り継ぐ立場から、彼自身が伝言を、すなわち彼の目から隠されていた真理を、受けとる側へと転じた。というのは、彼はゴーピーたちと同様に自分もまた愛してやまないクリシュナが、「真なるもの」であり、いかに聖者・賢人であろうとも、追い求めるべき究極の目標であることに思い至ったからである。ウッダヴァが自分の「存在の深奥」で経験したことがらは、彼の自覚的認識を超えたものであった。今や彼はヴラジャの村のゴーピーたちの足に踏まれた塵に口づけすることを願い、さらにはたとえゴーピーたちのまわりに生える一本の草木となっても、ブリンダバンの地に住みたいとすら思った。

プラーナがここで暗示しているのは、マインドとハートとの融合、すなわち篤い信仰心と思慮深さを備えた信心である。なぜなら、ウッダヴァはここでは、クリシュナの肝胆相照らす友人であり、ひたすら彼に尽くすバクタであり、また同時に智者であり、すなわち思索者でもあるからである。バクティをセンチメンタリズムや主観的・情緒的な心理と切り離して考えるというメータの立場はここでも変わりはない。ハイデガーは「ムード」の概念を基本的な調和とみなすが、メータはこのことを念頭に置いたうえで、バクティは「人間存在の総体に関わる」ものであり、「ある特定の感情をもつことに限定されるものではない」と主張する。バクティを現存在全体の本来的調和と見るなら、バクティは、知る・欲する・感じるという伝統的な精神機能の三区分を超越するものであり、同様にして、ヨーガの三つタイプ（バクティはその一つ）の違いを踏み超えるものでもある。メータはハイデガー的手法で次のように表現している。

近代西洋の主観主義的な人間中心の哲学とは異なり、感じることは（知ること、欲することとともに）、内面的な精神の興奮や動揺という心理的意味においてではなく、存在論的に存在に対する人間の関係の様式として把握されなくてはならない。感情をこのような形而上学的、非心理学的な意味で理解するなら、バクティは存在に対する人間の根本的な関係、……すなわち、人間の死すべき身がもつ、このうえない特権、完全さや癒しを求める途上での至上の避難場所を表すものである。(27)

メータはバクティと全霊を捧げた信仰を称賛したが、いかなる種類の宗教原理主義や偏狭な排外的信仰復興運動にも手を貸さなかった。このことは注意しておかなくてはならない。ヨーロッパの師たちからの教えに忠実であったメータは、いかなる自己理解も、まず「自己を脱すること」また「自分に一番近いものへの道のりこそ一番遠い」ということをけっして忘れなかった。メータにとって、自己と他者の出会いは必然的に相互に質問しあうという性格をもつ。すなわち、「相互に胸を開き、対話の相手として認めあう」ことを意味する。このような関係はメータにとっては「世界文明」への鍵ではなく、支配のないほんとうのグローバル・コミュニティへの鍵であった。このグローバル・コミュニティという目標は、メータの主張によると、「いかなる種類の文化的・概念的征服」によっても達成されるものではなく、「ただ相手に手を差しのべて能動的理解をはかる」ことによってのみ可能となる。

こうした考察はインドの状況およびインドと西洋との関係にもおよぶ。インドの宗教伝統は過去においては「開放された寺院」であって、「ギリシャの力と美」、隣りの中国からの思想の流れ、さらには仏教、イスラム教、キリスト教などの発する影響との接触を許容してきた。今日における西洋との出会いは、一方においてはいろいろな苦難をもたらしたが、他方ではインド人が伝統から距離を置き、そうすることで過去のとらえ直しを自由に、しかも新たな活力をもって行うことを可能にした。メータは語る。今やインド人は――、

われわれの宗教的な想像を、ギリシャ人の遺産、キリスト教的考え方、そしてイスラムの教えを利用することによって、心おきなくふくらませ、活性化させることができる。また自らの伝統を、創造的に解釈し直すことを通じて、伝統の産物でもあり、またそれを託されている身でもあるわれわれが、自由に享受することできる。しかし、このことをどの程度まで達成できるかは、世界史における宗教的コンテクストの広がりのなかで、自己と自己の伝統をどこまで見据えることができるかにかかっている。

このようにして、伝統に対する信義と、他者――なじみがなく、時に脅威的であっても――に対する開放的態度とは、互いに手を携えてすすむことができる。この点で、メータの考え方は、彼の好きな『バガヴァッド・ギーター』によって完全に裏打ちされる。物語のなかで、クリシュナがアルジュナに向かって語った言葉がそれである――「人間が私を愛してくれるのと同じやり方で、彼らは私に愛されるだろう。というのは、人間の道の数がどれほどあろう

とも最後は私のところに達するからである。……敵に対しても味方に対しても同じ愛をもち、名誉と不名誉のもとにあっても変わりなき魂をもつ人間……この人たちは私にとって愛しい(28)」と。

第5章　オリエンタリズムからの脱出——ハルファースに対するコメント

そのとき存在も不存在もなかった……
死も不死もなかった……
だが無呼吸なものが、自ら呼吸していた
——『リグ・ヴェーダ』マンダラ10

かつて異文化理解とは、要するに専門的な問題であるとされていた時代があった。つまり、「オリエント」を含め、非西洋的な文化の研究や理解は、文献学者から歴史学者や文化人類学者にまでおよぶ、そうそうたる地域研究の専門家にゆだねられていた。そして、地域研究は、西洋哲学および科学のカテゴリーで武装して、非西洋的な生活形態を（もし、それらが既存の知識の範囲を超える神秘的な異質性をもつものと分類されなかった場合には）既存の概念に一体化ないし同化させる、という略奪的とさえ言えるような目的を追求していた。確かに、この種の一体化は純粋に学問的な営為だったのではなく、当時の具体的な政治・経済的な思惑、とくに植民地帝国の行政上のニーズによって支えられ、かつ勢いづけられていたのであった。エドワード・サイードの定式においては、このような諸要因の力関係が、学問と植民地支配の要求との共謀を強調するレッテルとしての、西洋の「オリエンタリズム」の背景を形成していたのであった(1)。この種の力関係は、今日ではその純粋な形ではもはや支配的ではなくなっている。ポスト植民地主義時代としての今日の時代は、さまざまな形態の「ポスト・オリエンタリズム」、つまり伝統的なオリエンタリズムのパラダイムを破壊、克服するための試みを生み出してきた。オリエンタリストの言説《ディスクール》が、「ヨーロッパ中心主義的《ユーロセントリズム》」

世界観の要である限り、その克服には時には急進的な反ヨーロッパ主義をともない、あるいは、おそらくヨーロッパの学問そのものの放棄さえともなうのであろう。そして、ヨーロッパの学問が「ロゴス中心主義」（つまり「原理的」形而上学）と結びついていた限りにおいて、認識的理解が構築主義に——すなわち伝統と生活形態の想像的創造に——道を譲る傾向がある。この傾向は、現在進行中のグローバリゼーション過程——つまり、副作用として地域研究者の特権を侵害する過程——によって最初から確証されている。

明らかに、オリエンタリズムの消滅は悲しまれるべきことではない。だが、新たな門出を祝福するとしても、その一方で、おそらくその消滅の仕方、つまりオリエンタリズムの消滅が追求され実行された経緯についての関心が出てくるであろう。ほんとうにヨーロッパ中心主義から反ヨーロッパ中心主義に（そしてロゴスから反ロゴスに）きっぱりと切り換えるなどということができるのであろうか。伝統的な学問——いかに欠陥の多いものだったとしても——を、単純に植民地の抑圧と同一視することが賢明なのであろうか。文化の「本質」および安定した同一性に対する批判は、ほんとうに、伝統と生活形態とが「努力しさえすれば誰でも手に入れ得る」状態にあり、意のままに構築され得るという主張を正当化するのであろうか。現代のグローバリゼーションのコンテクストにおいて、——ヨーロッパ中心主義およびロゴス中心主義の境界を超えたところで——異文化理解の余地と必要はもう残されていないのであろうか。そして、このような異文化理解は、忍耐強い学問の過程、つまり相互的な問いかけ合いの持続的な努力——その努力が伝統的学問のいくつか（文献学、歴史学、人類学）を軽蔑することはたぶんできないであろう——を内包または前提しないのであろうか。

あいにく、このようなポスト・オリエンタリズム研究の下地は、[2]すでにわれわれの時代に、ウィルフレッド・カントウェル・スミス、J・L・メータ、およびレイムンド・パニッカーのような著名な学者を含む、西洋および非西洋の学者のグループによってつくられてしまった。このグループの若手の一人——しかし、洞察と業績においてはけっして「若造」ではない——が、ウィルヘルム・ハルファース〔ドイツ生まれのインド哲学者　一八八八～一九七五〕である。彼の業績が本章の主題である。ハルファースという人物は、その見解と経歴とにおいて、いま誕生しつつあるポスト・オリエンタリズム論の重要な構成要素のいくつかを例示し、例証している。つまり、ハルファースは、西洋哲学とインド学の特殊な研究伝統との両者において徹底的に訓練されたので、生活形態と言語ゲームとの間の相互作用（時には抵触作用）の中心点に位置している。彼がこの中心点に位置しているということによって、彼は（少なくともいくつかの側面で）仲介者、または正直なブローカーとして動くことを可能にされている。またハルファースは、学問追究に没頭してはいるが、複雑なグローバリゼーションに、とくに西洋と非西洋との間に存続している政治的・経済的な非対称（その非対称はポスト・オリエンタリズムという用語を本質的にアンビヴァレントなものにしている）に、完全な注意を払っている聡明な世界市民でもある。

今日の状況では、ハルファースの著作はその範囲の広さと議論の緻密さによって、すでに感銘を与えている。彼の学者としての名声は、彼の膨大な数の雑誌論文をともかくとすれば、とくに次の三冊の名著のお陰である――『インドとヨーロッパ―理解のための論稿』（一九八八年）、『伝統と反省――インド思想研究』（一九九一年）、および、『存在と実在―古典的ヴァイシェーシカ*用語解説学派とインド存在論の歴史』（一九九二年）(3)。紙幅の制約と（もっと決定的である）私のインド学に関する能力の限界が、この広範囲な学問分野を概観しようとするいかなる試みをも困難にしている。本章では、とくに重要であると思われる三つのトピックに焦点があてられる。第一は、異文化理解、とくにインドの文化と伝統の理解のためのハルファースのアプローチである。次に、伝統的にインド思想の中心問題とされてきた問題の一つに焦点があてられる――ヴェーダ聖典ならびにポスト・ヴェーダ聖典および哲学文献に書かれている存在の位置と、その意味。最後に、話題はインドと西洋との関係をとり巻くいくつかの政治的問題に移される。とくに、人間の階層化《ホモ・ヒエラルキカス》と近代民主主義との両立可能性、および西洋へゲモニーのコンテクストにおけるインド文化の役割と見通し。これらについての考察から、ハルファースの業績が集約的に示しているように、急速なグローバリゼーションの時代における異文化研究の妥当性についていくつかの結論が導かれるであろう。

1　ハルファースのインド理解

オリエンタリズムの落し穴

ハルファースは、インドの文化と伝統についての研究において、その研究をとり巻いている恐るべき障害と混乱とを敏感に意識している。それらの障害の原因は、単に古典的聖典の時間的距離や、聖典の文章の複雑さにあるだけではなく、西洋のインド学研究そのものや、インド文化を西洋のカテゴリカルな枠組みに合うように圧縮させようとする（あるいはそれを反西洋イメージの本質として扱う）性向にもあり、おそらくこの性向にこそ主要な原因があるのであろう。ハルファースは、『伝統と反省』の序文で、サイードの高名な研究の結果として現れた「オリエンタリズム」、およびヨーロッパ中心主義をめぐる最近の議論に関して明確に論じている。彼が指摘しているように、オリエンタリズムに対する攻撃の基本目標は、「学問的研究とインドや『オリエント』の政治的従属化との間の結びつき」を暴露すること、すなわち「東洋を他者の一つとして投射する」ため、そして一般的には「ヨーロッパによる支配の利益に照らして東洋を客体化し、カテゴリー化し、分類する」ため、どれほど西洋オリエンタリストが「オリエントを表象」しようとしてきたかを暴露することである。サイード自身の研究がとくに論証しようとしたことは、一つの学問分野としてのオリエンタリズムが、つねに卑劣な政治的事実——すなわち、西洋オリエンタリストと「西洋によるオリエントの投射、およびオリエントを統治しようとする意思」との共謀——で色づけられ刻印され、それにより蹂躙されてきたということである。サイード自身の主要な関心は、西洋によるイスラムの扱いにあったが、彼の議論は、『インドのイメージ』などの著作を著したロナルド・インデン〔シカゴ大学教授〕を含む多数の学者によって、インドへも広められた。インデンは、オリエンタリズムに対する脱構築的な攻撃を見習って、帝国主義的な陰謀を隠しもっているインド学を非難した。その陰謀は、インド文化に対する「具象化され」、また「本質化された」イメージの押しつけのなかに明らかに見てとれるし、また「東洋を表象する権限、つまり彼（および彼女）の思想と行動を欧米人に対してだけではなく、東洋人自身に対しても翻訳してやり、説明してやる権限」を私物化しようとする試みのなかにも明らかに見てとれる(4)。

ヨーロッパ植民地主義の過酷な背景、およびその効果の広がりのゆえに、ハルファースにとって、この種の脱構築的な試みは軽々しく片づけられ得ないものである。彼がのべているように、オリエント学の批判的再評価のための時期が到来したことには「まったく疑いがあり得ない」。だが彼はまた、学問的誠実さの要求に反するような安易な暴露型のレトリックには警戒している。とりわけ、オリエンタリズムについてのサイードの概念は——ハルファースの意見では——それ自体が表象的で本質論的な一つの構築とみなされ得るのであり、その構築の理論的前提は、批判的で、しかも、おそらくは脱構築的な検討を受ける必要があるだろうとされている。サイードの概念の主要な問題の一つは、「きわめて選別的な歴史観察」と、哲学的で形而上学的な広い「一般化」とを混合させていることである。そして、後者はしばしば具体的な歴史解釈の作業を荒っぽいものにしてしまう。実際、オリエンタリズムは、「きわめて具体的な特質をもつものと、きわめて一般的な特質をもつもの」との合併からできており、「歴史と着想との異種交配による雑種であり、いわゆるオリエントそのもの以上に一つの構築であり、かつ投射であるもの」として現れる恐れがある。

これと同様な批判が、インデンの議論にも妥当する。というのは、彼もまた、知識そのものの地位に関する「基本的に認識論的で形而上学的な」主張と、具体的な歴史観察との間のいくぶん見境いのない「もつれ」を特徴としているからである。この「もつれ」（混乱）をほぐすためには、ここでも批判的な評釈のもっと持続的な努力が必要とされ、その努力は次のような問いに答えることになるであろう。「批判の過程そのものにおける本質化、および具象化の役割は何であるか。偽りの構築と思考の上からの押しつけとを露呈させるための基準は何であるか」。ハルファースの簡潔な見解の主要な欠陥の一つは、彼の見解によって提示された転換が表面的なものにすぎない恐れ、つまり認識された誤りをそのままにして、単に首をすげ替えているにすぎないのではないか、という恐れである。ヨーロッパ中心主義に関しては、その矯正が時には西洋的カテゴリーの単なる抹殺に求められている。しかしこの場合、土着の真正性の回復は、やはり（今度は自己否定という形で）西洋の懐の深さのせいにされる。つまり、「すべての西洋の構築と先入観とを根絶し、また、インドの伝統をすべての非インド的な理解カテゴリーから解放する試みは、単に実際的でないだけではなく、それ自体が傲慢でもある……。このようなヨーロッパ中心主義の自己廃棄は、同時に、ヨーロッパ中心主義の究極的な確認行為なのである」(5)。

これらの考察からハルファースが得た主要な教訓は、オリエンタリズムの落し穴に十分に注意して忍耐強く持続的な異文化研究を行うことが必要だということである。このようなアプローチは、（ヨーロッパの他者としての）インドの本質化された構築、およびインドの文化と伝統の単純な脱構築的な否定との両者を避ける試みをともなう。言い換えると、ハルファースのヨーロッパ中心主義批判は、植民地行政官とヒンドゥー原理主義運動の両者によって食いものにされるようなのっぺりとしたインドのアイデンティティのなかに迷い込むのでもなく、インドを西洋スタイルのグローバリゼーションのなすがままに放っておく文化的独自性の放棄へと落ち込むのでもなく、それらを注意深く避けようとする航海であった。『伝統と反省』のなかの数章は、――こぢんまりした本質主義の枠を超えて――インドの文化的独自性の要素に焦点をあてている。

ダルマ概念とヴェーダ聖典

このような諸要素のうち、何世紀にもわたり貫き通され、多様な姿や表現で形づくられてきたものは「ダルマ概念」である。ヒンドゥー教の正統派と異端派との間のアクセントのはなはだしい違いにもかかわらず、ハルファースにとってこの概念は、座標軸として機能した。この座標軸は、ちょっとごちゃごちゃして不完全ではあるが、長い期間にわたり広く共有されてきた。彼の言葉によれば、「この多様性のなかに一貫したものがあり」、それは「ヒンドゥー教自体の表現し難いが否定できない一貫性、つまりそれ特有の多様性における統一」を反映しているのだという。ダルマを理解するための「単一のシステム」はまったく存在せず、それについてぴんと張った網の目のような語法が存在していただけであるが、この概念は伝統的なヒンドゥーの生活の「華麗な混乱」に一貫性を与える、一種の「コンテクスト性」を提供した。一方において、ヒンドゥーの生活は、けっして「『組織化された』宗教の教条主義的で制度的な同一性」ではなく、しかも、他方で「『オリエンタリストによる構築』でもなく、またバラモン教的なフィクションないし投影に降格させられ得るわけでもない」。この広いコンテクスト性は次の二者により共有された。一つは、独特な有神論的仮定をもつシヴァ信仰やヴィシュヌ信仰のような「セクト的」運動であり、もう一つは、バルトリハリ〔インドの文法学者・哲学者 五世紀頃〕、クマーリラ〔インドのミーマーンサー学派思想家 七世紀前半〕およびシャンカラのような「セクトを超えた」思想家である。これらの場合すべてにおいて、ダルマを理解するには、オリエンタリズムと反オリエンタリズムとを超える一歩が必要とされる。次にハルファースを引用してみよう。

> 「ヒンドゥー教」ないし「ヒンドゥー宗教」についての近代的な観念は、伝統的な諸観念の再解釈であり、またある意味では、伝統的な自己理解の雑種である。だが、それはけっして西洋による押しつけへの単なる順応を意味しているのではない。それは伝統の継続でもあり、ヴェーダの啓示に対する誓約のなかに明確に示されている自己理解の表現でもあり、また変形でもある(6)。

インドの伝統において、もっと広い影響をもつもう一つの要素は、ダルマがその一構成要素になっているヴェーダ聖典という遺産である。だが、広汎な階層にわたるヒンドゥーの生活において、ヴェーダ聖典が事実上無視されており、また、ヴェーダの儀式が大衆的ヒンドゥー寺院において行われなくなったため、そのコンテクスト性はますますわかりにくいものになっている。正式にヴェーダ聖典を遵守している伝統的な思想家の間においてでさえ、聖典の位置および意味について大きな違いがある。かくして、ミーマーンサー学派の正統なスポークスマンは、ヴェーダを作者がいなく、誤りのあり得ない超時的な聖典とみなしたが、有神論的伝統の代表者たちはこの聖典を神の言葉とみなしはするが、終わりのない啓示過程のなかの一つの段階にすぎないと見ている。ハルファースはこの状況を概観し、ヴェーダ聖典には「ヒンドゥーの何のドグマも、ヒンドゥー教の『信条』のための何の基礎も、ヒンドゥーの生活様式のための何の明確なガイドラインも」含まれていないことに同意している。だが彼は、「真の外延」についてのルイ・ルノーの見解を熟考し、インド文化の中心に非連続的な連続性を見い出している。彼の指摘によれば、この文化のはなはだしい異質性にもかかわらず、「ヴェーダの観念およびビジョンは、ヒンドゥー的自己理解の焦点として、ならびに伝統の貴重な統一と同一性のためのセンターとして現れるだけではなく、さらにそれの内的多様性と潜在的普遍性のためのステレオタイプとしても現れる。ハルファースは、このステレオタイプをより深く調査して、ヴェーダを経典としてだけではなく、世界開示の「できごと」（ハイデガーの意味において）としても提示している。それはヴェーダの解説が「テクスト解釈学」だけではなく、「できごとの解釈学」をも包含していることを意味している。伝統的な見方においては、ヴェーダは第一義的または「源初的な言葉《サブダプラダーナ》」であり、それはこのテクストと世界、言語と現実がまだ分離されていなかった源初であり、またこのテクストそのものが「世界を開放し維持する」源初である。(7) ヴェーダがこのように洞察していたことは、インド史の紆余曲折において広められ、歪曲され、また堕落させられたが、けっして完全に放棄されたわけではなく、過去の足跡として未だに影響力を保っている。ハルファースの指摘によれば、ある意味では、「ヒンドゥー哲学におけるヴェーダの意義を説明しているのは、この内面的な多元性と多様性そのもの、つまりこの挑戦的で示唆的なカオスである。それは、示唆的な解釈パターンや先例および人間の思慮に対する固有な意図的アピールになっているとともに、わかりにくく曖昧なガイダンス、つまり開放的ではあるが権威主義的な枠組みをも提供しているのである」。ヴェーダは、ステレオタイプとして機能するさい、「統一と同一性への方向性」および「それ自身を超越し、とって代わろうとする固有な性向」を内含している。(8)

ハルファースは、ダルマとヴェーダの伝統とを議論するさい、オリエンタリストの構築を矯正する手段となり得る彼自身のアプローチを提示している。オリエンタリズムは外界の観察者としての立場を守ることによってその標的を対象化し具象化するのに対して、ハルファースによる解釈学の援用は、読者とテクストとの間、つまり解釈する者と解釈される者との間での対話による約束を含意している。この約束によって、両方のパートナーが（必ずしも究極的な収斂をともなうことなしに）替えられる可能性が生み出される。ハルファースは、西洋哲学、具体的には大陸ヨーロッパ哲学の注意深い研究者として、ディルタイからガダマーまで発展させられてきた解釈学モデルを完全に習得している。彼は、とくにガダマーの業績について論じるさい、それが――全面的な一体化か、それとも排除かという困難な問題を超越して――対話的な「他者、つまり異質そのものの承認」に関する理解を示していると評価している。このモデルにおいて、対象化は解釈者の参加的関与によって不要にされている。解釈者は必然的に（白紙の状態からではなく）彼自身の「偏見」から出発し、解釈者にとって問いの対象はつねに（おのずと具象化されている事物というよりむしろ）解釈された他者である。確かにガダマーは、その著作において西洋の伝統に従いがちであった。しかし、ハルファースが指摘しているように、なぜ彼の見解が「より広い異文化コンテクストに適用可能」であってはならないかの、「説得的な理由」はない。とくに、ガダマーによる偏見の生産的な役割の強調は、われわれが次のことを認識するのに役立ち得る。つまり「インド哲学を学ぼうとするとき、われわれは西洋的な視点や前提を持ち込むが、それらは単に障害や困惑原因であるだけではなく、理解そのものにとって必要で、かつ建設的な構成要素でもある」という認識である。ガダマーのアプローチは、ハイデガーの業績によって補完され急進化されている。もっとも、ガダマーの方が、オリエンタリズム（それは世界の西洋化ないし「ヨーロッパ化」の一つの必然的帰結とみなされている）の危険および文化的対話へのそれの悪影響に対して、より大きな注意を払っている。ハルファースによれば、西洋の哲学および科学のギリシャ起源に関するハイデガーの学説は、もはや「ヨーロッパのユニークさについての自信過剰な宣言」なのではなく、むしろ「地球的な窮状に関する声明なのである。ヨーロッパ化は『事物の実体をすべて食い尽くしている』」(9)。

ハルファースのジレンマ

読者は、これらの鋭い解釈学的な洞察を考慮すると、ハルファースの比較的最近の著作において、異文化理解の試み全体を脅かしたり疑問視する傾向が出てきたことに当惑させられるに違いない。『存在と実在』の序文に書かれているように、「ここ何年かにわたり、私の方法論上の立場と哲学的な傾倒とが変化してきた。その結果が、一種の折衷主義であり、またこのテーマそのものの意味と有意性とに関する疑いの増大であった。『存在の問題』は意味のある問題であるかどうか、われわれにはわからない」。同書の序章は、プラトンから現在に至るまでの存在論的思索の歴史を概観した後、古いジレンマに対して新しい観点を与えるものとして最近の英米の分析哲学に目を転じている。ハルファースによれば、この新境地において、「焦点は『存在とは何か』という問題から、それについて語られるときの条件および他者がそれについて語るさいの混乱に移る」。より具体的には、「近代の概念的ならびに言語学的分析の方法」および「記号論理学の分析道具」が、「意味論上の違いを明確に示すために、また根底にある文法上・概念上の混乱を明らかにすることにより存在論の諸困難を解決するために、そして『存在』に関する意味のない疑問を根絶するために」使われている(10)。

この点について、W・V・クワイン〔アメリカの哲学者・論理学者、一九〇八～〕は、「存在論の問題」を「アングロ・サクソンの言葉――What is there?（何が存在するか）――」に要約することにより、この問題に対する巧みな解決策を示したとして援用され評価されている。分析的には、名詞としての「存在」の役割と、陳述の主語としての存在ないし「実在」の役割は、ギルバート・ライル〔イギリスの哲学者、一九〇〇～七六〕が言う「体系的に誤解を招く表現」の好例としての歪曲、つまり「言語学上の実証的な研究」によってしか正され得ない歪曲として非難されなければならない。これを背景にして見れば、ハイデガーの思想に対して、けっして望ましくはない光ではあるが、新しい光があてられる。「存在の問題」に関するハイデガーの主張は、「頑固で、ほとんど強迫観念的であり、またきわめて変態的」であったと言われている。存在の歴史に関する彼の後の思索は、概して無益であり、空虚な空論であると描写されている。「そのような思想は、目に見える成果をもたらすことも適用可能な方法をもたらす見込みもない」。それは、慎重な理由づけ、および概念的正確さに対する単なる反発であり、「詩、神話、および気まぐれな語源論への撤退」の前兆となっている。「その無目的性ならびに不毛さは意図的である」。ハイデガーの業績全体が、進んで「体系的に誤解を招く表現」に身をゆだねており、それは疑わしいか誤解を招くものであるか、またはその両者であると思われる。「彼は、西洋の存在論における疑わしいものすべてについての極致を代表している[11]」。

私の意見では、この種の酷評は「存在論の問題」とそれに関連する問題について妥当するだけに限られず、もっと広くオリエント研究における解釈学的理解の役割についても妥当すると思う。確かに、ハルファースは解釈学を完全に排除しようとはしていない。彼の主張によれば、「インド人の申し立てを理解することが、われわれの第一の責任である」。それは、われわれが喜んで「彼らが言うことをできるだけ注意深く、また忍耐強く聞く」こと、そして「彼らの伝統的な文化的コンテクストと背景とを意識する」ことを意味している。だが、批判的な距離設定と分析とがなされないところでは、理解だけではもはや十分ではない。つまり、もし「概念的分析と解析とによって補足」されずに、単にインド文化と伝統を熟知しているだけでは、不十分であるとされているのである。しかしながら、このような解析および分析には、解釈学的ないし対話的な探究を超えた手段に頼るべきことが要求されるという。つまり、「解析とは、精度と分析についての客観的基準に従うことの確約を意味している」という。究極的には、この確約は、すべての伝統がバイアス（つまりガダマーの「偏見」）なしに客観的に評価され得るようにするための、中立的で普遍的な視点の要求に帰結することになる。

二〇世紀において、この要求は論理実証主義および「統一科学」運動〔すべての科学のための統一言語の導入により、さまざまな科学知識をもとの原理から統合しようとする哲学運動〕によってきわめて情熱的に提示されてきた。それらにおける公理は、その後分析哲学によって守り続けられた。ハルファースは、「思想についてのさまざまな伝統を比較するのための真に共通な基盤や、それらの伝統が話を通じあえるようになるための中立的で普遍的な手段が存在するのであろうか」と自問している。そして彼はこう答えている。「最近の一つの重要な示唆は、このような共通のバイアスは論理学的・言語学的な分析によって生み出され、またアングロ・サクソン型の近代的分析哲学の手法によって例証されているということである」。実際、次のような主張が提起されたのは、言語学的分析のコンテクストにおいてである。その主張とは、分析的手法（とくに記号論理学の使用）は、「既存の多様な言語の制約」からも、そしてそれらに特有な環境からも切り離されており、それゆえにまた、「異なる哲学的伝統についての真に普遍的な理解」に導くという主張である[12]。

これらの論議の主要な問題の一つは、追い出されたと思われていた幽霊の帰還である。とりわけ、「アングロ・サクソン型の」分析の援用は、ハルファースの初期の研究がきわめて苦心して追求していた、オリエンタリズムとヨーロッパ中心主義からの脱出を危うくしがちである。というのは、明らかに、分析上の客観性への逆戻りはここでも、文化的伝統の対象化と具象化を意味し、また文化的伝統を外界の傍観者のカテゴリーの枠組みに従属させることを意味している。さらにこの逆戻りは、おびただしい文化的、歴史的な偶発事に対する知性の優越性を取り戻す。ハルファースがこれらの意味することに気づいていかなったわけではない。その意味とは、普遍主義《ユニバーサリズム》とヨーロッパ中心主義《ユーロセントリズム》との間のずっと昔からのつながりのゆえに、非西洋文化の研究者は、しっかりと用心していなければならないということである。彼は、黙示的にも明示的にも、普遍主義は「特権的な視点という観念、つまり意識と思索についてのより高いレベル、ないしより包括的な地平という観念を必然的にともなう」としている。われわれは一方で、この普遍化の視点をにべもなく切り捨てることはできないが、他方、「それの背景および歴史的な副産物に留意」しなければならない。

　ハルファースは、このジレンマを解決できず、彼の議論は結局のところ生半可な折衷主義で終わっている。一方で彼は、英米的な分析の「メリット」を強く弁護している。彼の指摘によれば、われわれは客観性を追求するさい、そして「哲学的テクストおよび伝統を解釈しようとするさい、記号論理学を含め近代的な形式的・分析的なモデルがもつ非凡な道具的価値」を過小評価してはならない。またわれわれは、「整然とした科学の進歩」を認めなければならず、それゆえ「最新の研究」のもっとも高い地点からすすんで、非西洋的な現象に立ち向かわなければならない。他方、客観性とはたぶん捕えどころがなく、またおそらく欺瞞的なところさえある基準なのであろう。われわれは形式的な手法の完成を「インド哲学の黙示的な目的因であるとか、あるいは哲学一般の目標および本質である」などと解釈してはならない。事実、分析と概念的正確さの追求とは、押しつけがましくなり得るし、また「翻訳と理解の任務に干渉し、またインド哲学をその奥行きと広がりのまま尊重すべきわれわれの義務に干渉」しかねない。これらの相反する方向性の結果は、次のような不可知論的な折衷案である。「結局、われわれは、インドのテクストおよび教えを研究するための十分に定義された手法をもたず、またおそらく明確な視点さえもっていない。われわれの研究方法は折衷的である」[13]。

2　ヴェーダ聖典と存在

シャンカラの理性論とハルファース

方法に関するアンビヴァレンス（両面性）は、研究テーマの内容に対しても差し出がましい効果を与えざるを得ない。これらの効果はハルファースの比較的最近の著作においてより顕著である。この点に関して例示するために、伝統的なインド文化・哲学においてきわめて重要で、しかもハルファースの業績において大きな役割を果たしているテーマを選んでみる。それは存在の位置と意味というテーマである。ある意味では、このテーマはつねにハルファースの問題関心の中心の一つであった。彼は、『存在と実在』の序文において、同書に入れられている論文はもっと大きなテーマ、つまり「『存在』および『実在』についてのインド思想の包括的な歴史」のほんの一部であるとのべている[14]。またこの序文は、不二一元論学派《アドヴァイタ・ヴェーダーンタ》*用語解説における存在の概念に関して、後に著書を執筆することも約束している。

とはいえ、このテーマに関する考察は、ヴァイシェーシカ学派研究に数年先行している。『インドとヨーロッパ』は、主要にはヨーロッパの自己理解におけるインド文化の役割に関する研究ではあるが、同書には、存在と――少なくとも遠回りな――関係をもっている法《ダルマ》、および世界観《ダルシャナ》のような概念に関する重要な諸論文が入れられている。また、すでに指摘されたように、この研究はハイデガーによる解釈学の急進化を論評し、とくに西洋の科学・技術の庇護のもとでの「地球のヨーロッパ化」に対するハイデガーの批判を論評している。ハルファースが正しく指摘していることであるが、ハイデガーにとって単純算術的な合理性のために存在論を漸進的に隠蔽し、忘却させてしまうことによるこの展開は、存在論における悩みの種になっていた。「この意味での哲学は、根深い『存在の忘却』を含意しており、科学・技術の生みの親、したがって核時代の生みの親である」(15)。

インド文化のコンテクストにおけるこのテーマのより持続的な研究は、ハルファースの『伝統と反省』のなかの、とくに「不二一元論学派《アドヴァイタ・ヴェーダーンタ》における人間の理性とヴェーダの啓示」と題する章のなかに見られる。インドの古典哲学のすべての「学派」のなかで、不二一元論学派がヴェーダともっとも密接に結びついているが、それがもっとも密接だというのは哲学的な理由からであり、単に「伝統主義的」な理由だけからではない。一方、たとえばニヤーヤ学派またはヴァイシェーシカ学派のような他の学派は、ヴェーダにリップ・サービスを与えるだけである。またミーマーンサー学派の主唱者たちが、聖典について認めているのは、倫理（ダルマ）的な側面を認めているだけであったが、他方、不二一元論学派はヴェーダの性格を「源初的な言葉《シャブダ・プラダーナ》」として、つまり、それがなければ人間の合理性は路頭に迷ってしまうに違いない世界開示事象として真摯に受けとめた。不二一元論学派随一のスポークスマンであるシャンカラにとって、合理性についての人間の能力は、けっして無視できる能力ではないが、より広いコンテクスト（つまり、いわゆる「可能性についての存在論的な条件」）によって制約される能力なのであった。人間の理性——とくに単純算術的な合理性——は、完全に理性自身の自己展開にゆだねられているので、結局は次の二つの意味で存在の忘却、ないし「無頓着」に行き着いてしまうに違いない。つまり、自我（アートマン）の存在および、存在そのもの（ブラフマン）についての無頓着である。この忘却を克服するためには、理性はそれ自身のルーツが「源初的な言葉」——すなわち、エゴ中心主義ないし人間中心主義から解放されるための唯一のものであるヴェーダの「啓示された」言葉——にあることを記憶し、また思い出さなければならない。ハルファースはこの点を次のように鋭く解明している。

人間の理性は、それ独自の方法と基準とを主張するさい、知識を解放するための一つの条件である受容性、ならびに開放性と両立し得ない自信過剰、および傲慢さという、人間中心主義的な態度を隠せない。人間は、自分自身の知能および論理的思考の「世俗的な潜在能力」だけに依拠して、最終的にはそれから解放されようと求めている世界そのものに執着したままである。自我による自我に関するいかなる「世俗的な」反省の努力も、唯一の絶対的な証人としてのアートマンの実在に対する洞察による解放をもたらさないであろう(16)。

ここで再び強調されなければならないことは、シャンカラの見解が理性を単純に拒絶したり、または反理性的ないし非理性的な直観主義に頼ることを含意するものではなかった、ということである。それとは反対に、彼の著作は多分に明晰な論理的思考のモデルである。ハルファースがのべているように、シャンカラの説では、とくにウパニシャッド文献*用語解説——ヴェーダの「知識の部」——は「人間の理性に対応し、理性に訴え、理性にコンテクスト、目標および基盤を与えている」。またウパニシャッドには、「きわめて多くの暗示と黙示的な論理的思考パターンと」が含まれており、ウパニシャッドは「純粋に人間的なすべての知的営為を予言しているように思われる」。だが、シャンカラにとって理性は、完璧に自己完結的ではあり得ない。理性は、世界の「内における」一つの行為者から出てくるのであり、そのことと同時的に、その世界の境界または世界自身の存在の条件を概観したり命題化することはできない。そのレベルでの洞察を得るためには、理性が存在に埋没していることを、理性は想起しなければならない。そのことは、ヴェーダの「偉大な言葉」で「問いかけられ」、または「啓示」されていることに気を配らなければならないことを意味している。論理的思考がこのような問いかけによって導かれなければ、世俗的な小賢しさ——それは自己矛盾と混乱とに落し入れられる賢しさである——に行き着くかもしれない。シャンカラが、とくに他の学派を批判するさいに、繰り返し強調したように、導きのない推理は「干あがらせられる」、すなわち無益で無根拠になってしまうのである。人間の理性は、一定の限られた目的のためには有益ではあるが、本来的には不安定で根拠がなく、したがって究極的には反駁を受けるべきであり、また自己廃棄されるべきでさえあり、かくして理性が*用語解説「原理的な」形而上学の土台を提供することなどはとうてい不可能であることを示している。シャンカラの『ブラフマ・スートラ註《バシャ》』から一文を引用する。「人間の反省のみに基づいている結論などには根拠がない……。論理的思考の専門家がものすごい努力により推論して到達した結論は、他のもっと大勢の専門家たちによって偽物と評される……。このように、人間の理解方法の多様性のゆえに、論理的思考による結論のための一つの根拠を見つけることは不可能である(17)」。

インド古典諸学派の存在論

人間の論理的思考の本質的に不安定な性格は、インド古典諸学派によってさまざまに実践されてきた「肯定かつ否定の手法《アンヴィヤ・ティレーカ》」（ポジティヴとネガティヴとの併存、連続かつ不連続）で例証されている。ハルファースが詳細に論じているように、この手法はおもにかの有名な「汝はそれなり《タト・トゥヴァム・アシ》」のように、偉大なヴェーダの言葉の意味を明らかにするために使われていた。ヴェーダの言葉の意味の明確化には、自我の「それ」との同一性かつ差異の同時性に関する思索、つまり存在と不存在との同時発生、または自我と「それ」との（またアートマンとブラフマンとの）非連続的な連続性に関する思索が必要とされている。ある解釈者によれば、「何が自我で何が自我でないかを区別したり、また既存の用語にどんな意味が与えられ得るかを示す」目的で不二一元論学派《アドヴァイタ・ヴェーダーンタ》においてこの手法が一般的に採られていたという[18]。しかしながら、この議論はおそらく誤りであろう。というのは、それは「肯定かつ否定の手法《アンヴィヤ・ティレーカ》」を単なる概念的な（おそらく弁証法的な）定義と決定との過程——それは安易に安定的な同一性を生み出すかもしれない過程である——に格下げしていると思われるからである。この曖昧さは、シャンカラの著作において——あるいは少なくともハルファースによるシャンカラ理解において——必ずしも完全に回避されているわけではない。そこにおいて、この手法は、往々にして単純に、本質と現象との区別、またはある主体の本質的な特徴と「偶有的な」特徴との区別に矮小化されているように見える。しかしながら、このような結末は、本質と現象との相互浸透によってはねつけられ、また、とくに「肯定かつ否定の手法《アンヴィヤ・ティレーカ》」と単に人間だけによる「論理的思考」とのシャンカラによる結合によって、はねつけられる。偉大なヴェーダの言葉に注意が向けられるや否や、この手法はその自己不安定的な（つまり脱構築的な）内実を露呈する。この重要な点に関して、ハルファースを引用しよう。

> 「連続かつ不連続」の手法によって得られる独特な知識は、ヴェーダの言葉から生み出される解放のための洞察を予知していないし、また連続から不連続へ、または不連続から連続への漸次的な転換もない。ある意味では、「肯定かつ否定の手法《アンヴィヤ・ティレーカ》」による論理的思考は、ヴェーダによって満たされるべき開放空間を生み出すだけか、あ

るいは、おそらくヴェーダの啓示によって根絶されるべき混乱さえを生み出すのであろう。このような論理的思考によって偽りの思考の押しつけから解放された者に向かって、また万物を捨てた者に向かって、また当惑して「私は誰」と問う者に向かって、またこの過程において「自らが捨てられた」とさえ考えてしまうかもしれない者に向かって、ヴェーダが「汝はそれなり《タト・トゥヴァム・アシ》」と言うとき、意味深くかつ救済論上効果的な仕方で語りかけているのである[19]。

ハルファースの研究においては、ある反論をするのに不二一元論《アドヴァイタ・ヴェーダーンタ》学派における議論が役立っている。すなわち、シャンカラの思想における理性と啓示との結合を、後日の多くのヴェーダーンタ学派スポークスマン*用語解説により信奉された世俗的な合理主義（つまりネオ・ヴェーダーンタ学派）に対置させるという目的に役立っている。近年の著名なインド思想家たちは、おもに「ヒンドゥー教の合理性」を西洋の知識人に気に入られるようにするため、ジョン・ロック〔イギリスの哲学者・政治思想家　一六三二〜一七〇四〕の先例の放縦な変形によって、基本的な「ヒンドゥー教の合理性」を唱導した。ハルファースが簡潔にのべているように、このような描き方は「おおむね歴史・哲学研究への貢献とみなされてはならない」。不二一元論学派を、現代世界の要求に適合させることに熱心なあまり、その学問が「弁解がましい目標」によって影を薄くされている。不運なことに、ハルファース自身の立場は、ネオ・ヴェーダーンタ主義者からあまり離れておらず、むしろ往々にしてそのすぐ近くに位置している。彼は繰り返し、シャンカラの考え方は採用できないし、共有もできないとのべている。彼は、「現代の西洋の読者がヴェーダについてのシャンカラの解釈の機微に至るまで、シャンカラに従うことは明らかに不可能である」とのべている。他のところでハルファースは、まさしく首を切り取られた合理主義であることを理由にシャンカラを次のように叱責している。「シャンカラは、ヴェーダの啓示に対するこの急進的な言質によって、プールヴァ・ミーマーンサー学派、とくにクマーリラ学派の哲学者が断固としてさり込んで行った哲学論議の公開の場からついに撤退したのである」。

この種の議論は、ある意味では、ごく最近ハルファースが概念的分析に変節したことを予示している。すでにのべたように、彼の『存在と実在』は古典的存在論と距離を置いており、あるいは少なくとも、合理的探求のための一つの様式としての「存在の問題」に異議を唱えている。それについて、もっと「合理主義的」な研究を説明するためのさまざまな方法があることは疑いない。ある意味では、この変節は、ヴァイシェーシカ学派に関心をもちすぎたせいかもしれない。というのは、同派はヴェーダが合理的議論に干渉しない限りにおいて、ヴェーダの権威を尊重していたにすぎないからである。しかしながら、この変化も確かにかの有名な方法論上の困惑に起因している。ここでその困惑の骨子を思い出してみよう。「西洋の哲学的思想によって発展させられてきた概念的装置は、翻訳、解釈および分析にとって絶対必要な道具であろうが、それらを使用するときには注意しなければならない[20]」。

しかし、『存在と実在』は、この方法論上の転換にもかかわらず、けっして「アングロ・サクソン」パラダイムを全面的に超越する、魅力的な存在論の展望を欠いてしまっているわけではないことに留意しなければならない。「インドにおける存在の問題」と題する章は、古典的な視点についてのすばらしいパノラマを示している。このような古典的視点のなかでは、ヴァイシェーシカ学派は後発であり、かつ比較的劣位に位置しているにすぎない。ハルファースが指摘しているように、古典時代における存在論は、一定の存在者（たとえば魂、神または万物）の地位に関する論議だけではなく、世界の起源に関するより視野の広い思索をも含め、さまざまなコンテクストにおいて命題化された。ヴェーダや古い方のウパニシャッド文献では、存在および不存在に関する議論は、宇宙発生論についての思索と密接に結びついており、それゆえ、しばしば神話や神話的な話で包まれていたのである。存在を不存在に優位させようが、あるいは不存在を存在に優位させようが、宇宙発生論はこの点において、単に「動力因」によってもたらされる一連の因果関係と同等なものだったのではなく、むしろ世界の開放および開示（すなわちハイデガーの用語では「世界の世界化」）の方により近いものであった。ハルファースが主張するところでは、「決定的なことは、天国と地上との開放、つまり分離そのものであり、その分離は単に自由な空間の創造を含意しているだけではなく、堅牢な境界の確立、つまり識別可能性と二極性との確立をも含意している」。したがって、その魅力は、単に「源初の無定形な実体ないし基体そのもの」に関してあるだけではなく、むしろ、「それの否定である自由空間」に関してもある。

それを現代的に表現すれば、「源初の形而上学的な清算」と称され得るような世界の開放と空間についてのヴェーダの明察ということである。[21]

ヴァイシェーシカ学派の存在論

これらの考察から導き出されることは、古典的なインド思想を「原理的に実体論的で循環論的」とみなす人気のある性格づけが、基本的に誤解であるか、あるいは少なくとも誤解を招くか、片寄っているということである。ハルファースによれば、「二つの異なるヴェーダの『存在論』」を論じること、あるいはより注意深く表現すれば、「世界の実在について、おそらく相互補完的であろうが、複数の異なる視点」を論じることが可能かもしれない。「実体の存在論」が「最近のインド哲学、具体的にはヒンドゥー哲学」(ヴァイシェーシカ学派をも含め)においてより顕著な役割を果たしているが、一方、「開放の存在論」と神話学は、「けっして過小評価されてはならない」哲学的重みをともなっている。ヴェーダとウパニシャッドのテクストにおいて、存在と不存在とは、往々にしてアートマンやブラフマンのような用語によって表現される、より根本的な「世界の枠組み」に組み込まれている。とくにブラフマンは、しばしばサット(であるもの)とアサット(でないもの)を超越すると言われている。ハルファースは次のように明快にのべている。

すべての対照存在についてのこのような超越を、源初の未分化な実体におけるあらゆる区別の内包と消滅として描くことは適当ではないであろう。われわれはここで、より高次の概念的秩序の超越を扱っている。この超越は、区別と無区別、分化と未分化そのものの二極性を内包し、かつ破棄しており、また後の概念的な思想と体系的な哲学のための重要な示唆を提供している。[22]

ポスト・ヴェーダ聖典のインド思想において、おもに本質論、およびそれに付随した「否定的存在論」の地位向上に対する仏教からの攻撃の結果として、「実体の存在論」が力を増した。この仏教による挑戦に対する反応として、いくつもの学派――ヴァイシェーシカ学派、ニヤーヤ学派およびプールヴァ・ミーマーンサー学派を含め――が、一種の存在論的リアリズムの防衛のために立ち上がった。「実体の概念、普遍なものについての理論、ならびに永続的で同一視可能な存在者のうまく構成された世界の仮定、および明確に区別可能な諸カテゴリーがこの防衛の要である。ハルファースの『存在と実在』は、基本的に、存在論的リアリズムのヴァイシェーシカ学派的な解釈についての説明にあてられている。彼が示しているように、ヴァイシェーシカ学派は、中心的には、「世界の構成要素」、つまり存在者の「水平的」列挙および分類に関心をもっていた。それは「存在論の問題」のクワインによる解決や、グスタフ・ベルグマン〔ウィーン生まれの哲学者 一九〇六～八七〕による「実在（存在）するものの目録」としての存在論の定義と一致するように見える試みである。これらの路線にしたがって、ヴァイシェーシカ学派の思想家たちは、実体、属性、運動などを含め、実在についての六つの基本的なカテゴリーないし分類をあげた。まぎれもなく存在論的実証主義の悪のりであるが、実体は九つの種類で構成されると言われている。地、水、火、風、虚空、空間、時間、思考器官、そして、ついには自我（アートマン）。「存在そのもの《ブハヴァ・サッタ》」は、端的に「公分母」、または「すべての具象的な個々の存在者の普遍的な一要素」とみなされていた。[23]

ハルファースは、一方で、この哲学体系に同感する説明をしてはいるが、他方、他の選択肢、とくに「開放の存在論」という遺産を横目で見るのを完全に慎むことまではできなかった。「開放の存在論」は、シャンカラの不二一元論《アドヴァイタ・ヴェーダーンタ》においても形を変えて存続していたものであり、ハルファースが救済論（ブラフマンにおいて、かつそれを通じての解放）という、うまい言葉で説明しているものである。この研究のエピローグにおいては、折衷主義であるという最初の告白を通して以外には、読者はほとんど心の準備をしておくことができない諸命題が切り出されている。ハルファースは、メータの提言を借用して、「表象的」ないし「対象化的」思考が「ヴァイシェーシカ学派のカテゴリー体系のなかにあふれている」ことを承認している。このことは「人間を自然界の主人および所有者として確立させようとするデカルト的な試み」とまでは言うべきではないかもしれないけれども、一方、それは、「世界をわれわれの知的および概念的な裁量のもとに置いておくための試み、つまり、包括的な列挙と分類との過程によって、一回的に世界を説明しようとするための」試みになってしまっている。結びの文章において、この承認には「救済論」および「否定的存在論」に対する、すなわち「非表象的、非概念的、非支配的な思考方法」に対する驚くべき賛意がともなっている。だがこの賛意には、ただちに条件がつけられている。それは、ヴァイシェーシカ学派の存在論によって例証される、「おそらく無益と思われるが頑固な概念化」の是認という条件である。(24)

3 ヨーロッパ化のなかでのインド文化

「ホモ・サピエンス」——西洋の人間中心主義

『存在と実在』を特徴づける最後のアンビヴァレンスは、単に古代の二つの思想学派に関するアンビヴァレンスだけではない。これについてはおそらく決着がつかないままであろう。最後のアンビヴァレンスは、その含蓄として、本章の出発点であるオリエンタリズムという亡霊を再び呼び起こしている。前に指摘されたように、オリエンタリズムの中心的な特徴の一つは、外界的（ヨーロッパ的）な観察者の視点で異質な生活形態を理解、もしくは知的に克服しようとする試みにおいて、「対象化的」または「表象的」な論理的思考に依拠してしまうことであった。このことが妥当する限り、われわれの時代におけるオリエンタリズムからの脱出は、「（対象化された）実体の存在論」に対抗する一定の特権を「開放《オープンネス》の存在論」に与えているように思われる。開放からの他の必然的帰結が何であろうと、開放は、異質な生活形態をより自由に認めるために、既存のカテゴリーを超越しようとする、少なくともある程度の積極的意思があることを意味しており、それを認めることにより、他者が非支配的な様式で「存在するto be」ことを可能にしている。ハルファースは、けっして、略奪を目的として認識を一本化させることの危険を軽んじてはいない。彼が『インドとヨーロッパ』において指摘しているように、今日、異文化理解ないし対話は、西洋のヘゲモニーおよび地球の西洋化過程の進行によって複雑化されている。彼は、「異文化交流の両当事者の条件と視点は基本的に異なる。その関係は非対称なものである」と適切にのべている。基本的に、近代のインドは、「ヨーロッパ（ないし西洋）によってつくられた歴史的境遇に置かれており、自らの言葉で話すのに困難がある」。その結果、現在の窮状のもとでお互いのより大きな開放に向けて理解するには、ヨーロッパ中心主義ないし「ヨーロッパ的なるもの」を超越するための特別な努力が必要とされている。というのは、「現代の世界の状況において、東洋と西洋の『文化』は、もはや対等なパートナーとして向き合うことはできないからである。それらの文化は、西洋の思考方法によって形づくられた条件のもとで、西洋化された世界の内部において向き合うのである」(25)。

　この種の議論は、より広い社会的・政治的問題に目を向けさせることになり、それらの問題が本章の最後の論題である。現在の西洋化の状況のもとでは、異文化理解は大きな苦悩を与える、おそらくは知的競合《アゴーン》*用語解説的な挑戦になるであろう。さらに、西洋の東洋研究者はすぐに次のような複雑な疑問にぶちあたる。開放はどこまで他者に拡がることができるのだろうか。おそらく、理解には（規範的な）限界があるのではないだろうか、と小首をかしげる。それをより挑発的に表現すれば、こういう問いになるであろう。果たして「ヨーロッパ化」には――植民地支配および技術・経済で優越する分野を超えて――正当な側面があるのだろうか。ここでの目的からして、以下では、東洋と西洋との比較を支配したり、悩ませたりする一つの側面、つまり、平等と不平等の問題に焦点があてられる。

　トマス・ホッブズ〔イギリスの政治哲学者 一五八八―一六七九〕の時代以来、人間の平等と平等な自由とは、西洋の政治哲学または政治についての言説《ディスクール》の基本的な前提であった。平等と平等な自由の原則は、最初は単に（仮説上の「自然状態」において適用可能な）格言として定式化されたのであったが、そのうちに、すべての社会条件の平等化と自由化の漸進的発展のための、いわばロケット発射台のようなものとして機能するようになっていった。そしてこの過程が、ついには西洋民主主義の確立にたどり着いたのであった。西洋民主主義には数多くの実践上の欠陥があるにもかかわらず、その支持者たちは共通に、信条、人種、皮膚の色、または性別のいかんを問わない平等な自由の求心性に同意している。それとは対照的に、東洋社会は伝統的に専制のイメージを与えられてきた（それは古代ギリシャからヘーゲルおよびそれ以後にも一貫されている描写である)。たとえ、もしこのイメージがヨーロッパ中心主義のひどい表れ方の一つであることを容易に暴かれたとしても、何かすっきりしないものが後をひく。[26] インドの場合、カースト制のなかや生活形態・段階の精巧な区分化のなかに明らかに見られる、社会的な階層化と不平等の長い伝統を無視することはできない。この歴史の古い遺産は、どう評価されるべきであろうか。究極的には、西洋民主主義とインド文化のどちらかを心ならずも選択すべきことが強いられるのであろうか。

ハルファースの『伝統と反省』には、これらのテーマに関して多くの示唆深い洞察が入れられており、それらはこれからの議論の道標として役立つだろう。多くのことが、自由や平等のような用語の意味にかかっていることは明らかであるが、それらは単純にヨーロッパ中心主義的な好みに任せられ得るものではない。近代西洋思想において、自由と平等は、個人の属性、すなわち社会生活を構成するための建設ブロックのような自律的自我の属性として、共通に扱われている。その必然的な帰結として、社会的な区別ないし区分は、画一性または平等な自由という基準に照らして正当化ないし正統化されなければならない。いくつかの注目されるべき例外(たとえば仏教諸派)はあるが、インド文化は、全体としてこの種の平等主義的な個人主義から遠く隔たっている。事実、インド文化には、西洋のように、人類ないし「ホモ・サピエンス」を、運命づけられた世界の主人として中心に位置づけることに匹敵するようなものは、ほぼあり得ない。ハルファースは、「伝統的インド思想における人間と自我」と題する一つの章のなかでこの点について鋭く論じ、こう書いている。「インドには、ヒトとしての人間について確固たる伝統も、それを命題化する伝統もなく、また人間の本質を定義しようと試み、人間を他の存在者から区別しようとする伝統もない」。「ホモ・サピエンス」あるいは「理性的な動物」という言葉に言及するさい、彼は、インドには「古代ギリシャと聖書に起源をもち、ルネサンスと啓蒙思想の時期を通って、西洋思想の人間中心主義の成長に至る西洋の伝統に匹敵するものはない」ことに気づいている。[27]

ここにおけるコントラストは著しく、また重要な結果をはらんでいる。「人間《プルシャ》」ないし人生について思索するさい、伝統的なインド思想は西洋型の「種の平等」を力説するのではなく、むしろ、存在者全体におけるいわば友愛的なコンテクスト性のようなもの――すなわち動物王国から始まって神々やブラフマンにまで至る、豊穣で「華麗な」生活という織物――のなかに人間が編み込まれていることを力説している。ハルファースの言葉によれば、インドの場合において、「人間と動物との間の境界線を、少なくともある程度は浸透可能なものに維持しておこうとする傾向は、驚くべきことではない。いかなる厳格な人間中心主義、または人間の自己向上でも、それが救済論タイプのものであったとしても、輪廻《サムサーラ》＊用語解説の観念や生活の統一を当然のことと考える伝統のなかで発展できる」。またインド思想は、平等をコンテクスト性に従属させるが、一方、すべての個人主義的、利己主義的あるいは人間中心主義的な観念から自由の観念を切り離すことによって、自由の観念をつくり直している。究極的には、とくにシャンカラの「救済論」において、自由は分離からの解放および自己中心性からの解放を意味しており、それゆえ、自由はブラフマンの「世界の枠組み」の内へと解き放たれるのである。ここでまたハルファースを引用しよう。

　人間の真の特権は、人間世界の主人であることではなく、人間世界から解放されることである。人間の任務は、人間自身のニーズと欲望のための道具として他の創造主を雇うことではなく、自己超越のための、いわば運搬手段として自分自身、つまり自分自身の人間存在を利用することである……。解放されるべきは、けっして人間としての――つまり理性的な動物としての――人間なのではなく、人間の内にある自我である。そして自我の解放とは、人間であることからの解放であり、また他のあらゆる世俗的な制約条件からの解放なのである。[28]

　この議論は含蓄が深く、注意深くかつ用心深く熟考される必要があることは間違いない。ただちに気づくように、「世界からの解放」とか「人間であることからの解放」というような言葉は、西洋型の本質主義や普遍主義《ユニバーサリズム》＊用語解説への後退と誤解され得えないし、されるべきでもない。また「生活の統一」という表現もメルティング・ポット的な画一主義という意味に誤読されてはならない。（仏教に対するシャンカラの反論は、たぶん、このような坩堝《るつぼ》型イデオロギーについての彼の不安――それはおそらくまちがって生じたのであろう――から生まれたのであろう）。伝統的インド思想においては、友愛的なコンテクスト性の観念と救済論的な解放観念との両者は、世界諸要素の全面的な区別化と区分という前提に緊密に結びつけられており、またそれに基礎を置いている。(29) 区別化に対するこの強調が、究極的には、インドのカースト制度および生活形態・段階の精巧な区別化の理論的基礎を正当化するものとみなされ得る。近年において、インド文化を特徴づけている典型的特質としての「人間の階層化《ホモ・ヒエラルキカス》」の定式化を支持したのが、この区別化の強調である。

ハルファースがインドの不平等主義に関して論じている（またネオ・ヴェーダーンタ学派の民主化要求に対抗している）ように、「伝統的なヒンドゥー教は、形式的および法的な制限、つまり儀礼的《アディカーラ》な制約のための諸規則についての、一つの複雑な包括的体系を発展させており、それら諸規則は人類を原理的に異なる集団に分け、神聖な知識や最終的解放へのアクセスを決めている。正統ヒンドゥー教においては、解放される資格を有するのは単なる「ヒトとしての人間」なのではない。数々の制約が、「人間一般に対してではなく、特定の人類階層に対して」救済のための特権を制限している。また区別化に対するこの強調は、不二一元論学派《アドヴァイタ・ヴェーダーンタ》の特徴にもなっていた。シャンカラにとって、人間の「世俗的な権能《サーマルティヤム・ラウキカム》」――それは平等にも不平等にも分配されている――は、解放のための洞察を説明するのには十分ではなかった。解放を達成するということは、「自分自身の真の同一性を発見すること」を意味していた。しかし、人間の同一性とは、自己構築的な自我なのではなく、（ブラフマンの方向への）自己超越的なアートマンなのであった。(30)

「ホモ・ヒエラルキカス」とインド文化

『伝統と反省』の結びの章は、とくに、ルイ・デュモン〔フランスの哲学者 一九一一～九八〕によって初めて定式化された「人間の階層化《ホモ ヒエラルキカス》」にあてられている。もっとも、同章は狭い意味で解釈的なのではなく、「デュモンが彼の著書の『主要な考え』であると呼んでいるものに対して独自な方法で裏づけを与え」ていると言われている。ハルファースが示しているように、人間の階層化《ホモ・ヒエラルキカス》は、他から孤立化しているのではなく、「ブラフマー神から草藪に至るまで」の存在者のより広い階層秩序、ないしヒエラルキーの一部であった。同章では、古典的なインド思想がヴァルナ制度（生活形態・段階の区別化）をも含め、社会的ヒエラルキーを正当化ないし正統化するためのさまざまな方法を詳細に論じている。それらの方法は、生物学的・遺伝学的説明をヴェーダ聖典の教令によって追認しているにすぎない正当化や、あるいは内面的な「属性」の違いによる正当化から、時には形而上学的な「カーストの諸宇宙」の援用による正当化の方法に至るまで及んでいる。これらの種々の正当化の諸形態の間に、一貫した論争があったが、それらの論争と競争はヒエラルキー体系全体に対する（とくに仏教およびジャイナ教の側からの）攻撃によって中断されることも時にはあった。

だが、これらの不一致にもかかわらず、古典時代におけるインドの主流の見方は、断固として階層化に賛成していた。このことは不二一元論学派《アドヴァイタ・ヴェーダーンタ》についても（歴史的には疑わしいリベラルな解釈にもかかわらず）同様であった。確かに、シャンカラにとっては、すべてのカースト制度の制約および社会的区別は、自我が超越されるべきことを意味する幻影《マーヤー》、および輪廻《サムサーラ》にその究極的な起源をもっていた。しかし、再びここでも、超越は同一性への解消を示してはおらず、差異の真っただなかにおける自由を示している。ハルファースが（少し誤解があるが）のべているように、ここにおいてカースト的差異は、「絶対なものの絶対的統一に照らしてみた場合にのみ不適切なのであり、間人間的な関係との関連において不適切なのではなく」、また「形而上学的な統一が社会的平等に転化させられるべき理由はない」。同一性のために差異をなくすことへのこの嫌悪は、遊行托鉢僧《サンニャーシン》および輪廻《サムサーラ》を超越し、「生前に解脱した者《ジーヴァンムクタ》」によって例証されている。

遊行托鉢僧《サンニャーシン》に認められ、また生身解脱者《ジーヴァンムクタ》に認められている自由でさえ、注意深く鎖で繋がれている。無常および解脱においてでさえ、彼は自分が自己解放される前の秩序に縛られたままなのである。というのは、この秩序の存在、および原理的妥当性がそれからの自己解放の可能性の前提条件になっているからである……。遊行托鉢僧《サンニャーシン》は、彼が自己解放される前のダルマそのものから彼の正当性を引き出し続けるのである。(31)

ここで浮かび上がってくるのは、相当な重要性を確実にもっている哲学的諸問題である。それらの問題は、簡単に解決され得ないし、また（ヨーロッパ中心主義や反ヨーロッパ中心主義のような）公式の安易な適用によっては判断され得ない。インド思想においては、差異の超越（つまり平等）は、区別化されたダルマに鑑《かんが》みて、自ら正当化されなければならないのであり、それはまさしく、差異または区分が根本的に（正当化が求められる）弁護側に位置づけられる近代西洋思想とは正反対である。世界の「ヨーロッパ化」とか、「西洋化」と言われることは、概して、人類平等主義《エガリタリアニズム》ないし同等原則の（等価な通貨として機能する資本をともなう）地球上の他の地域への好戦的な拡張である。ここでは自由は平等と対立しない。なぜなら、自由は基本的に選択の自由（そこではすべての選択肢が同等ないし等価値とされる）を意味するからである。平等原則および平等な自由という原則は、それらの固有な長所が何であろうとも、このような諸原則の前提を深く考えてみることもなく、またどのようにしてそれら（そしてそれらの結果）が擁護されることになるかを深く考えてみることもなく、今日では宣教師的で思慮のないやり方で、世界中に輸出されている。これらの諸原則によって容易に左右されない非西洋社会は、自由がなく非民主主義的であるとして、ただちに片づけられてしまう。とくにインドは――「人間の階層化《ホモ・ヒエラルキカス》」という伝来の遺産があるので――（オリエンタリズムの無視できない復活としての）世界民主主義への道における大きな障害としておそらく非難されることであろう。

私が思うには、今の時代にオリエンタリズムから脱出するためには、単なる非難の応酬以上のものが必要とされる。そのためにはとくに、平等（ないし同一性）や差異のような基礎的な哲学のカテゴリーの真剣な再検討が必要とされる。伝統的インド（あるいはむしろヒンドゥー）思想は、おそらくは仏教に対抗するためだったのであろうが、同一性に対して差異を（そして不存在に対して存在を）あまりにも強く優越させてしまい、ヴェーダから導かれる「開放の存在論」というより複雑な遺産を忘れてしまっている。しかし、問題は相互的ないし文化交錯的である。エルネスト・ラクロウ〔アルゼンチン生まれの社会理論家　一九三五〜〕とシャンタル・ムフ〔ベルギー生まれの社会理論家　一九四三〜〕が説得的に指摘したように、同等と相違との二つの原則はお互いに相手の原則を前提にしており、併せて表現される必要があるが、しかしそれらを併記することは、ある意味では総合化に抵抗することになり、相互不安定化をもたらすことになる。[32] それが強調していることは、オリエンタリズムに引き続いて、われわれの前に現れる膨大な任務である。それは、同化および排除を超えたところでの、基礎的な枠組みのレベルでの純粋な対話学習という任務である。ウィルヘルム・ハルファースの業績は、この任務を喜んで引き受けることによって、将来の努力を照らす道標として役に立ち得る異文化理解への重要な貢献であると言えよう。

第6章　西洋思想とインド思想——比較の試みとして

「二つの文化はけっして相まみえることはない」というラドヤード・キップリング〔イギリスの小説家、詩人 一八六五〜一九三六〕の有名な言葉は、今日では、不適切かつ時代遅れなものに映る。ジェット機、高速通信の時代にあっては文化間の境界線は浸食され、おそらくはいっさい消滅すべきものであると思われている。政治的、経済的な領域においては、もっぱら、世界市場や新世界秩序の出現について語られ、文化の違いに注意が向けられることはほとんどないし、ましてや、有名なキップリングの東と西の隔たりに関して顧みられることはまったくない。しかし、流暢なグローバリズムのレトリックの裏に、はっきりとした文化的な偏向といったもの、とりわけ、ヨーロッパ啓蒙思想に端を発し、そこから派生した資本主義的自由企業制度と政治的インターナショナリズムをともなった、一種の西洋型の普遍主義《ユニバーサリズム》のバイアスを容易に見てとることができる。この角度から見れば、グローバリズムは文化の不一致や分裂、とりわけ、西洋起源の支配的な文化と、一連の未同化の、またおそらくは同化することのできない土着文化との裂け目を根絶するというより、むしろいっそう広げているのである。[1]

今日のグローバリズムは、確かに、キップリングの金言を新たなコンテクストのなかに置き、その下にある問題をよりいっそう先鋭化させたのであるが、実際、それ自体として、キップリングの観察を論破するものではない。簡単に言えば、現代思潮はキップリングの言葉を言い切りの形から疑問の形へと置き換えたのである。容赦ないグローバリズムの圧力のもとで、土着の文化はしだいに異文化接触、すなわち、自文化と対抗文化（たいていの場合、その主たる対抗相手は西洋だが）、その両方を問うことを余儀なくさせるような文化の対立の状況に追い込まれている。すでに、ながらく植民地支配によって傷ついてきた第三世界の社会の多くにおいて、文化対立は自己同一性を鋭く問うことを意味し、それは深刻なアイデンティティ・クライシスをもたらすことになる。かなりのところ、新世界秩序というのは世界化されたアイデンティティ・クライシス（その危機の苛烈さはところによってまちまちではあるのだが）に対するあたりさわりのない婉曲表現であるとみなしてよいだろう。この危機はけっして逃れようのないものだが、西洋文化は、その占める位置が支配的なものであることからくる満足感に胡座《あぐら》をかく傾向がある。

　この章では、進行中の異文化対立の一面を探ることになる。すなわち、インドと西洋の関係、とくに哲学から社会理論、そして文学までの広い範囲での西洋思想とインド思想との関係を扱う。しかし、広範なインドと西洋文化の関係を歴史的に鳥瞰しようとするものではない。そうしたことは一章という制限のなかでは、まず不可能であり、また、その仕事はすでに他の専門家の手によってなされている[2]。むしろ、ここでは全体的な方向づけ、形而上学的ゲシュタルトと呼び得るような、思想の（それは一貫性とか、わかりやすいシステムとはまったく異なるものだが）輪郭を素描してみたい。といっても、この取り組みに歴史的な背景が無関係であるわけでもない。西洋思想とインド思想のゲシュタルト〔一つの構造的全体性をもつ形態〕について語るとき、過度な単純化と、また、とくに今日「本質主義《エッセンシャリズム》」と呼ばれるものについて注意せねばならない。相互関係を探ろうとするとき、インドや西洋にとって、単に歴史的な偶発性の裏に、明らかにされていない変わらぬ本質が存在するかどうかが問題なのではない。また本質の否定は、必ずしも、白紙状態を受け入れることを必然的にともなうわけではない。ゲシュタルトがどのように認識されるにせよ、それは間違いなく、長い歴史的自己形成の過程と、一つの文化内部と異文化間接触の両方から進行してきた機略に富む発見と発明の過程の結果なのである。

1　インド的思考の神話

本質主義《エッセンシャリズム》への誘惑がこの企てにつきまとう唯一の危険であるというわけではない。歴史的役割について考察するときにさえ、異文化接触の問題に固有の概念的理論的な板挟みを認めないわけにはいかない。このような問いかけには、少なくとも二つのはっきりした用語、あるいは、ぴったりと一致しないまでも、比較を排除するほどには桁違いではない枠組みが求められる。インドと西洋思想の場合、問題はすぐに浮かび上がってくる。ある観察者によれば、二つの思考様式は橋を架けることができない根本的な裂け目によって隔てられている。ともかく、ヴェーダの教えと世界観《ダルシャナ》は、西洋哲学とは何らの類似点をもたない。そのことは合理的な論証によって断言されている。また、反対者の意見によれば、歴史的、地理的な条件の如何にかかわらず、思考は同じルールに従うはずだということになる。（おそらく西洋的な批判理論に影響を受けた）著名なインドの哲学者ダヤー・クリシュナ〔ラジャスタン大学元教授〕は、「はっきりさせておきたいのは、インドの哲学伝統は、西洋の哲学伝統において期待されるのと同様の意味あいにおいて、哲学的であるということだ」と明瞭に指摘する。この見方の魅力的な点は、インドの思想を真剣に秘儀的な賢者たちから救い出そうと努力している点である。残念ながら、このメリットはその欠点と相殺されてしまっている。とりわけ、普遍主義《ユニバーサリズム》的中立性という欠点において。そこには西洋的分析の基準にしたがって、哲学を等しいものにしようとする傾向がある。(3)

十分な証明があってのことではないが、二つの思想の様式には、同じ基準で計れないほどに決定的ではない、十分に実りある比較を可能とする特徴があると思われている。しかし、その明確な特徴とは何か。それは、すべて指し示すことができるのか、それとも、多様性の混乱のなかに沈み込んでしまうものなのだろうか。特別な研究によらなくとも、われわれにはインドの思想と西洋の思想が、できあいの共通項で括れるような全体論的《ホーリスティック》な構造をもっていないことはわかっている。ちょっと歴史を振り返れば、西洋思想がきわめて雑多なより糸からなる織物であることがわかる。その糸は、プラトン、アリストテレス、ストア主義、スコラ哲学から近代経験主義、合理主義、唯物論、観念論、プラグマティズムという具合にあげられる。同じような複合性がインド思想にもある。ヒンドゥー、仏教、ジャイナ教といった偉大な成立宗教の分化とは別に、有名な哲学学派がある（ダヤー・クリシュナはこれを思想のスタイルと呼ぶのを好む）[4]。それらの教義は、絶えずその核心に関連する教典において繰り返しのべられてきた。すなわち、精神と物質の二元論サーンキヤ学派*用語解説について、また経験主義的な個別主義に立つヴァイシェーシカ学派*用語解説、論理学的原子論に重きを置くニヤーヤ学派、形而上学的一元論を称揚する不二一元論学派《アドヴァイタ・ヴェーダーンタ》*用語解説、解釈・知識論に重点を置くミーマーンサー学派や精神修養への専心を説くヨーガ学派について書かれてきたのである。西洋的な術語を用いれば、それらインド古典思想の学派の流れは、観念論から経験主義、本質主義から名目論に、普遍主義《ユニバーサリズム》から極端な個別主義、原子論、そして、有神論（一神、多神、単一神までさまざまな）から極端な不可知論諸派まであると言えるだろう。

　こうして見てくると、個別性は多様性、あるいは、比較を挫折させる非個別性のなかに埋没してしまう危険をはらんでいる。比較研究をすすめるためには、諸特徴の同一性をはっきりと認識すると同時に、あるレベルでは、それらを括弧にくくっておかねばならない。いくつかの目立った特徴を取り上げてみると、西洋の経験主義とヴァイシェーシカ学派はまったく同一と言ってもいいくらいに近い関係にあり、比較評価することが容易ではないし、ニヤーヤ学派の論理とデカルト学派の合理主義も同様である。結局、独自性は異種混合性と非独自性の配列のなかから、じっくりと蒸留、あるいは結晶化されてきたものである。しかし、この蒸留の過程で、文化的なステレオタイプやカリカチュアに陥ることを避けるように、十分すぎるくらいに注意しなくてはならない。この点で、独自性の取り扱いがステレオタイプ化されているために胡散《うさん》臭くて、役に立たないいくつかの比較のアプローチを選び出しておこう。

　そうしたアプローチの一つは、西洋の思想は合理的で科学的であり、一方、インドの思想は直覚的で神秘的だという前提に立って組み立てられており、これは職業的哲学者によって支持され、また一般大衆の一種の流行ともなっている。私の考えでは、このアプローチは、（サイードが言う意味での）[5]オリエンタリズムの悪い例である。多くの西洋人は神秘的な東洋を語ることを好む。それはしばしば、何か見下したような家父長的な気分をともなっていることが多い。しかし、反対に多くのインド人は西洋、あるいは西洋の思想をもっぱら科学的、技術的な合理性の点から見ようとする傾向がある。オリエンタリスト的な要素を離れて見ても、このアプローチは、違いを異文化間の学習や論争を許さないほどに大きなもの、排他的なものとみなしているので、比較という面からは役に立たない。加えて、このアプローチは、異なる二つの文化における、長年にわたる重要な対抗的なトレンドを無視している。たとえば、西洋思想の目立った特徴は、科学的、すなわち道具的な合理主義のラベルをすり抜ける。アリストテレスの「エンテレキア」同様に、プラトンのイデアによる超越的科学教義も科学技術的なものからはすり抜けるし、トマス・アクィナスやヘーゲルも、ジェレミー・ベンサム〔イギリスの法思想家 一七四八〜一八三二〕やカール・ポッパー〔ウィーン生まれの哲学者 一九〇二〜九四〕のような科学的合理主義者ではなかった。さらに厄介なことに、西洋には、アビラのテレサ〔スペインの教神秘家 聖女 一五一五〜八二〕や十字架のヨハネ〔スペインの神秘詩人、カルメル会の改革者 一五四二〜九一〕から、マイスター・エックハルト〔ドイツ神秘主義を代表する神学者 一二六〇〜一三二八〕やヤコブ・ベーメ〔ドイツの神秘思想家、哲学者 一五七五〜一六二四〕まで、ラディカルな神秘主義の対抗の流れがある。このアプローチは、インドの方についてはインドの哲学諸派に深く根を張る懐疑主義と経験主義（これらはニヤーヤ学派やヴァイシェーシカ学派に例証される）を無視している。仏教思想のコンテクストから、もっぱら感覚と論理的推論に頼り、意識をも束の間の感覚的な現象として扱うスヴァタントラヨーガ学派をあげることもできる。

　ダヤー・クリシュナによって、もう一つの胡散《うさん》臭いアプローチとみなされているものに、西洋の物質主義、インド（東洋）の精神主義という対立がある。この広く行われている図式化によれば、西洋はもっぱら物質的財とその所有に執着し、一方、インド（東洋）は人間精神の遺産を受け継ぎ、精神の高みへの向上心を有していることになっている。

　ある種の大衆文学の材料であることは別にしても、この対立は、タゴールやヴィヴェーカーナンダを含む、「インド・ルネサンス」の思想家のもっと含蓄ある著作にも表れている。（もちろん、だからといって、彼らの他のすばらしい業績を損なうものではけっしてないが）(6)。このアプローチもまた、ステレオタイプであり、比較研究の目的から逸脱しており、ある種のオリエンタリズムの裏返しであると言える。誰でも思い起こせるように、西洋思想はキリスト教的霊性によって特徴づけられており、啓蒙主義思想同様、プロテスタンティズムもキリスト教的霊性の根から抜き去って理解することは不可能である。ヘーゲルが歴史のなかでの精神の中心性を論じ、「世界精神」の確実な展開を宣言したことを思い出さねばならない。また、他方で、インドの思想において、非精神論者や唯物論者がいたことを無視してはならない。もっとも古い哲学的唯物論学派の一つは、ブッダよりも古い時代のブリハスパティと彼の弟子、チャールヴァーカによって立てられたものである。こうした要素を考えてみれば、ダヤー・クリシュナが「存在論的に言って、インド哲学が精神的なものであるという特徴づけは、まったく誤ったものだ」と断ずるとき、それに異議をさし挟む余地はほとんどない[7]。

ダヤー・クリシュナは、他のいくつかのインド思想または哲学の特徴づけについても異議を唱えている。その異議は、すべてとは言わないまでも、一部では当を得ているように私には思える。しかし彼の言うところでは、インド哲学に関する神話の一つは、真実の追求よりも、ヴェーダ教典の権威に執着し、真理より権威を優先させるのだという主張がある。ダヤー・クリシュナが示すように、この主張は的をはずれている。古典的典拠に対し示される一定の尊敬、あるいは敬愛の念にもかかわらず、上述の諸派（思想のスタイル）の誰もが、単に過去の権威に依拠したりはしていない。実際、「こうした諸派の主な著作は形式においてさえも、まったくヴェーダ教典に関する解説書ではない」と彼は強調する（たぶん、彼の場合は強調しすぎだが）。それとは裏腹に、西洋思想のある種の権威的な特徴には、プラトンやアリストテレス（また、たぶんトマス・アクィナス）のテクストに対する敬意に満ちた心遣いがある。

もう一つ、ダヤー・クリシュナが戦おうとしているのは、インド思想やインド哲学が独特に解脱に方向を合わせているという神話的な特徴づけである。解脱はけっして、インドだけのものでも、インドで支配的なものでもないと彼は指摘する。確かに、インドの諸派の思想、思想家の多くはほとんどこのことにふれていない。だが、私はこの点についてダヤー・クリシュナに従うことに、多少の躊躇がある。解脱の観念は哲学の問題、とりわけ理論と実践の関係に深く関わりをもっている。彼がこの観念を退けるのは、合理的認識に焦点をあて、理論と実践の関係をないがしろにする西洋の分析哲学への、過剰な共感にひきづられたのかもしれない。(8) むしろ、私は、彼とは反対の理由で、彼の異議を容認したいと思う。インドの型のそれに限らず、あたかも、誠実な哲学者なら、あるレベルで解脱を問題にしないはずはない。だから、それはインド思想に特異な要素を与えるものではなく、比較研究には役立たない、特異でない要素を示すにすぎないのだ。

2 合理的討議と生活世界

前段で、多くの比較方法の欠点、結局は、戯画化か文化のステレオタイプに終わるような欠点について指摘してきた。批判のポイントは、それらのアプローチがまったく真理の核心をもっていないということではなく、その核心が適切なところに位置していないということにある。議論された公式に対する主な批判は、比較研究へのふさわしさを問うものでなければならない。すでにのべたように、そうした研究は、排他主義的な独自性と非独自性、極端な差異と同一性の合間を舵取りしていかねばならない。一方で非独自性は議論の可能性を閉ざしてしまうし、排他主義は相互的、互恵的な関与を不可能にしてしまう。この領域を突きすすみ、比較研究をするためには、事実の観察を超えた想像の才能が必要だという、アリストテレスの警句を肝に銘じておくべきだろう。別の言い方をすれば、比較というのは、それぞれの形での自己認識の枠を超えた新しい座標軸の解釈的な創造をともなうものである。それによって、すぐにはっきりしたものでなくとも、洞察に相互関係を与えるのだ。最近の言葉でいえば、比較研究は、非命題化された基礎部分、つまり、(ただの否定ではない)隠された「他者」へ向かって所与のパースペクティヴの明確な自己認識を探険することである。比較研究はきわめて実りある、そして、きわめて親しみのある議論であり、そこでは、比較されるパースペクティヴの他者性は相互的である。つまり、そこでは、それぞれのパースペクティヴも他者の側の他者として見られているのである。(9)

この目的のために、今、私が（あくまで仮の形として）勧めたい比較の枠組みは、基本的には、テクストとコンテクストの間、あるいは合理的討議《ディスコース》と「生活世界」の間の区別によるものである。よく知られる通り、生活世界の概念は、ヨーロッパの現象学から出たものである。現象学では、生活世界は合理的意識的な分析の背景として描かれた。現象学的な考察を組み上げて、ユルゲン・ハーバーマスはいくつかの著作のなかで、言説と生活世界の区別をそれぞれ異なる力点を置いてのべている。テクストとコンテクスト、あるいはコンテクストフリーとコンテクスト拘束のルールの区別に関して、私は、インドの詩人であり、哲学者であるラーマーヌジャンに基本的には従うことにする。彼はこの枠組みを、彼の刺激に富む論文『インド的思考は存在するのか？』[10]おいて披露した。しかし、テクストとコンテクスト、言説と生活世界の相互関係は、思考と環境や、マルクス主義の用語としての上部構造と下部構造のような違いではない。コンテクストとコンテクストによる世界は、合理的討議やテクストによる議論の特定の様式を偶然に決定する下位構造として存在するわけではない。テクストとコンテクストは、説明と断定という外的な関係に結びつくのではなく、相互的な他者性と相互の絡み合いをともなうものなのである。

訓練された言語学者として、ラーマーヌジャンはこの論文のなかで、二つの文法規則を区別している。すなわち、一つはコンテクストフリー、つまり、普遍的に適応できる規則と、もう一つはコンテクスト拘束、コンテクストによってその適応が制限される規則である。これを大胆に文法から文化にまで敷衍して、ラーマーヌジャンは異文化比較の領域に相似的な区別を発見した。「諸文化はすべからく性向をもっている。コンテクストフリー型かコンテクスト拘束型のルールにおいて理想化し、思考する性向である。インドのような文化にあっては、コンテクスト拘束型のルールが好まれる形式である」。この見方を支持するため、論文ではマヌ法典*用語解説の例をあげている。その規則においては、カーストと社会的地位によって典型的に区別がなされている。あるルールはバラモンにだけ適応され、他にはまったく及ばない。また、バラモンのなかにおいてでさえ、規則の範囲はそのときや状況によって異なるのである。いくつかの文化を概観して、論文では、さらにインドの偉大な叙事詩『ラーマーヤナ』と『マハーバーラタ』に言及する。そこでは、それぞれの物語は、さらに大きなメタ物語に埋め込まれている。それは物語をコンテクスト化することによって、また、それぞれに意味をもつことになる。たとえば、『マハーバーラタ』のナラ物語のポイントは、最初主人公が辱められ、迫害され、苦しい試練の後、最後には名誉が回復されるという、同じような別の物語のなかに挿入されることによって、照らし出されるのである(11)。

コンテクスト拘束型の意味を説明するにあたって、ラーマーヌジャンはそれをインドの古典時代に限定しなかった。彼は学問領域を自由に飛び超え、すばらしい(デイヴィット・トレイシー〔アメリカの神学者、シカゴ大学教授　一九三九〜〕の言うところの)「類比的想像力」を論文上に発揮した。彼は文学理論の基準を援用し、比喩の語彙を用いて、その論点を説明する。インド文学と思想における換喩《メトノミー》の優位について彼は語っている。たとえば、「人」という言葉は自然から切り離された存在を示すのではなく、自然にとってそのなかにある存在である。「自然のなかの人」、「コンテクストのなかの人」、人というのは、絶えず彼か彼女があるコンテクストとつながって存在すると、ラーマーヌジャンは主張する。同様な観点は、パース〔現代記号論創設者の一人　一八三九〜一九一四〕の記号学を援用して言うことができる。論文にしたがって、記号学の用語によって言えば、能記(記号表現)と所記(記号内容)が同じコンテクストに属する記号となる、つまり、能記が単に所記と外的に関係するのでなく、それ自身が意味を伝えるような指標を用いて、インドの思想はシンボリックな装置より指標的な記号に優位を与えるのだ(だから、シヴァやガネーシャ〔シヴァ神とパールヴァティ女神との間に生まれた長男〕の像は、何か他のものを象徴するというより、むしろ、それ自身の意味を指し示している)。論理学と社会学に立ち戻って、ラーマーヌジャンは、コンテクスト拘束型をヒンドゥー社会に幅をきかすジャーティ、つまり、氏族、種族など階級の論理、(さまざまなクラス分けのなかで、人間のジャーティもその一例である)を指摘して説明する。それぞれのジャーティはコンテクスト、関連性の構造、許容される組み合わせの規則、座標軸を示す、と彼は書く。「もう少しはっきりといえば、社会的、あるいは社会学的なレベルで、コンテクスト拘束性は、家族や人間関係で表面化してくる。そこでは、インド人は(自己中心とは反対の)『self-we 意識』と、相手に関心を向け、人とコンテクストにふさわしいもの言いをさせる一種の『倫理的価値判断レーダー』を発展させてきたと言われている(12)」。

ラーマーヌジャンの議論は、その感覚の鋭さ、想像力の豊かさによって印象的であり、それらは、確かに比較研究に関して十分に注意を払うに値する。そしてその論文は、モダニティと近代化（あるいは西洋化）の議論にあえて踏み込もうとすることによって、つまり、比較開発理論のリングに登ろうとすることによって、いっそう注目すべきものとなっている。コンテクスト重視型のインドの文化との対照によって、西洋的思想をコンテクストフリーないしは、非コンテクスト化モデルとして提示した。彼は論文のなかで、平等主義的民主主義の理想、プロテスタント・キリスト教について鋭く指摘している。

「普遍的であることと個別的であることを支持し、グループのなかの誰もが、他の誰に対しても平等であることを主張する。その人の生まれ、階級、性、年齢、身分、地位などが何であれ、人は人である。モジュールと取り替え可能な部品からなる技術や、コンテクストを超えた普遍的な法則と事実を求めたルネサンス以降の科学は、コンテクストフリーへの傾向を強めた」。

この西洋思想と文化への評価から、論文は近代化、社会発展の過程への意味を引き出している。その見識と論理は、魅力的かつエレガントである。「インドにおける近代化は、あらゆる領域での、コンテクスト拘束からコンテクストフリーへの運動、少なくとも原則においてはコンテクストの衰退である。その統一自律時間によって、彼の時間の厳密さを支配したガンディーの時計が暦にとって代わったのだ(13)」。

3　脱コンテクスト化と再コンテクスト化

ラーマーヌジャンの論文を熟考して、私は彼の議論の大枠に惹かれる。おおよそ、コンテクストフリー性とコンテクスト拘束性の間の区別は、近代西洋社会の特徴である普遍妥当性に執着する合理的討議と、理性の経験的底面を意味する生活世界の間の対立として翻訳することができよう。この立場から見ると、近代化とは、合理的な討議を選ぶことにより生活世界を浸食し、思想と行動の透明な「システム」を選ぶことによって、無定形の経験をどんどんと侵食していく過程であると把握することができる。私は、ラーマーヌジャンの見通しのきいた考察全体の価値を大いに認めるものの、彼の議論にいくらかの懸念を表明せざるを得ない。そこで、説明から批判的解釈へと進んでみたい。

一つの懸念は、この論文のなかで表明される政治的社会的なアクセントである。この論文は多くの章において、西洋思想のコンテクストフリー性を軽蔑的な悪い意味として取り扱う傾向がある。近代化過程のなかで、主として否定的な効果の面、伝統的なコンテクストに対する侵食的な衝撃面が強調されている。この場合、ラーマーヌジャンはコンテクストフリー性と社会、政治的な自由や解放との関係を十分に評価していないようである。彼の扱い方では、コンテクストの重視は、時として懐旧的な伝統主義に陥る危険がある。「マヌ法典をかなぐり捨てて、インドの憲法は生まれ、地域、性別、宗教などを無関係なものにした」。これは、コンテクストの侵食、分解の顕著な例と見てもよいだろう。しかし、この事実は、伝統的に生まれや地域、性、宗教によって差別されてきた人々にとっては、嘆き悲しむべきことではない。インド憲法は、彼らにとっては自由の港であり、そしておそらく日常の生活の新たなコンテクストを提供するかもしれないものなのだから[14]。

政治的な懸念に続いて、哲学的面での疑義がある。実は、こちらの方が現在のコンテクストではより重大かもしれない。ラーマーヌジャンは言語学者、詩人として、おもに文学と記号論から議論を展開しているが、哲学的な問題に必ずしも十分に気配りをしていたとは言えない。インド的な思考様式についての議論が、さらに必要だと思われる。彼の論文は、インド思想の基本的ないくつかの特徴を、いささか疑わしい誤った方向に導きかねないとも見える方法で解釈している。つまり、コンテクストからの解放への欲求の反映とみなしているのだ。彼は言う。「コンテクスト拘束性の強いインドのような伝統的な文化においては、コンテクストから解放されることが夢なのだ。だから、美学におけるラサ〔味、美的喜び〕、人生の目標における解脱《モークシャ》*用語解説、人生の段階における遊行期《サンニャーサ》〔ヴェーダ聖典を学習する学生期、家庭生活を送る家住期、森に隠棲する林棲期に続く人生の四つの段階の最後の段階。世俗のすべてを捨て乞食遊行をする段階〕宗教における信愛《バクティ》（神への献身的愛）は、容赦のないコンテクスト性に反対するものとして定義づけられている。ラーマーヌジャンの言うところでは、解脱《モークシャ》は「関係からの解放」であり、遊行期《サンニャーサ》は過去と現在の関係をいっさい火葬に付す。一方、ラサは一般化された本質を意味し、信愛《バクティ》はまさにコンテクストへの必要を否定する[15]」。

その他の点では納得のいく彼の意見もここでは道をはずれてしまう。私の批判の一つは、まず彼自身の議論の構成からくるものだ。もし、西洋の近代化が、コンテクストの侵食、すなわち揺るぎない脱コンテクスト化によって特徴づけられるなら、インドの伝統思想が同じ意味でコンテクストフリーへの切望と表現できるはずがないであろう。もし、インドの伝統思想をそうしたものとみなすなら、それは西洋近代の、あるいは近代化の目標の先取りとみなさなくてはならなくなる。これは、とうてい彼の意図するところではない。また、論理の一貫性の問題とは別に、本質的な疑問がある。援用されたインドの思想や文化は、すべてがすべてコンテクストフリーの方向へ向かっているのではなく、むしろ、再コンテクスト化、つまり新たなもっと深いレベルでのコンテクスト的な関係の方向に向かっているのである。以下にのべる私の意見は、十分に準備されたものではないが、この議論の目的のために役立つだろうと考える。

すでに見てきたように、ラーマーヌジャンは、解脱《モークシャ》を関係からの解放をともなうものとしている。しかし、それに反して、私の解釈では、この術語は関係の断絶よりも、真の関係と根本的な事物の絡み合いの調和（ブラフマン、宇宙の秩序）の発見を意味している。解脱《モークシャ》によって、コンテクストフリー性への運動、脱コンテクスト化とみなして、いったい何が解放されたというのだろう。孤立して他と関係をもたないセルフやエゴなのか？　しかし、まさにそれこそが、解脱《モークシャ》が問題にするところなのである。同じようなことが、他の重要な術語にもあてはまる。遊行期《サンニャーサ》は実際、直接的な家族や家庭の絆を緩めることを意味するのではなく、セルフをなかに据えた自己中心ではない、法《ダルマ》と存在の絡み合いの、より深い結びつきを得んがためのものである。より高い存在への献身と帰依をともなって、神との完全なる合一を求めなければ、いったい何が信愛《バクティ》だろうか。最後に、美学におけるラサだが、私の見解では、この語は脱コンテクストから一番遠いもので、美と崇高へのより高度な認識と同種のものである[16]。

ラーマーヌジャンが論文に引いた言葉から離れて、法《ダルマ》、梵《ブラフマン》、我《アートマン》、空《シューニャター》のようなインド古典哲学の概念を材料にして、再コンテクスト化、あるいはより深められたコンテクスト拘束性の局面を描写してみることが可能である。ここで言うコンテクストとは、テクストや言説に外的に関わる偶然の環境のことではない。そうではなくて、言説の反対側、けっして表に出てくることのない、概念的な表現に置き換えられることのない、しかしそれゆえに、必ず存在する思想と行動の暗黙の前提のことをさしているのである。ダルマがまさにこれにあてはまる。ダルマは、抽象的な概念の定式化に従う普遍的原理ではなく、中国思想の道《タオ》のように人間の生を確かに組み立てはするけれども、けっして、あらかじめ決定的に計画してしまうことのない、とらえどころのない人生の道のようなものである。同じように、ブラフマンも単に普遍的な範疇、プラトンのイデアのような根本的な本質ではなく、あらゆる決定的推論的範疇や議論の地平線、背景に永遠にとどまっている。同じ理由で、ブラフマンは、デカルト的な明瞭な観念という意味での論理的概念や、すべての部分がみごとに包摂される全体論的《ホーリスティック》な構造に還元されることはけっしてない。それらすべては、無価値な観念、空虚な否定性の同意語であるわけではない。同様に、アートマンを、関係から切り離された個人的なセルフ、エゴとみなすべきではない。もし、「汝はそれなり《タト・トゥヴァム・アシ》」というのが正しいとすれば、そして結局、アートマンはブラフマンだというのがほんとうならば、自我と非自我の間、個人の魂と存在のコンテクストの間の境界線を明確に引くことはできない[17]。

さらにあえて厄介な領域に乗り出すと、同様の主張が、仏教の概念である空《シューニャター》についてもあてはまるだろう。私の読んだところでは、この術語はコンテクストフリー性への助言でも、脱コンテクスト化の戦略を説いたものでもない。少なくとも、ナーガールジュナ（竜樹）と中観派〔一切の法（存在）を空とみる中論を奉じる学派〕の定式においては、空《シューニャター》は基本的には「でもない《ネーティ》、でもない《ネーティ》」と言うことによって、否定的存在論《ヴィア・ネガティヴァ》の道を通じてブラフマンへ近づく方法であった。この意味で、空《シューニャター》は単なる無、空っぽをさすのではなく、存在論的実在、般若波羅密《はんにゃはらみつ》〔大乗の菩薩行の六種類の修行（六波羅蜜）のうちの一つ、ものを正しく見ることによって悟りに至る〕について語る方法であり、そこでは、存在はつねに「われわれの後ろ」に、つまり、観念化したり理性が表れてきたりしない背景の内にとどまる。この相は、存在を主体と客体の二極に分けることができないという観念に基づく、空《シューニャター》と般若波羅密《はんにゃはらみつ》の非二元論的な特性に反映している。ヨーガ学派にしたがえば、主体の幻想である人空と、客体の幻想である法空の幻想にうち勝つことが必要である。前者は煩悩障に、後者は所知障に導き、ともにそれらは無明《アヴィドヤ》、すなわち無知の形である。すべてのものの縁起に関する大乗仏教理論に注目せねばならない。一般的関係主義を仮定してみると、この理論は、全体に対する部分、あるいは実在的本質的現実による外見同様に、他者によるちょっとした対象の決定にも作用している[18]。

こうして見てきた特徴や要素が示すものは、コンテクストによる体制順応主義《コンフォーミズム》の意味合いではなく、再コンテクスト化による一種の解放の意味において、コンテクスト拘束性のモードである。それに対して、確かに西洋思想はコンテクストフリーあるいは脱コンテクスト化への傾向、つまり、すべての背景を概念的に理解し得る形、あるいは前景に、（生活世界を言説に）変えようとする傾向によって特徴づけられる。この点では私はラーマーヌジャンに賛成である。確かにこの傾向への例外や、これに反対する傾向が西洋思想の歴史になかったわけではない。しかし、今日、眼のあたりにしている容赦のない全地球規模の「西洋化」は、はっきりとした地理的に限定された文化のコンテクストによる戦略抜きにはあり得なかっただろう。今日、非西洋社会で西洋化の過程が、痛みと苦悩をともなう方法で進行されている一方、西洋文化は同じような重大さや激しさでの反対の運動にさらされてはいない[19]。それゆえ、それに反する例はあるにしても、ラーマーヌジャンの包括的な枠組みは比較研究にとって、説得力があり実りあるものと見えるし、想像力に富み発見的な企てとみなし得る。

確かに、西洋文化は（他の社会のそれと同様）不変の超時間的な実体ではなく、長々とした歴史的発展の産物である。ラーマーヌジャンの議論は、この点については少しそっけないが、西洋形而上学の歴史の朱筆された部分から容易に肉づけすることができるだろう。コンテクストフリー性への動きは、ソクラテス派以前にはなかった（そのことが、ハイデガーが彼らの思想を関心事とした理由だったのかもしれない）。脱コンテクスト化は、プラトンの存在とロゴスの等式や、アリストテレスの命題論理の定式に見られるように、ギリシャ古典哲学のなかでゆっくりと現れはじめた。プラントンもアリストテレスもまだ前ソクラテス派の傾向の内にとどまっていたけれども（それだから、プラトンは神秘主義への傾倒があると言われるのだが）、最初は彼らが、主体と客体の分岐点を明らかにした認識の転換の先触れとなったのだ。それに続く発展が、哲学的前提の漸進的主体化を生み出した。ストア派により、認識は内面化され、キリスト教によって精神化され、ルネサンスと啓蒙主義思想によって、それはラディカルにエゴに中心を置く個人化されたものに、また計量的あるいは道具主義的な理性の働きにリンクされた合理主義的なものとなった。ドイツ観念主義、とりわけヘーゲルによって定式化されたそれは、精神的主体性を全人類の宇宙的な目標、すなわち目的因へと押し上げた。ヘーゲルの哲学、宗教史の研究では、理性や理性的な主体にはっきりと理解を与えないような前概念的存在、背景の概念は、未発達な源初的なもの、つまり「インド的なもの」として退けられた(20)。

この二〇世紀、コンテクストフリーへの西洋思想の長い軌跡は、他ならぬ西洋思想そのものから（逆戻りとはいわないまでも）意味深長な異議申し立てを受けてきた。ウィトゲンシュタインの言語への転換は、理性と認識の主体をそれらを文法の機能、あるいは一般的な言語ゲームとすることによってコンテクスト化した。さらに大きな力によって、似たような転換が、現象学的運動として知られるヨーロッパ思想のより糸、つまりフッサールからハイデガー、メルロー＝ポンティ〔フランスの哲学者 一九〇八～六一〕、デリダとつながる流れによってなされた。フッサールがまず、生活世界の概念を導入し、ハイデガーが人間の存在を世界のなかの実存、つまり、存在と言語の絡みあいのなかでほぐすことのできないほどにコンテクスト化されている生物と位置づけることによって、主体（認識の意識）の首座を攻撃した。とりわけ、コンテクストの関係性の密度のなかに、意図された主体性を沈めることを推しすすめたメルロー＝ポンティの著作では、生活世界という問題は、フランス現象学思想の重要商品となった。そして、デリダに至っては、すべての単一義的なテクストの意味を脱構築*用語解説することでその名を馳せたのである。彼は、主体の非中心化と、言語の無尽蔵な他者性と解釈の多様性によって意味が限定できないという、異テクスト性の立場に立っていた(21)。

個人的な見解を締めくくるにあたって、私自身の知的なバックグラウンドにふれることにしよう。私にインドと異文化研究への道を拓いたのは、ヨーロッパ現象学であった。おそらく甘い希望かもしれないが、私は今、哲学の歴史のうえでもっとも幸運な時代、西洋と東洋の思想が初めてほんとうの地球的対話《グローバルダイアローグ》におけるパートナーに近づいているのではないかと思っている。その対話は、しばしば激しい互いの論争的な性格をもつものになりがちではあるのだが、それぞれのパートナーが知的な坩堝《るつぼ》への誘惑を回避して、それぞれが他者性の疎外にさらされ、それによって互いの立場がわかるような学習の過程を意味している。他者性から学ぶことは、文化的な特性を削除することを必要とするわけではない。西洋思想の立場に立って、私は非コンテクスト化の動きが簡単に後戻りするとは思わない（それは西洋形而上学の終焉の素朴な解釈だろう）。西洋科学や個人主義的人間解釈は、いずれも、やすやすと無効になったり、一時停止になったりするはずがない。しかし、自己認識を深め、文化の多様性を受け入れやすくするため、互恵的で支持され得る、前提と目標の両方の問い直しの余地はあるのではないか。ラーマーヌジャンの言葉を借りれば、この相互交換は、西洋と非西洋双方の文化の再コンテクスト化、すなわち、新たなグローバルな民主主義のコンテクストへの過程をともなうものであるかもしれない。

第7章　近代化とポスト近代化——インドはどこへ？

最近、新世界秩序の出現という論議をよく耳にする。超大国間の軍拡競争と核兵器による恐怖の均衡というこれまでの世界秩序に代わって、地球規模の平和と繁栄の時代が訪れるのだという。あたかも、地球的な無秩序状態に効く特効薬のように受けとられている。この新しいグローバル秩序の展望によれば、国家間の反目は人類の単一な組織の出現によって解消され、偏狭な国家利害は「地球村《グローバルヴィレッジ》」[1]という共通認識に道を譲るのだという。まさに人々の胸を打つような響きだ。しかし、単一の世界の背後で進行しつつある動きに目を向けたとき、この輝かしい展望には不幸にして早くも陰りが見えてきている。世界の単一性は、地球規模での市場や世界経済の指令によって押しすすめられ、市場は先進工業国やポスト工業国の利害によって支配されているのである。われわれはどのような言語や言葉を使えば、より一般的に、あるいは理論的にこのグローバルな展望を表現することができるのだろうか。この言語が典型的に西洋起源のものであり、合理的な普遍主義《ユニバーサリズム》への指向をともなった西洋近代の野望を反映したものであることは言うまでもない。[2]この視点から言えば、近代西洋思想は、進歩と後退、開発と低開発という弁証法的な二つの対立項による技術的な擦り込みをされているのである。非西洋諸国とその文化は、西洋モデルに出逢うことによって、遅かれ早かれ西洋モデルの究極の目的に追いつくことが求められ、そうでなければ敗北や衰退に追いやられるのである。

この章では、開発と近代化の問題について、幅広い比較研究から結論を導き出すという容易な方法ではなく、ある特定のコンテクストから明らかにしていくつもりである。具体的には、今日のもっとも代表的な「発展途上」国である、インドに焦点をあてることにする。インドを選んだのは、私がこの一〇年の間に頻繁にインドを訪れたという個人的な理由もあるのだが、インドが今日の世界で民主主義が機能しているもっとも人口の多い国だという、より重要な事実がある。アジアとオリエントのほとんど全域を煌々と照らした人類のもっとも古い文明の一つであるインド文明を背景として見ることによって、西洋近代のなかにある優越思想がぼんやりとした光のなかに浮かび上がってくるという、文化的な理由も存在するからである。

これから私が強調したいことは、開発の経験的指標の分析についてではなくて、開発と近代化そのものの意味という、理論的な理解に関してである。おもにこの論議は過去半世紀の間に展開された、卓越した、あるいは悪評を博した理論的公式化や概念について集中している（それのみではないが）。本章の最初の部分では、第二次大戦後の開発理論によって形づくられた開発モデルについてあらためて見直しを行う。これから見ていくように、この開発モデルに対して数えきれない批判や反響が寄せられたが、その中心的な特徴である経験主義的で実証主義的な偏狭なものの見方については、しばしば見逃がされてきた。それはおもに、現象学、解釈学、批判理論などの旗を振りかざしたポスト経験主義の理論化の新しい波の攻撃目標となったこの特徴が、開発をめぐる論争を半ば超越論的なレベルへと持ち上げたからである。奇妙でおそらくは予想外のことであったが、開発モデルに対する批判の嵐に哲学的な深さを加えることによって、それまでの論争をいっそう焚きつけたのである。ポスト経験主義は、言語的転回と密接に結びつくことによって、西洋モダニティの重要な前提問題としてみなされるようになった。こうして、地球的規模にまで投影されている「モダニティ」と「ポストモダニティ」の間の対立が噴出することになったのである。この章は全体を通して、インドの哲学者と社会理論学者の論議についてと、開発論議における西洋の独占という自惚れをうち砕くことにあてられている。インドの思想家に注目することによって、近代化のポストモダン的見方の輪郭を示そうというのが、結論部分の中心である。

1　開発シンドローム

近代化モデルと社会進化論

一九四五年から一九五五年にかけて、社会科学研究委員会（ＳＳＲＣ）の手によって、開発に関しての幅広い比較研究と、開発の経済的、社会政治的、文化的なパラメーターに焦点をあてたグローバルモデル構築の大事業が着手された。現時点から見れば、このモデルは多くの面において単なる過去の歴史興味でしかないが、少なくない人々の目には近年の東ヨーロッパや旧ソ連の激動のできごとによって、その重要点が再び甦ってきたように映っている。モデルの構築の当初は学術的な問題関心からのみそのモデルが生み出されたわけではなく、実証主義者の「統一科学」運動の影響が大きかった。このような学問的動機を発展させたのは、戦後の国際政治の枠組みであった。インドの卓越した哲学者ダヤー・クリシュナは次のようにのべている。

> 第二次大戦後、アメリカ合衆国は政治的体制の異なる国に対するグローバルな規模での競争者としての役割を担うことによって、その「帝国としての責任」が非常に重くなった。「帝国としての責任」から、アメリカの政治学者は必然的に自分たちの研究分野を比較研究の見通しのなかで見るようになった。一度そのような見方をとるようになると、とりわけ従属国に対するグローバルな責任をもった超大国としての都合のいい立場から、「先進国」であるわれわれと、「発展途上国」の彼らとの間にあるはっきりとした区別が、あらゆる考え方のなかに組み込まれたのである。(3)

インドの政治理論派トーマス・パンタム〔バローダ大学教授〕はこの評価を支持して、経済的動機により重点を移して、戦後すぐに次のように記している。

低開発諸国（ＬＤＣｓ）の経済発展とその国際自由貿易への参入は、戦争で破壊された工業国の経済の再建にとって役立つであろう。このようなＬＤＣｓ諸国の経済発展は、各国の社会的、文化的、政治的な近代化に負っている。別の言い方をすれば、ＬＤＣｓ諸国は先進工業諸国の歩んだ道に続くことを求められている。(4)

近代化モデルの中心的な特徴については、すでにしばしばのべられているので、私はここでは簡単なスケッチにとどめるだけにする。近代化モデルは、一九世紀の著名な社会学者たちの思想家が提唱した、社会進化論の理論を継承したものである。自然淘汰という新ダーヴィニズムの概念にしたがえば、人間社会は内部的な複雑性と外的な環境への適応性を拡大することによって生存可能性を増加させようとする、なかば有機生物であるという。近代化論者たちはスペンサー〔イギリスの進化論哲学者 一八二〇〜一九〇三〕とダークハイム〔フランスの社会学者 一八五八〜一九一七〕の二人から影響を受け、社会進化論を労働の分業や増大しつつある「サブシステム」の自立性という区別化の過程にあてはめた。環境の効果的な管理をより確かにするシステム制度的統合という、今までになかった新しい努力が必要とされる区別化にあてはめたのである。文化面においては、コント〔フランスの実証主義哲学者 一七九八〜一八五七〕とさまざまなマルクス主義が、世界の見方の「非神話化」、進歩的な合理化と社会の世俗化、そして、伝統的な信仰に対しての科学と技術の優位性の形成をもたらした。

第二次大戦後、アメリカの指導的な社会学者・社会理論家、タルコット・パーソンズ〔一九〇二〜七九　社会システムの機能主義的分析を展開した〕は、進化論思想を精巧に体系化し、多様な内容へと高めた。彼は、進化論の主題にウェーバー〔ドイツの経済学者 一八六四〜一九二〇〕の社会的行動という概念を混ぜ合わせることによって、社会を全体論的なものとして提示した。つまり、社会の分化された構造のもつそのさまざまな要素や「サブシステム」が、システム維持のために特定の機能を果たすべくつくられており、それによって社会的生存が保障されるという。社会進化論の分野では、パーソンズは社会を「進化論的世界」の道筋にそってすすむものとして描き、初期あるいは原始社会の理想型パターンは、やがてモダニティの特徴的なパターンへ導かれるとした。そのさいの典型的な過程は、構造と機能の区別化と専門化をすすめるための社会的「発散」の放棄、「どういう地位にあるか」ということから「独立した個人が何を行なったか」ということへ、「情緒性」から「情緒的な中立性」へ（神話的宗教的誓約から世俗主義と科学へ）、さらには個別主義から普遍主義《ユニバーサリズム》へ（血縁によるローカルで偏狭主義的結びつきから普遍的世界的な支配システムへ）の移行として描かれている。(5)

高度な抽象化による公式化ではあるが、パーソンズのシステム理論は当時の社会科学、政治科学に深い影響を与えた。社会科学研究委員会（ＳＳＲＣ）の呼びかけに応えた多くの比較政治学者たちは、「構造的機能主義」の熱心な信奉者であった。その信奉はそれぞれの専門的研究の要請に応えるために多少修正されてはいたが。ＳＳＲＣの出版物において描かれているグローバルな社会的変容というものは、基本的には原始的な血縁グループから近代的・西洋型の複雑さへ至る道筋という、パーソンズの進化の普遍型にそったものであった。比較研究のチームの各メンバー間には、用語の精密な使い方において不一致があった。「進化《エボルーション》」は物質的生物的基盤に、「開 発《デヴェロプメント》」は成長の経済的、政治的段階に、「近代化《モダニゼーション》」は社会文化的信念の変容に関連しているというように区別されてはいるものの、パーソンズの信奉者においてはこの三つの用語は時として相互に交換可能であった。これらの用語の使い分けは、政治的にも社会的にも文化的にも、社会が革新していくためには、何にもまして物質的経済的進歩が前提となると考えられていることと比べれば、重大な問題ではなかった。

支配的な開発概念の枠組みのなかにありながらも、用語の使い方をすっきりと区別している格好の例の一つは、ＳＳＲＣがスポンサーとなった比較研究の見地をさまざまな方法で要約した、リュキアン・ピエ〔アメリカの政治学者 マサチューセッツ工科大学教授〕の『政治発展の諸相』である。ピエによれば、政治的な進歩とは「社会的変容の多面的な過程の一つの側面」であり、「社会的経済的変化の別の面と親密に関わっている」ものとしてみなさなければならない。そのすべては「開発シンドローム」と呼ぶことができるという。このコンテクストにおいて、近代化とは、伝統的な生活様式の根底からの変容と深い関わりがあり、「伝統的境界の村落や部族的基礎の社会が、近代的で工業化された都市中心の世界からの圧力と要求への反応を強要された」ものだという。ピエは遠慮なく以下のように続ける。

この過程を西洋化とも呼ぶことができるだろう。あるいは単に前進や進歩とも。しかし、より正確に言うならば、生活への合理的見方や社会関係への世俗的アプローチにおいて、進んだ技術や科学的精神に基づいた一つの世界文化の伝播ということができる。さらに言うならば、異文化に対する西洋化の影響力は、非西洋世界に西洋の実践、基準、技術、価値などを押しつけ、画一的な西洋工業化世界のモデルをもたらしたのである[6]。

SSRCが関わった研究は、政治的発展の歴史的道筋に関していえば、原始的な伝播性から近代的な複雑性への移行という仮説を共有していた。この点に関して示唆的なのは、ガブリエル・アーモンドとビンガム・パウエルの『比較政治――開発的アプローチ』である。この研究は、近代化モデルの基礎となる政治的構成部分を簡潔に要約している。この研究はパーソンズ流の機能主義をより洗練させることによって、構造的システム的な角度と規範的文化的な角度という主要な二つの側面から、政治的発展を描いている。システム的な角度から見れば、サブシステムの分化の進展、システムの維持と適応という目的のための相互の再統合の方向に注意が向けられた。この二つの側面から、「原始的《プリミティブ》」「伝統的《トラディショナル》」「近代《モダン》」システムという政治的進化の三つの主要な段階が区別され、さらに「近代」システムは、リベラル民主主義、権威主義ないしは全体主義という、二つの型に分けられている。

アーモンドとパウエルは原始的システムについて、血縁関係のなかへの政治の潜行、あるいは「構造的分化が断続的にしか見られない政治構造」の存在によって特徴づけられ、そしてそれは「拡散した、偏狭な文化」によって支えられているとのべている。社会の構成員を一様に従属させる専門化した統治機構（アウトプット機構）が出現する伝統的社会（著者たちの言う「従属文化」の出現）においては、構造的分化はより大きくなる。そして、近代システムは、アウトプット機能と政治的「インプット」ないしインフラストラクチャー（利益集団、政党、コミュニケーションメディアなどからなる）の双方が分化したサブシステムが完全装備されることによって、最終的には特徴づけられる。それは、政治文化の「参加」モードが花開くことによって支えられた過程でもあった。パーソンズとピエの二人の研究は、政治的近代化と西洋化というグローバルな推進力を賞賛している。二人はこうのべている。「政治文化の世俗化を通して、厳格で、割りあてられ、伝播していたそれまでの社会的相互作用の習慣は、成文化され、特殊政治的で、普遍的な一連の支配によってうち破られてしまった。同様に世俗化の過程において、交渉し和解するという政治行動がその社会の共通の特色となり、利益集団や政党などの特殊な社会構造の発展が意味をもつようになったのである」(7)。

発展途上国と近代化モデル

ＳＳＲＣがスポンサーとなった初期の近代化モデルは、潜在的な楽観主義によって広まったが、それは、発展途上国、第三世界の実際の生活経験に基づいたものではなかった。グローバルな政治的発展が、単純な西洋化や西側世界の文化的「伝播」というスムーズな道をたどらなかったことは、第二次大戦後の不毛の二〇年間を見ればはっきりしている。

発展途上国の政治体制は、混乱や緊張、とりわけ「待望されている革命」と近代化しつつあるエリートの不能との間の緊張によってしだいに引き裂かれていった。このような経験の影響のもとで、確実な進歩と文化的播種という仮説は、体制の安定性、アウトプット能力、危機管理といったより荒っぽい概念の強調へと道を譲ったである。トーマス・パンタムの言葉で言うと――、

「新しい国家」における社会経済的、政治的変化の最近の傾向は、近代化伝播主義者の楽観的で進化論的な説に反するものである。経済発展は人々の期待にとうてい応えるものではなく、成長の限界の兆候があることがはっきりしてきた。政治的開発主義者の改良主義派は、「不適切な」社会的流動化と爆発的な政治参加を「危機」として理解して、不安をつのらせたのである(8)。

改良主義者的立場のスポークスマンは、サミュエル・ハンチントン〔ハーバード大学教授〕、イシエル・デ・ゾラ・プール

〔アメリカの政治学者 一九一七〜八四〕、デイヴィット・アプター〔イェール大学 政治学部教授〕らである。ハンチントンは、植民地から独立をした途上国社会でもっとも必要な課題は「蓄積された権力を分散させることではなくて、権力をワシントンにではなく、モスクワと北京により集中させることである。このことを学ばなければならない」とのべている。プールも同様の見解である。発展途上国においては、新しい社会階層が近代化過程による新興勢力の立場から、ある程度受け身の立場と敗北主義に戻ることによって秩序と安定がもたらされるという。アプターはこの見解とは少し異なって、文化的な伝播と非西洋への西洋の基準の適応が実際に可能かどうかに疑問を投げかけている。伝播主義からの決別は、時には過激な変化、あるいは「規範的な反転」として描かれるが、こうした改良主義者たちの主張を支配的な機能主義やパラダイムのシステムと折りあいをつけることはなお可能である。改良主義者たちは機能経験主義の前提を捨て去ることなしに、システム的な過程からアウトプットの能力へ、フィードバック・メカニズムから効率的な政策立案能力へと、彼らの強調点を移したのである。そして、政策立案能力は数学的に計れると考えていた。(9)

グローバルで普遍的な展望をもっている近代化モデルは、伝播主義あるいは改良主義の二つの型があるにせよ、マイロン・ウェイナー〔アメリカの政治学者、MIT教授〕をはじめとする社会科学者によってインドへも適応された。当初、ゆっくりとした「国家建設」の蓄積過程が脚光を浴びたとき、ウェイナーは、独立後のインドにおいて政治的統合とアウトプットの効率性への移行が必要であると感じるような、分裂化の傾向があることを見てとった。西洋的生活様式が急速に浸透しているインドの近代化されつつあるエリートたちが、近代化モデルに引きつけられていることは明確であった。その代表例が、独立後最初の首相、ジャワーハラール・ネルーである。(10)しかし全体として見れば、近代化モデルは発展途上国の知識人たちの一斉射撃のような批判にたちまちさらされたのである。西洋の学者たちも援護射撃に加わった。彼らの批判は近代化モデルの二つの欠点に対して向けられた。一つは、初めから組み込まれていた不均衡と政治的経済的な不平等、もう一つは、内的理論的首尾一貫性に関わる欠点である。

その第一の批判勢力は、西洋近代化によって世界が開発と低開発とに分断され、世界市場を支配した西側「中心」諸国に対する「周辺」諸国の構造的従属がもたらされたという「従属理論」である。西側工業諸国が、発展途上国に一次産品・原料の生産とその輸出のみを強いることによって、高度な資本集約的経済が第三世界の労働集約的経済に対して有利となるように、豊かな諸国が貧しい諸国に対して有利になるように世界市場を歪めさせたという主張である。従属理論は主にラテンアメリカの知識人によって公式化されたため、強いマルクス・レーニン主義的色彩や、権力分化の必要を正当に強調したことは別にしても、いくつかの内在的な問題や欠点を内包していた。その主要な欠点とは、従属理論が、正反対の立場にあったはずの近代化理論に、奇妙にも「従属」していたことである。つまり、従属理論は、発展を経済的要件（生産様式）を観察することによって予測可能な単線的な諸段階だと考えた点で、近代化モデルとまさに同じ土俵に立っていたのだ。ただ、従属理論はこの諸段階は平和的に移行するのではなく、革命やグローバルな階級闘争によって移行するととらえていた点は異なった[11]。

従属理論はラテンアメリカで形成されたものではあったが、その近代化理論への「従属」に類似した議論は、インドの知識人によっても展開された。インドでの展開は、経済決定論よりも公正への配慮を優先していた点で特徴的であった。このような特徴は、ラージュニー・コタリ〔インドの政治学者〕の初期の著書に典型的に表れていた。彼は、中心と周辺のより平等的な関係という、「西洋中心的な世界システム」のオルタナティブを提唱した[12]。過激な哲学的な攻撃を行なったダヤー・クリシュナを始めとする非常に多くの批判にさらされ、近代化モデルは内部的な整合性や首尾一貫性に関して、綿密な再検討を余儀なくされた。アナール学派〔フランスの実証主義的歴史学派〕の思想に共感したダヤー・クリシュナは、経験的には見つけることができず、論理的には擁護できない近代化モデルの命題を指摘した。一目でわかる近代化モデルの欠点は、そのいいかげんさであり、用語上の混乱であった。「近代化」や「社会発展」などの用語はしばしば混乱して用いられ、何をもって経済的、あるいは政治的発展とみなすのかということを定義することなしに、この二つの用語は使われている。さらに、この二つの用語は同じ意味において使われているのか、どのように変化の政治的経済的な過程と関連しているのかは、まったくはっきりしていない。ダヤー・クリシュナは、参加、転換機能（利益操作、利益集合体など）、アウトプット能力などの近代化モデルの擁護者たちが規定している政治的発展の基準のすべては、論理的不調和や経験的根拠の欠如によって退けられるべきだとした。ダヤー・クリシュナは、それらの問題点は最終的には克服できるかどうかという、SSRCの研究者、チャールズ・チリー〔コロンビア大学社会学部教授〕が投げかけた疑問に対して、以下のように答えている。

私は、それらの問題点が克服できるとはけっして思っていない。しかし、もし問題点が克服不可能だとしたら、それは、原則においてそれが不可能だという理由によってのみである。そして、もし原則において不可能だとすれば、この試み全体が最初から失敗であったということだろう。われわれが多くの思想家たちによってなされたその批判のなかで、確かな足がかりを見つけることが可能ではないことは、不思議ではない(13)。

ダヤー・クリシュナは、開発そのものの概念を深く考えていくなかで、開発概念を人間生活、政治生活へ適用したり、さらに人文科学や社会科学に適用することには重大な問題点があることに気づいた。そのことは、芸術についてもっともはっきりしている。モダニティの芸術作品を古代ギリシャや、さらにはインドや中国の名作と比較することは、どんな意味があるだろうか。もっと具体的に言うならば、「どちらがより偉大で発展したものであるかを、どうやったら、そして何によって決めたらよいのだろうか」。宗教や哲学の分野においても、同様の問題がある。宗教や哲学に関して「累積された成長や発展」について正しく説明することはできないからである。累積した成長という概念は、近代に発展を遂げた自然科学とのみ密接な関係をもっている(そして、調査された対象のレベルではなくて経験的事実に基づいた分析のレベルとのみ関係がある)。成長のパターンを自然科学にあてはめることができたとしても、それを人文科学に適用することは不可能であろう。人文科学の用語は、歴史的、政治的な色合いを含んでいるのである。ダヤー・クリシュナは、「時間によるマクロ的変化は、小規模、線的なミクロ的変化の累積した結果だということの歴史的証拠はない」というルーベール・ニーベ〔イギリスの社会学者 一九一三〜九六〕の歴史と歴史的知識についての考えを引用している。同様に、近代化理論が対象としている政治的生活の分野においても、線的ないしは累積的過程は存在しない。ダヤー・クリシュナによれば、政治というものは、いわゆる開発シンドローム(定式的な発展理論)になじまないだけでなく、実際には近代化理論の主流とは無縁の価値基準によって支配されているのである。

政治科学を扱う領域に対して、「開発」の概念を適応できるかどうかという決定的な疑問は、未だ答えられていない。この疑問に対するわれわれの回答は否定的である。われわれが成しうる唯一意味のある区別は、現在の多くの政治科学者が考えているような「発達した政治」と「低開発の政治」の間の区別ではなく、「よい政府」と「悪い政府」の間の区別でしかないという理由からである。喩えていえば、「肉体の政治《ボディー・ポリティック》」である。[14]「肉体」にとって、病気になり得る百の道があるが、健康になるためにはたった一つの道しかないのである。

2 モダニティと解放

フッサールの現象学とギリシャ哲学

ダヤー・クリシュナの批判は支配的な近代化モデルの重大な欠点、とりわけその哲学的前提の弱点を暴き出した。経験主義的、実証主義者的な方向性や、一九世紀の進化論的パラダイムによる影響によって、近代化論には理論的な弱さがあり、厳密な哲学的検証には耐えられないものであった。実証主義的な経験主義はさまざまな方向から攻撃された。たとえば、近代化論の内的な不適切さ（パラダイムの変化の問題によって説明される）やその固有の前提を説明する能力のなさ（経験的に生じたものではない）から批判された。人文科学と社会科学の分野における攻撃は、理論化のポスト経験主義的、あるいは「ポスト行動的」モードの優勢さに関してであった。つまり、現象学、解釈学、批判理論の哲学的な見解への忠誠に負っていることに対してであった。実証主義に対する批判において、これらの見解は異なる方法によってであったが、ともに人間の知識と行動に隠れている基盤に注意を注いだ。つまり、分析のレベルを偶発的なできごとから、見通し可能あるいは半ば見通し可能な「可能性の条件」（カントの言葉）へと移したのである。

近代科学や知識の形成の過程自身を、哲学的な基礎の考察の対象とすることによって、この重点の移動は、歴史の発展に関して行われていた論争の焦点を鮮やかに浮かび上がらせた。それまで、モダニティは途上国社会にとって疑問をはさむ余地のない絶対的な尺度としてつねに機能してきたが、今度は、その尺度自身が検証の対象とされたのである。ポスト行動主義的見通しの提唱者の多くは、モダニティという尺度の基礎を、啓蒙主義の遺産のなかに探し求めた。つまり、知的政治的監督者によって強いられた束縛状態や未熟な状態から、人類の進歩的な「目覚め」の観念へすすむという啓蒙主義の道にそって、偶発的な要素から人間解放の運動や自治や自己決定の増大へと強調点は移動していった。政治的にいえば、リベラル化、リベラル民主主義化の過程である(15)。

ポスト行動主義者が提示した論点は、現代現象学の創始者であるエドムント・フッサールの著作のなかで、半世紀前にすでに辛辣な方法で予示されていた。フッサールはその著書『ヨーロッパ諸科学の危機と超越論的現象学』のなかで、近代の実験科学が、人間の志向性のなかにある超越論的な基盤を無視しているとして攻撃した。志向性とは、最終的には生活世界の経験的母型《マトリックス》のなかを拠り所としているものである。フッサールは近代科学に対して批判的挑戦を試みたが、モダニティそのものを捨て去ろうとしたわけではなかった。むしろ、モダニティを深い暗闇から、合理的熟考と道徳的自己抑制の進歩的展開の段階へと引きずり出したのである。フッサールにとって合理的熟考は古典ギリシャ哲学に始まるものであり、それは、人類がドグマ的神話的まどろみから初めて目を醒ました歴史的な時だという。普遍的な人間性の立場から見ると、ギリシャ哲学こそが「新しい人間の時代の躍動的発展的な始まり」であるとした。その新しい時代とは、「無限の運動の追求のなかで合理的洞察力に基づいて存在と歴史的生活を自由に決定できるようになることを通して」、また「神話とすべての伝説の足枷を解き放たれて、世界について深い全体的な把握をしようとすることを通して」、「生きることを模索し、また生きることが唯一可能となる」人類の時代としてとらえられていた。

フッサールの主張では、このような人間の時代の飛躍は、西洋文明(ヨーロッパ文化に生得の究極の目標)を特徴づけるだけにとどまらない。突きつめて言えば、「生命力《エンテレキー》のような人間性の本質的な要素」が目に見える形で表れてきたことによって、それは人間の普遍的性質であることがわかる。生得の究極の目標ではあっても、合理的熟考はそう簡単に達成できるものではなく、歴史的成熟の長い過程を経なければならない。古代と中世の存在論は、デカルトのコギト（私は「思惟する」）と、カントの批判哲学の出現にともなって、もはやその軽く見なされる形態をこれ以上維持することができなくなった。同様に、現象学からの攻撃によって、理性の啓蒙的な見方はいっそう洗練されることを迫られた。当初、合理的な分析は地理的に見ればヨーロッパあるいは西洋文化のトレードマークであった。そしてその批判的契機は、強い感染力によって中心から非西洋文化に浸透するはずであった。フッサールが記したように、ヨーロッパあるいは西洋の合理性への固執は、「他のすべての人間グループによっても認識されていた」。「最大多数の幸福をまったく顧みず、文化的な自己保存のみへのこだわりにもかかわらず、合理性への固執によってわれわれは（自分自身を正しく理解していれば）けっしてインド化することはないのである(16)」。

ハーバーマスの批判理論

こうして生活世界への注目が深まったのであるが、後のポスト行動主義の一種としての現象学は、フッサールの超越論的な熱情を保ち続けた。現象学的な社会科学は、社会的政治的生活の「本質的な」意味構造の分析を行おうと試み、「無限の運動」の追求に適応するような調査として自らを表現することになった。シュツィアン〔現象学の祖、アレフレッド・シュッツ（一八九九〜一九五九）の思想を継承する一派〕の現象学は、この意味において、フランクフルト学派がつくり出した「批判理論」のプログラムといくらかの共通の基盤を分かちあっていた（フランクフルト学派は、フッサールの遺産とはいくらか距離を置いてはいたが）。ユルゲン・ハーバーマスにおいてフッサールとシュツィアンの共通性がはっきりと表れている。彼の著作は、批判理論のプログラムを半ば超越論的で歴史進化的な方向へ押しすすめた。半ば超越論的な傾向がハーバーマスの著作には表れており、それが彼の交換可能な理性という概念の中心点となった。フッサールの『ヨーロッパ諸科学の危機と超越論的現象学』に立ち戻るなかで、ハーバーマスは『知識と人間の好奇心』において、実証主義は人間の志向性の母型《マトリックス》における経験による基礎を軽視しているとして攻撃を加えた。ハーバーマスの母型《マトリックス》は、知識を導く三つの「関心」（科学の達成努力をそれぞれ下支えすること、解釈学、解放のために役立つ批判）によって定義される。

同様に、半ば超越論的な傾向はより洗練さを深め、世界的に通用する言葉に再定義されることにより、ハーバーマスのその後の言語とコミュニケーションに関する著作における主柱となった。言語理論の分野では、彼の著作はチョムスキー〔アメリカの言語学者一九二八〜〕の深部での「言語能力」の概念を、半ば超越論的あるいは「普遍的語用論」の枠組みを下支えする手段としての、話す動作と相互のコミュニケーションの相互作用へと拡大した。この枠組みから見ると、あらゆるネイティブな話者は、話す能力の条件としての「コミュニケーション能力」の資質を生まれながらにもっているに違いないという。コミュニケーション能力とは、さまざまな発語動作を示すだけではなくて、会話において普遍的に表れる真実、規範的な権利、真理性、総合能力などの、決定的な「正当な主張」といった、発語の根底にある能力のことである。「（発話の）正当性の意味は認識されるべき価値のなかにある。それは、間主観的な認識がふさわしい状況のもとでもたらされるという保障のなかでのことである。私は『普遍的語用論』という言葉を、話すことを基礎とする普遍的正当性の再構築を目的として研究プログラムに対して使った」というハーバーマスの言葉がある(17)。

フッサールの現象学の場合と同様に、ハーバーマスの普遍的諸要件の再構築は、静的な本質主義を支持することを意味するのではない。『ヨーロッパ諸科学の危機と超越論的現象学』での議論と同じように、合理的能力とは、ハーバーマスにとっては必要な前提であり、人間の知識と洞察力の成長のための目的論的道しるべでもあった。普遍的な支配構造の分析と同時に、ハーバーマスは個人レベルと集団的な社会レベルの双方の発展過程の研究や、潜在から顕在への軌道にそって変化するものとして合理性を認識する研究にも着手した。ポスト行動主義的、社会科学的な野心によるハーバーマスのこの分野への接近は、一つはスペンサーからパーソンズに至る進化理論・ポスト進化理論、もう一つは文化と規範目的の現象学的・解釈学的概念によるものであった。この二つの組み合わせは、彼の『正統性の危機』においてはっきりと記されている。その著作は、「後期資本主義」社会における危機の潜在性について論じているのだが、社会政治的な発展の理論的図式についても論じていた。この図式によれば、発展は「制度的統合」と「社会的統合」の二つの道筋にそって典型的に起こるという。「制度的統合」の道は制度的な区別化とアウトプット能力における前進に関連しており、「社会的統合」の道は生活世界の文化的領域に関連している。

文化的な考慮をつけ加えてはいるものの、直線的な発展パターンの点で、この図式は制度的なレベルにおける近代化モデルの模造品にすぎない。結局、われわれは、アーモンドとパウエル以来、馴染み深い、政治的発展の三つの段階に再び出逢うことになる。すなわち、原始的、伝統的、近代システム（これはさらに初期近代、後期近代に分けることができる）の三段階である。原始的社会システムにおいて、あるいは生活世界がいまだ血縁的関係のなかに広く混ぜ合わされている間、伝統的な社会は神話的な信仰の衰退とともに、政治的操縦システムの出現を目のあたりにすることになる。最終的には、近代社会が普遍主義者《ユニバーサリスト》の文化的規範（システムと後期資本主義における目録としての規範との間の潜在的な衝突をともなっている）の支配的立場と同様に、経済的市場の区別化された自立性を予告する。理論的に洗練された方法では、二つの道筋という図式は、ハーバーマスの『コミュニケーション的行為の理論』において再び用いられている。そこでは近代化を、道具的技術的な、交換可能な文化的合理性の分野における緊張をはらんだ運動として描いている。それ以前の研究においてと同様、発展の原動力は合理的熟考、もしくは「熟考的な学習」の前進としてみなされている「合理化」過程のなかにあるとされた。規範的な原則にまでもち上げられたこのような反射的な学習は、ハーバーマスにとっては、人間社会の成熟によって科学や民族性、芸術の自立的な修練が可能となる段階としての「モダニティ」の核心を意味していた[18]。

批判理論と第三世界の知識人

きわめて西洋的な語彙のなかに据えたにもかかわらず、ハーバーマス流の批判理論はいくつかの理由で第三世界の知識人たちを引きつけた。その第一の理由は、ハーバーマスが階層間の溝を広げることに反対する闘争とともに、新旧植民地のエリートに対する不屈の闘争で名を馳せていたように、解放のための批評に深く関わっていたことである。

もう一つの理由として、文化や人文科学の遺産に対して、ハーバーマスが比較的関心をもっていたことをあげることができる。彼は異文化比較に対して敏感であった。インドでは、ハーバーマスの理論的枠組みはトーマス・パンタム、哲学者のスンダラ・ラージャンを含めた何人かの知識人たちによって賞賛された。パンタムの『ハーバーマスの実践的話法とガンディーの無抵抗不服従運動《サティヤーグラハ》』は、ハーバーマスの「コミュニケーション的行為」の概念と、無抵抗不服従運動《サティヤーグラハ》における道徳的政治的な目標の追求という、ガンディーの誓約との「奇妙な類似性」について論じている。二人とも、「政治的領域」の回復ということを、テクノクラートや管理エリートによる政治的権利の剥奪に反対し、実践的な行動を行うことだと考えていた。二人とも抗争を合意によって解決することをめざしており、そのことは政治と倫理を統合することでもあった。

しかし、パンタムにとって、ハーバーマスとガンディーの何よりの類似点は、解放のための熱情を二人が共有していることであった。『ハーバーマスの批判理論の目標』のなかで、パンタムは「イデオロギー的欺瞞、自己欺瞞からの人間の解放（制度的に歪められたコミュニケーションからの解放）は、テクノクラートによる支配と政治の科学化からの解放でもある」とのべる。

ハーバーマスの立場からは、今日の社会はますます「実践的な政治的」問題を「技術的、操作的、管理的」問題へすり替えようとしており、そのことは、道徳や倫理から政治をいっそう引き離すことを意味している。この傾向に対抗するために、ハーバーマスは文化規範的関心の再活性化や、広範な人々の利益を映し出し、透明にし、さらにはおそらくは改造することを通して、実践的な言説を強化することを提唱した。その目標はガンディーの非暴力闘争、無抵抗不服従運動《サティヤーグラハ》における力点に近いものである。パンタムは、両者にいくつかの重要な相違点があることを認めながらも、二人の立場の間の類似点を次のように要約している。

批判的解放への関心が、ガンディーとハーバーマスの二人に共通してみられる。われわれのなかにあるイデオロギー的自己欺瞞やドグマ的信念による抑圧と同じように、搾取と暴力に基づいた社会政治的構造の正統性の危機について、二人は言及している。ハーバーマスは、実践的な政治的問題を技術的あるいはテクノクラート的政治モデルへ矮小することを、倫理や道徳を退けてしまうとして反対している。ガンディーもまた、倫理的規範や道徳的原理から政治や経済を切り離すことを非難している。二人とも、個人が社会的権力のテクノクラートから解放され、自立する道を探していたのである(19)。

ハーバーマスの論議は、抽象的理論のレベルにおいては、『革新能力と社会的変容』に始まる一連の著作を出したスンダラ・ラージャンによってさらにすすめられることになる。彼の「革新能力」の概念は、ハーバーマスの「コミュニケーション的理論的モデル」や「コミュニケーション能力」の概念に負っているものである。ラージャンの研究はハーバーマスの枠組みからの影響に加えて、文化的に生活世界の分析のための同起源（ポスト行動主義的）アプローチという点で、シュツィアンの現象学からも影響を受けている。「もし、コミュニケーション能力の理論とシュツィアンの社会理論の緊密な関係を擁護することができるならば、われわれは超越論的な視点を社会理論の領域へと移すことが可能となるだろう」とラージャンはのべている。

ラージャンの『革新能力と社会的変容』は、社会的政治的発展に関して、スペンサーからパーソンズへの進化モデルに頼っているところもあるし（実証主義者の決定論を脱ぎ去ってはいるが）、ハーバーマスの近代化の道筋の複線的多面的な枠組みに頼っているところもある。ハーバーマスの経験的利益の三分割（経験的真実、正当性、真理性という三つの有効な主張への対応）にそって、ラージャンは開発を、増大しつつある操縦の効率性、文化的コミュニケーション、自己反映もしくは自己表現の三つの軸にそって移動するものとして描いた。この研究の立場からは、単純か複雑かにかかわらず、すべての社会は「三つの基本的な課題に直面し、ある程度は解決している。第一に、生存の課題、第二に、そのグループの構造と規範的秩序の維持、第三に、各個人に個人的充足と幸福の許容できる度合いを可能にする課題、である。革新能力は、適応性があり相互作用の表現豊かな三つの構成要素に分けることができる。これらの構成要素は、効率性、正義、幸福というすべての社会の中心的な目標を反映している。これら三つの目標の近似は、相互的な統合と最終的には普遍化と同じく、進歩的な区分化の過程に関わっている。

進化過程の最終点としての、社会文化的進化の最終的なゴールや目標について、もし、われわれが完全に話すことができるとすれば、それら三つの次元の最適のバランス、「文化的母型《マトリックス》」とも言うべきバランスの秩序、として語ることができるだろう……（それゆえ）文化的進歩の最終地点は、効率性、正義、幸福の三つの完全なバランスのとれた単一の普遍的な文化においてであろう。それは、それぞれの社会類型によって異なるだけではなく、文化的進歩の最終ゴールとでも言うことができるような、単一の文化の型へのそれぞれの社会類型の普遍化でもある[20]。

「革新のための社会的変化」という概念は、ハーバーマスの主題とリクール〔フランスの哲学者 一九一三〜〕の超越論的解釈学から出てきた論点を混ぜあわせたラージャンの重要な著作、『文化的理性の批判に向かって』によってさらに展開される。生活世界と言説との区別、あるいは一般的な相互作用と交換可能な理性との区分という、ハーバーマスの考えを適応して、ラージャンは社会的実践の二つの基本的レベルの間の区分があることを指摘する。つまり、状況志向のコンテクストのレベルと、コンテクストにとらわれない、あるいは超越論的な普遍性のレベルである。リクールの解釈学理論から用いた語彙を使ってこの区別を混ぜあわせることにより、ラージャンは「語義」と「シンボル化」という二つの記号論の次元を並置した。語義とは「コンテクストの表現、あるいは状況特定的な意味」を意味し、シンボル化はコミュニケーション過程内部での解放のための「コンテクストの超越」として表される。彼が理解していたように、この区別を明確にすることは、文化をイデオロギーと同一視する傾向や、普遍的なシンボル化を歪められた語義やコミュニケーションの様式に還元する傾向をもっている（「疑い深い解釈学」によって仮面を剥がされるべき）正統マルクス主義からの決別を意味していた。

このような還元的なアプローチに逆らって、ラージャンはシンボルのほんとうの性格や、その解放したり改造する力のある効果を強調した。その研究によれば、「文化」は単に偶発的あるいは、制限的な生活の型ではなく、社会生活の本質的な特徴の同義語でもある。この意味で、文化は「一般的あるいは普遍的意味」を指し示す「シンボル的なものの知識体系」として説明できるのである。このような意味を説明している彼の文章がある。

超越性のシンボルをわれわれは目のあたりにしている。この視点から見れば、文化は超越性のシンボルの領域である。そのようなシンボルが言説で機能する限りにおいて、文化が個人の経験のなかで活動している限り、限定されている個人はコンテクストや彼の生活の実存的な境界性を超えることが可能となる。伝統的な公式においては、文化のなかで生活は止揚され、すなわち超越し、より高い形となる。もしそうであるなら、限定的な超越性が実現されるのはシンボル的な領域においてであろう。

ラージャンにとって、シンボル化は潜在的な解放であるだけでなく、カント的意味における文化的理解の「可能性の条件」でもあった。論議をこの方向で（カント固有の批判的審理の限界を超えて）すすめるなかで、ラージャンの研究は、唯一「歴史的知識の基礎」として機能することのできる「文化的理性の批判」の概要を描いた[21]。

このアプローチに内在する意味について詳しくのべている彼の『文化的理性の批判に向かって』は、コミュニケーションの実践における記号論的意味と国際的行動という二つの次元を峻別している。両方の場合とも、偶発的なコンテクストと普遍性との分岐は機能的なものだという。リクールに続くラージャンは、記号論的意味の領域において、一般的な会話と書かれた文章とを区別している（ハーバーマス流の会話と言説の相関関係の変形）。日々の会話にはコンテクストがあり、語義の記号論的過程を映し出していると見られているのに対して、文字として書かれた文章は、シンボル化が語義を超越するような記号論的変化の過程を経て、普通の表現が普遍的な意味へもち上げられ、「止揚」される意味おいて、比較的コンテクストフリーであるとする。このような超越と同様の変化は、国際的行動の領域においても認められる。そこにおいては、相互作用の普通の型から「模範的な」あるいは「新時代を開くような行為」

(強い意味での政治の折り紙つきとしての)のレベルへという止揚の過程が指し示めされる。テクストは、幅広い文化の領域(芸術と文学から、倫理学まで)の替え玉としての用語であり、本質的な意味を主題化し、普遍的な人間の必要物を明らかにすることができる。これとまったく同じように、新時代を開くような行為というのは、特定の歴史的背景のなかに埋もれている普遍的な政治的願望を浮かび上がらせる力をもっている。ラージャンの言葉では、次のようになる。

典型となるような行為のおかげで、一つのコミュニティはどうあるべきかを認識できるようになる。例示的な行動は、歴史的でコンテクスト化された栄枯盛衰のなかで、コミュニティにとっての良き生活のビジョンとは何かを明らかにしてくれる。典型は、苦難の時にあっては曖昧で名前すらない願望をはっきりとさせてくれる。歴史的経験の意味を脱コンテクスト化し、悲惨さと屈辱の底に沈んでいる、暗く混乱した願望を予示してくれるのである。(22)

3 「ポストモダニティ」の挑戦

リオタール『ポストモダンの条件』

ラージャンの研究が出版されたとき、彼のアプローチのいくつかの前提について、西洋ではすでに綿密な検討が行われていた。このときハーバーマスの批判理論は、解放のための熱意の表明にもかかわらず、いくつかの方向から、そしていくつかの理由によって、辛辣な批判を受けた。その重大な理由の一つは、彼の理論的枠組みにある、初期の近代化論への部分的共犯性ということであった。彼は、成長するシステムの承認のなかで、区別化や能力、彼の包括的目的論や社会発展の段階的モデルについてのべている。多くの批判者の目からは、ハーバーマスの進化論的な見通しは、進歩的な支配的勢力と地球全体を覆う西洋の科学と技術の支配と、あまりにも手際よく継ぎあわされているように見えた。この共犯関係は、彼の生活世界や規範的文化への関心によって（十分に）相殺されるものではなかった。ハーバーマスの図式における「文化」は、心理学的な傾向について関心を集中する実証主義者よりもずっと先に行ってはいるものの、実験科学を補完するものとしての国際的な常識内にとどまっていた。さらには、実験科学と同様に技術的な道筋に従っていた。

この図式を下支えしている「超越論的転回」は、近年の「言語論的転回」あるいは言語への転回とも呼ぶことのできる別の傾向に通じるものである。それらの傾向においては、理性的な「言説」において調和している以上に、言語のコンテクスト的な意味が強調されている。部分的にしか発音されておらず、その大部分が手つかずとなっている宝庫としての文化、あるいは文化人類学者がある時期好んで使った国際的な意味としての「文化」の意味を強調することによって、言語の復活が行われた。緻密な推論として、この文化の強調は、「伝統」の概念と社会的変容の過程におけるその役割を再評価することを意味していた。普遍的あるいは超越論的定式とは反対に、文化と伝統はともに、お国言葉のなかで育まれることが必要な歴史的な現象としてみなされるようになった(23)。

普遍主義者《ユニバーサリスト》の特徴と同じように見られることによって、ハーバーマスの批判理論はその冷酷な近代主義の立場から、疑いをかけられるようになった。ハーバーマスは目的論的図式に立つことによって、西洋モダニティあるいは「モダニティの哲学的言説」の偉業を達成した、活力に満ちたチャンピオンとなった。彼は理性的な啓蒙主義へ関わることによって、そして文化的価値領域（科学、倫理学、芸術）をいっそう区別化することによって、その言説を認識したのである。彼の視点はフランクフルト学派の要綱の初期のスポークスマンの何人かによって力強く提案された解釈である、内在的な緊張あるいは近代の時代を特徴づけている「啓蒙主義の弁証法」を軽視しているとみなされた(24)。そのような初期の動きとして、西洋の時代の先頭を行く知識人たちは、近代主義者の道筋に一斉に攻撃を開始した。西洋の合理主義や普遍主義《ユニバーサリズム》を「ロゴス中心主義」の同義語であり、世界支配の「ヨーロッパ中心的」*用語解説色彩をごまかすものであるとしてかみついたのである。これらの傾向のなかで突出したものが、ポスト構造主義と脱構築の立場であり、その提案者は「ポスト近代主義者」あるいは初期の「ポストモダニティ」の提唱者としてグループを組んだ人々であった。

ジャン・フランソワ・リオタール〔フランスの哲学者 一九二四～九八〕は、『ポストモダンの条件』において、すべての近代化の道筋（人間解放の重要性を含めて、近代史の目的論的重要性について）を、言語の歴史的に偶発的な特徴とは一致しない空想的な「メタ話法」だとして批判した。彼が観察したように、過程としてのモダニティ（すなわち近代化）は、「精神の弁証法、意味解釈学、理性的あるいは労働の目的の解放、さらには富の創造などのいくつかの大きな物語」によってつねに自らを表現する。それに対して、ポストモダンの視点の第一の特徴は、そのような重要性に対する「疑い深さ」であり、その懐疑はすべての継続的、あるいは進歩的な歴史の目的論へ向けられている。リオタールの見解によれば、ポストモダニティは普遍的な図式を放棄して、歴史的なできごとと文化的な「言語ゲーム」の分散的で不均等な特質について強調し、全体論的な理論にではなく、「言語分子の語用論」と「部分的（遠隔的な決定主義）」な政治活動のみを支持した。ハーバーマスのコミュニケーション理論に対するはっきりとした反論において、リオタールの『ポストモダンの条件』は、「異なることへの過敏さ」と「同じ基準で計れないことへの寛容性」とともに、「軋轢《アゴーン》」＊用語解説の役割に特権を与えた。この著作を支えている基本的な「原理」は、「話すことは闘争である」、会話の行為は「知的競合的な領域内に陥る」といった闘争や論争であった(25)。

このような理論的な強調は、デリダの相違の賞賛から、ドゥルーズ〔フランスの哲学者 一九二五～九五〕の不均等の強調、フーコーの「マイクロパワー」の概念など、今日の文学に広がっている。すなわち、歴史的目的論の拒否は、とりわけフーコーの『知の考古学』においてはっきり主張されている。すなわち、歴史的進化への注目から、パラダイムの破断、不連続性、認識論的破断へと、その焦点を移している。フーコーが観察したように、不連続性の概念は今日の歴史的調査において「主要な役割を引き受けている」。歴史から「時間的秩序の崩壊の傷」を取り除くことは、以前には歴史家の仕事とみなされていた。今や不連続性が、全体論的概観を封鎖する中心的な論議として立ち現れた。後に、フーコーは非集権的な実践と地方の抵抗の役割を取るに足らないとのべたインタビューにおいて、反全体論の政治的な含意について詳しく説明している。政治的な分析は全体的なシステムについてではなくて、「難局における力」や「より地域的な形や制度が毛細管となるような地点」について注意を払うべきだと彼は説明している(26)。

アメリカ的なコンテクストにおいては、反全体論は、頻繁にネオプラグマティズム的個別主義や文化的多様性のポストモダンの洗練を装って姿を現した。リチャード・ローティ〔アメリカの哲学者 一九三一〜〕は、プラグマティズムの立場を導入して、ハーバーマスの半超越主義に対して、地方的な語りの特権性を支持する立場に立つようになった。近代化のグローバルな道筋の代わりに、彼はただ一点、「西洋民主主義の政治演説をつくりあげている話術による言説の非理論的な性質のもの」を保証し、「率直な自民族中心主義《エスノセントリズム》」になることが望ましいということを指摘している。文化的（カウンターカルチャー的）領域においては、ポストモダニティの特徴的な好み（あるいは、ポストモダニティの卓越した構成要素）は、皮肉にも、コーネル・ウェストの『差異の新しい文化的政治』においてのべられている。そこでは、「差異の新しい文化的政治は、多様性の名における一枚岩的で均質なものを破壊することである。つまり、一般的普遍的という抽象的なものを拒否するために、特定的で個別的という具体的なものの見地からものごとを見る。さらに、歴史化しコンテクストをつけ、複数化するために、偶発的ではなく、変種のもの、とりあえずのもの、移り変わるものを強調するのである(27)」。

ポストモダニティと文化的ナルシシズム

以上、大雑把に描いたように、ポストモダンは開発についての論争に重要でおおいに活力のある意味を与えている。言説の西洋的様式から表れた普遍的なカテゴリーに抗がって、ポストモダンの反全体論は、地方的でその土地の言葉に声を与えようとしており、そのことによって周辺化されたもの、とりわけ、西洋の世界支配に抗がって第三世界の貧しい大衆に力を与えようとしている。前セネガル大統領、レオポルド・サンゴールは、「われわれアフリカ人は、文明の消費者になりたいというのではない」とのべ、そのような解放への信頼を理解していた。サンゴールの言葉は、かつてドゥルーズが、フーコーの現代社会理論への貢献について特徴づけた、「あなたは、誰かに成り代わって話すということがいかに不遜かという、絶対的に基本的なことをわれわれに教えてくれた」という言葉とともに、深く心に響いている。[28] この不遜さを避けるために、第三世界の民族的、他の（サブ）国民グループは、彼らの希望と苦難のもとを自分たち自身の言葉で表現しなければならない。そのことが、土着的な文化や言語的伝統、生活様式を安定化させることを意味するのである。

同時に、このような安定化が狭隘な自己囲い込みや、民族的偏狭主義《パロキアニズム》を生み出す可能性があることを見る必要がある。社会的経済的に抑圧された状況のもとでは、ローティの良性の自民族中心主義《エスノセントリズム》は、狂信的愛国主義《ショービニズム》や民族宗教的「コミュナリズム」[＊用語解説]といった質の悪い形態にとって代わることもあり得る。このことが、ポストモダニティがはらむ暗く危険な一面であり、近代主義者の攻撃に対して弱い一面である。この危険を避け、文化的ナルシシズムの誘惑を押しとどめるためには、ポストモダンの地方主義や個別主義を、風通しがよく制限のない自由なやり方で解剖する必要がある。つまり、周辺化させられたグループと民族的コミュニティの間、伝統的文化と近代西洋（単に悪魔払いをするだけの存在ではない）の間の、関与と相互作用の多様な形態を豊かなものにしなければならない。このような視点から見ると、リオタールの「知的競合性《アゴーン》」は戦闘的で分裂的な性質を失い、戦闘ではなくて相互承認や「知的競合《アゴーン》的対話《ダイアローグ》」の過程の余地をつくるだろう。その過程は、セラヤ・ベンハビブ〔ハーバード大学教授 一九五〇〜〕の言う「対話式普遍主義《ユニバーサリズム》」（そして初期のメルロー＝ポンティの「横の普遍主義」という概念）と一致するものである。このような道筋を通ることで、もはや伝統とモダニティは、対立するものでも歴史的道筋の道標でもなく、お互いが親密に絡みあう生活の様式となり、批判的伝統主義と中立化された（あるいは伝統化された）近代主義の多様な形態の相関関係となる。[29] この章の最後では抽象的レベルのなかにそれらの問題を追うのではなく、開発や「ポスト近代化（と呼ぶことが可能な）」の非西洋的アプローチの潜在可能性に彩られた、インド亜大陸における理論的な新しい動きについて見ていくことにする。

4　インドにおけるポスト近代化？

バヌリ「第三世界の未来ビジョン」

開発の問題に関心を寄せるインドの理論家のなかで、フーコー主義者とポストモダンの影響は、タリク・バヌリ〔ストックホルム環境研究所ボストンセンター所長〕の著作においてとりわけ顕著である。『近代化とその欲求不満』（一九九〇年）において、バヌリは近代化モデルの決定的な特徴に批判を浴びせた。それらモデルの「モダニティ」の賛美は、近代の文化は本来的に他の生活様式や「世界の見方」より優れているという前提に基づいたものであった。バヌリの見方では、開発あるいは近代化理論には抜き難い危機があり、それは細部の欠陥からくるのではなく、哲学的、認識論的、目的論的な面で根底的な欠点に由来する危機なのである。『近代化とその欲求不満』は、地図や世界の「個人的」な見方と「非人格的」な見方とを峻別することによって、近代化モデルが階層的な前提条件に毒されている西洋モダニティの付属物にすぎないことを明らかにした。階層的な前提条件とは、非人格的な関係が個人的関係に対して本来的に特権的にふるまう、「非人格的な前提条件」でもある。この定式化において、非人格性が、誰もが「他の人々と、自然環境と、そして知識と」匿名の関係を保っているものとして文化を特徴づけ、この三つの次元における具体的で経験的な結びつきによって「個人的な地図」が完成するとした。非個人的なスタンスが抽象的であるか脱コンテクスト化されているか、あるいは普遍的な場合には「コンテクストが特定できる」という。

多くの実際の文化には、個人的次元と非人格的次元の二つの次元が混じりあっているが、その二つを峻別して非対称的な階層のなかに位置づけようとしたことが、西洋モダニティの顕著な特徴である。この角度から見れば、近代化理論の道筋はこの階層化を世界全体に広げたと言える。「近代化理論は、世界全体を『合理化』し、概念的なグリッドのなかに位置づけようとする目的をもっていた」のである。その主要な目的は、「教育ではなく、管理であって、世界の理解を助けることではなく、現存の権力構造（しばしば抑圧的である）を維持することであった」。バヌリのエッセイは、フーコー主義者の語彙を受けて、「一対の対立物という西洋リベラリズムの方法」に固有の「ヘゲモニー的なパノラマ主義」を酷評した。その批判は、モダニティと伝統、普遍性とコンテクスト性という二つの弁証法的相互関連に対してではなく、両者の階層的な相互関係に対して向けられたものであった。バヌリは近代化の問題点についてのカルテを作成したが、「今日の世界の軸の解決できないように見える問題の多くは、文化の領域の非人格的なものと個人的なものの間の二分論や階層関係という思い上がり原因があり、その解決を探るためには、この階層関係を、両者の間の緊張関係や弁証法の概念に置き換えることが必要である」と診断した(30)。

そしてバヌリは、その処方箋として、反近代の分離主義というラディカルな方法を提唱したのではなく、むしろ、知的競合《アゴーン》的対話《ダイアローグ》、あるいは緊張に満ちた対話といった手段を選んだ。彼の目からは、このような緊張に満ちたアプローチの仕方は、「個人的でありながら同時に非人格的なものの見方の混合物」をつねに映し出しているような具体的な社会システムを示す必要があった。非人格的なものの見方は「近代化アプローチを強調しすぎるきらい」があるにもかかわらず、「近代人が非人格的な議論の排他的な信頼に基礎を置いているのとまったく同様に、完璧に首尾一貫していて論理的な論議というものは、『個人的』地図に基礎を置いたものに違いない」。このようなアプローチによる基礎的で道徳政治的な最終結論は、文化的非対称性を是正することであった。そのことは、近代的生活スタイルは優れているという近代人の思い上がりを、「異なる文化や価値システムがもっている社会経済的な重要性や、道徳の初期の概念」に置き換えることである。この是正をやり遂げるためには、「非人格的」（西洋的）専門家の普遍的な言説から、第三世界社会の土着的地域的な表現へ焦点を根本的に移動させることが必要である。このような転換は、理論的にも実践的にも「普遍的で客観的な定義の有効性や正当性を否定し」、それによって「ものごとと社会の目標を決定する権力を、外部の専門家からその社会自身の構成員へと移行させること」にすすむだろう。

ここにおいて、フーコーが地域からの抵抗を強調したことが、今日性をもつに至る。バヌリの評価では、「伝統的」文化の近代的価値や実践への抵抗は、「伝統的文化自身の行動やその環境に対するコントロールを保とうとする」企てとして理解することができるとし、この見方からすると、開発や社会的変容が引き起こすすべてのことは「上からの強要によって起こるのではなく、むしろ、抵抗、抗議の結果として、下からの挑戦によって」発生することになる。この意味において、バヌリは「非集権化された政治、経済、社会」の言葉で表される「第三世界の未来ビジョン」を定式化した。そのビジョンにおいては、非集権化は「村落、集村、小都市、大都市のそれぞれの地区などの各レベルにおける」地方政府に権限をもたせることを意味している。このような非集権化は、自力更正と非暴力というガンディーの遺産と結びつけることが可能だとバヌリはみなす。機能的近代主義の気まぐれで攻撃的な特質とは対照的に、普遍的で非人格的なものの見方から決別して、人間どうしの直接的な結びつきに基礎を置くものの見方に移行することよって、基本的な人間の価値としての永続可能な発展の概念の形成を助けることができる。さらにそのことが、暴力に苦しんでいる人々の抵抗の基盤ともなるのである[31]。

ナンディ「批判的伝統主義」

バヌリと似たような見方が、（やや論争に重点が置かれているが）アーシシュ・ナンディ〔インドの政治心理学者 デリーの社会開発研究所所長〕のいくつかの著作においても見られる。ナンディは、近代化に対する正面切っての対抗を、西洋の覇権的な文化への進歩的適応とみなし、進歩や発展をある一点では「社会的抑圧を強く自覚するようになること」としてとらえている。この定義の具体的内容は、『社会変革のための文化的枠組み』と題する宣言文ないし第三世界への「信条」において、細かくのべられている。ナンディは、土着文化や文化的伝統の強調が、容赦のない西洋化や画一化に直面している世界にとって緊急に必要であると主張する。バヌリの著作と同じように、ナンディにとって、土着文化の力に頼ることは、「専門化された西洋思想への公然の反抗」であり、「『劣った』認識力や、抑圧された人々の『未熟な』革命意識によって汚染されていない」抵抗をも含む思想を意味する。西洋モダニティが覇権的な位置にあるなかで、抑圧への抵抗は「われわれ自身の内部にある、モダニティそのものへの抵抗」を含まなければならない、と宣言文は言う。とりわけ、「発展、成長、科学、歴史、技術」といった概念が含んでいる意味に対して、抵抗は挑戦しなければならない。これらの概念が第三世界においては、新しい「国是」となるだけでなく、暴力と不正義の新しい形態としての神秘化にもなっているからである。

ナンディの宣言文において、社会変革を行うための足がかりは「批判的伝統主義」の言葉で説明されている。解放のための芽が現れるのは、「生きている伝統」のなかであり、それは近代化との共犯関係のあらゆる形態(西洋のヘゲモニーへ忠誠を誓った「批判的近代主義」を含め)との平衡関係を意味する。ナンディによれば、そのような解放のための芽は西洋モダニティの独占物ではなく、インド文化のなかにも見い出すことができるという。「プラーナ(ヒンドゥー教の聖典)や民俗的な要素の多く」を含めた伝統的インド思想の多くは、「批判のための基礎」となることが可能であり、実際にその役割を果たしてきたからである。『社会変革のための文化的枠組み』では、批判的伝統の主要な代表者はガンディーであった。多くのスピーチや著作にあるように、ガンディーは、心情的な古代主義に後戻りすることを拒否すると同時に、「モダニティに対するもっとも首尾一貫して辛辣な批判者であったことは言うまでもない」。ガンディーは「国家、科学技術、市民生活、社会変革」などの伝統的概念を捨て去るのではなく、「国民国家システム、近代科学技術、都市工業主義、進化主義などの近代の発明物」を拒否した。ガンディーの見地の中心的特徴は、彼の、現在とともに過去における抑圧に対する抵抗であった。ナンディの言葉によれば——、

ガンディーの、不可触民差別の伝統に反対する運動は、彼の近代帝国主義に対する闘争のもう一つの面であった。クマーラスワミとは異なり、ガンディーは伝統を擁護しようとしたのではなく、伝統とともに生きたのであった。ネルーと同様に、近代の枠組みのなかに文化を催眠状態にさせようとしたのでもなかった。ガンディーの枠組みは伝統的ではあったが、同時に彼はいくつかの伝統を暴力的に破壊しようとしたのである。彼はモダニティの要素を、批判のためのベクトルとして、彼自身の枠組みに組み入れようとさえしたのであった[32]。

リベラル・ヒューマニズムをいくつか継承するナンディと同じ精神の足がかりは、ラージュニー・コタリの最近の

著作に見られる。彼は、デリーの途上国社会研究センターの著作に注目していた。コタリはナンディとバヌリとともに、新たな政治体制と適切な「人間的な世界秩序」を探求することは、西洋のグローバルなヘゲモニーに抵抗することであるとみなした。彼の見地によれば、世俗的な近代化や開発は、グローバルなレベルにおいても一国内の社会のレベルにおいても、北と南、都市と農村、西洋化したエリートと土着的な大衆、といったように人々を分断させ、根本的な不均衡を生み出した。『変革と生き残り』で彼が書いたように、開発の今日の危機は「帝国主義の中心と周辺社会、富者と貧者の間の、いっそう先鋭化する二元論」によってもたらされたものである。

コタリは、ナンディと同様、正真正銘の発展の核は技術やマネジメント能力のなかにあるのではなく、解放のための変革のなかにあるとした。彼は、その変革が、「人間のことがらにおける自由の問題や民主主義、それを維持するための制度」とともに行われるべきであると強調する。そして、その処方箋として、この解放の芽を発芽させるためには、地方の自治政府の権限を強化することや、土着文化と草の根の運動（とりわけ周辺化された人々のグループのなかでの）の活性化が必要であると主張している。『発展の再考』でのべられているエスニシティと土着文化への彼の注目は、「世界資本主義の三つの中心軸（国家システム、近代技術や普及したコミュニケーション・情報秩序に基づいた『世界文化』、『普遍化された』教育システム）をめぐって人間性全体を操作しようという、過度な近代の計画への反応ないし反動であった」。この著作は、エスニシティや地域文化に共感を示しているが、さまざまな自民族中心主義《エスノセントリズム》や狭隘な狂信的愛国主義《ショービニズム》といった、今日のコミュナリズムや共同体間の暴力が激増している要因である囲い込みについては拒否している。コタリの研究は、リベラルな人道主義者の衝動に敬意を払って、文化間の果てしのない論争に陥るのではなく、知的競合《アゴーン》的な「人々の間の対話《ローカヤン》」を提案している。それが、多様な宗教的文化的グループを等しく尊重し、オルタナティブな世界秩序をつくるうえで役に立つと考えたからである。(33)

ガンディーの自力更正、非暴力主義

ナンディと同様に、コタリの見通しは、ガンディーの遺産と通じるところがある。とくに、自力更正と非暴力の思

想である。彼は、『発展の再考』において、ガンディーのヒンドゥー・スワラージの思想が、「人間的秩序の回復における拠り所となる、人々のふるまいの道徳的規範」をもっともよく表現していると言う。正統ガンディー主義者とも言うべき人はどこにもいないかもしれないが、ガンディー主義者の共感者はこの分野のインドの著作家のなかに広がっている(34)。今日の作家によって描かれている典型的なガンディー像は、近代化されつつある国家建設者としてではなくて、むしろ批判的伝統主義者としての姿である。つまり、土着的インドの伝統を、解放のための改造への願望と結びつけることが可能な人物としてなのである。ガンディーはインドのみが学ぶべき人物ではなく、世界全体が学ぶべき人物ではあるが、この点において、ガンディーの政治家としての姿と知識人としての姿は、われわれの時代において明確には一致しない。

ガンディーは、自分の見解を可能な限りその土地のインド諸言語の言葉で話し、土着的な伝統に語りかけようとした。そうして、自治《スワラージ》の概念は、アルタシャーストラ（インドの伝統的な治世学）の伝統からの借用であったにせよ、われわれの時代のコンテクストのなかでは、植民地主義のヘゲモニーへの抵抗や、集権化された管理に頑強に抵抗する地方自治という意味あいをもつようになった。同じように、非暴力《アヒンサ》の概念は、古代仏教やジャイナ教の教義（キリストの山上の説教と同様に）由来したものであるが、今日では解放・改造闘争の政治的過程における戦術的重要性をもつに至った。よく知られているように、ガンディーが好きだった古典の一つに『バガヴァッド・ギータ』*用語解説がある。ガンディーは自分自身を、その教えにそって正しい行動の道を追求する苦行僧《カールマヨーギン》として認識した。西洋の観察者はガンディーの政治闘争に賞賛を送ったものの、真実把握《サティヤーグラハ》という用語で彼が表現した不服従運動をどう判断したらいいのか困惑していた。その概念が、「利益連合」や「利益集合体」（近代化理論から借用した用語）などの西洋的な概念からははるかにかけ離れたものであったからである。西洋の作家たちは、ガンディーの民族や宗教の枠を超えた平和を築こうとする偉業に賞賛を送るようになったが、その意思がどこからきたものかは理解できなかった。世俗主義者の無関心や「寛容さ」とはまったく異なり、ガンディーの全世界的な平和への追求の努力は、彼の解脱《モークシャ》*用語解説のための闘いの一部をなすものであったのだ(35)。

近代インドのコンテクストにおいては、ガンディーのみが全宗教間協力《エキュメニズム》の立場に典型的に立っていたわけではない。多くの点で、同じ性質の見方は、ラビンドラナート・タゴール、シュリー・オーロビンド、スワーミー・ヴィヴェーカーナンダなど「インド・ルネサンス」のリーダーたちによって共有されていた。インドの伝統に根ざしたものと異文化融合やグローバルな柔軟性とを混合することによって、魅力あふれるものが生み出されることを、彼らの業績は示している[36]。そろそろ結論として、批判的伝統主義の初期の源泉や、インド生まれの無数の遺産を読むことに注意を向けようと思う。とくに、バクティ（神に対する献身的愛）の詩やいくつかのプラーナ（ヒンドゥー教の聖典）文学に明らかに見られる解放のための改造の精神についてである。

前回のインド滞在中、私はシュリーヤ・チャンダルニのお祭りに行われるオディッシダンス〔宗教的儀式として寺院で行われた古代北インドの舞踏〕の夜の公演を観る機会があった。この舞踏劇は「ラクシュミー・プラーナ」や、一六世紀のバクティ詩人、バララム・ダスが書いたオリッサ詩に基づいたものである。毎年一一月にプーリー〔インド東部オリッサ州の都市〕で主婦たちによって演じられる劇のストーリーは、女神ラクシュミーの闘いを中心としている。ある年、ラクシュミーは人々の献身の度合いを観察するために、老女に化けて町に潜入した。ラクシュミーは家から家をまわるうちに、女性たちの間にうわべだけの宗教や、無気力感までもが広がっていることに気がつき、しだいに元気をなくし落胆してしまった。最後には、彼女は不可触賤民の家にたどり着き、女が「マハー・ラクシュミー」と狂ったように祈りながら地面にひれ伏しているのを見つけた。ラクシュミーは狂喜して、その家に入り、女と食事をともにした。このできごとは、プーリーで神々を統括するジャガンナート神（別名ではヴィシュヌあるいはクリシュナ）に伝えられた。ジャガンナート神は、ラクシュミーの宗教的不純さを非難して、寺院から去るように命じた。しかし、ラクシュミーはうまく機転をきかせた。神の造物主の力を借りて、彼女は海の近くに新しい居場所とともに寺院をもらったのだ。そのため、プーリーでは一口の食事を含めてすべてのものがとりあげられてしまった。惨めで生計の糧さえ奪われてしまったジャガンナートと彼の兄は、ついに町に行って物乞いをせざるを得なくなってしまった。しかし、どの家でも無視をされ、飢え死に寸前になった二人の神は、最後にはラクシュミーの宮殿に向かった。彼らはラクシュミーに戻って来るよう嘆願したが、彼女は彼らと駆け引きすることにした。結局は、ラクシュミーは、カーストの分け隔てなくすべての人々が自由に訪れることのできる寺院だったらいいという条件で、プーリーに戻ることに同意したのであった。伝統的な言葉に頼ることで、この詩はガンディーの遺産と同じことを言っているのであり、さらに重要なこととして、宗教の違いを超えた人類的熱望を表しているのである。

第8章　東と西に見るシューニャター——空《シューニャター》の観念とグローバル・デモクラシー

存在自体が自己放棄によって生起すると考えてはどうだろう？

——ハイデガー『哲学への寄与』

今日、盛んに論じられているテーマとして、グローバリゼーションと、ますますその姿を現しつつある、世界的規模でのコミュニティとしての「コスモポリス」構想がある。[1] どちらのテーマも衆目の一致するところでは、そのめざす方向は西洋化という課題と切り離なせないものだという。すなわち、すべての社会はこの先、西洋の政治的、経済的、科学的思想にリードされる形で近代化が推しすすめられていくだろうというのである。こうした動きをもっとも強烈に見せつけたのは、最近の世界各地における西洋型民主主義の上げ潮ムードであった。南アメリカから始まって、東ヨーロッパ、南アジアを巻き込み、さらには天安門広場にまで達したこの動きには、ただただ目を瞠るばかりである。一世紀ほど前に、アレックス・ド・トクヴィル〔フランスの歴史家・政治学者　一八〇五～五九〕が、ほとんど神業に等しいとまで言って賛嘆したのは、ヨーロッパ社会の民主化であった。ところが、それが今、世界的な規模で席巻しているのである。このことの意味は大きい。しかしながら、この大きな流れの真っただなかにあって、何やら奇妙なことが起こっている。その理由は、西洋民主主義がもっともその勢力を拡大したまさにそのとき、思いがけなくも、明らかに非西洋的なアジア起源のものの考え方やあり方に遭遇したことに起因する。この遭遇は長きにわたって待ち望まれていたものではあったのだが。民主主義が勝利のうちに肯定されて、その主張にますます力が加わっていったのであるが、その民主主義の核心部において、否定性あるいは非肯定性が存在することに人々は気づいた。これこそが、東洋思想において伝統的に空《シューニャター》と呼ばれているものに他ならなかった。民主主義が世界的規模で高揚し、拡張していったのであるが、それにもかかわらず、そこには奇妙なことではあるが、絶えずある種のとまどい、欠如感、不可解さがつきまとっていた。こうした受けとめ方を全体として詳細に検討してみる必要があることは言うまでもない。本章では、われわれの時代における東西二つの文化の謎に満ちた接触をよりよく理解するために、その見取り図を検討してみたい。

当然のことであるが、接触という言葉は、異なるものの見方や考え方がスムーズに混じりあったり、溶けあったりすることを意味するものではない。異文化の遭遇は、互いに重なりあう部分があるにもかかわらず、大抵のところ、あるものをもつかもたないか、あるいはあることがらについての意義を認めるのか、そうではないのかをめぐって、軋轢《あつれき》、争い、葛藤などを生じさせるものである。東洋的、あるいはアジア的な思考が衝突することになったのは、民主化という歴史の推進力であり、個人の人権の主張（リベラル民主主義に固有の）であった。これとは逆に、西洋的思考の方が出会ったのはラディカルな傾向をもった政治的な非基礎づけ主義《ノンファンディショナリズム》（空《シューニャター》に含蓄されるような）であった。このために動揺と混乱をきたすような状況がしばしば生じたのである。東と西の姿がもっとも際立って違って見えたのは、おそらくはこの点においてであったろう。これを除けば、あとは動と静、自我《アートマン》と無我《アナートマン》、自己本位と自己棄却などの対立関係があるにはあるが、さほどのものではない。

この章では、哲学的、文化的な違いを絶えず視野に入れつつ、相互の対話を通じての関わりあい、あるいは知的競合《アゴーン》的対話《ダイアローグ》＊用語解説を行うための地ならしを試みたい。まず最初のステップとして、空《シューニャター》の観念が、歴史的にどのようにして東洋やアジアの思想のなかで形成され、継承されていったかを検証する。その次のステップとして、近年の西洋思想のなかに見られるところの、これに対応する諸概念をとりあげたい。とくにこれを現代の政治思想の発展のなかに位置づけるとどうなるか、その点に注目するつもりである。すでにのべたように、後者の重要な特徴の一つは、民主主義の根幹に何やら空洞らしきものや否定的要素が存在するのを発見したことである。これをさらに突きつめれば、結局、「人民の民主主義的主権」の発現を「空なる場所」という様式を通じて行う問題である。最後に本章の締めくくりとして、グローバルな民主主義への展望を拓くために、東洋と西洋がいかにこの分野で貢献していくことができるのか、その可能性について探ってみたい。

1　東西における「空」の観念の違い

空を消極的なものとしてとらえる見方は、ある意味では地理的な境界を超えたものであって、東洋と西洋との間にさしたる違いがあるわけではない。存在とは、ちょうど生と死とが対をなすように、とにもかくにも非存在と関連しているという見方は、昔から人類共通のものであった。このことに疑いはない。しかしながら、問題はこの相関関係の解釈の仕方にあった。伝統的な西洋思想では、空とは一般的に単なる欠乏、あるいは手だてのなさを示すものであった。したがって、これは実体的な実在（あるがままの存在）を探るための導入路としてあったにすぎない。この点に限れば、東洋思想の方の特徴は、まさに空そのものを論理的また実践的に考察の対象に据えていたという点にあると言える。しかしながら、注意しておかねばならないのは、空とは単に空白をさしているだけではないこと、またさらにはこれが論理否定（普遍的および限定的形式の両者において）をそのまま意味するものではない点である。西洋形而上学の用語で言うなら、空とは存在論、より厳密には、実践的存在論に属するものだと言えるかもしれない。空とは、（ヘーゲル哲学でよくやるような）概念規定をする前に並べたてる空疎な前口上に供するようなものではない。それどころか、空は現前と不在の母型《マトリックス》たり得るものとして、まず最初にそれ自体が概念規定されるべきものである（もっともその瞬間から混乱に陥るかもしれないが）。さらにつけ加えれば、空には実践的・変革的な要素も含まれていることを忘れてはならない。なぜなら、空は人間を「実在するもの」への執着から解放するだけにとどまらず、それ自体が「空化」する、すなわち究極的には空それ自体に対する執着からも解放してくれるからである（それゆえ、いかなるニヒリズムとも無縁たり得る）。このように見てくると、空は――もはや単なるもろもろのカテゴリーのうちの一つとしてみなすことなどは到底できない——西洋概念による形而上学の境界をうち砕くものであり、それだけにとどまらず解放の象徴としての役割を果たすものだとすら言うことができよう。

空の観念は東洋的な思想土壌の上に成長し、多様さと地域的な広がりをもつ伝統の一部となっていった。空の観念の淵源をたどれば古代インド文化にまで達する。とりわけヴェーダ聖典では存在と非存在とが同等であること、存在それ自体の非実体性が強調されている。「ものごとや行為の結果への執着を絶て」という教えは、『バガヴァッド・ギータ』*用語解説の中心思想をなしているだけでなく、インド古来の伝統的観念である「行動の道《カルマ・ヨーガ》」の骨格ともなっている。空の思想がもっとも鮮明に写し出されているのは、仏教の教えのなかにおいてである。ブッダの基本的な教えである「四諦《したい》」のうちの一つには、悟りに至る一方法としての滅諦《めったい》、すなわち煩悩を滅尽《ニローダ》せよと説かれている。ブッダの示したこの真理は、無我の原理とともに、何世紀にもわたってこの後に続くすべての仏教の宗派の違いを超えた共通の土台となった。

ナーガールジュナにおける「空」

空《シューニャター》の思想が哲学的にもっとも発展し、革新されていったのは、疑いもなく大乗仏教においてであった。これは主として、大乗仏教の偉大な師祖の一人で二世紀頃の人、ナーガールジュナ（竜樹）の影響によるところが大きい。彼はそれまでの伝統的な思想体系を大胆に革新し、無我の観念を、あらゆることがらと存在物の無実体性、すなわち無自性《スババーバ》にまで拡大した。またそれと同時に、空を自己の持続する空化のプロセスとみなし、空が空そのものにまで作用を及ぼすものと解釈した。ナーガールジュナはそうすることによって、精緻に組み立てられた「中道」へと至る道を切り拓いたのである。ここに言う中道とは、同一と差異、無の非弁別性と個別現象の多様性との間にある対立の超克をめざすものであった。大乗仏教は、ナーガールジュナによる革新に先立って、すでに中国に浸透し始めていたが、中国でつぎつぎと生まれた諸宗派は、いずれもがもっぱらこの中道の探求をこととしていた。数ある宗派のうちで、もっともラディカルで革新の気風に満ちていたのは禅宗であった。禅の歴史は五世紀に中国にまで旅したインド人僧、ボーディダルマに始まる。彼は梁の武帝から「神聖なる真理の最高の意味とは何か」と訊かれたとき、「広びろとしたものだ。神聖なんぞあるもんか」と答えたという話が残っている。さらにそれから約六〇〇年後に禅は日本へと伝わった。これは曹洞宗を開き、『正法眼蔵《しょうほうげんぞう》』を著した偉大な宗教思想家、道元〔日本曹洞宗の開祖 一二〇〇～五三〕の努力によるものであった。(2) ここでは複雑な歴史の軌跡を細部にわたって検証することはさしひかえ、その代わりにまずナーガールジュナと道元の功績について、そのあとで現代の日本で禅仏教の流れを汲むことでよく知られている、いわゆる京都学派（西田幾太郎〔京都大学教授 一八七〇～一九四五〕、久松真一〔一八八九～一九八〇〕、西谷啓治〔一九〇〇～九〇〕、阿部正雄〔一九一五～〕などに代表される）について、それぞれその果たした大きな歴史的役割について簡略にふれてみたい。ナーガールジュナは『中論頌《ちゅうろんじゅ》』の著者として、また『大智度論《だいちどろん》』の壮大な理論展開でよく知られている。彼は自分の著作や教えのなかで、けっして「唯一の実在」（初期のウパニシャッド哲学*用語解説で言うところのブラフマン）という観念を否定しているわけではない。彼が否定したのは、この実在を実体化できる対象と考えたり、あるいは概念的知識によって、あたかもそれが少しも損なわれることなく把握できるかのように考えることに対してであった。彼は同時に、その当時いくつかの宗派で流行していた、部分的現象を絶対的所与のものだとみなすような考え方、すなわち、相対的な要素を条件的なものから無条件的なものに引き上げることによって、絶対化をはかるような風潮には痛烈な批判を加えた。

ナーガールジュナによれば、現象が本質的に固定したものだという観念がひとたび取り除かれてしまえば、あとに残るのはあらゆる相対的現象の密接な関係だけだと言う。すなわち、あらゆるものごと、存在物の相互関係と「相依関係」についての理論である縁起の教えの示すところである。そして、このような現象間の関係のからみあいのなかでのみ絶対的な現実が姿を現す。しかも、それはとりもなおさず不在や、空《シューニャター》という様態で現れ出るのである。彼が『中論頌』や『大智度論』の注釈でのべているように、中論の要点は究極的実在への、また相対的事象への、誤まった執着からの解放とともに、さらには空それ自体に対する執着からの解放（ここでは二重の空、すなわち「空空」のプロセスが必要となる）を説くところにある。このまちがった執着からの脱却が果たせるなら、世界は「真如《しんにょ》」すなわち基本的には涅槃《ねはん》（法界）として立ち現れてくる。『中論頌』のなかには次のような一節がある。「空に身を置く者にとっては、あらゆるものがその身と調和する。空は実在や理解の拒否を意味するものではなく、実在の意味をまちがって理解したり、絶対性の置き所を誤ってしまうことに対する拒否である。執着の根本にあるもの、争いや苦しみの源を絶つのである」[3]。

道元における「空」

道元は禅の荒削りさを保ちながらも、同時にナーガールジュナの中道の教えを、教義のうえでも、また寺での修行においてもひたすら追求した。道元は愛着、執着をきっぱりと絶った行為を求めた。利益や、思惑をもった行為とは完全に無縁であらねばならない。そのためにはただただ座禅あるのみである（只管打座《しかんたざ》）。そこではもはや自己執着は失せ去り、確かな心身の脱落へと向かうのみである。道元の教えは伝統的な仏教思想である自己放棄を奉じてはいたが、単に自我の代わりに自己否定をもってきたのではなく、自我《アートマン》と無我《アナートマン》の双方を乗り超えた中道を説いた。彼は『正法眼蔵現成公案《しょうぼうげんぞうげんじょうこうあん》』のなかで次のようにのべている。「仏道を学ぶとは自己を学ぶことである。しかし、自己を学ぶとは、自己を忘れることである。自己を忘れるとは、自己がすべてのものによって実証されることである」と。彼は「自己も自己以外のものもともに心身脱落」することによって悟りが得られるというのである。

自己と無我からの超越を通じて得られる目覚めは、世界および世界の現象に対する態度に作用し、輪廻《サムサーラ》＊用語解説と涅槃との関係にも影響を及ぼす。執着を絶とうと欲するなら、空あるいは現象の非実体性を理解する必要があるのだが、この理解が次の新しい執着が生じる原因となってはならない。空は、仮借のない空の空化によって、現象の新たな現れへの道、すなわち「真如」の世界へと至る道筋を指し示す。ある老僧が「偉大で、純粋で、優れた精神とは、どのようなものか」との質問を受けたとき、彼は、「山、川、大地、太陽、月、星」と答えたという。道元もまたこの答えをよしとしたに違いない。彼は『正法眼蔵』のなかで、ブッダの言う「空華」すなわち「何もない空の華」について、次のようにのべているからである。

諸仏および諸祖のみが空華、地華、そして世界華が咲き、そして落ちるのを知る。彼らは空華、地華、世界華こそ真の経典であることを知っているからだ。これこそ仏道を学ぶ者にとっての試金石である。仏祖が乗るところのものは空華であり、仏の世界と諸仏の教えは空華に他ならない(4)。

京都学派の思想

二〇世紀において、ナーガールジュナと道元の思想を継承し発展させたのは、いわゆる京都学派であった。とくに功績があったのはこの学派の創立者で、その後も指導的役割をはたした西田幾太郎である。西田を含む京都の思想家たちに見られる際立った特徴は、彼らが確たる見通しと自信とをもって東西の隔たりの間に橋を架けようとしたことである。すなわち、彼らは近代西洋哲学の核心を把握したうえで、伝統的な禅の教えの祖述を試みた。これらの思想は、彼らの働きによって西洋の読者たちにも初めて手の届くものとなった。西田の著作にカント、ヘーゲル、キルケゴール、ジェイムス〔アメリカのプラグマティズム哲学者　一八四二～一九一〇〕、ベルクソン、フッサールなどが頻繁に援用されるのも、そうした理由からである。西田は西洋哲学文献による研究を熱心に行なったので、博引旁証もその副産物ではあるが、彼のねらいはその研究を東洋思想、とりわけ大乗仏教と禅仏教という遺産の新たな解明の手段として利用するところにあった。

この遺産の中心をなすものは、空《シューニャター》の概念である。西田は戦前における一連の著書、論文のなかで、この概念を認識論や道徳論という西洋の伝統的な理論と絶えず対峙させる形で論じた。「絶対空」あるいは「絶対無」という用語を用いて新たな解釈をほどこそうとしたのがそれである。彼は一九四五年に亡くなったが、その死の直前に完成させた最後の論文の一つでは、「無の場所」を禅によって醸成された宗教世界の経験の場として描き出そうとした。この場所というのは、カントの批判哲学のメタ批評から出てきたものであるが、主語と述語、もの自体と現象の領域という二分法的な対立を超えたところに位置している。これを伝統的用語で説明しようとするなら、この「場所」はパラドックス的な言葉による規定にならざるを得ない。すなわち、同一と非同一、一と多、自我と無我という互いに対立するものどうしの矛盾した組み合わせとして、また緊張したからみあいとして規定される。西田はこの場面でナーガールジュナの中道（否定を通しての肯定）と金剛経とを援用する。金剛経にはこうある。「仏、仏にあらず故に仏である。ブッダはいないが故にブッダはいる。衆生は存在しないが故に衆生は存在する」。自我は、彼の原稿によると、ラディカルな自己否定を通しての自己発見の道として位置づけられているが、これは大乗仏教の諸宗派（禅宗や浄土宗を含めて）に共通するものである。西田自身はこれを次のように語っている。

われわれの自己は自己否定において自己をもつ。自己は主語的、述語的方向のいずれにおいても把握不可能な自己の奥底での自己否定に存する。自己が無であることは、否定と肯定の弁証法によって自己変革する創造世界の矛盾的同一性のなかに根拠をもつ……昔から仏教で言う「応に住する所なくしてその心を生ずべし」というのがその意味である。(5)

その他の京都学派の人々は、西田の少なからぬ影響のもとに、空の意味とその意義についての探求を続ける一方、西洋思想と仏教思想との比較研究も着実に深めていった。後者の課題については、これらの学者たちは――ほとんどが西田の弟子であるが――力点をドイツ観念論と初期現象学からじょじょに大陸哲学者の新しい研究へと移し始めた。そのなかにはハイデガーやフランスの実存主義者（およびニーチェ思想の一部分）が含まれていた。西田に続いて京都学派を代表していたのは久松真一、西谷啓治、田辺元、そして阿部正雄などである。彼らの著作を見るとそのほとんどは、空について論じたものか、あるいはさらにそれを東西哲学論議のなかで展開したものである。

久松は宗教、美学、さらには日本の茶道などに関する数多くの本を書いているが、なかでもとりわけ西田の影響の大きい『東洋的無』（一九三九年）が有名である。西谷の扱ったテーマとしては、アリストテレス、彼の師である西田、ニヒリズムなどがある。作品としては、『神と絶対無』（一九四八年）あるいは『宗教と無』（一九五六年、現在英語版あり）などが代表的である。田辺は、西田とは距離を置きながらも、『メタ知性論としての哲学』（一九四六年、現在英訳あり）によって広く認められるようになったが、これは自我、無我、あるいは仏教（ここでは禅宗よりもむしろ浄土教）の教えに基づく自己否定を通じての自己探求の問題をとりあげたものである。最後に阿部正雄であるが、彼には道元や西田の作品の英訳、自分の師である久松や西谷に関する評論などを発表する他に、西洋と極東およびキリスト教と仏教との間の対話の唱導者として重きをなしている。彼は『禅と西洋思想』（一九八五年）、『空化する神――仏教徒・ユダヤ教徒・キリスト教徒の対話』（一九九〇年）所収の「ケノーシス的神とダイナミックな空」などの作品によって、高い評価と名声を得ている。(6)

思想史における「空」の位置づけ――「存在」と「当為」を超えて

言うまでもないことであるが、京都学派の人々の思想内容は、とくに空のテーマについてはなおさらであるが、それぞれに大きく異なっており、とても一つにまとめられるようなものではない（西田と田辺との間の食い違いは、実際のところ理論面にとどまらず、個人間の対立にまで及んだ）。そこで、ここではあまり手を拡げず、阿部正雄に集中して検討してみたい。彼は今なお活躍する京都学派の学者としてはもっとも著名であり、またわれわれ西洋の哲学研究者にとってはもっとも近づきやすい存在だからである。(7) 彼は久松と西谷との二人に師事した。日本のあちこちで教鞭をとったこともあるが、彼の学者としての主要な活躍舞台はアメリカである。彼の西洋哲学および西洋宗教思想の中心問題に対する理解が緻密で深いのも、なるほどとうなずける。彼の扱うテーマは多岐にわたっているが、結局のところは空、あるいは自己否定や自己空化を通じた自己発見への道筋に関するものが中心となっている。

彼のこの特徴は、『禅と西洋思想』によく表れている。本と同じタイトルをもつメインの論文では、西洋と東洋（とりわけ仏教）の思想の根本的な違いが論じられている。ここでの比較のテーマとなっているのは、実証性と否定性、および存在と空である。阿部によれば、プラトンやアリストテレスに代表されるような古典西洋思想は、あらゆることがらの基礎としての本質的思想、あるいは実体的「存在」に最大の関心があったという。彼自身の表現によれば、「ギリシャ思想の最高峰をなすアリストテレスの哲学においては、……存在者の存在の基礎として、『存在』そのもの、すなわち絶対的なSeinが基礎づけられた」と指摘する。アリストテレス以後の西洋形而上学の歴史は、この存在の観念の発展の上にうち立てられている。アリストテレスはプラトンの本質主義を革新――イデアと現象の分離――して、動力（エネルゲイアとして）を実在の現象そのもののなかに位置づけることによって、実体的存在を強調した。こうして彼は存在者の存在を可能にする前提としての「ウーシア」（本性、本質）の概念にたどり着いたのである。アリストテレスの存在論は、キリスト教スコラ哲学（とりわけトマス・アクィナスの著作）のなかに生きのびていったが、後の啓蒙主義思想、とくにカントの伝統的形而上学批判によって根底から揺さぶられ、解体の危機に瀕した。カントはアリストテレスの存在の代わりに、その哲学的磁力を人間の意識、すなわち主観性のなかに、とりわけもの自体の自由、および普遍的規範のよってきたる源泉の象徴とみなされる超越的意識のなかに求めた。すなわち、「カントにおいて、西洋の哲学思想は明らかに転換点を迎えたのである。実体的な『存在』の形而上学は、かくして主体的『当為』の形而上学となったのである(8)」。

阿部正雄の見解にしたがうなら、伝統的西洋哲学は（エックハルトなどのような多少の例外はあるものの）おおむね形而上学のジレンマとも言うべき二本の角、すなわち実体的―客観的存在、あるいは、主体性に根拠をもつ意思と自由とによって突きあげられた状態になっていた。しかしながら、これとはまったく異なる哲学的アプローチが東洋にはあった。それこそブッダが創始した仏教であり、また後にナーガールジュナによって発展を遂げた大乗仏教であった。阿部は次のように書いている。「宗教的な意味での自己実現という観念は、ブッダの時代にまでさかのぼることができるが、これを基礎にして、ナーガールジュナは哲学的に、存在と非存在を超越した絶対『無』という観念を確立した」。人間の思想にとって、言い換えれば人間の存在そのものにとって、「三つの根源的範疇」があると考えられるが、空は、存在および主体的「当為」の概念とともに、その一つに数えられている。ここに空が入っているのは、ナーガールジュナが本質主義あるいは実体論と同時に、形而上学的なニヒリズムにも反対する立場をとったからである。ニヒリズムはその新たな基盤として非存在に執着していた。ナーガールジュナは、阿部の表現によると、「永遠主義者」の見解はむろんのことであるが、またそれとは対極にある懐疑的あるいはニヒリスティックな立場による、空も非存在も真の実在だなどという見解にもまた反対であった。ナーガールジュナはさらにこの方向を推しすすめ、その後の大乗仏教発展のために、「中道」の陣地を築きあげた。しかしながら、この方向は早くも般若経典《はんにゃきょうてん》のなかに「有に非ず、有に非ざるに非ず」などの文句があるのを見てもわかるように、すでに姿を見せつつあったものである。この部分には、実体的存在の否定に加えて、空の真の在りかであり、また同時に般若（智慧）の中核をもなしている二重の否定へと向かう動きが明確に示されている。阿部が詳述しているように、ナーガールジュナにとって、空とは単なる真空や、抽象的な否定性を示すものではなかった。それは現象および「謎に満ちた存在」の意味を新たに発見するものであった。

> 空までを「空とする」のはまさしく空に他ならないがゆえに、真の空（絶対無）こそ、あらゆる現象と存在者を真に存在たらしめる絶対現実である……「無」はこのようにナーガールジュナによって、現実そのものを真に開示する根本原理となり、アリストテレスの「存在」やカントの「当為」とは異なる、第三の根源的範疇としてここに確立された(9)。

阿部が描くように、ナーガールジュナの思想は理論的に深められると同時に、「直指人心《じしきにんしん》」〔座禅修行によって自己の心を見極めること〕の方法によって、禅仏教として実践的にもその形を整えていった。中道の立場にそって、禅は自己空化の「空」という概念を仏性あるいは涅槃《ねはん》へ到達する目標にまで適用した。仏性あるいは仏心自体が空を象徴するものである限り、これらは執着の対象にはなり得ない。それどころか、禅は完全な解放をもたらすものであるから、ブッダその人からの束縛を排することすら可能である。同じ考え方は涅槃や輪廻《りんね》にも向けられる。阿部によれば、涅槃は対象化や概念化できないものであり、ましてや「目的論的追求」は言うに及ばない。それどころか、涅槃は自己空化の空の在りかとして、「現在ここにおいて実在する絶対的現実」である。そして、それ自体もまた「手段と目的、主体と対象、存在と非存在という二元性を超越したもの」である。

禅の思想では、悟りと「涅槃」とは、実体でもなければ観念的な本質でもない。その意味では、「存在」さらには

「実体的思惟」（伝統的な西洋存在論にそった形で）の拒否へとつながる。また、禅は行為への執着を絶ったり、単なる無為と一体化しているので、道徳あるいは規範としての「当為」への執着を超越する。しかし、そうだからといってこれらのすべてをあたかも単に否定の是認をしているかのように理解すべきではなかろう。むしろ、空を通じての現象の取り戻しをはかる方途として、すなわち、輪廻・涅槃の領域で、あらゆるものの真如に到達することをめざしているととらえるべきである。禅仏教における個別と普遍のからみあいは、真如すなわち「すべてのものが真にあるがままにある」という言葉によく表現されていると、阿部は見る。彼によれば、「真如は別の一語で置き換えるなら、法爾《ほうに》に他ならず、法（個々の事物）の普遍的性格を意味すると解釈されている。仏教においては、普遍としての真如と法爾とは、非実体的で非理性的な『空』として理解されており、西洋思想における普遍とは根本から異なる。なぜなら、西洋思想における普遍とは、その超越的、本体的性格によって、個別とは非二元的ではあり得ないからである」ということになる(10)。

ニーチェとハイデガーが果たした役割

すでにふれたような多少の例外はあったが、空は伝統的な西洋思想家たちから、哲学的研究課題としてまともにとりあげられることはなかった。プラトンをはじめとする古典的な存在論においても、絶対否定は議論の対象外であった。ヘーゲルおよびドイツ観念論は、非存在を概念規定のプロセスのなかで中身のない前口上のような地位にまで引き下ろしてしまった。このようにして、空の理解をめぐっては、仏教の場合において典型的に見られるように、東と西の間に深くそして長い亀裂が生じることになった。阿部によると、近年に至ってやっと西洋側からの接近が試みられるようになったという。これはひとえに、ニーチェやハイデガーが非存在や「無」などの、「存在」あるいは「当為」の範疇に納まりきれない問題に対して、真剣な取り組みを開始したことに負うところが大きい、とされている。西洋の思想家で最初に論文のなかで伝統的形而上学の「明確な行き詰まり」を意識したのは、ニーチェであった。彼はこれまで最高とされてきた伝統価値が坂道を転げ落ちるように下降し、虚ろになっていくのを鋭い感覚でとらえていた。ニーチェは既存の価値体系を土台からひっくり返し、積極的な意味での「非存在」を理解した最初の人物であった。すなわち、彼はこれを「能動的ニヒリズム」という形で解釈し、そうすることによって思考を実体的存在と主体的な当為のどちらからも切り離して見せた。もっとも彼自身の個人的な性向としては、「生」とか「力への意志」などを好んだのではあったが。

このような動きはハイデガーによって引き継がれた。彼はニーチェと同様、というよりも「ニーチェよりもいっそう過激に」無の問題をとりあげ、しかも「きわめて禅に近い立場」でこれを解釈する道を拓いた。阿部の見解によれば、ハイデガーは伝統的な存在論の枠を乗り超え、「存在自体」の意味をきわめようとしたという。彼は「無」を理解することにより、アリストテレスの「存在」を乗り超えて根源に迫る解明が可能だと考えた。阿部は同じ本の別の箇所で、ハイデガーが無の問題を西洋の歴史のなかではもっとも真剣に、またおそらくはもっとも掘り下げて探求したとして高い評価を与えている。この真剣さがあったればこそ、無すなわち自己空化としての無の強調へとつながり、これが原因とも結果ともなって、存在自体の解明を推しすすめたのである。阿部はこのことを、次のように要約している。「ハイデガーが、無はわれわれ自身の存在の深奥において実現されねばならないと主張したのは、単に、『存在者の存在』ではなく、『存在』そのものにまで踏み込んでいこうとしたからに他ならない[11]」と。

道元の新しい空の解釈

空の概念を仏性、すなわちブッダの性質についての伝統的な理解に適用するとどうなるのか。このテーマは、同じ本の道元について論じた章で展開されている。道元の『正法眼蔵』のなかには、涅槃経の一節（一切衆生悉有仏性、如来常住無有変易）を論じた部分がある。「生きとし生けるものはすべて例外なく仏性を備えており、如来は永遠不変である」というのがこの一節の伝統的解釈であった。仏性とは時を超えた本質あるいは実体であり、あらゆる存在者は仏性のなかにあって、それをそれぞれの持ち分として与えられている、という理解である。道元はこれとはまったく異なる大胆な解釈をくだした。彼によれば、「あらゆるものが衆生であって、すべての存在者が仏性である。そして如来は永遠、非存在、存在、そしてまた変化である」というのである。この解釈では、仏性はもはや存在者のなかにあって、示すことのできる実体ではない。存在者もまたその実体をもたず、示すこともできないものだが、それはそのままブッダの性質そのものであるとされる。すなわち、存在者は存在、非存在を超越した空《シューニャター》としてある。阿部の解説によれば次のようになる。道元にとって、仏性とは「これこれのものだ、などという形で示せるもの」ではまったくない。たとえ否定的な表現を用いたとしても——たとえば何か名づけようもないものとか、何か無限のものなどという言いまわしを使っても——表しきれるものではない。言い換えれば、それはまったく実体のないものである。したがって、実体のない仏性であるからこそ、「何たるか」はそのまま仏性であり、仏性はそのまま「何たるか」ということになるのだ、と。

　道元にとっての仏性とは、スピノザ〔オランダの哲学者 一六三二～七〇〕の能産的自然、すなわちすべての存在者が内在的に生じ、延長していく源、あるいは土台となるような類いのものではない。また、ものごとを意のままにあやつる権利をもつがごとき超越的創造者のようなものでもない。存在者はそれ自体が空であり、それゆえに自己を空化することによって直接的に仏性となるのである。松の木を例にとれば、松の木は神仏が創り出したものではなく、松の木の観念がその姿を映したものでもなく、それは単に、「なに／どんな」の様態をなすにすぎず、ここで「説明語」などをふりまわす必要などない。したがって、松の木は真如、すなわち、「真の松の木」として現れることが可能なのであって、それ以上でも以下でもない。昔の中国の禅僧の言葉を借りるなら、「山は山、水は水」ということである。再び経の文句であるが、道元の解釈では存在者と仏性とが実体的に同一だとされているのではなく、空において一致するのだ、と阿部は指摘する。この見方を推しすすめれば、道元自身も認めているように、仏性は「無仏性」に重なりあう。『正法眼蔵』の同じ章で、「仏性は空であるがゆえに、それは無と言われる」とはっきりのべられているのがそれである[12]。

　空における一致の概念は、阿部の『空は真如である』と題した論文でとりあげられている。仏教を単なる消極主義やニヒリズムの一種として描くことがはやっているなかで、阿部はこれに対抗して空の積極性を強調する。彼は、「一切皆空」はそのまま文字通りにとるのではなく、むしろ「一切はあるがままにある」と理解する方がよかろう、とのべている。「松は松、竹は竹」であって、ちょうど「あなたはあなた、私は私」というのと何の変わりもない。真如であることによって、「あらゆる存在者の唯一性と特異性とは保持される」。しかしながら、それは厳格な分離と区別という方法によって保たれるのではない。存在者に固い芯がないのでそうなるのである。このようにして、「あらゆるものは他のどれとも異なり、すべての物とすべての人は独自の特徴をもちながらも、互いに争うことはない。なぜならそれらには自性がないからである」。「一切皆空」とはそういう意味なのだ、と阿部は言う。人間どうしの間で、隔離や場合によっては衝突すら起こるのは、人間が自己意識というものを授かっており、それが自我のアイデンティティという意味での自我となり、それへの執着が生じるからである。この自己意識によって、人間は自分と他人、自分と世界との間に壁を築くようにしむけられるのだ、と。阿部はそう指摘する。

このような隔絶のことを仏教では無明《アヴィドヤ》という。おのれを、世界とおのれ自身という二つの「真如という実在」から切り離してしまうからそうなるのである。自己意識としての自我が無明と称せられるゆえんは、自我を自我（主体としての）の対象にしてしまおうとするからである。これはできないことであって、自滅の他はない。しかし、いったんこのことに気づくなら、自我はその足場を失い、最後には空の中へと滅する。ここに至って「無我」の自覚が浮上してくる。「不変ならざるものはなく、また不滅の自我も存せず」ということに思い至って、初めて真如への目覚めへと向かう道がはっきりと見えてくる。阿部が別のところでのべているように、この真如への目覚めは、自我から無我へと続く二重否定という（非ヘーゲル的な）弁証法の道をたどる。阿部は再び先にあげた「山は山、水は水」という言葉に含意されている変換へと目を向ける。最初の段階では、山と水とは、自己中心的な主体あるいは自我の立場から、対象化もしくは具象化される。主語と述語の分裂によって生じたこの危うい状態は、自己中心性の崩壊をもたらすことになるが、これは対象世界の否定（山は山に非ず、水は水に非ず）をも意味する。自我の空性と、無我の自己空化とに覚醒することによって、最終的には「真の自己」が「成就不可能」であることの、あるいは成就不可能な真の自己についての洞察へと導かれる。

真の自己がまことに成就不可能なものであることに気づくとは、真の自己が空であり、非実在的であることに目覚めることである……真の自己は無我の完全否定を通じてのみ実現できるが、それはまた自我の完全否定にもつながる。完全否定の完全否定は、大なる肯定としての真なる自己を成就するために必要とされる……真の自己が成就不可能であること（A）を悟るところから、成就不可能な自己が真の自己であること（B）を悟るところへと移行する動きが決定的転換点である。[13]

2　西洋思想における「無」と「空」

ハイデガーにおける「無」

阿部正雄に焦点をあてる形で、空に関する仏教の教えの素描を試みたが、次に西洋思想のなかにあるそれに対応する思想の展開に目を移してみたい。すでに見てきたように、阿部（およびその他の京都学派のメンバーたち）は近年の西洋哲学のなかに非基礎づけ主義の確実な萌芽、すなわち伝統的な（合理主義的あるいは経験主義的な）形而上学からの決別の兆しを感じとっていた。この動向のなかで主役として登場してくるのが、ニーチェとハイデガー（およびその脇役としてのフランスの実存主義と脱構築*用語解説の哲学者たち）である。阿部の書いたもののなかにニーチェがしばしば出てくるが、つねに知的パイオニアとしての高い評価を与えられている。その主たる理由は、彼が「能動的ニヒリズム」の唱導者であったことに加えて、支配的な伝統的価値のなかにある自己空化的性格に、鋭い洞察の目を注いでいたことによる。とはいえ、ニーチェの果たした役割は「力への意志」とか、あるいは肯定的意志へラディカルな否定性（すなわち「自我の偉大な死」）を注入することへの消極的な拒否（推測ではあるが）などのために、決定的な限界があったのであるが。その意味では、ハイデガーはニーチェを大きく乗り超えていると言われる。事実（すでにのべたように）彼は「きわめて禅に接近した地点」にまで達していたと見られている。阿部はハイデガーを積極評価しているが、これに対する批判や留保の意見はけっして少なくない。

阿部は『禅と西洋思想』のなかで、ハイデガーの存在の思索は無思惟の空にまでは達していなかったと見ている。阿部は道元について評したところで、ハイデガーの時間や時間性の理解と禅思想との間にあるいくつかの大きな違いをとりあげている。とりわけ、ハイデガーの時間性は実存的（現存在の角度から）に解釈されていること、また「存在と時間」のつながりが時間と存在の対等性にまで及んでいないなどの面に焦点をあてている。この他にも、道元の空についての考え方や、ハイデガーの強調した存在《ザイン》と「存在論的差異」とが対比的にとりあげられている。阿部の分析によれば、道元は、ハイデガーとは対照的に、存在論的差異を立ててはいない。しかし、これは道元が存在と存在者との本質的な違いを解していなかったことによるのではなく、存在の概念そのものを意図的に否定していたことによるのだという。一般に、存在は何か実体的なものであって、存在者《ザイネンデス》とは存在論的に異なるものとする傾向が見うけられる。だからこそ、道元の「非仏性」の観念の強調が、なおさら意味をもってくるのである(14)。

ここで阿部の所説の評価を試みるつもりはない（首をかしげるようなところが多々見うけられるのだが(15)）。その代わりに、ハイデガーの無《ダス・ニヒツ》についての議論の主要な部分の概略を追ってみたい。ハイデガーの思想がきわめて禅に接近したのは（ただしそれに埋没はしなかったが）、まさにこの無においてであったからである。「自己放棄」あるいは自我の「大いなる死」という観念は、ハイデガーが『存在と時間』において、「死に至る存在」、あるいは「死に臨む存在」について論じたところで、辛うじて垣間見せてくれている。ハイデガーによると、死すなわち非存在は、単に現存在*用語解説あるいは人間存在に対立するものとか、外的な制限としてあるだけではない。それどころか、むしろその内的表現あるいは「もっとも深奥な可能性」をつくり出すものである。死は終末点を意味しない。それは現存在がその真如において本来的に備えているものである。さし迫ってくる非存在に気づくとき、「現存在は存在の最深奥の可能性を発見する。まさに現存在自体の存在が危機に瀕したなかにおいて」とハイデガーは言う。ハイデガーのその後の著作においては、『形而上学とは何か』（『存在と時間』にすぐ引き続いて書かれた）を手始めに、無の探求は集中の度を強め、ラディカルの度を加えていった。

近代科学が「実証的」知識一辺倒であるのに対抗して、この作品は非実証的な世界である無の領域へと、はばかることなく踏み込んでいった。ここで念を押すが、非実証的とは単なる反対とか論理否定（意味論的な否定語「not」に由来するような）を表す言葉と同義ではない。実証性そのものに浸透している「形而上学的な」力をさすものと考えた方がよい。ハイデガーは、阿部の「ダイナミックな空」の概念に近い表現を用いて、空の「無化」する性質および非存在に直面する現存在がもつ本来的な「不確定性」の問題をとりあげている。ここで不確定というのは、この世ならざる世界へさらされることを意味しているのではなく、現前する不在としての、現存在自身の真如に対してのものである。ハイデガーはこれを次のように鋭く要約している。「無は、単に存在物の対立概念を意味するだけではない。無はそれらの存在を構成する不可欠な一部分である。無の無化 das Nichten des Nichts が生起するのはまさにこの存在者の存在のなかにおいてである」と。『存在と時間』の約一〇年後に書かれた『哲学への寄与』においても、同様の議論がいたるところで展開されている。ハイデガーはこの本のなかで、西洋の伝統思想はこれまで無の問題を避けて通るか、それとも否定性と同じものとして扱ってきた。そのため「悲観的ニヒリズム」が生じるか、さもなければ「英雄的」対決姿勢（力への意志を中心とする）を招くかのどちらかであった。このような伝統路線から決別するためには、無化としての空へと方向転換し、さらには自己自身の無化、あるいは自己自身の空化という一種のニヒリズムへと向かう必要があった。ハイデガーは次のようにのべている。

> 無は否定的なものでもなければ、目的地でも終末点でもない。それどころか存在自体の深奥の震えであり、したがっていかなる（存在論的な）存在よりも実在的である。……もしも存在自体が、自己放棄、すなわち拒否の様態において生起したらどうであろうか。このような拒否は意味をもたないのだろうか、それとも最高の恵みなのだろうか。「無」が、あらゆる行為や創造を可能にする能力を獲得するのは、この存在自体の無化へとつながる拒否によるものなのであろうか？(16)

ハイデガーによるトゥラークルの詩の解釈

ハイデガーの後期の関心は無化と自我の逸脱の問題であった。この傾向はとりわけヘルダーリン〔ドイツの詩人 一七七〇～一八四三〕とトゥラークル〔ドイツの詩人 一七七〇～一八四三〕の詩の批評において著しい。彼らが詩のテーマとして好んでとりあげるものは、流浪や疎外、ラディカルな変革などであった。『詩における言葉』はハイデガーがトゥラークルについて論じた作品であるが（第二次戦後一〇年にしてようやくできあがった）、ここでは遠い地へのさすらいと、詩的な「魂」としての自己の、深奥における変容の問題がもっぱらとりあげられている。トゥラークルの詩のなかに「魂はこの世にありては余所者《よそもの》なり」という一行があるが、これがハイデガーの追求すべき次の課題となった。ハイデガーが指摘するように、トゥラークルはこの詩で「魂」の語を内面的実体とか、揺るがぬ存在の意味で使っているわけではない。したがって当然のことであるが、「余所《よそ》」とは、自己を永遠の本質の世界からひきはがしたり、この世界へと移し替えることを意味しているのではない。魂がこの世において余所者であることの意味は、遠国への放浪、遍歴の必要性をさしていると見ることができる。そしてこの旅は、安全で心地よい住み場所を求めての旅ではなく、「死」の支配する領域のなかで、追い立てられさ迷い苦しみつつ、無化されることへと向かう旅である。トゥラークルの詩のなかでは、この余所者なる魂は「死すべきもの」、「静寂」、さらには「蒼ざめた」とか「死んだ」などと多彩な表現によって形容されている。またある詩のなかでは、余所者の魂はツグミ鳥から「下降（破滅）」を宣告されることもある。別の詩『死の七つの歌』では、「人間の腐って分解していく様」がおぞましく語られる。

ハイデガーも指摘しているように、死や腐敗は放浪の旅の一部分であって、単純に否定的なものあるいは生命の終点の同義語としてあるのではない。「死」とは、「この詩においては、余所者の魂が招じられた場所へと破滅の果てに落ちていくことを詩的に表現したものである」、と彼はのべている。すなわち、ここで死の暗示しているのは、「腐敗そのものなどではなく、腐敗した人間のなかに侵入したり、これを見棄てたりする」ことなのである。これを詩人の言葉ではなく、学者の表現で言い表すなら、腐敗して溶けた姿は基本的には伝統的な人間、すなわちニーチェが「おしまいの人間」と名づけ、（仏教用語では）煩悩にとりつかれた自我と称されるものを象徴している、となろうか。

死による分解をもたらすのは宿命《カルマ》であるが、これは主として分裂と隔離から発するものである。すなわち、自我と他我、人間と世界の隔絶である。ハイデガーは次のように説明する。

分解しつつある人類の上に重くのしかかっている呪いは、性、民族、人種間の不和による分裂という事実そのもののなかに体現されている。この状況のもとで、それぞれは野獣まる出しの野蛮さで、その怒りに身をまかせている。呪いとは、あるがままの差異ではなく、不和のことをさす。野蛮の荒れ狂う混乱のなかで、不和は人類を和解不能にまでに追い込んでいく。その果てには、互いが追放しあい、救いのない孤立へと落ち込む。

この隔絶をいかにして克服するか。そのためには無化をいっそう推しすすめる必要がある。すなわち求心的にならないような関係を通じて、相互否定の自己空化が求められているのである。トゥラークルは余所者の魂を「他人に対する他の者」として鋭く突いているが、これは腐敗分解中の人類にとっての代案である。代案として描かれた道は世代の道である。「世代の違いは、不和を去り、ふれあいながらもからみあわない優しさのなかへと旅して行く、あの余所者の足跡をたどりつつ……」[17]。

現代政治における中道とは——マルクス主義の脱構築

ハイデガーのトゥラークルの詩に対する評論には、はっきりとした政治的な暗示、含蓄がある。もっともそれがここでテーマ化されて十分に論じられているわけではないが。無化や空に対する関心は、ハイデガー主義者たち（およびその流れをくむフランスの「脱構築」派）だけのものではなかった。同時代の社会、政治理論などの分野においてもはっきりと目に見える形で影響を及ぼしていった。その一つの顕著な例は、後期マルクス主義あるいはポストマルクス主義理論に見ることができる。しかし、これはマルクス主義がヘーゲル弁証法（正・反・合あるいは肯定・否定・二重否定）の影響を受けていることを考えあわせれば、当然のこととも言える。現在ポスト形而上学という状況下に置かれているわれわれは、まずヘーゲルの遺産をはっきりと、ラディカルに変革していくことから始めねばなるまい。そうすることによって、否定が論理否定に、また「合」が「精神」の神格化につながることを防止できるからである。同じことはマルクス主義思想についても言うことができる。仮にも、社会的階級構成についての旧来の理論の実体化や「本質化」をはかったり、あるいはプロレタリアートを一つのまとまったアイデンティティ集団（世界精神の具体的担い手）として扱おうとするなどの動きがあるとするなら、なおさらのことである。

マルクス主義的カテゴリーの脱構築、あるいは「脱本質化」の解明にもっぱら努力を傾注したのはエルネスト・ラクロウ〔アルゼンチン生まれの社会理論家　一九三五〜〕とシャンタル・ムフ〔ベルギー生まれの社会理論家　一九四三〜〕であった。彼らの議論の革新性と緻密さは、『ヘゲモニーと社会主義戦略――ラディカルな民主主義政治をめざして』（一九八五年）において十分に発揮されている。今日の社会闘争や社会関係は一筋縄ではいかない多種多様な性格を備えているとの認識に立って、ラクロウとムフは、今なお伝統的あるいは正統マルクス主義のなかで幅をきかせているジャコバン的色彩を一掃しようとする。例をあげれば、終末論的な壮大な戦略、とりわけ「歴史の本質やその根源的意義」の現実化をめざす「一元論的イデオロギーの執念」のごときものは、その最たるものであった。著者たちが言うように、この種の本質主義あるいは基礎づけ主義*用語解説は、このわれわれの時代において、政治的・経済的発展や新しい方向をめざした理論活動によって、破綻を余儀なくされた。これと同時に、実践的、理論的変化は、伝統的な社会主義的弁証法の「危機」をもたらすことになった。著者たちによると、この状況は次のようにまとめることができる。「今日危機にさらされているのは、社会主義理念の総体である。この理念が依拠しているものは、まず労働者階級が存在論的にも中心的役割と地位を担っていること、次に社会体制変革のさいの起動力としての役割を果たす革命（ただし、書き出しが大文字Rの革命のことであるが）であり、最後に、完全に一枚岩のような均質で、統一された集団意志の存在である。もっともこの最後のものは、政治の決定的瞬間において、無用の長物と化すことになるのではあるが(18)」。

『ヘゲモニーと社会主義戦略』では、伝統的弁証法が具体的にどの点において変革されたかについて、その特定をはかろうとしている。このための作業として、マルクス主義思想（マルクス以後の）の発展の道筋を、まず修正主義《レヴィジョニズム》、サンディカリズムなどに対するマルクス主義の「正統性《オーソドキシィー》」の確立から、レーニン〔ロシア革命の指導者 一八七〇～一九二四〕、グラムシ〔イタリアの革命家 一八九一～一九三七〕、そして彼らの後継者たちの戦略革新へと至るまで、段階的にたどっている。正統マルクス主義の特徴は、カウツキー〔ドイツの社会主義者 一八五四～一九三八〕その他が公式化したように、社会階級闘争を本質主義的立場から理解すること、とりわけ「本質主義的アプリオリズム」への固執にあるとする。このことは、結束した社会的行動集団（プロレタリアート）への依拠、歴史に対する目的論的理解（経済決定論）、そして特権的な政策制度（国家社会主義）などの点に目を向けて見れば明らかである。修正主義はこの教義に対して、政治介入の強化によって修正を迫ろうとした。一方、サンディカリズムが、経済的階級区分を踏み超えた広汎な社会的「ブロック」までも取り込んだことによって、この動きにはいっそう拍車がかかった。この社会的ブロックの概念を「階級同盟」（主として労働者と小農民）のなかにもち込み、公式化したのはレーニンであった。プロレタリアートには「存在論的中核」としての任務が与えられ、その結果確かにプロレタリアートの「前衛」党は指導的役割を果たすことにはなったが、公式自体はこうした現実の事態に対しては無力であった。

ラクロウとムフの説明によると、マルクス主義の本質主義から最初に決定的な離反を企てたのはグラムシであった。その主なきっかけとなったのは、「ヘゲモニー」概念についての解釈の問題である。グラムシは、旧態依然とした固定的な階級区分の考え方をいつまでも引きずるのではなく、「歴史的ブロック」と称するかなりアンビヴァレントな集団・階層に着目した。彼らの社会的役割は、単なる経済的要因だけでなく、文化的および政治的資質と能力によっても左右される、という説である。そうなれば当然のこととして、階級闘争は二極間のものではなくなり、社会的ヘゲモニーの獲得をめぐるせめぎあいは、複雑な敵対関係のなかで進行することになる。しかしながら、せっかくの理論的貢献はあったものの、議論のなかでグラムシの説には重大な限界があることも露呈されてきた。すなわち、ヘゲモニー形成のなかで究極的な統合力となるのは、「存在論的」理解に基づく階級のアイデンティティ（これは彼の「陣地戦」の概念にはっきりと出ている傾向であるが）に帰されることになる点である。この限界をうち破るには、本質主義と経済決定論からさらに敢然として脱皮をはかる必要があった。しかしこれにはいっそう入り乱れた敵対関係の現出をともなうことが予想された。著者たちが指摘するように、敵対とは、ラディカルな意味では異なる経験グループまたは組織間の対立をさすにとどまらない。いっそう重要なのは、現存と不在、経験的実定性と不安定要因としての否定性との間の緊張した相関関係をさしていることである。著者たちは、否定性も、あらゆる実質的差異を打破する反実定的「等価物」も、どちらも同等なものとして位置づけている。この立場から彼らは次のようにのべる。「(社会的なものがもつ)非固定性の究極的性格、すなわちあらゆる(実定的な)差異に存する究極的な不安定性は、完全な等価物との関係のなかでその姿を現し、そこにおいて、あらゆる形での差異的実定性は融解する。これがとりもなおさず敵対の定式であり、社会的なもののもつ制約である(19)」。

敵対関係は、もしこれを社会構造の一つの制約だとして考えるなら、ヘゲモニーが永続的な体制のなかで、あるいは閉鎖され、完全に統合されたシステムのなかにおいて、自立能力をもち得ないことの証左ともなり得る。ヘゲモニーは、否定性の浸透を受けつつ、意味の多義性だけでなく、揺れ動く社会的・政治的選択、あるいは目標のパラメータに、絶えずさらされ続ける。ラクロウとムフの見解によると、社会生活は、現存と不在、実定性と否定性との交差する場所に危うく乗っかっていると言う。社会は、この否定性と敵対性との錯綜混乱のなかにあっては、「透明な状況、現前するあらゆる状況」に到達することができない。このことは、とりもなおさず「社会の客観的妥当性が絶えず覆されている」ことを意味する。その結果、現存と不在との間の「不可能な関係」それ自体が、「社会の構成要素」としてみなされねばならなくなる。著者たちも実際そのような見方をとる。しかしながら、ここで注意しておかなくてはならないのは、不在あるいは否定性のテーマ化が、そのまま否定主義やニヒリズムとして、それらに直結するものではない点である。ちょうど、社会的へゲモニーが十分に安定化(本質化)できないように、否定性やその等価物がすべてをとり仕切ることはできない。その理由は至極簡単である。否定性とは単なる論理否定ではなく、それどころか、無化する力をもつ。しかもこの力は、実定的統合と相争いつつも、同時に自分自身を無化あるいは空化し、そのことによって自分自身の優勢を解消してしまうからである。

ここで視野のなかに浮かび出てくるのは、社会生活における中道である。この道は、無と実定性の間を舵取りながら進まねばならないはなはだ困難な道である。二人の表現を用いるなら、二種類の「社会論理」、すなわち「等価と差異という相対立する論理」の間をくぐりながら進む道である。この中道の立場から見るなら、どちらの論理にしても、完全な支配あるいは土台堅固な地位を、社会本来のあり方を混乱に陥れることなしに手にすることはできない。別の言い方をすれば、完全な実定的統合にしても、あるいは完全な混乱や分解にしても、どちらも単なる両極端であり、スペクトラムの両端をなしているにしかすぎない。両者は、実定対否定の「互いに食うか食われるか」の格闘の場に賭けようとしている。現代民主主義のもとにあっては、全体主義支配とラディカルな分極化（それぞれが相手を否定する役割を演じている）のどちらに対しても、同時的な対決が求められる。それゆえ、この相互敵対関係は、非常に重要な意味をもつのである。ラクロウとムフは、社会論理の相互作用を、伝統的な自由と平等の語彙に置き換えた。その理由は、この相関関係が現代民主主義の文脈のなかでいかに重要であるかを強調したかったからである。彼らはそれを次のような言葉にしている。「等価の価値を有するものはどれもが実に壊れやすい。だからこそ自律の論理によって補ったり、制限しなくてはならないのだ。われわれが、平等への要求だけでは不十分であって、自由への要求によってバランスをとらなくてはならない、と主張するのもまさにそういう意味においてである。そうなって初めてわれわれはラディカルで、多様な民主主義を口にすることができるのである(20)」。

空なる場所としての政治

社会・政治生活での否定性や空の役割についての研究も深められ、明らかにされつつあるが、なかでもクロード・ルフォール〔フランスの政治思想家 一九二四〜〕の著作が注目される。ここでは、政治的枠組みと政党政治の区別、あるいは「ポリティ」（すなわち「ポリティックス」）と「ポリティカルなもの」）と政策との区別などについての問題がとりあげられている。ルフォールにあっては、「ポリティックス」の用語は、包括的意味としては、公開の政治活動および権力への戦略をさしており、観察や経験分析の対象たり得るものである。ところが、「ポリティ」すなわち「ポリティカルなもの」の表す意味はこれとは異なり、政治社会を構成する、半超越的な装置や基盤をなすものに関したことがらをさす。目に見える形での政治的な行動やできごとは、政治学や社会学の領域で扱われるが、それに対して政治の下部構造や政治的な基盤に関することがらはこれまで伝統的にはもっぱら政治哲学や形而上学の手にゆだねられてきたものであった。

この種の哲学的探究は、ルフォールによれば偶発的諸現象の表面下に何があるのかを探ることにより、かつては「都市《シティ》」と称せられたものについての「社会空間」の構成、社会の形態、および社会の本質に関わる問題の解明をはかるものだと言う。したがって、この文脈において、社会構成的な下支えとなるものを探ることは、政治事象にどのような意味を付与するのか（ルフォールはこれを「意味づくり」と呼ぶ）、またさらには公開の場あるいは社会・政治的空間におけるそれらのステージ化（役づくり）について明らかにすることにつながっている。昨今「ポリティカルなもの」が生成装置、あるいは時間・空間的なスキーマ（基本的枠組み）として関心が寄せられているが、これはけっして単なる思いつきや気まぐれから発しているのではない。彼自身が、哲学の「一番古く、一番長く続くインスピレーション」が発現したものだ、と評しているところを見ると、ある種の形而上学的衝動のなせるわざと言えるのかもしれない。哲学者はこれまで頑なとも言えるほどに、「ポリティカルなものを、社会のなかに具体的に位置づける」ことを拒んできた、とルフォールは指摘する。すなわち、これを誰でも知っている経験的資料・情報などのなかだけに封じ込めてしまう一方で、意味的な位置づけと公的空間でのステージ化のなかに表れている政治社会の、構成要素としての「形づくり」については、少しも注意を払ってこなかったと断じる。彼の言うように、このような社会における形づくりには、真実と虚偽、正義と不正義の違いとともに、目に見えるものと見えないもの、現存と不在、存在と非存在の差異が反映されているのである。このようにして、ポリティの探究は突き詰めれば「世界の探究、存在そのものについての研究」へと踏み込むことになる[21]。

ルフォールは、伝統的な政治哲学が掲げる目標には敬意を払いつつも、ポリティカルなものに関しての従来の解釈には強い留保の声をあげている。その理由は、政治社会の構成上の骨組みを実体化したり、あるいはその本質化をはかったりする傾向が見られるからである。彼が指摘するように、伝統的な政治形而上学では、公共空間とは何か具体的な形をとったものでなくてはならなかった。たとえば、王や皇帝、彼らの息子たちなどが、身近な例の代表である。

アンシャン・レジーム時代には（所によってはその終焉の後までも）、君主統治はポリティカルなものそれ自体の総体を、例示もしくは代表するものとして機能した。そして、この統治は絶対的主権を備え――社会を「形づくる」半超越的、構成上の権力とみなされる――王の身体または人格に直接刻印されたものであった。こうした状況を背景に、ポスト君主制やポスト革命の動きが強まったことは、代表についての伝統的な考え方からの脱却（したがって、ポスト形而上学へと向かう動きとなる）を予期させるものであった。現代の民主主義は、政治的あるいは哲学的な意思表明をやめることはないが、主権を、あからさまな支配と刻印の場から退け、よりいっそう沈潜した婉曲表現のなかにその身を包み込もうとする先触れとなっている。

　ルフォールが『民主主義と政治理論』で指摘するように、現代の民主主義体制は、その姿がおのずと示している通りに、「きわめて高度に特殊化された構成（形づくりされた）をもつ社会」である。このため「そのモデルを過去のなかに求めようとしても無理である。もっとも、引き継ぐべき遺産がまったくないというわけではないのだが」。民主主義的な形づくりの特徴は、主として主権とその代表の座を再配置することにあった。具体的には、隠れなき支配の座を、何もない場所、あるいは何もないものがある場所、すなわち、「空なる場所」（これは空とか絶対否定と同義ではない）へと移すことであった。ルフォールはさらに次のようにも言う。「われわれの知る限りにおいては、権力が空なる場所という形で自らを表現し、またシンボルと現実との間の乖離をそのまま維持し続けた体制は、現代民主主義だけである」。民主主義的な公的空間が空であることの意味は、無政府主義を勧めるのではないのだが、「（最高の）権力は誰のものでもなく、権力を行使する者もこれを所有しているわけではなく、また実に彼らがそれを体現しているわけでもない」ということである(22)。

　ルフォールの描くところによると、現代民主主義は、政治《ポリティックス》とポリティカルなものとの間にある本来的な緊張を、きわめて際立ったものにしているが、これは後者を徹底的に追放したからそうなっているのではなく、これを潜在化あるいは秘匿された政治の裏面に押しやったことによるものだという。民主主義的な主権を空なる場所として見るなら、社会のいかなる個人もグループもこれをはっきりとした形で体現できるものではない。民主主義下にあっては、はっきりと目に見える形で現れているものといえば、ただ党派の戦略、支配のメカニズム、そして特定の時点で政治的権威を行使する個人およびグループのみである。そして、ポリティの構成的基盤あるいは時間・空間のスキーマは、依然として隠されたままである。ルフォールの表現を使うなら、民主主義は、「身体をもたない社会」を、あるいは「まとまりをもった有機体の代表制を崩していく社会」を、制度化するものだと言えるかもしれない。しかし、これとは反対の統合化の概念や野望が、現代のポスト革命の時代のなかで、完全に姿を消してしまったかというと、そうではない。民主主義は、「人民による統治」と解釈されているが、しばしばポピュリスト[*用語解説]体制と同一視されることがある。ここでは、広く「人民」が直接主権を行使するので、当然ながら公共空間を可視的に体現する。ここ二世紀にわたっては、公的な権力は、人民による統治と深く結びついた形で、国家あるいは国民国家としての全体論的な統一体に投資されてきたのである。

　ルフォールの指摘するように、王や王子たちが具体的にその身体で代表するような制度の消滅は、「人民、国民、国家が普遍カテゴリーとしての資格を手にする」新しい体制の出現へとつながっていく。民主主義のもとでは、空虚化し潜在化する運命にある公共空間を再度甦らせ、実体化させようとする努力は、郷愁をともないつつ弱まっていくので、そう見るのも当然であろう。しかし、再度の実体化の動きが、われわれの時代において悪い形をとると、政治的基礎づけ主義や全体主義の土台となる。人民主権の思想は、全体主義の保護のもとでは、幾度となく（ルフォールの言うところの）「一としての人民という幻想」とか、「実体的アイデンティティ／頭に接合された胴／精神を体現化する力／分裂なき国家」などの幻想を生み出してきた。かくして、「アイデンティフィケーションの論理」が発動され、代表による体現という伝統的論理に再び耳を傾けようということになってしまう。すなわち、「人民」と、ポピュリストの活動や党との間にあるはずのアイデンティティが、「均質で、自ら透明な社会、一としての人民」のイメージを生み出すことになるのである。[23]

3　「空」の思想を現代にどう生かすか

仏教と政治の関わりあい

ここで今日の東西関係の問題に戻りたい。民主主義のステージ化の概念を空なる場所としてとらえるなら、仏教概念の空《シューニャター》と深部で共鳴するところがある。民主主義的な空は、仏教の場合と同様に、ニヒリズムや単なる否定性を意味するものではない。それどころか、民主主義的な政治がその真如の内に姿を現すのを引き立てるものである。空《シューニャター》がもしも仏教の柱の一つであるとするなら（少なくとも大乗仏教においてはそうであるが）、現代政治は一大東西接触の場として興味をそそるものがある。なぜなら、西洋式民主主義が世界中で受け入れられたおかげで、われわれがグローバルな民主主義を語っても許される時代となったのだが、まさにこのとき、民主的政治は自らの内に非現実性、あるいは隠された空洞を見い出すことになったからである。そしてこの空洞を理解するにあたっては、仏教の豊かな遺産である空《シューニャター》が大いに役立つと考えられるのである。

自明のことであるが、伝統文化の接触に多かれ少なかれ複雑な要素がからんでくるのは避けられない。その一つは双方の側からする誤解である。西洋民主主義理論はしばしば表面的な選挙行動にばかり重点を置く（おかげで構成的ステージ化の影がかすむほどである）傾向がある。仏教思想の方でも、空《シューニャター》の自己空化の作用によってもたらされる真如の非実体性に対しては、必ずしも忠実ではないところがある。周知のように、日本の仏教徒のなかには、実体的範疇とりわけ独立国家とか国民国家などといった本質主義的概念をともなった、空の再投資をはかった者たちがいた。こうした動きは仏教の日蓮宗の出版物を見れば明らかである。しかし、これは戦前・戦中の京都学派のなかにも見られた現象であり、今日でもなおこの点について突っ込んだ議論がなされている。ある評論家は、田辺元の「種の共同社会」の概念にふれつつ、次のようにのべている。「種の論理は、民族的優越感を支持する知的雰囲気を醸成するうえで、また西洋植民地主義から借用した『運命顕示説』を一九三〇年代に日本で流行させるうえで一定の役割を果たしたと、多くの人が考えている。田辺自身が、この説の悲惨な結末に部分的にしろ責任があったかどうかは、論争の一つの焦点となっている」[24]。

　この議論にはこれ以上立ち入らないことにして、次に、仏教の政治関与によってもたらされた危険と苦難の問題にごく簡単にではあるがふれておきたい。すなわち、仏教が慎重な非執着の立場を棄て去り、政治の表舞台へと登場しようとする試みのことである。この苦難の状況はスリランカの例にはっきりと見ることができる。この国においては、仏教徒が多数を占めてはいるが、西洋植民地主義者と住民のなかの反対勢力の両者による包囲にしばらくさらされていた。スタンレー・タンビアの著した『裏切られた仏教?』はたいへん有益な書であるが、このなかで彼はシンハラ人〔スリランカの多数派民族〕仏教徒が、物質的、精神的脅威に対してどのように対応したかを描いている。この対応には、初期における伝統的な信仰にもとづく統合の「回復」から始まり、集団の着実な政治的連帯強化に至るまで、数多くの段階があった。タンビアによると、ポスト植民地主義の初期の時期での回復運動は、主として植民地的な不平等の根絶の動きを通じての、仏教信仰の強化に向けられていた。たとえば、シンハラ語の公用語化、仏教大学の設立、さらには仏教を国の「第一」宗教の座に引き上げることなどをめざした活動である。

　しかしながら、ここ数十年来、ナショナリズムやその他さまざまな「非宗教思想」がますます闘争の最前線へと乗り出してきた。タンビアの見るところでは、「僧や信徒にとっての、それまでの重要なスローガンは『祖国』の統一と主権であり」、彼らの主たるアイデンティティは「大地の息子」と呼ばれることにあった。彼は一九八〇年代後半を次のように位置づけている。

> 「政治的仏教」が、主として村や町の僧と信徒のグループによる初期の地方的色彩の濃い信仰から……声高なスローガン化された「宗教信仰」へと最終的な転換を果たしたのはこの時期であった。この意識は宗教を対象化し、盲目的崇拝をあおり、「仏教ナショナリズム」を鼓舞するものであった。そして僧自身に対しても同様の態

度がとられ始めた。このようにして、超然、同情、静穏、非暴力などの重要な宗教的信条や、穢《けが》れた心の克服などといったことがらは、徐々に軽視されるところとなり、ついにはシンハラ人の宗教的ナショナリストにとっても、また社会改革の目標にとっても、疎遠なものになってしまった。

伝統的な空《シューニャター》は、闘士、ポピュリスト、盲目的崇拝の対象となった仏教などの庇護のもとで、自己空化を十分に果たせなくなった。それどころか、あからさまな政治戦略に身をゆだねるや、「群衆や暴徒のアイデンティティの標識」、「軽佻浮薄な群衆を焚きつけるための言辞を弄する挑発者」、さらには「暴力的衝動の扇動者」の役割まで担わされるに至った[25]。

これとは対照的に、これまでとりあげた人物のなかで、露骨な政治関与の誘惑に陥った者は（ほとんど）いない。とりわけ阿部正雄は慎重に寡黙を続け、空《シューニャタ》の一線を守り、むき出しの党派路線に沈潜していくことを拒んだ。阿部はその師久松の影響を少なからず受けてはいたが、政治的には、社会的関心をもつ各種の一般信徒組織で活動した。とりわけ活動の舞台となったのは、仏教を、コスモポリタン的立場から「目覚めつつある」無私の乗り物として位置づける組織であった[26]。このようなきわめて控えめの社会活動ですら、しばしば戦略政治の検閲の対象となった。宗教哲学への多大な貢献は別にしても、阿部は政治性をおびた論文もいくつかものしている。ただし、その述説には少なくともアンビヴァレンスもしくは誤解を生むようなところが時として認められる。その格好の例は『主権は人類の手に』という論文である（『禅と西洋思想』のうちの一章として所収）。この論文は、全体としての論調には活力がみなぎっているが、政治綱領を想起させるような過度に政治的な箇所がいくつかある。「この惑星上にいるすべての人類は……」というのがこの論文の出だしであるが、それに続けて「自分自身が『人類』であることをはっきりと認識しなくてはならない。そしてその基礎の上にわれわれはいるのだということを理解すべき時代に入ったのである」とのべている。そしてこの人類とは、「運命共同体——一つの生きた自覚的統一体」のことをさしていた。

これらの命令口調の文章の後に続くのは、まるで全世界に対して、われわれの時代へ向かってすすめという行軍命令のようなものであった。「歴史の担い手としての国民国家の時代は、自らその終焉を宣言しなければならない。そして人類の時代が始められねばならない」。今日の民主主義理論のレベルから振り返って見るなら、阿部の「主権」という用語の使い方には問題が残る。彼はこの言葉を、グローバルな社会、あるいは人類を全体としてさすのに用いている。この用法が慎重な、配慮のもとに選ばれたものであることは言うまでもない。ここに一文がある。「今日われわれが樹立しなくてはならないのは、主権国家の集まりという意味での国際的な連合体ではない。ましてや強大な一国に基盤を置く世界帝国でもない」というものである。多少の警告らしき響きがしないでもないが、民主主義的な主権が、空あるいは自己空化としてはっきりと意図されているような気配など、どこを探しても見あたらない。この論文は、その代わりに、「完全に字義通りの、人類社会の統一的共同体」と、国家主権の代替物としての「人類を主権者とする権力」について言を費やしている。[27]

禅仏教の将来への課題

しかしながら、人民主権の空性を認めることは問題の一部分にしかすぎない。議論すべき問題として残るのは肯定と否定、現存と不在、あるいは（ルフォールの言葉で言うなら）ポリティックスとポリティカルなものとの間にある困難で緊張をはらんだ関係である。この点で、阿部正雄がこれまでの仏教思想にある一定の限界について指摘しているのは（西洋世界における能動主義の限界に対応するにすぎないが）将来への有力な指針となろう。阿部は『禅と西洋思想』のなかで、空と超越性とを強調する一方、過去における禅仏教はこれ以外の内省的な探求という次元、たとえば認識論や倫理などの、西洋では科学の発展、規範的行動の明確化の土台となった分野を、軽視したり回避する傾向があったと鋭く指摘している。「禅はまさにその非思惟という立場ゆえに、実際のところ、まさに西洋において発展した思惟のもつ積極的で、創造的な面、そしてその重要性を十分に理解していなかった」と。

阿部がここで「思惟の積極的で創造的側面」と言うのは、基本的には経験的探求（「実体的思惟」）と実践的倫理（「主体的思惟」）のことをさす。これらの分野は形而上学では「存在」と「当為」の名で呼ばれ、西洋で「めざましく」発達した。これらの分野が軽視されたために、仏教における「非思惟」は「単なる非思惟」に堕する危険をかかえていたことがしばしば指摘されている。これは実践面においては、「単なる非倫理あるいは反倫理に陥ること」によって「自らの真正な自由を喪失」する危険を意味した。この危険にどう立ち向かうのか。阿部はこれまで異質であった文化どうしが、互いに交流し、交配することにより、肯定・否定の要素を互いに注入しあうことを勧める。彼自身の言葉で表現するなら、次のようになる。

もしも禅が、到来しつつある「一つの世界」のなかで、新しい「世界宗教」として、人類世界の歴史を形成する力となることを欲するなら、禅は、西洋世界で洗練され確固としてうち立てられた実体的思惟と主体的思惟とを、自分自身の非思惟の世界のなかに位置づけるという歴史的事業に取り組まなければならない……。しかしながら、この事業をやり遂げるためには、西洋概念である「存在」と「当為」とが、現在、禅と西洋思想との間での対話を通じて、根本から再検討を迫られているのと同様に、禅の方でもまたこれまで異質であった西洋の「存在」と「当為」の観念を自らの内に深く受けとめなくてはならない(28)。

言うまでもなく、新しい方向性を探るという重圧は、何も仏教思想だけにかかっているわけではない。科学や慣習に偏した西洋思想にも、同じようにかかっている。とりわけ姿を見せつつあるグローバルな民主主義との関係においてはなおさらである。すでに前にふれたように、経験的指標や実践的政策に対してのみ関心が集中すると、構成的ステージ化(プラグマティックな操作の範囲を超えるが)の領域がおろそかとなる。この点で、現代の民主主義の理論は、伝統的な禅仏教の教え、またナーガールジュナから始まって今日に至るまでの思想から多くを学ぶことができる。「空なる場所」としての人民主権の概念は、もしも自己放棄、自己覚醒、そして根本的変革などの禅遺産の養分を採り入れることができないならば、単なるスローガン倒れになってしまうであろう。この点で、阿部の人類の将来への見通しは、多少問題とすべき部分がないわけではないが、全体として力強さと説得力をもっている。彼の見解によれば、既存の国民国家や政治体制の欠陥は、他ならぬ空と自己否定が欠けている点にあるという。「主権国家」は「自己否定を知らず」、「自己肯定と自己主張」を自分たちのよって立つ基本原理としている。そのために、ひとたび危機に直面するや、「人類的見地」はたちまち「抜け落ち、破壊されてしまう」。これが彼の指摘である。

グローバルな主権を樹立するための議論をするにあたっては、まずはこの「主権」の意味自体を変革しなくてはならない、と阿部は言う。というのは、この語の意味は、もはや「自己肯定や自己主張の主権」などではあり得ない。それは「つねに自己否定に基礎を置いた主権」でなくてはならない。すなわち、この主権は権威と正義ではなく、智慧と慈悲とをその原理とする。この意味の転換は、さらに、次の新しい倫理と政治の「コスモロジー」を実現可能なものに変える力をもつ。そして、その倫理とは、人類がお互いの責任と人間以外の（エコロジカルな）世界に対する責任をも含めて、十分に果たすことができる、そういう「人類の倫理」のことである。最後に阿部正雄の詩形式によるメッセージで締めくくることにしよう。

人間中心主義から解き放たれた新しいコスモロジーのなかに
われわれ人類は自らを置かねばならない。
自己も他者も、互いに違うものとなり、しかもそれぞれに活力を得るのは、
「果てしなく広がる自己の目覚めの力」によるのではないのか……
これこそまさに新しい人間社会の礎ではないのか。(29)

第9章　民主主義と多文化主義

再び一四九二年——二つのコミュニケーション

締めくくりとなる章にあたって、今一度、一四九二年を振り返ってみたい。スペインによるアメリカ大陸侵略とそれによって引き起こされた先住民たちの絶滅について、ツヴェタン・トドロフ〔フランスの記号学者 一九三九〜〕は、「そこには二つの大きなコミュニケーションの形——一つは個人と個人、もう一つは個人と自然や宗教の世界——があった」という重要な論を展開している。スペインの侵略に対するトドロフの見方は、概してこれら二つのコミュニケーション、すなわち先住民と世界、先住民とスペイン人の関係、もしくはその間の摩擦を要因とするものである。トドロフいわく、侵略の歴史の「模範的な」書かれ方が示すのは、「西洋の文明が、そのコミュニケーション能力が優越していたがゆえに、アメリカ大陸を征服し、逆にその優越性を主張したがゆえに、西洋は自然や宗教の世界とのコミュニケーションを犠牲にしてしまった」ことだ。このスペインによる新大陸侵略の遺産とでも言うべき近代西洋思想では、コミュニケーションというものを「個人間に限定されるもの」と決めつけてしまって、自然や宗教の「世界」はその対話《ダイアローグ》の主体、あるいは相手とはなり得ないと断定する傾向が強い。トドロフは、西洋人が進化論的に優位であることの可能性を認めつつも、一方で自然や宗教の「世界」との対話はあり得ないという考え方は、「きわめて視野の狭い見方」であって、「コミュニケーションに関するわれわれ西洋人の優越感」を過度に助長するものであるとしている。

トドロフのコミュニケーションに対する考え方を正確に解釈するとすれば、それは個人と個人の関係に加えて、「個人とその個人をとり巻く社会的集団、個人と自然界、そして個人と宗教的世界」といった関係における相互的コミュニケーションをも含めおかなければならないだろう。この第二のコミュニケーションの形はアステカ文明においてはきわめて重要な役割を果たしたが、それは「さまざまな指標や前兆を通して、また偉大なる預言者の力によって達成されるべき荘厳で自然で社会的なもの」として受けとめられた。つまり、自然や宗教の「世界」とのコミュニケーション概念をもっていたことが仇となって、先住民たちはスペインの合理的で現実的な対話に対してなすすべもなく、ただその餌食になるのを待つしかなかったのだ。事実、あたかも「すべてはマヤやアステカの民たちがコミュニケーションの手段を失ったことによって引き起こされた」かのように。この点についてのトドロフの論旨をかいつまんで見ると、その奇妙で不可解ななかにも的確な指摘が見えてくる。

スペインの征服者たちはこの戦いに勝利した。個人間のコミュニケーションでは彼らは圧倒的に先住民たちに勝っていた。しかし、彼らの勝利には困難がともなった。なぜならコミュニケーションの形は一つではなかったからだ。一面的な象徴的行為ではなかったのだ。先住民のモクテスマにとってスペイン人コルテスとの遭遇こそが、まさに最初の他者との遭遇であり、その意味では個人間コミュニケーションに長けていたコルテスが勝利したことは、さほど驚くことではない。ところが、すべてのヨーロッパ人とアメリカ人の源でもあるこの勝利は、同時にわれわれが他の世界と協調する能力や、すでにそこに存在している秩序に従うという能力に乏しいという、衝撃的な事実をさらけ出すことにもなった。すなわち、われわれは他の世界とのコミュニケーションを拒絶し、もっぱらコミュニケーションとは個人と個人の間にしか起こり得ないもの、という幻想を生み出したのだ。口をつぐんだ神々の静けさは、先住民の村同様、ヨーロッパ人たちの野営テントにも重くのしかかっていた。つまり、ヨーロッパ人たちは戦いに勝利することで別のものを失い、自然や宗教の世界へ自らの優位さを振りかざすことで逆にそれらと協調できなくなったと言い換えることもできよう。この歴史的な大勝利は、同時に同等の打撃と

挫折をヨーロッパにもたらしたのである。(1)

ヨーロッパ人が関心を抱く点以上に、トドロフの指摘はより広い意味での重要な要素を含んでいる。不可解なことに、スペイン人と先住民との出会いは、今や地球規模にまで達した近現代の進歩の先駆的役割を果たしたとして、さまざまな形で表現される。スペイン人は「アメリカ大陸全土に対して」自らの優位を強調したのに比べ、今日の西洋文明は全世界に対して自らの目印を刷り込むことに躍起になっている、とトドロフはのべている。この地球規模への西洋文明の拡大が、主として個人と個人の出会いによって行われていることを考えれば、この「個人間コミュニケーション(現在ではレーダーや遠距離通信器機なども含まれる)に長けている者たち」が勝利し続けていることは、かつての先住民に対する勝利と同じく驚くべきことではないだろう。今日の西洋文明の精神が、かつての征服者たちを駆り立てたそれとは明らかに異なっていることは、確かである。利益の追求ということを除いては、当時のスペイン人支配者たちが、キリスト教への改宗を目的(あるいは自らの侵略を正当化する手段)としていたのに対して、現代の西洋近代文明は、宗教とは何の関係もない科学と民主主義を世界の尺度にしようと躍起である。しかし、このような表面的な差異の根底に実は高い共通性が潜んでいることをわれわれはけっして見逃してはならないのだ。

この点についても、トドロフはヒントを与えてくれる。世界のコミュニケーションモデルについてのべたところで、彼は、アステカ文明が宗教的信仰に多くの精力を注いでいたということ、そしてスペイン人たちのキリスト教布教の熱意もまたそれに匹敵するものであったことをのべている。ところが、そこには他のどの「異教」とも異なる決定的な違いが隠されていると彼は指摘する。「重要なのは、キリスト教が基盤とするのは普遍主義《ユニバーサリズム》、およびリベラリズムだという点である。本来『(大文字のGではじまる)神』という語は固有名詞ではない。つまり、どんな言語にも訳すことができる。なぜなら、それは抽象的な神という概念ではなく、それぞれの文化固有の具体的なそれぞれの神々をさす言葉として用いられるからだ」、と。普遍主義とリベラリズムを旗印に、キリスト教は近代科学同様、他のあらゆる土着の宗教を凌いでいったが、逆に(リベラリズムという教えとは裏腹に)それが元来の寛容さを奪うことにもなった。それとは対照的にアステカの人々は数多くの神々を信仰するだけの寛容さをもちあわせており、キリスト教すらも喜んでその仲間に入れることを願っていたほどだった。ところが、当のキリスト教信者がこのような例外を許すはずもなく、事実、コルテスは嫌悪感をあらわにして拒絶した。その理由は、キリスト教の神は「他の神々と同列に並べられ得るものではなく、それらとは一線を画すべき存在」だからであった。この一件が「スペイン人の勝利に大きく貢献したことは言うまでもない。妥協や協調を忘れた人間は、得てして寛容ではいられなくなるものだ」。トドロフは、こう苦言を呈している(2)。

ところが、われわれの立場から見た場合、スペインによる侵略の歴史には教育上得るところもあり、その点に関してはトドロフは十分に説明していない。すなわち、現在もなお帝国主義(今日では「世界は一つ」という合言葉の影に巧みに覆い隠されてはいるものの)の脅威が続いているという点に加えて、単に偶然ではない根本的あるいは規範的なレベルでの緊張関係または対立関係――つまり西洋近代文明のリベラルで普遍的な思想とそれぞれの土着の文化や宗教伝統との対立、言い換えれば合理化された世界観とそれぞれの固有の世界観との対立――が厳然と存在することを白日のもとにさらしたという点である。この対立関係が西洋的な行動様式を構成する重要な役割を担っている点からすれば、近代民主主義――ここではリベラルな民主主義をさす――は、国の内外を問わず、たとえ互いの距離を縮めようとする方策がなされても、必然的に西洋以外の文化や生活様式とは相容れない形をとることになる。近代民主主義は、キリスト教のリベラリズムの(平等で自由な)考え方と結びついたにもかかわらず、さまざまな文化の多様性をすぐに受け入れることはできなかった。ちょうど近代科学が錬金術を(あるいはキリスト教が異教を)受け入れられなかったのと同じように。

本章では、民主主義の抱える問題点や今日の具体的な政治事情に注意を払いながら、このような民主主義と多《マルチ》文化主義《カルチュラリズム》*用語解説の緊張関係について見ていくことにしたい。トドロフの考えを借りれば、その緊張関係には相対する二つのコミュニケーションの形――すなわち間主体的(話し手である主体あるいは組織を結びつけるという意味の)コミュニケーションと「対自然宗教世界」、あるいは全体論的コミュニケーション――を含み込んでいるといってよいだろう。別の言い方をすれば、前者は線あるいは平面的なコミュニケーションであるのに対し、後者は円あるいは立体的なコミュニケーションだと言える。ここで前もって断っておきたいのは、これらのコミュニケーションについて探っていく目的は、自民族中心主義《エスノセントリズム》を実証するためでも、土着の社会に対する抑圧や侵略の危険性を軽視または無視するためでもない。おそらく想像を超える困難をともなうことであろうが、それらの危険性については、それを引き起こす可能性のある反対の側から補うことが絶対に必要なのだ。自分たちが道徳的に「優位」であるという身勝手な態度が西洋にあることは確かであり、野心的な普遍主義者《ユニバーサリスト》たちがその罪を免れることはないだろう。度重なる暴力と虐待を引き起こしたのは、まさにその野心に他ならないからである。スペインによる侵略の歴史は、そのことを何よりも雄弁に物語っているのである。

1　リベラリズムと差異の論理

リベラリズムの見せかけの中立性

近年、アメリカでは、多文化主義《マルチカルチュラリズム》にまつわる問題が、教育カリキュラムの修正に関連する論争のなかで取り沙汰されることが多い。ポストモダンの流れにおける文化多元論派に対して、巻き返しをはかる目的で保守派がうち出したのが、この多文化主義の考え方であった。この切り口では、多文化主義はほとんど（あるいは完全に、と言うべきか）学際的な視点でしかとりあげられることはなく、カリキュラム論議のレベルでは多文化主義本来の鋭い思想的もち味は否応なく鈍化させられてしまう。(3) 倫理政治学理論や憲法理論にも多文化主義は浸透しているが、より深いレベルでの文化的パラダイムや実存的な生活形態にまでは及んでいない。多文化主義をアカデミックに論じた出版物の関心のほとんどは、共同社会のなかの人種的、民族的つながりの本質と現状を論じることに払われる。重要なのは、正義を大上段に振りかざした社会的ルールか、それともより実質的な「公なる善」なのかという問題である。通常、この議論は「リベラリズム（または普遍的リベラリズム）」対コミュニタリアニズム*用語解説に落ち着く。前者は個人、あるいは個人と個人の関係を念頭に置いた論理であり、カント哲学の流れをくむものである。一方、後者は社会全体にとって「何が善か」を歴史学的見地から見直す考え方で、アリストテレスやヘーゲルに端を発する。道徳的に言えば、前者は個人の「権利」や自由を、後者は社会における「善なる美徳」をそれぞれの焦点としているのである。(4)

両者間の論争を細かく見ていくことはページの都合上無理であるし、他の多くの研究者がすでに行なっていることなので、ここでは割愛する。それよりはむしろ、この議論が多文化主義の神髄に達する前に陥りやすい傾向についてふれてみたい。それは、議論全体を抽象的に見渡すという視点がないということである。いずれの側も、時代や地域の差を考慮することなく、いつでもどこにでも適合する理想的な絶対的理念として、自己を正当化するばかりである。論争そのものを目的とするならば好都合であろうが、どちらか一方だけをすべて正しいとするこの傾向は、その地域独自の性格や歴史をごちゃ混ぜにしてしまうという弊害をもたらした。これは文化混交主義《シンクレティズム》や文化的重層性とはおよそかけ離れた低次元なものである。(5)重要なのは、それらの傾向がある特定の理由によって、ある特定の歴史的状況下で生み出されたという点である。仮に、それがアメリカのリベラリズムと民主主義政治のコンテクストのなかから生まれたものだと、誰かが断言したとしても、まんざら的外れな指摘だとは言えまい。一方では民主主義の教義が正しいことを何とかして立証しようとし、もう一方ではその問題点を突き、政治の流れを変えようとする。つまり、これらの論争は、明らかにアメリカ政治におけるリベラルな普遍主義対コミュニタリアニズムという対立の構図が生み出したものだということである。ちなみに、コミュニタリアニズムの主張者はしばしば個人のアイデンティティを集団のそれへと置き換えようとする強い傾向を見せるが、この考え方では、たとえば伝統的に個人と集団を区別することなく暮らしてきた民族がいたとしたら、彼らを正しく理解することはおよそできないだろう。(6)

確かにこのような欠点はあるものの、この論争が現在（あるいは将来）の多文化主義の議論を活性化させたことはまちがいない。論争には一般的に二つ側面——実存形而上学的側面と倫理学的側面——がある。形而上学的な側面においては、周囲の環境とは無縁の独立したエゴか、またはその環境のなかに存在する人間かという問題——、マイケル・サンデル〔ハーバード大学政治学部教授〕の言葉を借りれば、「無添加の自己」か、それとも歴史的、文化的コンテクストのなかでの自己かという問題である。（リベラリストは個人間に心理的、社会的な差があることを否定しないが、それもリベラリストの理性や道徳といった尺度に合ったものに限られる）。倫理学的側面で問題になるのは、公式で普遍的ルールか、具体的な道義的関係かということで、再びサンデルの表現を借りれば、「手続きだらけの共和国」か、あるいは土着的な生活を営む共和国かということになる。以上あげた二つの側面は互いに密接に関連しあっている。そして、両者を同時に見ていくことで、普遍主義が本質的に抱える矛盾はもとより、そのぼやけていた輪郭がくっきりと浮かび上がってくるのである。

これらの矛盾は、まさに不偏不党のリベラリズムの論理の産物である。つまり、西洋リベラリズムは形式の整った規則では縛れない「善なるもの（こと）」をわざと考慮に入れないことで「中立性」を保っている、とする意見である。しかし、この意見は声高に叫ばれてはいるものの、実は誤りである。リベラリズムは、普遍的なルールの基盤を築くために伝統的な生活形態にあった人間の存在を、何のコンテクストももたない個人という名の単体レベルにまで分解する必要があった。ちなみに、この考えを最初に展開したのはトマス・ホッブズである。そのような分解という過程を含んだシステムが、逆にまったく分解の過程を経ない生活形態に対して中立的であろうはずがない。トドロフの言葉を借りれば、それぞれ独立した個人どうしのコミュニケーションは、自然や宗教の「世界」とのコミュニケーションモードをもちあわせていないか、あるいはそれらの「世界」を壊すことによってのみ成り立つというわけである。言うまでもなく、リベラリズムの見せかけの中立性は、数多くの有能な批評家たちによって攻撃され、その化けの皮を剥がされてきた。「権利や正義が特定の政治組織や機構に関係せずに存在し得ないという本質は、善に優先する権利はあり得ないという明白な事実を何よりも雄弁に物語っている」[7]。これはシャンタル・ムフの言葉である。

集団間における差異の論理

しかし、今日、この論議はやや時代遅れの感がある。論点はさらに先へと進み、より適切で直接的な形での多文化主義そのものについての議論へと発展している。アイリス・ヤング〔シカゴ大学政治学部教授〕の『正義と差異の論理』〔一九九〇年〕は大いに参考になるものである。同書でヤングが最初に力説しているのは、彼女のアプローチが先にのべた個人主義か集団的コミュニタリアニズムかのレベルではなく、民族や文化、そしてその多様性といったものにこれまで以上の比重を置いたという点である。それはリベラルな普遍主義とコミュニタリアニズムには、それぞれ、前者はその中立性ゆえに特定の具体的な文化や伝統を抽象化してしまうという欠点、後者はそれらを集合体のなかの一部分として統合してしまう（この点はしばしば国民国家の概念と関連して言及される）という欠点があると考えられるからだ。ヤングは、法規則や平等主義にがんじがらめに縛られた結果、つくり出された基準にそって「実際の社会的コンテクストの外側から、その公正さを決定しようとする」ことの不適切さを指摘している。つまり、彼女の正義の概念は、歴史的で社会的なコンテクスト、とりわけ深遠な文化的生活形態と強く結びついているという点で、他を一歩抜きん出ている。ヤングが示すように、普遍主義《ユニバーサリズム》と人類平等主義《エガリタリアニズム》は、ともにもっと文化の複数性や「差異の論理」といった観点から、その主義主張を修正していく必要があるのではないだろうか。ヤングは次のようにのべている。

> 平等に扱うという原理は、もともと公平性を保障する概念から発展したものである。しかし、この公平という意味の機械的な解釈は、同時に差異の埋没という弊害を生み出した。差異の論理が暗示するのは、この機械的平等原理を互いの差異を公の場で認めあう論理によって払拭することであって、そうすることで初めて現実の不平等をなくすことができるということである。最近のアメリカの法をめぐる論争——たとえば女性の権利、バイリンガル（英語とスペイン語）教育、アメリカ先住民の権利など——について思うことは、彼らが十分な社会参加を果たせるようにするには、時として各グループにそれぞれ異なった特定の権利を与えることも必要なのではないかということである。(8)

文化的集団へと焦点を移すことで、ヤングの論理は、社会多元論についてのリベラリズムの観点からの説明、つまり集団とは単に興味関心を共有する個人の集合体にすぎないという論理とは明らかに異なった視点で展開していく。その視点とは、生活集団を歴史的成長というコンテクストのなかでとらえていくものであり、それぞれの集団は「文化形態や生活様式」において異なった価値観を有するとする考え方である。近代の個人主義や功利主義のもとでは、西洋の社会理論や政治論理は、このような集団をともに「個人主義の方法論的概念」である「(個人の)集合体《アグレゲイト》あるいは結社《アソシエイション》」としてしかとらえようとしない。ここでの「集合体《アグレゲイト》」という用語は、肌の色や性別、年齢によって人々を区別するためのものとして用いられている。このようなとらえ方には数多くの欠点が見い出されるが、なかでも致命的なのは、それらの文化集団の実存的根幹を無視してしまっているところである。なぜなら文化集団の規定は外側から見える特質によってではなく、その文化に対する自己の「アイデンティティの感覚」、つまり共有された慣習や歴史的経験によって行われるからである。

　集合体と区別されるものとして「結社《アソシエイション》」があるが、これは特定の関心に対して集まった自発的集団のことである。とはいえ、両者には共通する前提も多い。たとえば、結社は集合体同様、「存在論的な観点から個人は集団に優先する」という暗黙の前提を含んでいる。つまり、個人が集まって初めて集団は形成されるという考え方である。しかし、このような前提は、「脱構築理論哲学」*用語解説によってその偽りを暴かれた。「自力獲得による主観どうしの結合」という形而上学が実態のないものだということが、白日のもとにさらされたのだ。ヤングの理論がこの脱構築理論にそっていることを考慮すれば、「社会における人間存在」というハイデガー的洞察が見え隠れするのも至極当然なことであり、驚くべきことでもない。実際、結社への加盟は任意の選択によって行われるのに対し、集団への帰属意識は、それとは対照的に、「人はある集団に属することによって自我を獲得するという性質、つまりハイデガーの言う『被投性』」によって生み出される、とヤングは記している。しかし、だからといって、この実存的な帰属意識は逃れようのない宿命を意味するわけでも、また集団生活というものを具体化するための基盤を意味するものでもない。ヤングは次のようにのべている。

被投性が意味するのは、個人はある集団を出て、別の集団に入っていくことができないわけではなく、……また、個人には集団のアイデンティティの意味を規定することができないわけでもない、ということである。というのは、集団に対して帰属意識を強くもつ個人は、そのことで再び集団のアイデンティティを規定し直すことができるからだ。……現時点では、最初は集団のアイデンティティを与えられた形で受け入れ、それからそれぞれのやり方でじょじょに咀嚼《そしゃく》していくだけである。そこでは、集団が形を成そうとしても、けっして土台を築くことはできない(9)。

ヤングの研究に見られるように、差異の論理は、公平の概念や法規則に対して文化的生活集団やその多様性を視野に入れるべきだという指針を含んでいる。彼女の指摘通り、アメリカの憲法が崇拝する自由啓蒙思想は、その目的を法のうえでの平等と、偏った集団の権威から逃れるという意味での人間の解放に置いたものである。リベラリズムの概念においては、公平とは「万人に対して平等」な権利を保障することを意味する一方で、集団の差異については「まったく偶発的で個別的に起こったこと」として処理されてきた。こうしてリベラリズムは近代政治のなかで「きわめて重要」な位置を占めながら、「排他や差別化に抵抗」し、「全人類の立場が平等であるという主張」を可能たらしめる役割を担ったのだった。しかし、ここ数十年の流れでは、あらゆるものを平面化してしまう普遍主義《ユニバーサリズム》の欠点と並んで、その否定的な側面が指摘されている。ヤングの指摘によれば、解放を「超越」や「差異の消失」と解釈すれば、リベラリズムは「理想的な同化」、つまり社会統合というメルティング・ポット*用語解説的概念を暗に含み込むことになる。一方、差異の論理では、同じ価値を認めるならば、「時には特定の抑圧された集団に対しては他とは異なった扱いをほどこす必要がある」という認識に至るのである。ヤングの研究のポイントは、基本的に以上のような差異の論理をアメリカの政治的なコンテクスト——たとえば黒人のブラックパワー運動やアメリカ先住民の運動（通称レッドパワー運動）、同性愛者の主張、フェミニズム運動など——のなかに反映させることである。これらの運動が呼び起こしたものは、解放そのものの否定ではなく、解放の感覚やその方向性を修正することの必要性なのだ。つまり、文化やその多様性からの解放ではなくて、その文化のなかでの、あるいはその文化を通しての解放なのである。同化主義者の理想には反するものの、その意味において差異の論理は「民主主義的な多文化主義《マルチカルチュラリズム》」の観点を支持するものである。つまり、この観点からすれば、よい社会というものは「集団間の差異を消し去ったり、超越視したりはしない」のである。よい社会が認める平等とは、「社会的、文化的背景のまったく異なる文化集団が互いの差異を認めあい、かつ尊重しあうという意味においての平等」に限られるのである[10]。

ヤング「民主主義的な多文化主義」

ヤングの示すこの平等と差異の関係は、先例のないまさに驚くべきものであり、リベラリズムの観点からすれば、おそらく納得のいかないものであろう。前にものべたが、近代のリベラリズムは、主として身分や階級のヒエラルキーと、集団によって権利や義務が異なるという、法的社会的矛盾に対する反動として誕生した。したがって、かつて差異よりも平等を優先することによって意図されたのは、差別や矛盾から人間を解放することだった。ところが、現在、このような考え方は説得性を欠き、逆にさまざまな疑問が投げかけられている。ヤングは次の三つの点をあげている。まず第一に、差異を認めないことで「特権をもった集団により、異なった歴史的経験や文化や社会性をもつ集団が不利になる」という点があげられる。リベラリズムは、同化主義と結びつくことによって、すべての社会的、文化的集団を「主流」にそった規則体系のなかに取り込もうとした。それにより、主流派集団は自らを核として他の集団を統合するための規則や基準を設定することができるからだ。当然、その基準に到達することを余儀なくされた非主流派集団は、(たとえばアファーマティブ・アクション〔社会的差別を是正するための積極的改善措置〕にはっきり表れたように)否応なく不利な立場へと追いやられるのである。

第二には、差異に目をつむることは、当然の結果として、主流派の基準をためらいなく受け入れること、いわゆる「文化帝国主義」が全体に蔓延してしまうことにつながる。すなわち、「集団は個別にもつ特質を重視しなくなる」のである。さらに第三として、非主流派集団が主流派集団の基準に擦り寄ろうとすれば、結局自らの文化が劣ったものであるという誤った観念、つまり、「内在的な自己卑下」を生み出してしまうということである。アメリカにおいて、このような主流派の基準をまざまざと見せつけられたプエルトリコ人やアジア系民族には、「発音の訛りや両親を恥ずかしく思う」傾向があるし、黒人の子供は自分が住む同じ地域の貧しい人々を軽蔑しがちである。また、フェミニストは「すぐに泣いたり、知らない人でも困っていればすぐに同情してしまう自らの傾向が、いったいどこからくるのかをつい探り出そうとしてしまう」。このことを考慮に入れると、差異の論理が果たすべき役割は、主流派によって隅に追いやられた非主流派に、自己の文化的アイデンティティを再主張させ、そのことで自らを解放し、力を得させることである。つまり、この論理は同化主義の一歩も二歩も前を行く論理であり、それはちょうど、「ラディカルな民主主義的多元主義」が、差異を黙殺した多元主義的リベラリズムを理論的に卓越しているに等しい。ヤングは次のようにのべている。

集団間の差異の超越性によって人間を解放しようとする考えは、個別で非政治的なコンテクストのなかでは個人や集団の多様性を認めてはいても、その差異がもつ政治的な意味は否定してしまう。……一方、ラディカルな民主主義的多元主義では、差異は万人を社会政治機構のなかに参加させる手段として積極的に受けとめられている(11)。

ここで念を押しておくべきことは、ヤングも再三にわたって強調しているように、公の場で集団間の差異を認識することは、けっしてヒエラルキーのある社会や、特定の文化に対する偏見、排他主義に逆戻りするということではない。ラディカルな民主主義や多元主義理論の考え方で優れているのは、個々の文化集団から「本質を取り出す」、つまり共通する普遍的な要素だけを抜き出すことを徹底的に拒否している点である。それに対して、これまでの伝統的な論理では、各集団は、元来「本質そのものが異なる」として、一部の人々の価値を軽視するようなことをしてきた。民主主義的な差異の論理は、差異を「社会のプロセスが生み出す流動的で相対的なもの」、言い換えれば、他の文化とのやりとりを通して生み出される副産物だと、ヤングはのべている。この観点からすれば、民主主義的な多文化主義における文化的差異とは、移行、変容するものであり、他を「排除」するためではなく、他から「解放」されるための要素として定義される。一つの集団が自らの独自性を主張する場合、もし、「排除」の論理が働けば、その独自性は他の集団を否定するための尺度として用いられる。つまり、そこに自己対他者の構図が生まれるのである。

ヤングが見る通り、非民主主義的で「抑圧的」な観点から見た差異とは、「まったく相容れない他者、相互排斥、相反するもの」の記号以外の何ものでもない。そのような差異を「アイデンティティのロジック」のなかにあてはめることで、主流派集団は中心に居座り、非主流派は周辺へと追いやられるのである。このような観点では、差異は他の集団との交流を妨げるだけでなく、各集団「内部」においても差異を認めないことにつながってしまう。つまり、他者を排斥するための記号として差異をとらえた場合、皮肉にもそれは、「自己内の差異の否定」を意味することになるのである。それとは対照的に、進歩的な民主主義的文化多元論では、より寛容で自由なスタンスをとっている。ここでは、差異を「境界のはっきりしない、不明瞭きわまりない、相対的で移ろいやすいもの」であって、「これとは定義できないもの」だとしている。重要なのは、差異を個人的な興味による偶然の産物でも、時代を超えたところで生み出されたものでもないとしている点である。その焦点は浸透性の高い伝統文化、「集団と集団の関係」、集団と社会規範との関係などにあてられている。ヤングは次のように分析している。

差異が意味するのは、他者でもなく、相容れない正反対なものでもない。それは特質であり、多様性であり、複雑性なのだ。差異が表すのは、似ているものと似ていないものの関係であって、自己と他者の区別ではない。……内と外を分け隔てるための柵ではないのだ。したがって、差異があるからといって、それらの集団が経験を共有しないとも、共通する要素が何もないとも言えないのである。[12]

2　カナダにおける多文化主義

テイラー「真のアイデンティティ」

ヤングの研究の特徴は、差異がもつ民主主義的な意味あいを女性解放やバイリンガル教育、先住民の権利を中心としたアメリカの民主政治に結びつけて論じている点である。ヤング自身も『正義と差異の論理』の序章でのべているように、彼女の論理はアメリカ以外の社会、ひいては全世界的なコンテクストにおいてもあてはまるかもしれない。実際、多元的な文化の必要性は、今日、いくつかの先進国ではけっして無視できないものとして認識され始めており、非西洋諸国における認識の高さはそれ以上である。そこには近代的な生活様式と土着の文化伝統の葛藤が、日常的なレベルで存在しているからだ。先進国のなかでもとくに多文化主義《マルチカルチュラリズム》が浸透しているのは、英語圏コミュニティとフランス語圏コミュニティの確執が顕著なカナダである（カナダではそれ以外に、先住民による自治権の要求があることは言うまでもない）。

カナダの例には、注目に値する要素がいくつかある。その一つは、文化多元論や文化の多様性が政治に大きな影響を与えているという点である。これほどまでに多文化主義が議会で論議される国は、西洋諸国では他にない。むろん、その底流には先にのべた二つのコミュニティの協調という理想が、未だかなえられていないという事実がある。一九六七年に「二言語二文化政策王立委員会」が出した報告書は、市民としての個人の権利と文化的多様性がもつ問題点の両者に焦点をあてたものだった。この報告を受けて、四年後、カナダ政府は目に見える形での「多文化主義」政策を発表した。それは、全カナダ人の権利の平等性を強調しながらも、マイノリティ集団に対して一定の保護を与えるというものだった。この考えは一〇年後のカナダ権利憲章にも生かされており、平等な個人の権利を大前提としながら、現実に存在する「多様な文化伝統を保護、育成」していくことを基本理念として取り込んでいる。その後も同様の政策がつぎつぎとうち出されたが、残念ながら今のところ明確な形での成果を出すには至っていない[13]。このような政治的議論以外の分野、つまりアカデミズムの世界でも多文化主義は多くの研究者や社会学者の注目を浴び続けている。とくに有名なのは、カナダを代表する哲学者のチャールズ・テイラー〔一九三一〜〕である。

コミュニタリアニズム主義者というレッテルを貼られ、その集団主義的思想を批判されているテイラーであるが、テイラーの理論もまた、先のアイリス・ヤング同様、すでに確立されている教育理論や、個人主義か集団主義かというやっかいな問題を避けて展開されている。彼は同書のなかの論文「承認論」で、人間の「尊厳」を重視するという一般的な考え方のもととなる個人の自由という概念を称賛している。彼の指摘通り、社会階級制度と結びついていた封建制が崩壊したことで、「尊厳《ディグニティ》」という近代的な概念(現在では普遍主義や啓蒙思想の概念として用いられることが多い)が生まれたわけであるが、それが意味するのは、「人間が生れながらにしてもっている尊厳」あるいは、すべての人が一様に享受できる「市民としての尊厳」であった。この概念は、その後の互いに異なった「アイデンティティ」の重視と、個人や伝統文化を区別する尺度として用いられた「真正性《オーセンシティ》」の追求によって、さらに深くまで掘り下げられ、同時により複雑にもなった。

ヘルダー〔ドイツの思想家・文学者 一七四四〜一八〇三〕とその弟子たちによって確立された理論によれば、真のアイデンティティを形づくるものは、二つのレベルでの「独自性」であるという。一つは多くの他人のなかにいる自分という独自性、もう一つは「他人とは違う文化をもった自分」という独自性である。そのうちの前者、つまり個人の尊厳は、強調しすぎるとたちまち一人よがりな唯我論に陥ってしまう。そこから抜け出るには、豊かな文化的経験に裏づけられた相互承認が必要である。テイラーによれば、個人は誰でも(近代化社会においてさえも)自己を理解し、互いのコミュニケーション、つまり「豊かな言語表現」を通して、自らのアイデンティティを確認する「完全な人間」となることができるのだという。一昔前は、社会そのものがよりコンパクトで、人間相互のやりとりはごくあたり前のものとして社会機構に組み込まれていた。ところが、今ではそうはいかなくなった。テイラーの言葉によれば、「アイデンティティを個人の内面に求めようとする新たな傾向は、承認の概念に新たな重要性を与えた。……近代がもたらしたもの、それは承認の必要性ではない。承認されないこともあり得るという状況なのだ。そうなって初めて、承認の必要性が実感されるのだから(14)」。

以上のような近代の概念は、複雑な緊張関係を生み出した。テイラーによれば、近代化は、社会生活を相反する二つの概念に分けてしまった。一つは（個人の権利と固く結びついた）リベラルな普遍主義、もう一つは文化による固有性である。封建的な階級社会から個々の尊厳を重んじる社会への移行は、「すべての人間には等しい尊厳があることを強調する普遍主義の論理」を生み、それは「権利を平等に保障する」ことに多大なる貢献を果たした。近代の（西洋的）民主主義においては、「権利の平等」とその拡大は、それがすべてではないにしろ、主たる原則だった。その一方で、「真正のもの」あるいは「真のアイデンティティ」という新たな概念が後押しとなって、文化や人間の固有性に焦点を据えた「差異の論理」が沸き起こってきた。このように、普遍主義の論理が人間の共通性（いわゆる「平等な尊厳」）を模索する一方で、差異の論理は「個人や集団固有のアイデンティティ」、つまり他の誰とも違う点を認識する必要性を訴えているのである。

差異の論理においては、お互い似たような存在でしかない人々に個性を与えることによって、内在する矛盾を取り除くことができる。この差異の論理がわれわれに求めるのは、普遍的でない独自なものとは何かというコンセンサスである。つまり、誰もが認めるような普遍的な要素に対しては敬意を払いながらも、それはあくまで「互いの独自性を認めあうというプロセスを経て」の話だとテイラーはのべている。つまり、普遍性を求めることは、すなわち「独自性への認識を促進する」ことなのである。これら二つのきわめて対照的な近代思想は、相互批判を繰り返す緊張関係にある。尊厳重視の論理が「差異に目をつむる」ことで万人の平等を求めているのに対して、差異の論理は、差別をしないこと＝民族や文化の固有性に基づいて他とは異なる扱いをほどこすこと、という非差別概念の再定義を行おうとするものである。テイラーによれば、結果、これら二つの論理の間には――、摩擦が生じる。一方にとって重要なのは、個人の尊厳と平等のために差異に目をつむる方法で人々を取り扱うことであるし、……もう一方にとって大切なのは、その差異を認識し、さらには保護することなのだから。前者から後者への批判は、一言で言って、非差別という理念を脅かすという点、後者から前者へのそれは、単一の鋳型に人々を押し込めることで真のアイデンティティを否定してしまうという点に向けられている(15)。

相互理解のための「地平の融合」*用語解説

差異の論理擁護派からの批判は、単にそのような同化思想に対するものだけではない。現実に存在する権力の差や、虚構にすぎないリベラルな普遍主義全般に対してもまた、その矛先は向けられている。このような現実の政治的不均衡からわかるのは、リベラリズムによる差異の黙殺が、しばしば文化帝国主義の薄っぺらな見せかけとして利用されているということである。つまり、それは「覇権文化」が弱者の文化に対して同化することを強要する、その裏返しなのである。この点からすれば、リベラルな普遍主義というものは、個別主義者のバイアスを隠してしまう、つまり、「普遍的であることを装う個別主義の矛盾」を白日のもとにさらすという批判を受けることになる。この問題をさらに具体的に検証するために、テイラーはカナダ権利憲章と通称ミーチ・レイク協定（ケベックを「独立したコミュニティ」として認めるための取り決め）と呼ばれる取り決めを例にとりあげている。

二〇世紀のカナダの政治は、他の西洋諸国同様、先にのべた異なった二つの論理の影響をつねに受けてきた。そして、ここ二〇年ほどは、その影響は憲法論議にまで及んでいる。テイラーの分析によれば、カナダの権利憲章の基本線は、アメリカ合衆国憲法の人権規定と同じく個人権の保障である。つまり、カナダもまた他の西洋諸国、結局は「全世界」同様、「アメリカを手本」としたリベラルで権利中心の普遍主義を導入しているわけである。したがって、ケベックの文化的差異を認めようとした協定に対する強い反対意見は、「何が善かということ」よりも、個人の権利を優先する、すなわち、個人の権利は「全体の目的に優先される」という、カナダの基本的姿勢がその背景となっている。このカントの流れをくむ「深遠な哲学的前提」にもとづいた政治理念は、人間の「自主性」、つまり「自分にとってよい生活とはどんな生活かを、自分で決めることができるということ」を基本的に尊重している。自己決定のための個人の自主性を尊重するという基本原則は、アメリカの著名な学者たちによる「強力な知的圧力」によって、法令審査を含むあらゆる手続き規則を重視する社会――マイケル・サンデルのいう「手続き社会」――の核となったのである。[16]

その「深遠な」前提と具体的な効果に十分な理解を示しながらも、結局、テイラーはこの理念には賛同できないとしている。彼によれば、リベラルな普遍主義は、現実には額面ほど中立的でも非差別的でもないと言う。カナダのケースでは、この手続き主義はフランス語圏の文化の固有性を促進するどころか、むしろ切り捨ててしまうことにつながっていく。一般論として、社会が政治的である以上、文化伝統を守っていこうとする人間と、伝統から「解き放たれて」個人の関心を追求しようとする人間の両者に対して、それぞれ中立でありえるはずはない。こうして見ると、手続き主義というものは「差異に対して不親切」だという批判を受ける可能性が大いにある。ケベックの人々にとって、これらの論争はバイリンガルな環境を存続するための権利問題だけでなく、現在はもとより将来にかけての「フランス語圏文化の維持促進」がかかった重大な意味を含んでいるのである。

テイラーの説明では、このような目的を追求することは、差異の論理ほど非リベラルではない。文化の固有性に貢献してきたケベックの人々の社会生活は、フランス語圏以外の文化を軽視、剥脱することなしに、彼らにとって「ほんとうの意味でのよい生活」に近い形で確立され得るのである。ここで前提となるのが、権利というものを二つのレベルに区別することである。一つは、（カナダ権利憲章のような）リベラルな普遍主義の考えにそった「基本的」権利、もう一つは社会的な規律となり得る文化のもつ権利である。前者は「単一的な」扱いが必要であり、けっして「侵害してはならない」権利である。一方、後者は文化の多様性を認めるものである。この点からすれば、共通の目的に向かって形づくられた社会が「リベラル」なままであることは可能であり、その意味ではリベラリズムは――とくに反対意見を唱える人々を扱う場合――「多様性を尊重する」可能性と、「基本的な権利を適切な形で保護する」可能性を有している、というのがテイラーの意見である。このように、テイラー自身は、流れに逆行する集団主義の負の要素を取り除いた差異の論理を強く支持している。彼は次のようにのべている。

差異の論理は、それぞれの固有の文化の重要性と、それらを無差別に扱うべきだとする考え方の重要性を比較することをむしろ求めているといってよいだろう。もっとも、多少後者に比重があることは否めないが……。ここでは詳しい議論は避けるが、私はこの種の考えが正しいことを確信する。言うまでもないが、今日、社会は複数の文化が共存する多文化的なものへとどんどん変貌している。各種の手続きに縛られたリベラリズムの窮屈さが時代に合わなくなるのはもう目に見えている。[17]

このテイラーの確信は、いくつかの角度から説明することができる。テイラーはリベラリズムによる個人の（基本的権利の）保護をただやみくもに主張することはないが、同時に文化の多様性を無批判に受け入れる姿勢、たとえば（「主観論的新ニーチェ思想」のような）ラディカルな多文化主義論者たちの姿勢に対しても異議を唱えている。このような無批判な受け入れ姿勢は、つまるところ強者が弱者に恩を着せるようなものだというのである。なぜなら、「心から尊敬して」行われたものではないからだ。さらには、具体的な研究や価値把握に基づかないことで、これまでの覇権的な通念を実際に覆すにも至らず、結局は民族主義的色彩を強くおびるようになるだけである。テイラーの言葉を借りれば、すべての差異を否応なく受け入れさせるということは、それぞれの文化を「まったく矛盾することに——人によっては悲惨きわまりないと言うかもしれないが——単一化」してしまうことになる。というのは、われわれは複雑な文化を判断するための「既成の基準」というものを、暗黙のうちにもちあわせているからである。こうしてみると、差異の論理は（自由放任主義的な多文化主義という観点でとらえた場合）「結局は全員を同じにしてしまう」という可能性ももっているのである。

しかし、これはよそ者文化による汚染から、西洋文化を必死に守ろうとする、一部の思想集団を喜ばすためのものではけっしてない。相互理解という基本理念に立ち返って、ガダマーの理論線にそった文化の相互批評というものの必要性を強調したまでである。

起こるべきは、ガダマーの言う「地平の融合」である。われわれは文化の境界をさらに押し広げることを学ぶべきなのだ。そうすることで、われわれが常識と考える尺度が、実は他の文化にとってはそうでもないことを知ることができる。「地平の融合」は比較のための新たな語彙をつくり上げることを通して起こる。そうすることで、われわれは文化間の差異をより明確に表現することができるのである。

こうしてみると、異文化への関心や敬意は推測という形を通して生まれることがわかる。つまり、そのような生き生きとした文化をもった社会には、何か学ぶべきものがあるのではないかと人は推測するのである。むろん、必ずしもその推定が正しいとは限らないが、十分に検討、検証することなしに否定してしまうことはけっして許されない。別の言い方をすれば、推定がわれわれに求めるのは、すべての文化を「絶対的に」受け入れるという姿勢ではなく、「境界を融合させる結果につながる文化比較の意思」なのだ。推測を否定する唯一のもの、それは自らの文化に対する「慢り」である。(18)

3　失われたコミュニケーションの再生

グラント「文化覇権に対する文化による抵抗」

このテイラーの言う推測の概念には、文化交流に対する前向きな姿勢と、西洋的な文化帝国主義すなわちヨーロッパ中心主義《ユーロセントリズム》への拒絶が含み込まれている。推測はまた、近代的な西洋の生活様式が他よりも優れているという固定観念をも突き崩す。カナダでの論争は法律や特定の文化への要求に焦点が置かれてはいるものの、現代の多文化主義思想に偽形而上学的で実存主義的な、より深い意味を与えることになった。見てきた通り、この論争に参加した学者はテイラーだけではないが、彼の理論が他の学者や思想家に与えた影響はきわめて多大なものである。

テイラーのリベラルなヘーゲル的傾向とは対照的に、学者のなかには非近代、あるいは前近代、さらにはポスト近代思想によって、西洋的近代化そのものを批判しようとする者もあった。とくに注目に値するのは、哲学者のジョージ・パーキン・グラント〔カナダの哲学者一九一八〜八八〕であろう。彼は、リベラルな手続き主義の発展に対して疑問を投げかけ続けた人である。彼は『英語圏の正義』（一九七七年）のなかで、権利や手続きといったものを夢中になって主張するリベラリズムの欠点は、「よい生活」とは何か、「善なる」正義のための権利とはどのような権利かという、形而上学的あるいはポスト形而上学的な疑問を見えにくくしてしまうことだとのべている。そのような疑問は古典哲学においては社会倫理の一部であった。権利や個人的関心といった「英語圏の概念」が浸透する現代、その疑問が再び浮かび上がってきた。公の場からは姿を消したものの、哲学の分野では以下のような疑問が沸き起こった。「人間にとって自由や平等が当然与えられるべきものだと考える根拠は何か？」「正義はそれによって不便が生じたときでさえも『善なるもの』とされるのはなぜか？」。グラントによれば、手続き主義ではこれらの問題を扱うことすら不可能であり、それは「近代における正義概念に立ち込めた恐怖の暗雲」の一つだった[19]。

これらの問題がカナダ全般に対して、またとくにケベックに対してどんな意味あいを含んでいるかについて、グラントは数多くの著作で言及している。代表的なのは、文字通り憂鬱な内容の『国家への憂い』（一九六六年）である。それによれば、カナダが根本的にアメリカと異なる点は、歴史的コンテクストと文化的伝統をアメリカ以上に重要視するという保守的な側面だという。カナダにおいてケベックだけが特異なのは、そこの人々の自己の文化に対するただならぬこだわりのせいである。彼らは、「その厚い信仰心とともに、教会や町を通しての自らの文化的ルーツの堅持」を固く心に誓っているのだ。グラントも指摘している通り、ケベック人が長い間こだわりをもって守ってきた文化は、四方を近代文明にとり囲まれ、個人主義や手続き主義によって着実に侵食されてきた。個人の自由の優位性を約束する一方で、それと引き替えに文化は衰退していった。技術の進歩と機械的な個人的関心の追求が、社会的倫理を剥ぎ取ってしまったのだ。

この文化の衰退に着目した場合、「個人の選択の自由」は「社会機構における自分の役割を見つけ出す」か、あるいは強制的に「個人的な楽しみのなかに引きこもる」かのいずれかに陥る危険性があった。さらに、リベラリズムの庇護のもとでは、個人的な関心を追い求めることは万国共通の願望であるとみなされる。しかし、テイラーの表現を借りれば、この「差異に対する不親切さ」こそが、カナダでのケベックと他の地域との区別はおろか、カナダとアメリカの区別すらなくしてしまう結果を生み出したのだ。行き届いた管理規則は、「つまるところ、シカゴでもハミルトンでもデュッセルドルフでも同じでなければならない」からである。グラントの『国家への憂い』は、前近代のよさを強調しつつも、ややポストモダン（少なくともヘーゲル的な感覚では）で、「時代の形而上学」である技術的精神を近代リベラリズムと組み合わせて論じたものである。もっともポストモダンなのは、彼が文化覇権に対する文化による抵抗ということに力点を置いている点である。容赦なく着実に浸透するリベラルな普遍主義のもとで、（まさにケベックのような）非主流文化に残された唯一の道は、主流文化による傲慢な同化や統合に対して抵抗の声をあげることなのである。[20]

「民族的連邦主義」

以上、カナダにおける主要な議論の基本線を見てきたところで、最後に現代の多文化主義《マルチカルチュラリズム》がもつより広義な意味、つまり、リベラルな西洋的普遍主義《ユニバーサリズム》と世界中のさまざまな文化が個々にもつ意味の間に生じる、緊張や摩擦について見ていきたい。この緊張や摩擦は、西洋的近代化路線を推しすすめる（いわゆる）発展途上国において顕著に見られる。そこには従来の生活形態とは明らかに矛盾する政治システムが存在する。複雑な構造の土着言語や迷信などに対して、世俗主義や手続き主義、個人の権利などといった概念が突然流入したのだ。この唐突性こそが、近東やアジアに多く見られるような不安定な政治体制を生み出したのである。

近東においては、政教を分離する立憲主義とアッラーの神を中心とするイスラム法の対決、もしくは調整が議論の的であり、アジアではラーマラージャというヒンドゥー教の概念や、仏教や儒教、神道を信仰する人々の政治的要求との間に確執を生み出している。このような緊張関係のもとでは、選択の幅が狭められるために、どちらか一方に傾くということが容易に起こり得る。経済や軍事、科学の領域に西洋の覇権がおよぶと、長い目で見た場合、固有の土着文化や言語の保持に支障をきたすということになる。このような西洋文化の押しつけが及ぼす影響を把握しようと思えば、何も遠くに目をやる必要はない。「忘れ去られた少数民族」である北米、とくにアメリカ合衆国の先住民たちの現状を見てみればよい。中南米の（独立前の）社会的発展の陰で、何が起こっていたかがわかることだろう。リベラルな手続き主義は、（権利を主張するという名目で）これらの先住民のコミュニティを侵食、分解、ひいては破壊するために利用されてきたのである。(21)

これらアメリカ先住民のたどった宿命がわれわれに教えてくれるもの、それは近代的普遍主義のマイナス面、つまり他者嫌い、他者排除の本質である。実際、われわれの周囲にはさまざまな危険があり、現状を変えようとしたとき、初めてそれは姿を現す。われわれは今、近代的政治システムをあらゆる角度から考え直し、（あまり問われることのない）そのシステムの中身を丹念に検証しなければならないという緊急な課題を抱えているのである。つまり、普遍主義はもちろんのこと、逆に偏狭なコミュナリズムの落し穴にも落ちないように、法律と政治の両側面からの新しいアプローチが必要なのである。現状の法律を尊重し、リベラルな個人主義を支持する人々は、西洋的な組織や制度が他よりも優っていることを声高に主張するが、実はその西洋諸国にもまたさまざまな形の組織や制度が存在しているという点には、いっさいふれようとしない。民族主義と、多様性を消す普遍主義の両方を同時に否定する人々もまた、現状の手続き主義だけに頼りきっていてはいけない。むろん、だからといって、軽々しく切り捨ててしまっていいわけでもない。

民主主義的な多文化主義は、これまで以上の工夫と柔軟性を、今の法制度に加える必要性と機会を提供している。ジーン・コーエンの言葉通り、「民主主義のさまざまなモデルがあっても、民主主義の理論に合っていれば共存できる」のである。文化の多様性を公式に認めさせることについて、さまざまな可能性があるなかで、（ときどき文学のなかで見られるような）個人の権利を集団の権利（とくに民族的、文化的マイノリティの権利）へと拡大した法制度は注目に値するだろう。それは「民族的連邦主義《エスニック・フェデラリズム》」の確立、すなわち法の枠組みを広げることでこれらの集団に自治権を与えることである。つまり、各民族グループの代表がコンセンサスをめざして知的競合《アゴーン》*用語解説的な討論を行う制度、（アレンド・リップファルトの表現を使えば）「協議会《コンソシエーション》」制を導入すること、そして最終的には、異なった民族の代表を認める二院制もしくは多院制という新たな制度で議会政府を多様化するのである。問題の一つもない制度はあり得ない。要は多文化主義のもつ民主主義的な側面が確実に保障されているかどうかを監視しておくことなのだ[22]。

近代化の代償

多文化主義理論は、それまで啓蒙思想やポスト啓蒙思想によって解決できるとされていた数々の問題を再検討することを、現代の社会に課したと言える。重要なのは、この再検討が（これまでお座成りにされてきた）「近代化」そのものの本質にまでおよぶという点である。その方法の一つとして、もう一度ツヴェタン・トドロフの理論、とくに二つのコミュニケーションモデルに立ち返ってみることにしよう。『アメリカ大陸の征服』のなかで、彼は個人間のコミュニケーションと自然や宗教の世界とのコミュニケーションとを区別した。前者は本質的に個人間の一律なもので、征服者であるスペイン人たちの特権であった。後者は全体論的《ホーリスティック》で多様なもので、アステカの民はこの形を好んでいた。トドロフはまた、ヨーロッパは新大陸征服と引き替えに、大きな代償を払ったとものべている。個人のコミュニケーションの勝利は、同時に他の世界との対話、すなわち自然界や「宗教界」とのコミュニケーションにおける「大敗」を意味するからだ。一言で言って、この代償こそが近代の西洋の歴史を決定づけるマイナス要因だったのである。

契約論が沸き起こった近代初期以降、西洋の社会的、政治的生活形態の中心には、個人間（あるいは主体間）のコミュニケーションがずっと居座ってきた。一方、自然や宗教の「世界」との対話には、それを科学の対象として客観視することによって距離が置かれるようになっていった。概念化の方法論がここ数世紀の間に飛躍的に進歩したのは確かであるが、その基本的な方向性はまったく変わっていない。つまり、契約論の概念が、今流行の「発話行為」理論や（ハーバーマスの提唱する）「コミュニケーション的行為」理論（という「言語学的な」形）に姿を変えただけで、それは相も変わらず存在しているということである。近代の合理主義の見地でのコミュニケーション理論は、明らかに個人間での対話や談話を中心にしたものであり、自然に対しては、それを「客観化」する姿勢（自分に対しては自己を美化する姿勢）をとっている。しかし、このような理論では、多種多様に異なる言語やコミュニケーションを説明することは不可能である。アレッサンドロ・フェラーラ〔イタリアの社会学者ローマ大学教授〕は次のようにのべている。「コミュニケーションの合理性と対話者間のコンセンサスは『近代』の体系的な原理の大前提である。しかし、伝統重視の文化における正当な主張について、その正当性が合理的に同意できるものかどうかを語るのは無意味なことである。さらに言えば、その主張の正当性を計る前提として、客観的世界、社会的世界、主観的世界の三つに区別されるわけであるが、この区別はまさに近代化がもたらした負の産物なのである[23]」。

　今日、個人間のコミュニケーションは主要（かつ多くの点で重要）であるが、それを第一に考えるやり方はもはや不確実なものとなった。実際、自然や宗教の世界とのコミュニケーションを取り戻すために、いろいろな知的試みが行われつつある。なかでも、フッサールの「生活世界」への視点や（さらに重要な）ハイデガーの人間の生命の世俗性へのこだわり、それに人間の現存在《ダーザイン》を「（さまざまな）世界における存在」とする見方、つまり複雑で多面的なコンテクストのなかに生きる生命体という考え方は注目に値するだろう。ここで言うハイデガーの「世界」とは、客観的な分析を容易にする外面的な器を意味するのではなく、「現存在《ダーザイン》」＊用語解説そのものの構成的な形をさす。これは主観的なエゴではなく、まさにそこで進行中の「存在」に巻き込まれた関係者というとらえ方である。この枠組みであれば、個人間の会話や（人類の共存というレベルでの）談話を軽視することなく、自然の摂理を客観視しない方向へとコミュニケーションを拡大することができる。また、それによって（神の声によって）「意識を呼び起こされる」感覚、つまり（これらの世界における自己の「存在」をごく自然な形で提示しながら）さまざまに異なる経験に対する感覚を調和させることができるのである。

このような観点での自然、宗教世界とのコミュニケーションは、言語に対する後のハイデガー理論においてさらに進歩、発展していった。つまり、それは言語を単なる意思の伝達手段ではなく、人がまず考え、話し始めるための智慧の宝庫とする考え方であった。ハイデガーの「言語」に見られるように、人間の意思の表れとしての発話行為に注目が注がれている限り、言語は「人間の行為や表現の手段以外の何ものにもなり得ない」。しかし、(個人間のコミュニケーションを含んだ)話すという行為は、「それ自体が意味をもつものではなく」、「言語を話すこと」に付随して意味をもつか、あるいはその行為のなかから意味が生み出されるものである。ハイデガーにとって言語を話すということは、すなわち自然や宗教の世界とのコミュニケーションに、人と自然、人と神がそれぞれ互いに絡みあう本来あるべき空間を築くことだったのだ。

似たようなとらえ方は、ガダマーが、著書『真理と方法』の結論で示している。そこで彼は言語の「思弁性」、つまり自然界や宗教界との関係を映し出す鏡としての性質について言及している。ガダマーいわく、言語とは、「言葉の有限性が意識の無限性へと延びてつながっていく」という点からいって、思弁的である。なぜならば、話すということは、「話された(有限の)ことと、話されなかった(無限の)ことを理解可能な意味系列にそって再編する」ことだからである。この再編なくしては、「真の理解はあり得ない[24]」。

以上のような考え方は、いずれも多文化主義と大いに関係がある。まわりを縦と横の境界線に囲まれて構成された共同社会の形態、それがこれまでの文化の定義であった。これにさらに加えて配慮に入れるべきなのが、近代の普遍主義に抵抗する——文化と土着の言語の密接な——関係である。ここで再びコミュニタリアニズムや、今日の世界的な規模での民族抗争と暴力につながった偏狭な民族主義に関心が集まるかもしれない。そもそもリベラルな普遍主義は、封建的な偏狭主義《パロキアリズム》と封建社会の階級制度の不公正を正すために誕生した。この観点からすれば、確かにリベラリズムは封建制の呪縛と社会的不平等からの解放を世に告げたことになる。カントの有名な言葉にもあるように、啓蒙運動は人間を外面的な保護から解放し、成熟した内面的自己統制レベルにまで高める引き金となった。しかし、現代の社会はそれとは異なる新しい形での成熟を求めている。それは文化の多様性を(不公平なヒエラルキーに組み込むことなく）認め、理解する自由である。

いわゆる「横の普遍主義」と呼ばれるものは、この成熟したスタンスがもたらした当然の結果かもしれない。それは、普遍原則はもはや目に見える具体的な差異を超越して存在するのではなく、独自の土着文化のなかに存在するとする考え方である。このスタンスは、ハイデガー後期の別の理論、すなわち、あらゆる個体にはこの世の構成的次元がすべて集約されているという、存在の「四重」の位相〔存在との関係としての生成、仮象、思考、当為〕に注目した論理と共鳴する。そして、さらにこの理論はアジア的な思想である「真如」へと通じる。つまり、それは身勝手な自己隔絶ではなく、すべての他者に対する慈しみの心なのである。西谷啓治は、禅についてのべているなかで、（中世の）「三位一体」説を用いて、「真如」を次のように説明している。三位相互の関係にもとづけば、すべての自己はすべての他者の基礎となる。つまり、あらゆるものが「集まって初めてこの世は存在し得る」のだ。同様の考えを、老子は『道徳経』のなかで、以下のようにうまく表現している。もっとも、これは時として偏狭主義として誤って解釈されることもあるが。

もっとよく見ようと、あわてて外へ飛び出すことはない
もっとよく見ようと、窓から目を凝らすこともない
心の奥底をじっと見つめていれば、それはおのずと見えてくる[25]

解説　異文化理解、他者との共存はいかにして可能か

北島　義信

エドワード・サイードの『オリエンタリズム』が出版されてから、ほぼ三〇年近くが経過した。サイードにおける「オリエンタリズム」とは、ダルマイヤー教授によれば、西洋植民地主義・帝国主義が「非西洋世界を概念化し、処理し、また究極的には支配するために仕組んだ独自の企み」である。つまり、西洋植民地主義・帝国主義による非西洋世界（アジア、アフリカ、中近東、ラテンアメリカ）のイデオロギー支配と政治・経済支配の結合である。ダルマイヤー教授は、基本的にはサイードの見解を肯定している。その主たる理由は、グローバリゼーションの名のもとに「オリエンタリズム」の内実が今日も存続しているからである。しかしながら他方では、今日、非西洋世界は主体性を欠いた「他者」にとどまることなく、西洋世界との「対話」が可能な時代に入ってきているという変化も生じてきている。ダルマイヤー教授は、西洋を基準とした普遍主義の立場はとらない。なぜなら、そのような立場に立つことは、結果的に「グローバリゼーション」と結合した新植民地主義のカムフラージュに役立つだけであるからである。彼は現在を、西洋と非西洋との「対等な対話の時代」としてとらえ、哲学的にはインドの思想家とドイツの思想家の他者理解の共通項、および西洋近代の枠を超える方向性をもつインド思想の現代化の意義を解き明かしつつ、「オリエンタリズム」を超える方向性、他者との共生を提起している。

今日の「グローバリゼーション」とは、現実には「先進」欧米世界による非欧米世界の文化的・政治的・経済的支配に他ならないが、その出発点は、ダルマイヤー教授によれば「スペインの中南米支配の構造」にあるとされる。スペインは、本国とは異なる「スリム化したスペインの政治と宗教」を先住民に押しつけ、彼らを自分たちの世界に同

化させようとした。これは「学者（『情報収拾』）・僧侶（『精神的併合』の促進）・商人（『利益確保』）」の三位一体から、スペインの覇権凋落後、「知識人・宣教師・企業家という新しい三つ揃え」へと姿を変えて欧米世界に引き継がれる。今日の「北アメリカとその大西洋側のパートナーによる世界規模での覇権」の構造とコロンブス時代における非西洋世界への「進出」との間には、基本的違いは存在しない。そこには異文化間の対話は存在しない。しかしながら、これとは異なる異文化間の対話は、権力や富を渇望する将軍や商人だけではなく、意欲に燃えた僧たちによる仏教伝播の例のように、非西洋世界では多数見られる。そのもっとも顕著な例として、インドのムガール帝国皇帝アクバルの時代（一六世紀中葉～一七世紀初頭）の諸宗教、諸文化交流をあげることができる。それは、自分自身イスラム教徒であった皇帝が、ヒンドゥー教徒であるラージプートの王女と結婚したことにもその一端を見ることができる。

ダルマイヤー教授は「他者性を保持することと、非同化的対話へ参加することを融合させることによって、他者に対して他者であり続ける余地を与えようとする」トドロフの考え方を支持し、このような思想はハイデガー、ガダマー、デリダにも見られる他者理解との共通点があることを指摘する。この問題を深めるために、彼はインドの思想文化に注目する。なぜなら、そこには「異文化融合」と「伝統と近代」の豊かな歴史が存在するからである。彼はこのような文化的豊かさをもつインドを機軸にして、オリエンタリズムを超える方向性を提起する。

このような方向性は西洋の「差異の解釈学」にも見ることができる。ガタマーによれば、解釈学とは「かき消すことではなく、自己性と意味論的意味の脱中心化をともなう」のだ。ガダマーやデリダは、ヨーロッパ文化を構成し形づくる伝統の内的異質性や多様性を強調している。ガダマーの思想には、二〇世紀の重要な体験の一つである「中央舞台からのヨーロッパの撤退」と「地球規模の相互作用のネットワークのなかへヨーロッパが挿入された」という歴史的現実がベースになっている。ガタマーの結論は次のようなものである。「われわれが取り組むべきもっとも評価される至高の目的は、他者とともに生き、他者との違いを分かちあうことである。……人類の未来の生存は、……他者との他者性、つまり歴史的に成長してきた人々や国家の文化だけでなく、自然の他者性も含めて、その前で立ち止まって思考することができるか否かにもかかっているのである」。

デリタやガダマーは、このような思想のインスピレーションをどこから得たのであろうか。それはハイデガーからである。とりわけ、ヨーロッパ中心主義の限界、「ロゴス中心主義」を超えようとするハイデガーからであった。彼がこの点に関わって、インド古典思想への関心をもっていたことは知られている。「オリエンタリズム」克服の道としての「他者との共存」「他者理解」の基盤は、インド古典思想にあったと言える。

さて、他者との共存・共生の思想に関わって、西洋と東洋の対話のパートナーの役を果たした人物として重要な位置を占めているのが、インドのラーダークリシュナンである。長い思想的伝統をもつインドのなかで暮らした彼は、ミッションスクールで学ぶことを通して、ガダマーの「解釈学」に近い「過去を思い起こし、かつまた新たなるものを創造する」という思想的立場に立って、ヒンドゥー教の批判的研究を行う。それはインドの哲学的・宗教的伝統を持続すること、インドの哲学的・宗教的伝統を創造的に考え直すことである。このような立場から、彼は東西の哲学における人間的現存在の相違点についてのべている。人間は「人生が衰退してゆくまさにそのとき、人生の極度の活動性に気づく」とハイデガーはのべているが、ラーダークリシュナンにおいてはこのような経験は、自己認識のより高い様式への単なる踏石、あるいは通路にすぎない。インドの思想においては、ハイデガーに見られるような、意気消沈させる効果をもちそうに思われる「恐怖と実存的崩壊性」は存在しない。ラーダークリシュナンにおいては、人間の苦悩はより深い洞察への通路、実存から存在への通路を構成する。無の体験は、無自身のためではなく、無を超越し存在の彼岸へ達するためなのである。この超越は基本的には、宗教的体験である。ラーダークリシュナンにとって、宗教は単に個人的な自己超越ばかりでなく、世界の苦悩への具体的関与へ誘うものでもあるのだ。これこそが、「逃避を行おうとするのではなく、あえて誠実であろうとする思想の力をわれわれに与え、その意志の力が信じることを言い、言うことを行う力をわれわれに与えてくれるのだ」。

ラーダークリシュナンが解釈学的方法によってとらえ直したインド思想の核心は、無を超越し存在の彼岸へ達する力を与えてくれる、生きた信仰としてのヒンドゥー教であった。「地球のヨーロッパ化」に抗してもっとも大きな問題提起となるのは、「非我執」「とらわれからの解放」の行動であるヒンドゥー教の「行動の道《カルマ・ヨーガ》」であろう。

「行動の道《カルマ・ヨーガ》」の精神においてなされる行動は、「行動の成果や見返りの放棄」をともなう。ラーダークリシュナンはのべる。「貧者たちが裸で飢え、われわれの戸口で亡くなるのを見て、内なる敬心にひたることはできぬ」。また、ヒンドゥー教の聖典とされる「『バガヴァッド・ギーター』は現世に暮らし、現世を救うことをわれわれに求める」と彼はのべる。ラーダークリシュナンは、このような思索と政治的実践を生涯にわたって結合させてきた人物である。このようなカルマ・ヨーガの信奉者の一人が、ガンディーであったのだ。

　では、他者理解・他者共存がどのようにしたら可能であろうか。どのようにしたら、非西洋と西洋が、すなわち文化的に著しく隔絶した人々同士が互いに近づき、つきあっていくことができるのであろか。この問題は現存在《ダーザイン》のとらえ方と結合している。カルカッタで生まれ、ハイデガーの解釈学的現象学へと進路を切り拓いたメータは、ラーダークリシュナンと同様に、現存在を西洋実存主義的に絶望としてとらえるのではなく、存在の彼岸へ、未来へ向かうものとしてとらえた。メータにおいては、「未来は自己理解と他者および世界の理解という二つの理解をめざし、絶えず解釈のための努力を要求されるよう条件づけられている」のである。彼においては、「自己と他者の出会いは必然的に相互に質問しあうという性格をもつ。すなわち、『相互に胸を開き、対話の相手として認めあう』ことを意味する。このような関係は、……支配のないほんとうのグローバル・コミュニティへの鍵」であり、この目標へは「『ただ相手に手を差しのべて能動的理解をはかる』ことによってのみ可能となる」のだ。

　他者理解・他者との共生の基盤は端的に言えば、インドの思想、とらわれからの解放、我執からの解放の思想にあり、それは生きた宗教が媒介項となる。この思想は仏教、とりわけナーガールジュナ（竜樹）の空《シューニャター》の思想において豊かなものとなった。すなわち、西洋的思想のゆきづまりからの脱出の道がインドの思想にあり、また、この思想が東西世界の対話、他者理解を可能にするキーワードとなるのである。日本においても同様な「ヨーロッパ中心主義《ユーロセントリズム》」を乗り超えようとする思想家の取り組みが見られる。日本においては、それはナーガールジュナに基礎を置く禅の思想、道元の思想の「解釈学」によって深められている。

　仏教の中心概念の一つである「空《シューニャター》」を政治との関係で見るとき、興味深いことが見えてくる。「相互敵対的関係」

に陥りがちな民主主義的な主権を、「空なる場所」（空化の場所）として見ることは意義深い。われわれはともすれば、民主主義を、自己中心主義的な願望実現と一体化させること、すなわち「我執」の実現手段を民主主義と取り違えがちである。ダルマイヤー教授は次のようにのべている。「人民主権の概念は、もしも自己放棄、自己覚醒、そして根本的変革などの禅遺産の養分を採り入れることができないならば、単なるスローガン倒れになってしまうであろう」。「つねに自己否定に基礎を置いた主権」のあり方を考慮に入れない限り、「人民主権」の概念は空虚なものになるであろう。これは、インドにおける行動の道《カルマ・ヨーガ》の視点から見るとき、さらに現実性をもつものとなる。

　最後に、ダルマイヤー教授はスペインによるアメリカ大陸侵略以来、今日の「グローバリゼーション」まで続く非西洋世界支配の根底にある、西洋の「合理化された世界観、普遍的世界観（ヨーロッパ中心主義）」を克服する方向性としての「民主主義的多文化主義《マルチカルチュラリズム》」を提起する。多文化主義はカナダなどの「先進国」のみならず、近代的生活様式と土着の文化的伝統の葛藤が存在する社会においても重要な意義をもっている。ここで重要なのは、差異と平等の関係である。ダルマイヤー教授は、社会的、文化的背景のまったく異なる文化集団が互いに「平等」に「差異」を認めあい、かつ尊重しあうことを提起するアメリカの社会学者、ヤングを高く評価している。

　では、異なる文化集団の相互の理解はどのようにして可能となるのであろうか。これについては、ガタマーの主張する「地平の融合」、すなわち「文化の地平線をさらに押し広げること」によって可能となる。この「融合」を可能ならしめるのは、「生き生きした文化には、何か学ぶべきものがある」という視点であろう。その基盤は、アジア的な「空《シューニャター》」の思想である。「空《シューニャター》」の思想は、あらゆる事物は無自性であり、他に縁《よ》って生かされていることを語りかけている。自らの文化は、他の文化に縁《よ》ってこそ生かされるのである。ここにおいても、「差異」の理論は「空《シューニャター》」の思想と結合していることがわかる。

　すでにのべてきたように、本書においてダルマイヤー教授は「グローバリゼーション」という名前の欧米世界による非欧米世界支配のイデオロギー、すなわち「普遍的基準としてのヨーロッパ中心主義」に対して、真のグローバリゼーションとしての「他者との共存・他者理解」の理論を説得力をもって展開した。非西洋世界に対するイデオロギー支配であり、かつまた政治的支配でもある「オリエンタリズム」の基礎には、「普遍的基準としてのヨーロッパ中心主義」が存在している。この障害物を乗り超える努力は、ハイデガーやガダマーなどによってもなされたが、いずれも「西洋近代」の枠組みを超えることができず、十分なものにはなり得なかった。彼らの限界を超え、彼らの努力をさらに実り豊かなものにしているのが、インドの古典思想である。しかしそれは、ラーダークリシュナンやメータのような西洋思想を深く学んだインドの思想家の「解釈学」によってとらえ返された「インド思想の現代化」によるものである。これらの事実は、「西洋＝主体者、非西洋＝客体」というサイードの規定を超えて、西洋と非西洋が「対話」の時代に入っていることを示している。

これらの点を見ただけでも、本書がサイードの『オリエンタリズム』を発展させたものであることは明らかである。本書は、日本についてもグローバルな視点で言及がなされており、興味深い。日本は「明治」以来、露骨な「近代化」路線を歩むことによって、アジア地域の植民地化を押しすすめ、西洋世界に追いつこうとした。この路線の進行がもたらしたものは、国内的には徹底した「精神の植民地化」であった。その結果、日本では今日でも「普遍的価値としての西洋近代」が不動の位置を占めている。もちろん、このような思想的文化的状況を克服しようとする試みもなされた。その一つは、京都学派によるものであって、その基底に「解釈学」が存在するという点では、ドイツのハイデガーなどの試みとの共通項をもっている。京都学派の問題提起には、ハイデガーの場合と同様にヨーロッパ中心主義を乗り超えようとするインパクトがあることは認められる。しかしながら、それでもなお、限界をもっていることは事実である。その限界は、「行動の道《カルマ・ヨーガ》」と、「空《シューニャター》」や「無」の概念が統一的にとらえられていない点である。京都学派的な把握からは、ガンディーを生み出したような現実変革の視点である「行動の道《カルマ・ヨーガ》」は生まれ得ない。今日の日本において、すでにこのような方向性は、禅宗や浄土真宗が取り組んでいる非政府組織（ＮＧＯ）の活動、環境保護運動において生まれつつある。その点では、「京都学派を超えて」の課題に取り組むべき時期にきていると言える。

著者の提起を受けとめ、「日本から」「オリエンタリズムを超える」知的試みの蓄積を通じて、われわれは「精神の植民地化」から脱出することが必要である。そうしてこそ「地球村《グローバルヴィレッジ》」の主体的構成員となれるのではないだろうか。

訳者あとがき

本書は、Fred Dallmayr, *Beyond Orientalism, essays on cross-cultural encounter*（State University of New York Press, 1996）の全訳である。

著者フレッド・ダルマイヤーは、アメリカのノートルダム大学の政治理論の終身教授である。著書は、*The Other Heidegger* (1993) や *Hegel: Modernity and Politics* (1993) などヨーロッパの近現代の哲学者に関するものをはじめ多数にのぼっている。最近では、本訳書の他、一九九九年の来日時（後述）に献呈の辞とともに残された *Alternative Visions, path in the global village* (1998) など今日のグローバリゼーション状況に対する批判的分析と提言が目立つ。その第一弾とも言える本書は、エドワード・サイードの名著『オリエンタリズム』が試みた鋭い分析と、それに基づく課題提起を、今日の広範で輻輳したグローバル化現象に照らして、さらに分析を深め、問題解決の本質に迫ろうとしたものである。

では、本書のねらいと特徴は何か。第一には、欧米の政治経済主導で大きく動いているグローバリゼーション支配とそれがもたらしている深刻な問題症候群に対して、私たちの身体、生活、労働、心の安寧を脅かしているハンチントン流パワーポリチックスの対立と破滅のシナリオではなく、平和と希望のシナリオを提示することである。第二には、そのために著者は、最近ヨーロッパの論壇に登場し始めている欧米自身による欧米流近代化の問い直し、捉え直しに著者一流のやり方で挑戦していることである。著者はこのような現代西洋の思想変革の潮流に一つの軸足を置き、他方で東洋哲学の現代化を試みる現代インド哲学の業績にもう一つの軸足を置いている。かつてないこのようなスケールの大きい異文化融合を著者に試みさせた背景には、西欧政治思想学者である著者自身のインド滞在・交流一〇年の経験があった。その詳細は本書に譲るとして、本書の真髄の第三は、現代西洋哲学の代表の一人ガダマーの思想生成過程と現代インドの代表的哲学者メータやハルファースなどの思想融合の試みを取り上げて比較し、そこを梃子に両者の融合、つまり今日私たちが直面する問題の本質に迫る新たなる思想的オルタナティヴを提示しようとしていることである。なおこの議論では、単にインドの思想家だけでなく、円仁、道元、西田など日本の宗教家・哲学者も取り上げられ、著者の博識ぶりが伺われる。この第三の下りでは決して平易とはいえない知識や概念が駆使されているが、なかでも西洋の「無」と東洋の「空」の違いと同一性をめぐる議論は本書の迫真部分である。最後に著者は政治思想家らしく人類共生の新たな枠組みとしての「グローバル民主主義」の可能性を問うている点も注目される。

私たち国際NPO「グローバル・ネットワーク21（GN21）」の訳者陣も、本書を訳出するにあたっては、研究会を積み重ね、また幾度かは合宿して議論を深める必要があった。巻末に「解説」として加えさせていただいた「異文化理解、他者との共存はいかにして可能か」も、その一つの成果を踏まえて本書の読者のために書き下ろされた論文である。また本書にとって重要な専門的な概念やキーワードとなる専門用語の訳出にあたっては、専門書や各種辞典を参照して誤りなきを期し、訳語の選択についても「場合の訳語」は別にして、できるだけ統一を心がけたつもりである。本訳書が原著者の期待にそうものとなっているか未だに不安は残る。しかし訳出を試みてからすでに三年近くを経過し、著者の来日にも間に合わせることができなかったこと、またサイードの名著『オリエンタリズム』によってようやく日本においても広がっている論壇の議論に一石を投じるためにも、これ以上日本語版の出版を遅らせることは許されないと考え、上梓した。多くの方々の率直なご批判を心から期待したい。

また、私たちは一九九九年三月、本著者ダルマイヤー教授など、内外の専門家を招いて国際セミナー「グローバリゼーションから真の世界化へ」を開催し、本訳書が提起している斬新な視点や提言を含め、今日、地球規模で直面している問題群をとりあげて、多角的な議論を展開した。さらに、私たちは国際的に活躍している多数の専門家、論客、NGO活動家の人たちを新たに加えて、二一世紀の地球村の現実と課題を全面的に論じた『（仮）地球村の思想』（新評論）を、既刊『地球村の行方』（一九九九、新評論）および本訳書に続く〈人類再生シリーズ〉第三弾として近く刊行する予定である。今後も、「地球村の未来」をめぐる議論をリアルタイムで続けていきたいと考えている。あわせて、忌憚のないご批判と、私たちの議論への積極的な参加をお願いしたい。

本書の訳出にあたってのおおよその分担は左記の通りであるが、インド哲学に関する部分は北島義信が、西洋哲学に関する部分は主として小森久衛と高垣友海が、全体の訳文の検討については主として高垣友海と片岡幸彦が監修の任にあたった。また読者の便宜を考え、索引は人名のみとし、巻末に用語解説を新たに付した。

日本語版序文、まえがき、序章……片岡幸彦
第1章、第4章……高垣友海
第2章……小林　誠
第3章……北島義信
第5章……松本祥志
第6章……芝山　豊
第7章……小林和弘
第8章……高垣友海、小森久衛
第9章……山本　伸

二〇〇一年一月

片岡　幸彦

Affairs (Document No.22) 1976年。同様のテーマでニカラグアを扱ったものとして、Jeffrey L. Gould著、"They Don't Care about Our History: Politics and Ethnicity in Nicaragua, 1920-1980" (未出版)。Association for Endangered Peoples, "Massacre of Indians in Peru", *Cultural Survival Quarterly* 8, 1984年、8ページ参照。

(22) ここで言及した制度のいくつかを旧ユーゴスラビアに焦点をあてて検証したものとして、Vojislav Stanovčič著、"Problems and Options in Institutionalizing Ethnic Relations", *International Political Science Review* 13, 1992年、359-79ページ。Arend Lijphart著、*Democracy in Plural Societies: A Comparative Exploration*, Yale University Press, 1980年。Jean Cohen著、"Discourse Ethics and Civil Society", David Rasmussen編、*Universalism v. Communitarianism*, 96ページ。多様な選挙区のあり方に関しては以下を参照。Robert C. Grady著、*Restoring Real Representation*, University of Illinois Press, 1993年。Will Kymlicka著、*Multicultural Citizenship*, オックスフォード、ニューヨーク、Oxford University Press, 1995年。Kymlicka編、*The Rights of Minority Cultures*, Oxford University Press, 1995年。Oliver Mendelsohn, Upendra Baxi編、*The Rights of Subordinated Peoples*, Oxford University Press, 1994年。

(23) Alessandro Ferrara著、"Universalisms: Procedural, Contextualist and Prudential", Rasmussen編、*Universalism v. Communitarianism*, 16ページ。フェラーラは自らの批評をよりシャープにするために、ハーバーマスの理論を「近代化のへ偏狭主義を一般化するもの」だとし、さらに「近代化によってもたらされた複雑な理性の普遍性についてはいささか疑問であるとしている。また、近代の理性が前近代および原始社会のそれに優るという点や、実際に近代化を後戻りさせることは近代の確実性という概念に対して規範的な力を貸すことはできないという考え方にも疑問が残るとしている」。

(24) Hans-Georg Gadamer著、*Truth and Method*, Joel Weinsheimer, Donald G. Marshall共訳、ニューヨーク、Crossroad社、改訂第2版、1989年、469ページ。Martin Heidegger著、"Language", *Poetry, Language, Thought*, Albert Hofstadter訳、ニューヨーク、Harper & Row社、1971年、207-8ページ(ちなみに明確さを出すために翻訳は少し変えられている)。

(25) Lao Tzu著、*The Way of Life*, Witter Bynner訳、ニューヨーク、Perigee Books, 1972年、75ページ。Keiji Nishitani著、*Religion and Nothingness*, Jan Van Bragt編、University of California Press, 1982年、159ページ。Heidegger著、"The Thing", *Poetry, Language, Thought*, 163-86ページ。さらにMasao Abe著、"Emptiness Is Suchness", *Zen and Western Thought*, William R. LaFleur編、University of Hawaii Press, 1985年、223-27ページ。拙著、*The Other Heidegger*, Cornell University Press, 1993年における西谷との議論、200-26ページ。側面からの普遍主義の概念はメルロー＝ポンティの*Signs*, Richard C. McCleary訳、Northwestern University Press, 1964年、119-20ページによって脚光を浴びるようになった。サブロン〔ケベック大学教授〕の言う "endogéneité" も本質的には同じ方向性をもっている。Louis Sabourin著、*Passion d'être, Désir d'avoir*, 112-34ページ参照。

Multiculturalism and Intergroup Relations, ニューヨーク、Greenwood Press, 1989年、1-4ページ参照。

(14) Charles Taylor著、"The Politics of Recognition", Amy Gutman編、*Multiculturalism: Examining the Plitics of Recognition*, Princeton University Press, 1994年、25-35ページ。

(15) 前掲書、37-39, 43ページ。

(16) 前掲書、43-44, 52-58ページ。さらに Michael Sandel著、"The Procedural Republic and the Unencumbered Self", *Political Theory* 12, 1984年、81-96ページ参照。テイラーが名前をあげているリベラルな普遍主義のアメリカ人理論家は、ロールズ、ドゥウォーキン、アッカーマンの三人である。

(17) Taylor著、"The Politics of Recognition", 58-61ページ。この論文はカナダのミーチ・レイク協定をめぐる議論をざっとまとめたものである。「ケベック以外のカナダ人は、ケベックの独自性をうたうこの協定が（リベラルな手続き主義を侵害している点で）カナダ全体のめざす方向性に反しているとしてその制定を拒否した。一方、ケベック人にとっては、まったくの異文化であるリベラルな社会においてその独自性を捨てなければケベックはやっていけないことを知らしめるものだった」。

(18) "The Plitics of Recognition", 66-67, 70-73ページ。異文化の交流を重視する考え方についてはテイラーの "Comparison, History, Truth", Frank E. Reynolds, David Tracy編、*Myth and Philosophy*, State University of New York Press, 1990年、37-55ページ、および "Understanding and Ethnocentricity", *Philosophy and the Human Sciences: Philosophical Papers*, Cambridge University Press, 1985年、Vol.2, 116-33ページで詳しくのべられている。

(19) George Grant著、*English-Speaking Justice*, University of Notre Dame Press, 1985年、86-87ページ。

(20) Grant著、*Lament for a Nation: The Defeat of Canadian Nationalism*, Carleton University Press, 1982年、ix, 56-57, 75ページ。グラントのリベラルな手続き主義に対する嫌悪は彼のフランス的文化への敬愛とともに、*Un génocide en douce*（モントリオール、Partipris社、1976年）で知られるフランス系カナダ人思想家Pierre Vadeboncoeurの影響を強く受けたものである。バデボンクールの考えは、近代におけるリベラルな普遍主義は（じわじわと殺していく」とり返しのつかない方法で）確実に伝統文化を破壊しつつあるというものである。

> 西洋はすべてのものをもっとも空虚で小さな存在である個人レベルへと分解し続けている。一時的には成功の日の目を見る社会革命も、人々の意識を集約的に回復させるにはけっして至らない。それが政治的論理の限界なのだ。悪い結果しかもたらさない遠回しな言い方はやめて、その一部を構成するものとして議論のテーブルにつくことが、今もっとも必要なことなのである。(H. D. Forbes編、*Canadian Political Thought*, トロント、Oxford University Press, 1985年、418ページ)。

これらの論文を紹介してくれたロベルタ・サリバンには心より感謝の意を表したい。カナダの実情を（単なる感情論ではなく）十分によく考慮した論文という意味では、Louis Sabourinの *Passion d'être, Désir d'avoir: Le dilemme Québec-Canada dans un univers en mutarion*, モントリオール、Editions du Boréal社、1992年もあげておきたい。

(21) 個人の権利を重視しすぎたことによるブラジルとベネズエラのインド系コミュニティの崩壊については以下を参照。Julian Burger著、*Report from the Frontier: The State of the World's Indigenous Peoples*, ロンドン、Zed社、1987年。Adrian Cowell著、*Decade of Destruction: The Crusade to Save the Amazon Rain Forest*, ニューヨーク、Holt社、1990年。Jacques Lizot著、*The Yanomami in the Face of Ethnocide*, コペンハーゲン、International Work Group on Indigenous

（5） その歴史的な側面については、少なくとも何人かのコミュニタリアン（共同体主義者）によって指摘されてきた。たとえば、チャールズ・テイラーは次のようにのべている。

リベラルな原子論の決定的な欠陥は、個人の目的や希望の程度や差異を考慮に入れないという点、さらにそれが可能なのはある特定の文化社会に限られるという点である。つまり、特定の慣例や風習、法秩序、相互尊重、相互配慮、文化的協調、連帯、文化的発展、その他の長い進歩の道程を経て近代的個人が形づくられてきたとする点である。（Charles Taylor著、*Philosophy and Human Sciences: Philosophical Papers*, Cambridge University Press, 1985年、vol.2, 309ページ）。

（6） コミュニタリアンとして指導的な役割を担っているマイケル・サンデルは次のように明言している。「リベラリズム的観点は哲学的には失敗したものの、われわれが日常的によって立つものである。20世紀後半のアメリカでは、リベラリズムは社会生活の規範を構成する中心的な理論だったのである」。"The Procedural Republic", *Avineri and de-Shalit, Communitarianism and Individualism*, 14ページ。この伝統的な生活形態は、（とくにナショナリズムという）近代思想が文学のなかで広く認められるようになって、はじめて集合的なアイデンティティへと変わっていった。Partha Chatterjee著、*Nationalist Thought and the Colonial World: A Derivative Discourse*, University of Minnesota Press, 1993年。

（7） Chantal Mouffe著、"Rawls: Political Philosophy without Politics", Rasmussen, *Universalism vs. Communitarianism*, 222ページ。リベラリズムの中立性に対するさらに厳しい批判については、Michael Perry著、*Morality, Politics and Law*, ニューヨーク、Oxford University Press, 1988年、57-73ページ参照。個人という概念については以下を参照のこと。Michael Sandel著、*Liberalism and the Limits of Justice*, Cambridge Unversity Press, 1982年。Charles Taylor著、*Sources of the Self: The Making of the Modern Identity*, Harvard University Press, 1989年。Seyla Benhabib著、*Situating the Self*, ニューヨーク、Routledge社、1992年。Daniel Shanahan著、*Toward a Genealogy of Individualism*, University of Massachusetts Press, 1992年。拙著、*Twilight of Subjectivity*, University of Massachusetts Press, 1981年。

（8） Iris Marion Young著、*Justice and the Politics of Difference*, Princeton University Press, 1990年、4, 11ページ。ヤングの論文では適度に異なった過去の理論が数多く包括的にとり扱われている。彼女の（リベラリズムの「コミュニカティブな」形である）ハーバーマスによる批判理論に対する態度は参考になる。彼女は、談話を強調している点については理解を示しながらも、ハーバーマスの（理想的な形としての理性と感情の分離をうたった）進歩的普遍主義については異を唱えている。その一方で、ヤングはまた「ポストモダン」の思想家、たとえばアドルノやハイデガー、デリダ、リオタール、フーコー、クリステヴァ、イリガレイなどを肯定的に引き合いに出している（7, 106-7, 117-18ページ）。

（9） 前掲書、43-47ページ。

（10） 前掲書、156-63ページ。興味深いのは、ヤングは、人々にとってほんとうによい社会を求め、リベラリズムの中立性を批判しながらも、「充実した生き方」と正義、つまり権利と善性とを切り離して考えているという点である（36, 103-4ページ）。

（11） 前掲書、156, 164-68ページ。

（12） 前掲書、157, 169-71ページ。ヤングはこのアプローチをとることで進歩的な文化的「不均衡性」を明確に否定している。これについてはさらに以下を参照。Richard J. Bernstein著、"Incommensurability and Otherness Revisited", *The New Constellation: The Ethical-Political Horizons of Modernity/Postmodernity*, オックスフォード、Polity Press, 1991年、57-78ページ。

（13） 以上についてはHuguette Labelle著、"Multiculturalism and Government", James S. Frideres編、

詳細については、James W. Heisig, John C. Maraldo編、*Rude Awakenings: Zen, the Kyoto School, and the Question of Nationalism*, University of Hawaii Press, 1995年。

(25) Stanley Jeyaraja Tambiah著、*Buddhism Betrayed? Religion, Politics, and Violence in Sri Lanka*, University of Chicago Press, 1992年、91-92ページ。その後少し立場を和らげた書き方になっている。

(26) これに関しては、Christopher Ives著、"Introduction", *The Emptying God: A Buddhist-Jewish-Christian Conversation*, xiv-xv, xviiiページ。Masao Abe著、"Hisamatsu's Philosophy of Awakening", および"Hisamatsu Shin'ichi, 1889-1980", *The Eastern Buddhist* (n.s.) 14, 1981年、26-42, 142-47ページも参照。

(27) Abe著、"Sovereignty Rests with Mankind", *Zen and Western Thought*, 249-50, 253ページ。

(28) *Zen and Western Thought*, 112, 116, 119-20ページ。同様の見解は、"Kenotic God and Dynamic Sunyata" にも見える。このなかで、阿部は次のようにのべている。「歴史的に仏教は性急に人間理性を超えて、無弁別的智慧に達した。人間理性は単なる弁別智にすぎないとの立場をとっていたからである。このようにして、仏教は近代西洋科学において発達した人間理性の創造的可能性についての認識がなかった」。*The Emptying God*, 35-36ページ参照。

(29) *Zen and Western Thought*, 250, 252-53, 256ページ。

＊訳者註：本章で引用されている日本人学者による著書、論文は本註に見るようにすべて英訳のものが用いられている。英訳の出版書および論文の内容と表題に関して、必ずしも日本語原本と一致していない場合がある。また英文のみの論文もあり得る。訳者は英語版が入手できなかったため、この照合と確認の作業ができなかった。このため、本文中では英文表題をそのまま訳し、本註に関しては一律に原文註通りそのまま載せた。

第9章

(1) Tzvetan Todorov著、*The Conquest of America: The Question of the Other*, Richard Howard訳、ニューヨーク、Harper Perennial社、1992年、61, 69, 97, 251ページ。

(2) 前掲書、105-6ページ。トドロフは次のようにのべている。「キリスト教の啓蒙思想は普遍主義の一部をなすものである。なぜなら神は人類すべてのものであり、人類もまたすべて神のものだからである。この点からすれば、民族や個人間には差異はあり得ない」。さらには、Todorov著、*The Morals of History*, Alyson Waters訳、University of Minnesota Press, 1995年、17-33ページも参照。

(3) この点についての議論は以下を参照。John Arthur, Amy Shapiro編、*Campus Wars: Multiculturalism and the Politics of Difference*, コロラド、Westview Press, 1995年。Nancy Warehime著、*To Be One of Us*, State University of New York Press, 1993年。Dinesh D'Souza著、*Illiberal Education: The Politics of Race and Sex on Campus*, ニューヨーク、Free Press, 1991年。Allan D. Bloom著、*The Closing of the American Mind*, ニューヨーク、Simon & Schuster社、1987年。Allan D. Bloom著、*Liberal Education and Its Enemies*, コロラド、Air Force Academy, 1991年。

(4) 以下を比較参照。David Rasmussen編、*Universalism vs. Communitarianism: Contemporary Debates in Ethics*, MIT Press, 1990年。Shlomo Avineri, Avner de-Shalit編、*Communitarianism and Individualism*, ニューヨーク、Oxford University Press, 1992年。Stephen Mulhall, Adam Swift編、*Liberals and Communitarians*, オックスフォード、Blackwell社、1992年。Will Kymlicka著、*Liberalism, Community and Culture*, ニューヨーク、Oxford Universtiy Press, 1989年。Michael Sandel編、*Liberalism and Its Critics*, New York University Press, 1984年。

とつながっている。(*The Emptying God*, 12, 30ページ)。

(14) *Zen and Western Thought*, 47, 65-66, 119, 134ページ。ニーチェについては、"Zen and Nietzsche", 135-51ページ参照。最新のテキスト "Kennotic God and Dynamic Sunyata" ではこれまでハイデガーが実体的存在論(あるいは存在の実体的概念)を受け入れているとの厳しい指摘があったが、次のようにやや和らいでいる。「存在に対する執着が克服されねばならないように、空に対する執着もまた克服されねばならない。ハイデガーは『存在』が対象化不能であることを示そうとして、その語にXマークをつけたが、われわれもそれにならって、『シューニャター』に同じことをしなくてはならない」。*The Emptying God*, 27ページ参照。Heidegger著、*On Time and Being*, Joan Stambaugh訳、ニューヨーク、Harper & Row社、1972年も参照。

(15) 拙稿 "Nothingness and Sunyata" において西谷のハイデガー批判について若干ふれている。*Philosophy East and West*, vol. 42, 1992年、43-46ページ参照。

(16) Martin Heidegger著、*Being and Time*, John Maquarrie, Edward Robinson共訳、ニューヨーク、Harper & Row社、1962年、307-8, 366-67ページ。"What Is Metaphysics?", Walter Kaufmann編、*Existentialism from Dostoevsky to Sartre*, ニューヨーク、Meridian社、1975年、244-46, 248-51ページ。*Beiträge zur Philosophie(Vom Ereignis)*, Friedrich-Wilhelm von Herrmann編、*Gesamtausgabe*, vol. 65, フランクフルト、Klostermann社、1989年、246-47, 266-67ページ。

(17) Heidegger著、"Language in the Poem", *On the Way to Language*, Peter D. Hertz訳、ニューヨーク、Harper & Row社、1982年、159-63, 167-68, 170-71ページ(邦訳『ハイデガー全集』第12巻「言葉への途上」亀山健吉、ヘルムート・グロス共訳、創文社、1996年。翻訳は意味をはっきりさせるため若干変更あり)。

(18) Ernesto Laclau, Chantal Mouffe共著、*Hegemony and Socialist Strategy: Towards a Radical Democratic Politics*, Winston Moore, Paul Cammack共訳、ロンドン、Verso社、1985年、1-4ページ(邦訳『ポスト・マルクス主義と政治』山崎カヲル、石沢武訳、大村書店、1992年)。さらに詳しくは、拙稿 "Hegemony and Democracy: A Post-Hegelian Perspective", *Margins of Political Discourse*, University of New York Press, 1989年、116-36ページ。

(19) Laclau, Mouffe前掲書、51-56, 61-62, 65-69, 75-77, 85-87, 115-17, 122-29, 132-33, 137ページ。

(20) 前掲書、129, 184ページ。

(21) Claude Lefort著、*Democracy and Political Theory*, David Macey 訳、University of Minnesota Press, 1988年、9-12, 217-19ページ。ルフォールについてさらに詳しくは拙稿 "Post-Metaphysics and Democracy", *Political Theory* 21, 1993年、101-27ページ参照。この改訂版は "Post-Metaphysical Politics: Heidegger and Democracy?" として拙著 *The Other Heidegger*, Cornell University Press, 1993年、77-105ページに所収。

(22) Lefort前掲書、223-26ページ。民主主義は伝統的な具現化の方式とともに、知的安全性や信条・行動を基本的に保証するものまでに対して終止符を打った。ルフォールは次のようにのべている。「私見によれば、重要なポイントは民主主義が確実性のマーカーの融解によって制度化され支えられていることである。このことによって新しい歴史が始まったが、人々は権力、法、知識、および社会生活のあらゆるレベルでの自己と他者との間の関係の基礎がきわめて不確実性なものであることを身をもって体験しつつある」。

(23) 前掲書、13, 18-20, 230ページ。

(24) D. S. Clarke, Jr. による "Introduction", Keiji Nishitani著、*Nishida Kitaro*, Yamamoto Seisaku, James W. Heisig共訳、University of California Press, 1991年、xページ。「議論は西田にまで及んでいる。西田はその高名さから言っても、軍国主義的政治に対する倫理批判を有効に行える立場にあったからだ」。京都学派の何人かのメンバーについての政治性についての検討や批評の

Zen and the Fine Arts, 東京、講談社、1971年がある。西谷については、*Religion and Nothingness*, Jan Van Bragt訳、University of California Press, 1982年を参照。田辺については、*Philosophy as Metanoetics*, Takeuchi Yoshinori訳、University of California Press, 1987年がある。Nishitani著、*The Self-Overcoming of Nihilism*, Graham Parkes, S. Aihara共訳、State University of New York Press, 1990年。Taitetsu Unno編、*The Religious Philosophy of Nishitani Keiji; Encounter with Emptiness*, バークレー、Asian Humanities Press, 1990年、およびTaitetsu Unno, James W. Heisig編、*The Religious Philosophy of Tanabe Hajime: The Metanoetic Imperative*, バークレー、Asian Humanities Press, 1990年を参照。阿部正雄については、Masao Abe著、*Zen and Western Thought*, William R. LaFleur編、University of Hawaii Press, 1985年、およびJohn B. Cobb, Jr., Christopher Ives編、*The Emptying God: A Buddhist-Jewish-Christian Conversation*, ニューヨーク、Orbis Books, 1990年がある。

（7） 西谷のシューニャターについての考え方は、拙稿“Nothingness and Sunyata: A Comparison of Heidegger and Nishitani”, *Philosophy East and West* 42, 1992年1月、37-48ページ参照。

（8） Masao Abe著、*Zen and Western Thought*, 85, 88ページ。彼はさらにこの後で、次のようにのべている。「カントは形而上学的知識の可能性について明らかにしたが、それは外的自然の対象物に関する理論理性の展開を通じてではなく、実践理性に訴えることによるものであった。このように実践的に用いることによって、純粋理性は意志的に主体的な倫理決定をさせるのである」。

（9） 前掲書、86-87, 93-94ページ。阿部によると、ナーガールジュナよりも早く、ブッダ自身がブラフマンを唯一の実在とする正統バラモンのウパニシャッド哲学と、当時の多元主義者、懐疑論者、ニヒリストなどを含めた自由思想のもち主の立場との、どちらをも超越することによって同じ方向をたどっていたという。

（10） 前掲書、103, 106-7, 111-12, 116ページ。

（11） 前掲書、85, 109, 118-19, 134ページ。最後の部分は論文“Non-Being and *Mu*: The Metaphysical Nature of Negativity in the East and the West”からとったもの。ハイデガーの歩み寄りを認めつつ、阿部はさらに次のように補足している。「しかしながら、同時に彼は思惟から離れることはなかった。ハイデガー本来の『存在の思索』という形での思惟には最後までとどまろうとしている。その意味では彼はやはり禅の立場とは異なると言わなければならない。禅は非思惟に基礎を置くからである」。しかしこの部分は阿部自身の「非思惟」と「不思惟」との区別、および彼の「非思惟は何の束縛も受けない究極的思惟である」とする立場から再検討されなくてはならない（112ページ）。

（12） “Dogen on Buddha-Nature”, *Zen and Western Thought*, 27, 38-39, 43-45ページ。Masao Abeの*A Study of Dogen: His Philosophy and Religion*, Steven Heine編、State University of New York Press, 1992年を参照。

（13） *Zen and Western Thought*, 4, 9-11, 223, 225-27ページ。最後の引用部分は巻頭論文の“Zen Is Not a Philosophy, but,...”より。後のテキストでは阿部は真如への覚醒をパウロの自己空化あるいはキリストのケノーシスと結びつけている。

　われわれはここで新しい人間という概念にたどり着くことができる。新しい人間とは「自己は自己にあらず」（というのは、古い人間としての自己は、その罪故に死すべきものであるから）と認識することによって、古い人間の死を通じて甦る真の自己であると定義することができる……。

　救済の基礎としてあらゆるものの「真如」を理解することは、自分の本性だけでなくその他のあらゆるものの本性への目覚めと、自己および他者への執着から解放されることへ

Grove Press、1962年、およびMarjorie Sykes著、*Rabindranath Tagore*, カルカッタ、Longmans, Green社、1943年を参照。シュリー・オーロビンドに関しては、D. P. Chattopadhyaya著、*History, Society and Polity: Integral Sociology of Sri Aurobindo*, ニューデリー、Macmillan社、1976年、およびV. P. Varma著、*The Political Philosophy of Sri Aurobindo*, ニューデリー、Motilal Barnarsidass社、1976年を参照。ヴィヴェーカーナンダに関しては、H. Mukherjee著、*Vivekananda and Indian Freedom*, カルカッタ、Orient, Longman社、1986年、およびTapan Raychauduri著、*Europe Reconsidered*, デリー、Oxford University Press, 1988年、219-331ページ参照。

第8章

（1） Stephen Toulmin著、*Cosmopolis: The Hidden Agenda of Modernity*, ニューヨーク、Free Press, 1990年、およびMike Featherstone編、*Global Culture: Nationalism, Globalization and Modernity*, ロンドン、Sage Publications, 1990年を参照。

（2） ボーディダルマとその一般的な歴史背景については、Heinrich Dumoulin著、*Zen Buddhism: A History*, vol.1: *India and China*, James W. Heisig, Paul Knitter共訳、ニューヨーク、Macmillan Publishing社、1988年、85-94ページ参照。

（3） *Karika*（「中論頌」), 24ページ。K. Venkata Ramanan著、*Nagarjuna's Philosophy*, デリー、Motilal Banarsidass社、1966年、40-44ページ。David J. Katupahana著、*Nagarjuna: The Philosophy of the Middle Way*, State University of New York Press, 1986年を参照。ここではナーガールジュナと大乗派とは分けて考えられている。

（4） *Flowers of Emptiness: Selections from Dogen's Shobogenzo*, Hee-Jin Kim訳、ニューヨーク、Edwin Mellen Press, 1985年、52, 176ページ、およびEihei Dogen著、*Shobogenzo Zuimonki*, Shohaku Okumura編、チューリヒ、Theseus Verlag社、1992年、25, 38（注31）ページ参照。

（5） Kitaro Nishida著、*Last Writings: Nothingness and Religious Worldview*, David A. Dilworth訳、University of Hawaii Press, 1987年、70-71, 82ページ。西田はさらに宗教的な筆致で次のように書いている。

> 個人としての人間自身は、絶対者の自己否定である。しかし自己のダイナミックな表現によって自覚的な自己形成になればなるほど——すなわち意志的で個人的な——底無しの矛盾に満ちた深みのなかで、ますます自己の絶対否定を発見し、そのことによって絶対的一者に直面する——すなわち神自身の似姿とその逆とに直面する。われわれはその個人性の根源において、つねに神の絶対面に直面し、そして永遠の生命と死との間の次元にたたずむ。このような実存的決定というラディカルな次元においてこそ宗教的な問いが開示されるのである(93ページ)。

Kitaro Nishida著、*Intelligibility and the Philosophy of Nothingness: Three Philosophical Essays*, Robert Schinzinger訳、ホノルル、East-West Center Press, 1958年、およびKeiji Nishitani著、*Nishida Kitaro*, Yamamoto Seisaku, James W. Heisig共訳、University of California Press, 1991年とも比べよ。西谷は次のようにのべている（53ページ)。

> 西田哲学は今日の思想における単一でもっとも困難な課題（すなわち科学と宗教との関係）に対する、一つの見解を提示しようと試みたものである。彼はそのために、東洋の無の観点と西洋の科学と哲学の観点（あるいは理性と論理）とを結合した。彼のねらいは、無あるいは無我に基礎を置き、西洋の合理主義と論理の背後にある精神に分け入ることにより、弁証法的論理をうち立てようとしたところにある。

（6） 本文でふれたすべての本が英訳されているわけではない。久松の主要な英訳本としては、

ン、Tavistock社、1980年、114ページ参照。レオポルド・サンゴールの演説は、“Development: Creator and Destroyer of Values”, *World Development* 20 (1992), 468ページでDenis Gouletが引用している。Gouletは開発を「否定的文化のシステムの政治的、法的、経済的、シンボル的意味のための道具」というように、おもに批判的、否定的にとらえる見方を参照している。

(29)　伝統とモダニティの対立をうち壊そうとする初期の試みについては、Lloyd I. Rudolph, Susanne H. Rudolph共著、*The Modernity of Tradition: Political Development in India*, University of Chicago Press, 1967年、Milton Singer著、*When a Great Tradition Modernizes: An Anthropological Approach to Indian Civilization*, ニューヨーク、Praeger Publishers, 1972年などと比べよ。

(30)　Tariq Banuri著、“Modernization and Its Discontents: A Cultural Perspective on the Theories of Development”, Frédérique Apffel Marglin, Stephen A. Marglin編、*Dominating Knowledge: Development, Culture, and Resistance*, オックスフォード、Clarendon Press, 1990年、73-74, 78-79, 82-83, 88ページ。ポストモダンにおいては、個人的、非人格的の用語は、個人的という用語が近代個人主義と結びついているという理由から、疑わしいものとされている。

(31)　前掲書、76, 89, 95-99ページ。彼の“Development and the Politics of Knowledge: A Critical Interpretation of the Social Role of Modernization Theories in the Development of the Third World”, *Dominating Knowledge*, 29-72ページも比べよ。

(32)　Ashis Nandy著、“Cultural Frames for Social Transformation: A Credo”, *Alternatives* 12 (1987), 113-17ページ。

(33)　Rajni Kothari著、Transformation and Survival: In Search of a Humane World Order, デリー、Ajanta社、1988年、16-17ページ、および同Rethinking Development: In Search of Humane Alternatives, デリー、Ajanta社、1989年、185, 192ページ参照。途上国社会研究センターの同僚とともに、コタリは社会活動家、学者、政策立案者間の対話である“lokayan”を設立し、機能させる努力を行っていた。建設的対話についてのコタリの見解については、Manoranjan Mohanti著、“On Democratic Humanism: A Review of Rajni Kothari's Recent Works”, Contributions to Indian Sociology (n.s.) 25, 1991年、151-60ページを参照。

(34)　Kothari著、*Rethinking Development*, 2ページ参照。ナンディは自分自身をガンディー主義者と呼ぶことを拒否している。確かに、ガンディーと彼との間には明瞭な違いがある。モハンティの言葉によれば、「ガンディーは、資本主義者の議会制度といった支配的な政治的経済的秩序を全面的に置き換えるために努力した。コタリは、政治的経済的秩序を使って変革を実現しようとした……コタリには、ルソーの市民社会の賛美やローイの新しいヒューマニズム、ガンディーのヒンドゥー・スワラージの影響があるが、リベラリズムの要素が彼の思想には染み込んでいる」。“On Democratic Humanism”, 159ページ。ガンディーへの深い傾倒もパンタムの最近の著作の特徴である。たとえば、彼の“Beyond Liberal Democracy: Thinking with Mahatma Gandhi”, Pantham, Kenneth L. Deutsch編、*Political Thought in Modern India*, ニューデリー、Sage Publications, 1986年、325-46ページ。

(35)　批判的伝統主義者としてのガンディーの議論の詳細については、拙著“Gandhi as Mediator between East and West”, *Margins of Political Discourse*, 22-38ページ。ガンディーのアヒンサの起源については、William Borman著、*Gandhi and Non-violence*, State University of New York Press, 1986年、およびUnto Thätinen著、*Ahimsa: Nonviolence in Indian Tradition*, デリー、Navajivan Publishers, 1976年を参照。異宗教間の寛容の擁護は世俗主義によるものではなく、信仰それ自身にもとづいたものであることについては、ナンディの“The Politics of Secularism and the Recovery of Religious Tolerance”, *Alternatives* 13, 1988年、177-94ページ参照。

(36)　タゴールに関しては、Krishna Kripalani著、*Rabindranath Tagore: A Biography*, ニューヨーク、

"Moral Development and Ego Identity" および "Historical Materialism and the Development of Normative Structures", *Communication and the Evolution of Society*, 69-94, 95-129ページ参照。

(19) Thomas Pantham著、"Habermas' Practial Discourse and Gandhi's *Satyagraha*", Bhikhu Parekh, Thomas Pantham編、*Political Discourse: Explorations in Indian and Western Political Thought* , ニューデリー、Sage Publications, 1987年、292-93, 306ページ。パンタムは彼らの相違については、次のように強調している。

ハーバーマスとガンディーの一番の相違は、ハーバーマスの実践的な政治的言説がコミュニケーション上の合理性とよりよい議論のための能力の問題に集中しているのに対して、ガンディーのサティヤーグラハは理性にもとづいているだけではなく、愛と自己犠牲にももとづいているという点である。さらには、ハーバーマスの実践的な言説は思想的な実験である面が強いのに対して、ガンディーのサティヤーグラハは、二元論の理論をうち破ろうとする直接的な運動であった(292ページ)。

(20) R. Sundara Rajan著、*Innovative Competence and Social Change*, Poona University Press, 1986年、ix-x, 87-89, 107-8ページ。この著作は残余の能力と休眠している能力との違いについて、前者は改革に関係があり、後者は革命に関係があるとしている。

(21) R. Sundara Pajan著、*Towards a Critique of Cultural Reason*, デリー、Oxford University Press, 1987年、ix-x, 20, 22-24ページ。

(22) 前掲書、27, 31, 33-34, 39, 43-46ページ。

(23) 「言語的な変化」と呼ばれる概念は、おもにLudwig Wittgenstein, John Austin, 後のMartin Heideggerらの著作と関係している。文化の人類学的概念に関しては、Alfred L. Kroeber著、*Culture: A Critical Review of Concepts and Definitions*, ニューヨーク、Vintage Books, 1963年。Robert Redfield著、*Peasant Society and Culture*, University of Chicago Press, 1956年。Clifford Geertz著, *The Interpretation of Cultures*, ニューヨーク、Basic Books, 1973年などを参照。伝統の再評価に関しては、Edward Shils著、*Tradition*, University of Chicago Press, 1981年。Alasdair Maclntyre著、*After Virtue*, University of Notre Dame Press, 第2版、1984年を参照。

(24) Max Horkheimer, Theodor W. Adorno共著、*Dialectic of Enlightenment*, John Cumming訳、ニューヨーク、Seabury社、1972年を参照。

(25) Jean-François Lyotard著、*The Postmodern Condition: A Report on Knowledge*, Geoff Bennington, Brian Massumi共訳、University of Minnesota Press, 1984年、xxiii-xxv, 4-5,9-10ページ(邦訳『ポストモダンの条件:知・社会・言語ゲーム』小林康夫訳、風の薔薇、1986年)参照。これらの議論の再公式化に関しては、Lyotard著、*The Postmodern Explained*, Julian Le Fanis, Morgan Thomas共訳、University of Minnesota Press, 1992年を参照。

(26) Michel Foucault著、*The Archaeology of Knowledge*, A. M. Sheridan Smith訳、ニューヨーク、Pantheon Books, 1972年、8ページ(邦訳『知の考古学』中村雄二郎訳、河出書房新社、1981年)。*Power/Knowledge*, Colin Gordon編、ニューヨーク、Pantheon Books, 1980年。

(27) Cornel West著、"The New Cultural Politics of Difference", Russell Ferguson他編、*Out There: Marginalization and Contemporary Cultures*, MIT Press, 1991年、19ページ。しかし彼は、新しい文化政治が「誤った普遍主義と一枚岩的な全体主義を退けたのと同様に、偏狭な地方主義に陥った」とつけ加えている。そして、同時に「民族主義的なショービニズムと顔のない普遍主義をどうやったら避けることができるか」(35, 37ページ)を模索している。Richard Rorty著、"Habermas and Lyotard on Postmodernity", Richard J. Bernstein編、*Habermas and Modernity*, MIT Press, 1985年、165-66ページとも比較せよ。

(28) ドゥルーズのコメントについては、A. Sheridan著、*Michel Foucault: The Will to Truth*, ロンド

(11) 従属理論と近代化論の関係は、マルクス主義の正統あるいは実証主義的の信奉より、大きく、近く、より早くからである。従属理論の形成については、Fernando Henrique Cardozo, Enzo Faletto 共著、*Dependency and Development in Latin America*, University of California Press, 1979年。André Gunder Frank著、*Capitalism and Underdevelopment in Latin America*, ニューヨーク、Monthly Review Press, 1967年（邦訳『世界資本主義と低開発』大崎正治他訳、大村書店、1979年)。Immanuel Wallerstein著、*The Modern World-System*, ニューヨーク、Academic Press, 1974年（邦訳『近代世界システム』川北稔訳、名古屋大学出版会、1993年）を参照。

(12) Rajni Kothari著、*Footsteps into the Future*, ニューデリー、Orient, Longman社、1975年。同じく彼の "Towrds a Just World", *Alternatives* 5 (1979), 1-42ページ。正統派マルクス主義からの批判については、V. R. Mehta著、*Byond Marxism*, ニューデリー、Manohar社、1978年。同じく彼の *Ideology, Modernization and Politics in India*, ニューデリー、Manohar社、1983年を参照。

(13) Daya Krishna著、*Political Developement* 6, 179ページ。Charles Tilly編、*The Formation of National States in Western Europe*, Princeton University Press, 1975年、619-20ページも参照。

(14) Daya Krishna前掲書、187, 190, 197, 201ページ。Robert Nisbet著、*Social Change and History* , ロンドン、Oxford University Press, 1969年、288ページ。同、*Considerations toward a Theory of Social Change*, ボンベイ、Manaktalas社、1965年を参照。

(15) 未成熟からの覚醒という概念は、カントの啓蒙主義の定義に由来する。近代化モデルの解放と人間的自由への十分な関心のなさについて、ダヤー・クリシュナは以下のようにのべている。

> 驚くことに、「政治的自由」という概念は、政治的発展についての論議においてはほとんど無意味となっている。*Aspects of Political Development*という著名な著作において、政治的発展についてのあらゆる定義を行っているリュキアン・ピエですら、この概念について何らふれていない。もっとも近い概念が民主主義の基本としての政治的発展の概念のなかにあるくらいである。しかし、そのコンテクストにおける民主主義が「政治的自由」という問題と直接に関わるものではないとうことは、freedomあるいはlibertyという言葉も、Political freedom, Political libertyという用語も、その本の索引に載っていないということで明らかである（*Poliltical Development*, 16ページ)。

(16) Edmund Husserl著、*The Crisis of European Sciences and Transcendental Phenomenology*, David Carr訳、Northwestern University Press, 1970年、8, 15, 274, 288ページ（邦訳『ヨーロッパ諸学の危機と超越論的現象学』細谷恒夫、木田元訳、中央公論社、1995年）参照。注意すべきこととして、フッサールにとって進化とは、生物学的ないし有機体のモデルとして還元することができない超越的な道筋である。さらに重要なのは、その道筋は前もって決定したり予測できるものではなくて、そのつど新しく捧げられるということである。このように新しくされるということによってのみ、「ヨーロッパ文化が単に中国やインドのような経験的人類学的なモデルではなく、その内部に絶対的な思想をもつことができるかどうか、他のすべての文明がヨーロッパ化することが絶対的な意味をもつのかどうか、を決めることができる」という。

(17) Jürgen Habermas著、"What Is Universal Pragmatics?", *Communication and the Evolution of Society*, Thomas McCarthy訳、ボストン、Beacon Press, 1979年、5ページ。ハーバーマスの *Knowledge and Human Interests*, Jeremy J. Shapiro訳、ボストン、Beacon Press, 1971年も参照。

(18) Jürgen Habermas著、*Lagitimation Crisis*, Thomas McCarthy訳、ボストン、Beacon Press, 1975年。*The Theory of Communicative Action*, vol.1: *Reason and the Rationalization of Society*, Thomas McCarthy訳、ボストン、Beacon Press, 1984年、および *The Philosophical Discourse of Modernity: Twelve Lectures*, Frederick Lawrence訳、MIT Press, 1987年を参照。個人の発展については、

第7章

(1) 数十年前、哲学者カール・ヤスパースは新しい「軸の時代」の展望を予測した。そこにおいては、人間文化の多様性は包括的でグローバルな言説における周辺にすぎないとされる。Karl Jaspers著、*The Origin and Goal of History*, M.Bullock訳、Yale University Press, 1953年、および *The Future of Mankind*, E. B. Ashton訳、University of Chicago Press, 1961年を参照。

(2) 西洋普遍主義については、拙書 "Polis and Cosmopolis", *Margins of Political Discourse*, State University of New York Press, 1989年、2-8ページ参照。

(3) Daya Krishna著、*Political Development: A Critical Perspective*, デリー、Oxford University Press, 1979年、1ページ参照。

(4) Thomas Pantham著、"Changing Conceptions of Development"(未出版原稿)参照。近代化理論の政治的コンテクストは、その理論的先駆者の一人であるガブリエル・アーモンドでさえ、戦後のアメリカの知識人と社会科学者を鼓舞した「使節ないし平和部隊」であると指摘された。Gabriel Almond著、*Political Development: Essays in Heuristic Theory*, ボストン、Little Brown社、1970年、21ページ参照。Denis Gouletの次のようなコメントと比べよ。

> 第二次大戦後、マーシャルプランのみごとな成功とともに、開発は進歩のための常套句となった。マーシャルプランは、戦争で荒廃したヨーロッパ諸国に近代の生産性の高い経済をつくるために、インフラストラクチャーへの資本投資としての大量の海外援助の注入によって、急速な工業化と生活の物質的条件の改善がいち早く達成できるということに要約できる。("Development: Creator and Destroyer of Values", *World Development* 20, 1992年、468ページ)。

(5) Talcott Parsons著、*The Social System*, ニューヨーク、Free Press, 1951年、45-67ページ(邦訳『社会体制論』佐藤勉訳、青木書店、1974年)。"Pattern Variables Revisited", *American Sociological Review* 25(1960), 467-83ページ。"Some Considerations on the Theory of Social Change", *Rural Sociology* 26 (1961), 219-39ページ参照。

(6) Lucian W. Pye著、*Aspects of Political Development*, ボストン、Little Brown社、1966年、8-9, 44-45ページ参照。

(7) Gabriel A. Almond, G. Bingham Powell共著、*Comparative Politics: A Developmental Approach*, ボストン、Little Brown社、1966年、60, 215-16ページ(邦訳『比較政治学:システム・過程・政策』本田弘、浦野起央監訳、時潮社、1986年、ただし原書の第2版の翻訳)参照。

(8) Pantham著、"Changing Conceptions of Development", 13ページ参照。

(9) 政治分析への強調点の移動が、広く行われていた「行動的」枠組みを壊さなかったことは、システム理論の提唱者の一人であるデービット・イーステンによって認識されていた。David Easten著、"The New Revolution in Political Science", *American Political Science Review* 63(1969), 1051,1057ページ参照。改良主義者の見解については、Samuel P. Huntington著、*Political Order in Changing Societies*, Yale University Press, 1968年、138ページ。Ithiel de Sole Pool著、"The Public and the Polity", Pool編、*Contemporary Political Science*, ニューヨーク、McGrow-Hill社、1967年、26ページなどを参照。

(10) Myron Weiner著、*Party Politics in India*, Princeton University Press, 1957年。*Politics of Scarcity: Public Pressure and Political Response in India*, University of Chicago Press, 1962年。*Political Change in South Asia*, カルカッタ、Makhopadhyay社、1963年。*Modernization: The Dynamics of Growth*, ニューヨーク、Basic Books, 1966年。D. E. Smith著、*Nehru and Democracy: The Political Thought of an Asian Democrat*, カルカッタ、Orient, Longman社、1958年などと比べよ。

(10)　A. K. Ramanujan著、"Is There an Indian Way of Thinking? An Informal Essay", McKim Marriott編、*India through Hindu Categories*, デリー、Sage Publications社、1990年、41-58ページ。彼の詩作品は、*Selected Poems*, デリー、Oxford University Press, 1976年を参照。またRamanujan編、*Folktales from India: A Selection of Oral Tales from Twenty-Two Languages*, ニューヨーク、Pantheon Books, 1991年と比較せよ。

(11)　*India through Hindu Categories*, 46-49ページ。

(12)　前掲書、50, 52-53ページ。（前掲書では、ジェンダーに関わる偏見をもった用語のため訂正されている）。ジャーティについては、Harold A. Gouldによる啓発的な論文 "Toward a 'Jati Model' for Indian Politics", *Caste Adaptation in Modernizing Indian Society*, デリー、Chanakya Publishers, 1988年、171-85ページと比較せよ。

(13)　*India through Hindu Categories*, 54-55ページ。

(14)　前掲書、55ページ。前掲書では、コンテクストフリー性の浸食効果を否定しているのではなく、単に啓蒙と近代化の両価性と弁証法を強調している。

(15)　*India through Hindu Categories*, 54ページ。

(16)　これらの用語に関する議論のため、K. M. Sen著、*Hinduism*, ニューヨーク、Penguin社、1987年、22-26, 37-40ページとSarvepalli Radhakrishnan著、*The Hindu View of Life*, ロンドン、Allen & Unwin社、1927年を比較せよ。

(17)　確かに、境界のとらえにくさは単なる偶然や自己同一性を意味するのではない。むしろ、その代わりに、「汝はそれなり」における連辞が複合、他動的な意味で読まれねばならない。他動的な連辞、あるいは存在論の観念については、Heidegger著、*Schellings Abhandlung Über das Wesen der menschlichen Freiheit*, Hildegard Feick編、チュービンゲン、Niemeyer社、1971年、89-99ページと比較せよ。またダルマの観念に関しては、Ariel Glucklich著、*The Sense of Adharma*、ニューヨーク、Oxford University Press, 1994年とも比較せよ。

(18)　コンテクストフリーの意味でなく、言語のコンテクストへの感度を高めた意味での仏教の「解放」についての思慮深い解釈としては、Dale S. Wright著、"Rethinking Transcendence: The Role of Language in Zen Experience", *Philosophy East and West* 42 (1992). シューニャターに関しては、拙著 "Nothingness and Sunyata: A Comparison of Heidegger and Nishitani", *Philosophy East and West* 42 (1992)と比較せよ。一般的な基礎知識としては、Edward Conze著、*Buddhism: Its Essence and Development*, ニューヨーク、Oxford University Press, 1951年を参照。

(19)　フッサールの言葉。「ここ（ヨーロッパ、西洋）、われわれの内には、他のすべての人間の集団によって認められる独特な何かがある。あらゆる功利性とは別に、彼らの精神的自己表象への不屈の意志においてさえ、自分たちをヨーロッパ化しようと動機づける何かがある。一方、われわれが自分自身を正しく理解しさえすれば、たとえば、われわれがインド化するようなことはけっしてない」。"The Vienna Lecture" (1935), Husserl著、*The Crisis of European Sciences and Transcendental Phenomenology*, 275ページ。

(20)　G. W. F. Hegel著、*Lectures on the History of Philosophy*, E. S. Haldane訳、ニューヨーク、Humanities Press, 1955年、vol.1, 125-47ページ。*Lectures on the Philosophy of Religion*, Peter C. Hodgson編、University of California Press, 1987年、vol. 2, 316-35ページ、およびHalbfass著、*India and Europe*, 84-99ページのヘーゲルについての章を参照。主観化の観点からの簡潔な西洋の形而上学の歴史的概観としては、Heidegger著、"Überwindung der Metaphysik", *Vorträge und Aufsätze*, フューリンゲン、Neske社、第3版、1967年、pt.1, 63-91ページ参照。

(21)　これらの発展に関しては拙著、*Twilight of Subjectivity*, University of Massachusetts Press, 1981年、および*Margins of Political Discourse*, State University of New York Press, 1989年を参照。

Democratic Politics, Winston Moore, Paul Cammack 共訳、ロンドン、Verso社、1985年を参照。

第6章

（1） グローバリズムに関するさらに詳細な議論は、*Margins of Political Discourse*, State University of New York Press, 1989年、1-21ページの拙論“Polis and Cosmopolis”を参照。この論文は、Jeffrey R. Timmの評価を受け入れることができるなら、おおよそ一連の東西哲学者会議の方向性と一致している。彼はその方向性を欺瞞的な還元主義と脆弱な相対主義のいずれをも同時に回避するような哲学的な多元主義を含む可能性のあるメタ哲学的な立場へのポストモダンな追究と表現している。Report on the Sixth East-West Philosophers' Conference “Culture and Modernity: The Authority of the Past”, *Philosophy East and West* 41 (1991), 461ページ参照。

（2） この関係性の歴史的な考察については、Halbfass著、*India and Europe*を参照。

（3） Daya Krishna著、*Indian Philosophy: A Counter Perspective*, デリー、Oxford University Press, 1991年、15ページ（注3）を参照。“Three Conceptions of Indian Philosophy”の章のなかで、ダヤー・クリシュナは、インド哲学はけっして特殊な哲学ではなく、西洋の伝統のもとで哲学と呼ばれるものと根本的に違うものではない、純哲学と評価している。一方、フッサールの“Vienna Lecture”(1935)のように、東洋思想は西洋的な意味でいうところの哲学ではないという見方が指示されてきている。*The Crisis of European Sciences and Transcendental Phenomenology*, David Carr訳、Northwestern University Press, 1970年、280ページ参照。

（4） *Indian Philosophy*, 13ページ。

（5） サイードの表現によれば、「オリエンタリズムとは、オリエントを扱うための——オリエントについて何かをのべたり、オリエントに関する見解を権威づけたり、オリエントを描写したり、教授したり、またそこに植民したり、統治するための——同業組合的制度とみなすことができる。簡単に言えば、オリエンタリズムとはオリエントを支配し再構成し威圧するための西洋の様式なのである」。*Orientalism*（邦訳4ページ）。

（6） ヴィヴェーカーナンダの西洋の、とりわけアメリカの文化に対する評価に関しては、Tapan Raychauduriの次の記述と比較せよ。「ある点を超え、彼にはこの忙しく無意味な金儲けの生活がけばけばとした虚ろと退屈へのアメリカ的愛着であるとわかった」。*Europe Reconsidered: Perceptions of the West in Nineteenth Century Bengal*, デリー、Oxford University Press, 1988年、310ページ参照。

（7） *Indian Philosophy*, 6ページ。

（8） 前掲書、8, 29-30ページ。理論と実践、事実と価値の分裂への分析論的あるいは実証主義的傾倒は、ダヤー・クリシュナが純粋に合理的かつ認識的な種類の知的困難と非認識的、非知識的な目的の現実的追求とを対比させて説明するさい、はっきりと表れている。純哲学と精神的な解放は切り放し得るという主張、西洋思想は後者ではなく前者を扱うのだとする含意は、少なくともソクラテス、プラトン、アリストテレス、トマス・アクィナス、カント、ヘーゲルの例から疑わしいものとなっている。

（9） ハイデガーは相補的な他者をドイツとギリシャの思想の比較のなかで概説している。*Hölderlins Hymne “Andenken”*, Curd Ochwadt編、*Gesamtausgabe*, vol. 52, フランクフルト、Klostermann社、1982年、128-32ページ。比較哲学的な問いに関する洞察については、Gerald J. Larson, Eliot Deutsch編、*Interpreting across Boundaries: New Essays in Comparative Philosophy*, Princeton University Press, 1988年、およびRichard Bernstein著、“Incommensurability and Otherness Revisited”, *The New Constellation: The Ethical-Political Horizons of Modernity/ Postmodernity*, ケンブリッジ、Polity Press, 1991年、57-78ページなどのいくつかの論文を比較すること。

のは次の文献である。D. H. H. Ingalls著、*Materials for the Study of Navya-nyaya Logic*, Harvard University Press, 1951年。B. K. Matilal著、*Analytical Philosophy in Comparative Perspective*, ドルトレヒト、Reidel社、1985年。B. K. Matial著、*Epistemology, Logic and Grammar in Indian Philosophical Analysis*, ハーグ、Mouton社、1971年。

(13) Halbfass著、*On Being and What There Is*, 13-15ページ。

(14) 前掲書、viiページ。

(15) Halbfass著、*India and Europe*, 168ページ。

(16) Halbfass著、*Tradition and Reflection*, 179ページ。

(17) 前掲書、146-47,180ページ。

(18) 前掲書、162-64ページ。ハルファースは次の論文を参照している。G. Cardona著、"On Reasoning from *anvaya* and *vyatireka* in Early Advaita", D. Malvania, N. J. Shah編、*Studies in Indian Philosophy*, アーメーダバード、Navajivan社、1981年、79-104ページ。

(19) Halbfass、前掲書、175ページ。

(20) Halbfass著、*On Being and What There Is*, 15ページ、および*Tradition and Reflection*, 36, 132, 180ページ。

(21) *On Being and What There Is*, 24-25, 19-30ページ。ハルファースはいくぶん神秘的に次のようにつけ加えている。「この点、とくに表象的および対象化的な思考の役割についてのハイデガーの批判に関して、ハイデガーの観念との明示的な比較の必要はまったくない。また彼の四つの『限界』(存在と生成、存在と現象、存在と思考、存在と当為)の適用可能性を議論すべき必要もない。しかしながら、非西洋的な伝統の解釈からのハイデガー自身によるその観念の排除を採用すべき正当な理由は何もない」。この議論には条件がつけられなければならない。つまり、ハイデガーは彼の観念を非西洋的伝統から「排除」しておらず、単にそれらをきわめて積極的に適用したり、無批判かつ傲慢な方法で適用することに躊躇していただけであった。

(22) 前掲書、30-33ページ。

(23) 前掲書、36, 49, 71, 143ページ。また次を参照。Gustav Bergmann著、*Logic and Reality*, University of Wisconsin Press, 1964年、127ページ。

(24) Halbfass前掲書、231-34ページ。ここで参照されているのは次の通り。J. L. Mehta著、"Heidegger and Vedanta: Reflections on a Questionable Theme", Graham Parkes編、*Heidegger and Asian Thought*, University of Hawaii Press, 1987年、15-45ページ。

(25) Halbfass著、*India and Europe*, 369, 375, 340-41ページ。

(26) このことに関連して次を参照。Patricia Springborg著、*Western Republicanism and the Oriental Prince*, University of Texas Press, 1992年。この分野における古典的研究は次のものである。Karl A. Wittfogel著、*Oriental Depotism: A Comparative Study of Total Power*, Yale University Press, 1957年(邦訳『新装普及版　オリエンタル・デスポティズム』湯浅赳男訳、新評論、1995年)。

(27) Halbfass著、*Tradition and Reflection*, 266ページ。

(28) 前掲書、272-75ページ。

(29) 結局、解放は画一的な自我のコンテクストからの解き放ちを示しているのではなく、むしろ、コンテクストの真っただなかにあるこの種の自我(からの)解放を示しているのである。この点は本書の第6章でさらに発展させている。

(30) Halbfass前掲書、273-81ページ。

(31) 前掲書、349, 383-84ページ。また次を参照。Louis Dumont著、*Homo Hierarchicus: The Caste System and Its Implications*, University of Chicago Press, 1980年。

(32) Ernesto Laclau, Chantal Mouffe共著、*Hegemony and Socialist Strategy: Towards a Radical*

(25)　前掲書、258, 263-64ページ。「時間の経過」についてはHeidegger著、“The Anaximander Fragment”, *Early Greek Thinking*, David F. Krell, Frank A. Capuzzi共訳、ニューヨーク、Harper & Row社、1984年、13-58ページ参照。

(26)　“Bhakti in Philosophical Perspective”(1986), *Philosophy and Religion*, 206-8ページ。“Krishna: God as Friend”(1988), Jackson編、*J. L. Mehta on Heidegger, Hermeneutics and Indian Tradition*, 121-35ページも参照。

(27)　“Bhakti in Philosophical Perspective”, *Philosophy and Religion*, 204-5, 207-9, 213-14ページ。

(28)　“Problems of Inter-Cultural Understanding” および “Beyond Believing and Knowing”, *India and the West*, 129, 216ページ。グローバルな対話については “Postmodern Problems East/West: Reflections and Exchanges” および “World Civilization: The Possibility of Dialogue”(1978), *J. L. Mehta on Heidegger, Hermeneutics and Indian Tradition*, 235-51, 253-66ページも参照。*The Bhagavad Gita*, Juan Mascaro訳、ニューヨーク、Penguin Books, 1962年、62, 97-98ページも参照。

第5章

(1)　Edward W. Said著、*Orientalism*, ニューヨーク、Vintage Books, 1979年。

(2)　次を参照。Wilfred Cantwell Smith著、*Islam in Modern History*, ニューヨーク、New American Library社、1957年。同、*On Understanding Islam*, ハーグ、Mouton社、1981年。J. L. Mehta著、*India and the West: The Problem of Understanding*, チコ(カリフォルニア)、Scholars Press社、1985年。同、*Philosophy and Religion: Essays in Interpretation*, ニューデリー、Manoharlal Publishers社、1990年。Raimundo Panikkar著、*Myth, Faith and Hermeneutics*, ニューヨーク、Paulist Press社、1978年。同、*The Intrareligious Dialogue*, ニューヨーク、Paulist Press社、1978年。

(3)　Wilhelm Halbfass著、*India and Europe: An Essay in Understanding*, State University of New York Press, 1988年。*Tradition and Reflection: Explorations in Indian Thought*, State University of New York Press, 1991年。*On Being and What There Is: Classical Vaisesika and the History of Indian Ontology*, State University of New York Press, 1992年。

(4)　Halbfass著、*Tradition and Reflection*, 9-11ページ。次を参照のこと。Ronald Inden著、*Imagining India*, オックスフォード、Blackwell社、1990年。および彼の“Orientalist Constructions of India”, *Modern Asian Studies*誌 29, 1986年、401-46ページ。

(5)　Halbfass著、*Tradition and Reflection*, 9-12ページ。

(6)　前掲書、14-16ページ。

(7)　前掲書、1-6ページ。また次を参照。Louis Renou著、*The Destiny of the Veda in India*, デリー、Motilal Banarsidass社、1965年。この関連で次を比較されたい。Guy L. Beck著、*Sonic Theology: Hinduism and Sacred Sound*, University of South Carolina Press, 1993年。Som Raj Gupta著、*The Word Speaks to the Faustian Man*, デリー、Motilal Banarsidass社、1991年。Walter J. Ong著、*The Presence of the Word*, Yale University Press, 1967年。

(8)　Halbfass前掲書、40-41ページ。

(9)　Halbfass著、*India and Europe*, 164-69ページ。

(10)　Halbfass著、*On Being and What There Is*, vii, 7ページ。

(11)　前掲書、7-11ページ。また次を参照。W. V. Quine著、*From a Logical Point of View*, Harvard University Press, 1961年、1ページ。Gilbert Ryle著、“Systematically Misleading Expressions”, *Proceedings of the Aristotelian Society*, 1931/32年、139-70ページ。

(12)　Halbfass前掲書、12-14ページ。ハルファースは絞りこみ不足のまま、D. H. H. Ingallsの「業績」およびB. K. Matilalのような彼の弟子の業績を参照している。そこで参照にふさわしいも在論の概念の違いを基礎にして）ハイデガーの見解を批判的に取り扱ったのはここだけである。なお、Martin Heideger, Eugen Fink著、*Heraklit: Seminar Wintersemester 1966/67*, フランクフルト、Klostermann社、1970年も参照。

（18） *India and the West*, 228, 238-39, 265（注24）ページ。この注に関して、ウィルフレッド・カントウェル・スミスはこの本の序章（xviiページ）において「メータは、この先豊かな稔りをもたらす可能性を秘めた新らしい貴重な考えをこの本のなかで展開しており、また議論を触発するようなこの一つの洞察によってこれから数多くの博士論文が書かれるに違いない」とのべている。バタチャリアについての評は同じ本に入っているメータの“The Problem of Philosophical Reconception in the Thought of K. C. Bhattacharya”, 160-78ページ参照のこと。“Heidegger and Vedanta”はGraham Parkes編、*Heidegger and Asian Thought*, University of Hawaii Press, 1987年、15-45ページにも収録されている。

（19） “Heidegger and Vedanta”, *India and the West*, 241-43ページ。

（20） 前掲書、247-50, 259-61ページ。ここでのメータの主要な関心はヴェーダーンタと伝統的な形而上学との間に一線を画すところにある。メータは次のようにのべている（244ページ）。「もしもブラフマンがギリシャ哲学での存在の概念（スコラ哲学的な規定によるものはさておき）と根底で同じものであるなら、これはまさにハイデガーが排しようと努力したものに他ならない。彼の思考のすべてはただこの一つの概念を論ずるところにあったからである」。これまでシャンカラの思想はしばしばキリスト教神秘主義と、そうでない場合はトマス主義的存在論と結びつけて考えられてきた。しかしメータは、比較を行う場合に、ギリシャ的存在の概念を最重要ポイントと位置づける限りこれには反対であった（250ページ）。それらはブラフマン—ヴィジャが何であるか、アートマン—ボーダが何を表しているかなどについての解明の光とは考えられない。この点で、ハイデガー的観点から不二一元論学派を考察することの方が有望である。というのは、ハイデガーとシャンカラの思想は「全領域を包括する領域」のなかのどこかで、またそのなかに一時的に宿っている存在と非存在の思想を超えたどこかで互いに共通するところを見い出せる可能性があるからである。

（21） “The Hindu Tradition”, *Philosophy and Religion*, 104-5ページ。同じ文脈でのべられた次のコメント（106ページ）と比較せよ。すなわち、インド歴史の「内面論理」は「ヴェーダ時代から今日に至るまで絶たれることなく続く一本の糸」であるが、これは人間生活における神聖次元をいかなる代価を払ってもただひたすらに、確固として守り通そうとする信念によって構成されており、この代価についての評価は「歴史」の意のままにまかせようというものである。メータがハイデガーから影響を受けていることはここでも見ることができる（254ページ）。彼は次のようにのべている。「思考の経験のなかで真理を悟るすべてのプロセスは、神の次元で発生する。ハイデガーはこれを存在の経験における神聖なできごととみなし、神技とみなすことも可能であるとした。すなわち神の出てくるのが遅すぎるか、存在が早すぎるということはないのである」。メータのこの表現はA. L. Basham著、*The Wonder That Was India*, カルカッタ、Rupa & Co社、1991年と共鳴するところがある。ミューラーについては、Nirad C. Chaudhuri著、*Scholar Extraordinary*, ニューヨーク、Oxford University Press, 1974年を参照。

（22） “The Hindu Tradition”および“Life-Worlds, Sacrality and Interpretive Thinking”（1987）, *Philosophy and Religion*, 118, 245-46, 248ページ。“Beyond Believing and Knowing”（1976）, *India and the West*, 205-7ページも参照。

（23） “My Years at the Center for the Study of World Religion”, *Philosophy and Religion*, 76-82ページ。

（24） “The Discourse of Violence in the Mahabharata”（1987）, *Philosophy and Religion*, 255-56, 259-60, 270ページ。

to Interpret and India's Dreaming Spirit", *India and the West*, 130-31, 199ページ。

(11)　"Problems of Inter-Cultural Understanding", "Understanding the Tradition", "The Will to Interpret", および "Beyond Believing and Knowing" (1976), ともに *India and the West*, 131-32, 155, 181, 213-14ページ。ウィルフレッド・カントウェル・スミスはハーバード世界宗教研究センターでのメータの同僚であった。メータはしばしば彼の創造的な洞察に賛辞を送っている。メータは比較文化・宗教の分野での研究に関して、構造主義的人類学の科学的手法に対して反論を加えた。メータはこの手法は、ねらいとしては高尚であるが、それを神話、儀式、シンボルなどの研究に適用することによって、人間の宗教性についての普遍的、客観的、共時的理解に到達できるなどと主張したとき、それは荒唐無稽の怪物キマイラを追い求めるようなものだと批判を加えたのである(215ページ)。

(12)　"Problems of Inter-Cultural Understanding" および "Understanding and Tradition", *India and the West*, 125, 159ページ。"My Years at the Center for the Study of World Religions", Mehta著、*Philosophy and Religion*, 67ページ。

(13)　"A Stranger from Asia" (1977) および "My Years at the Center", Mehta前掲書、52-53, 69ページ。メータは同時代のインド学者ポウル・ハッカーの科学的方法論一辺倒のやり方にしばしば批判を加えている。メータは次のようにのべている。「アドヴァイタ・ヴェーダーンタの完全無欠の学者であるハッカーにとって、インド学とは特殊な専門分野であり、単純でまたきわめて厳格な方法論をもつ学問領域であり、この方法によって異質な文献にひそむものを客観的に調査しようとした。またこの領域においては、あらゆる『解釈』は論外とされ、その代わりに神学的な『利用』があるのである」。"The Will to Interpret", *India and the West*, 183ページ。

(14)　"The Hindu Tradition: The Vedic Root" (1984), Mehta著、*Philosophy and Religion*, 115-17ページ。この論文はJackson著、*J. L. Mehta on Heidegger, Hermeneutics and Indian Tradition*, 102-19ページにも所収。

(15)　"The Hindu Tradition" および "The Rigveda: Text and Interpretation"(1988), Mehta前掲書、100-4, 109, 113-15, 275ページ。

(16)　"The Rigveda: Text and Interpretation", Mehta前掲書、278, 281-82, 288-91ページ。彼は次のようにのべている(288ページ)。

> ハイデガーは、"On the Way to Language (言語への途上)" と題したすばらしい講演のなかで、言語のとらえ方として、「言語自体を言語としての発話に重ねあわせ」られるものとして考えようとした。言語はそれ自体の存在様式において存在し続け、また言語自体は人間の発話のなかで機能するものだからである。ハイデガーはしばしば次のことを指摘した。すなわち、われわれが何を語るにせよ、そのことがらを明らかにするときに、言語はそれ自身の存在様式の開示を抑制し隠匿する……。ヴェーダの詩人たちは自分たちの経験から、この開示と隠匿の働きを知っていた。『リグ・ヴェーダ』に次のような言葉がある。「詩人たちは真理の道を隠す。彼らは自分たちの隠された名を明かさない」。

この部分の内容については Martin Heidegger著、"The Age of the World Picture", *The Question Concerning Technology and Other Essays*, William Lovitt訳、ニューヨーク、Harper & Row社、1977年、115-54ページ、Heidegger著、*On the Way to Language*, Peter D. Hertz, Joan Stambaugh訳、ニューヨーク、Harper & Row社、1971年、123-25ページ参照。

(17)　Mehta著、"Heidegger and the Comparison of Indian and Western Philosophy" および "A Stranger from Asia", *Philosophy and Religion*, 15, 54-58ページ。実際のところメータにとっては上で示されている解決方法は、アートマンと「存在者の存在」との間の大きな不一致があるために、それほど満足できるものではなかった (61-2ページ)。筆者の見るところ、メータが (存

Tradition, ライデン、Brill社、1992年、209-33ページにも対談を含めて掲載されている。彼の伝記的部分については、"*My Years at the Center for the Study of World Religions: Some Reflections*"(1982), Mehta著、*Philosophy and Religion*, 65-82ページにも見られる。

(3) "Introduction", Mehta前掲書。ハイデガーに関するメータの最初の研究は1962年にヴァーラーナシー・ヒンドゥー大学へ提出された博士論文であった。後にこれが改題されたのは、ハイデガーが彼にあてた手紙のなかでこれを「『私の哲学』に関するあなたの本」と呼んだのが一因となっている。このことについてはMehta著、*Martin Heidegger: The Way and the Vision*, University Press of Hawaii, 1976年、xivページ参照。

(4) "Finding Heidegger"(1977)および"A Western Kind of Rishi"(1977), Mehta著、*Philosophy and Religion*, 20-21, 25, 31ページ参照。両論文ともに"In Memoriam: Martin Heidegger" のタイトルでまとめられている。文献中に冷淡な評が散見されるが、メータが別のところで師を次のように描いているのも参考になるであろう。「横柄で頭のよい」アイデア満々の教師ではなく、自己陶酔的夢想家でもなく、内向的ヨガ行者や忘我の思想的省察者でもなく、「狂気」や悪魔にとりつかれてもいない。ただ実際的で「万事心得ており」、落ち着きがあって自若としており、職人でありまた「製造者でもあって、正気かつ正直、思想家として自らの限界を知り、やさしく親切だ」。"Finding Heidegger" はJackson編、*J. L. Mehta on Heidegger, Hermeneutics and Indian Tradition*, 27-33ページにも収録されている。

(5) "The Concept of the Subjective"(1966), *India and the West: The Problem of Understanding; Selected Essays of J. L. Mehta*, チコ(カリフォルニア)、Scholars Press社、1985年1, 16, 23ページ。

(6) "Understanding the Tradition"(1969), *India and the West*, 138ページ。"Heidegger and the Comparison of Indian and Western Philosophy"(1970), Mehta前掲書、8-10ページ。引用は、Heidegger著、*An Introduction to Metaphysics*, Ralph Manheim訳、ニューヨーク、Anchor Books社、1961年、32, 130ページによる。メータ自身の訳として1953年のドイツ語テキストからのものもある(マンハイム版に著者による若干の修正を加えた翻訳)。

(7) "The Will to Interpret and India's Dreaming Spirit"(1974), *India and the West*, 186-88ページ。"The Concept of Progress"(1967), *India and the West*, 69-82ページ参照。このなかでメータは神学者および哲学者による進歩の理論の対する入念な正体暴露をめざしている。彼はニーチェ風に次のように書いている。ハイデガーはわれわれが外見的には嬉々として進歩と呼び、そしてそれがもはや西洋世界だけの現象ではなくなってしまった本質的な動きを、発生から全体像に至るまで解明した。「進歩」につきまとう冷厳で否定的な影は、ハイデガーの描くところの人類の精神的たそがれ、「世界の暗転」、神々の逃亡、地球の腐敗である。ヘーゲルの引用は、*The Philosophy of History*, J.Sibree訳、ニューヨーク、Willie Book社、1944年、142-43ページ、*Lectures on the History of Philosophy*, E. S. Haldane訳、ニューヨーク、Humanities Press社、1955年、vol.1, 125-47ページ、および*Lectures on the Philosophy of Religion*, Peter C. Hodgson編、University of California Press, 1987年、vol.2, 316-35ページ。

(8) Mehta著、"The Will to Interpret and India's Dreaming Spirit", *India and the West*, 194-96ページ、"Problems of Inter-Cultural Understanding in University Studies of Religion"(1968), *India and the West*, 118-19ページ。

(9) "Understanding and Tradition" and "The Will to Interpret and India's Dreaming Spirit", *India and the West*, 150-51, 198ページ。"Heidegger's Debts to Dilthey's Hermeneutics and Husserl's Phenomenology", および "The Transformation of Phenomenology"(two lectures, 1987), Jackson編、*J. L. Mehta on Heidegger, Hermeneutics and Indian Tradition*, 35-60, 69-88ページ参照。

(10) "Problems of Inter-Cultural Understanding in University Studies of Religion" および "The Will

Wilde共訳、*The Question of Being*, College and University Press, 1958年。後期ハイデガーについての概説書としては、拙著*The Other Heidegger*, Cornell University Press, 1993年を参照。脱構築については、Jacques Derrida著、*Of Grammatology*, Gayatri C. Spivak訳、Johns Hopkins University Press, 1974年、*Margins of Philosophy*, Alan Bass訳、University of Chicago Press, 1982年を参照。ラーダークリシュナンの作品におけるリーラー(遊戯)の概念とその意義については、S. J. Samartha著、*Introduction to Radhakrishnan: The Man and His Thought*, ニューヨーク、Association Press社、1964年、60-61ページ、A. K. Coomaraswamy著、"Lila", *Metaphysics*, Roger Lipsey編、Princeton University Press, 1977年、148-55ページ参照。

(29) "Heidegger and Vedanta: Reflections on a Questionable Theme", Graham Parkes編、*Heidegger and Asian Thought*, University of Hawaii Press, 1987年において、メータは次のように補足している(28-29ページ)。

> 比較哲学は、インドの諸哲学の理解の場合と同様に、「諸哲学」の理解において、明らかに永遠に正当なるものとみなされた「形而上学的」諸概念を無批判に使用するという基礎前提にもとづいて、目下のところおおむね進行している。しかしながら、「哲学の終焉」、「形而上学の克服」というハイデガーの主張を真面目に考えれば、何らかの注目すべきことがらも生じるのが見られるであろう。……比較哲学はその名前をなおも持ち続けるのであれば、実際には思想においては現実化されているのであるが、それでもまだ発言されてはおらず、東洋の伝統のなかではあまり思想化されていない。そんな思考の問題を現代的な新しい言い方で、限りなくオープンに解き放ち、目に見えるようにする仕事をすれば、その名前に値するものとなるであろう。それができなければ、比較哲学は普遍的に明らかなパラダイムとして受けとられた西洋形而上学の言語へ東洋的思考を翻訳することによって、西洋「哲学」を永続化させようとする非思考的試みにすぎないものとなるであろう。

(30) Halbfass著、*India and Europe*, 442ページ。ハルファースは明らかにハイデガーの洞察に依拠しつつ、次にように補足している。「『科学』の言語も、『形而上学』の言語も、『歴史理解』の言語も、これらのすべての思想が自ら検討されねばならなくなる対話にふさわしい基礎を提示することはできない。われわれは西洋的なるもの(das Europäische)とは何かを超越しなければならない。われわれは『西洋と東洋を超え』ねばならない」(441ページ)。ハルファースはメータの次の著書によって提起された類似の見解にも言及している。*Martin Heidegger: The Way and the Vision*, Banares Hindu University Press, 1967年。

(31) Radhakrishnan前掲書、65-66ページ。Radhakrishnan編、*Mahatma Gandhi: Essays and Reflection on Gandhi's Life and Work*, ロンドン、Allen & Unwin社、1939年も参照。形而上学の克服とカルマ・ヨーガの結合は偶然ではない。ひとたび形而上学が(超越論的世界に内在する本質の認識としてではなく)形而上学的であると見られる場合、すべては世界における固有の(とらわれ心を離れた)行為にもとづくようになる。

第4章

(1) J. N. Mohanty著、"Introduction", J. L. Mehta著、*Philosophy and Religion: Essays in Interpretation*, ニューデリー、Indian Council of Philosophical Research and M. Manoharlal Publishers, 1990年、viページ。

(2) J. L. Mehta著、"Life-Worlds, Sacrality and Interpretive Thinking"(1987), Mehta前掲書, 248-49ページ。この作品は、もとT. S. Rukmini編、*Religious Consciousness and Life-Worlds*, ニューデリー、Indian Institute of Advanced Study and Indus Publishers, 1988年、19ページに所収されたものであるが、ほかにもWilliam J. Jackson編、*J. L. Mehta on Heidegger, Hermeneutics and Indian*

(9)　前掲書、34-37ページ。Alfred North Whitehead著、*Process and Reality*, ニューヨーク、Macmillan社、1929年、488ページより引用。ラーダークリシュナンの論文、"Bergson and Absolute Idealism", *Mind* 28, 1919年、41-53, 275-96ページとも比較せよ。

(10)　"Fragments of a Confession", 38-39ページ。

(11)　前掲書、39-41ページ。

(12)　前掲書、47, 49, 51, 56ページ。

(13)　前掲書、48, 50, 52, 56-57ページ。

(14)　前掲書、23-24, 26, 30, 45ページ。

(15)　これらのテキストのうちでもっとも古いものについては、Radhakrishnan著、*The Principal Upanishads*, ロンドン、Allen & Unwin社、1953年を参照。また、ラーダークリシュナンは三部聖典に加えて仏教古典である *The Dhammapada*, Oxford University Press, 1950年の解題も書いている。

(16)　Radhakrishnan著、*The Brahma Sutra: The Philosophy of Spiritual Life*, ロンドン、Allen & Unwin社、1960年、11-12ページ。シャンカラと不二一元論学派については、Eliot Deutsch著、*Advaita Vedanta, A Philosohpical Reconstruction*, University of Hawaii Press, 1969年、および Natalia Isayeva著、*Shankara and Indian Philosophy*, State University of New York Press,1993年を参照。

(17)　Radhakrishnan著、*The Brahma Sutra: The Philosophy of Spiritual Life*, 118-21ページ。

(18)　前掲書、122-23, 126-34ページ。

(19)　前掲書、137-38, 143, 148, 156-57ページ。

(20)　Radhakrishnan著、*The Bhagavad Gita*, 初版1948年、ニューヨーク、Harper Torchbooks, 1973年、12, 22-25ページ。

(21)　前掲書、26, 30-37ページ。

(22)　前掲書、38, 50-54, 58-60ページ。

(23)　前掲書、66-67, 76ページ。

(24)　前掲書、67-68, 71-73ページ。アルジュナがすぐにやらねばないことは、交戦することであるが、ラーダークリシュナンはカルマ・ヨーガの長期にわたる目的、すなわち非暴力と連帯への誘導を強調している(68-69ページ)。

　ギーターがわれわれの前に提示する理想は、アヒンサー（非殺生)、すなわち非暴力であり、このことは心、発言、身体の完全な状態を叙述していることからも明らかである。……クリシュナはアルジュナに激情感、敵意をもつことなく、怒ったり固執することなく闘うように教える。もしそのような気分をすすめてゆけば、暴力は不可能となる。……もし、われわれがギーターの精神において超然と献身的に行動するならば、敵に対しても愛をもつならば、戦争の世界をなくすことに貢献するであろう。

(25)　Radhakrishnan著、*The Brahma Sutra: The Philosophy of Spiritual Life*, 118-21ページ、同、*The Bhagavad Gita*, 46-47ページ参照。

(26)　"Fragments of a Confession", 38, 44, 55, 57-59, 61ページ。次の主張(57ページ)とも比較せよ。「実存とは異なる実在が存在する。非客体である主体が存在する。時間超越的要素が存在する。そのような非客体的精神の信仰は、死の打破、生の復活を意味する」。

(27)　Radhakrishnan前掲書、38-39, 57, 61ページ。全体的知識についての長い討論については、Robert W. Browning著、"Reason and Types of Intuition in Radhakrishnan's Philosophy", Schilpp編、*The Philosophy of Sarvepalli Radhakrishnan*, 173-277ページ参照。

(28)　存在の消し跡については、とくにハイデガーの次の著書と比較せよ。"Zur Seinsfrage", *Wegmarken*, フランクフルト、Klostermann社、1967年、213-53ページ。William Kluback, Jean T.

こでは「私たち」が「あなたたち」に語りかける。聴衆がいて、相互性があるとき、「私たち」が「あなたたち」と語るようになり得る。この過程が最高潮に達するのは、「私たちのすべて」がお互いに「私たち」について語りかけるときである。

（2） ハルファースによれば、シュリー・オーロビンドとラーダークリシュナンは、「20世紀のもっとも代表的な二人の新ヒンドゥー教の思想家」であり、彼らは手法こそ異なるが、「新ヒンドゥー教の可能性と問題性を実証している」のだ。しかし、「もっとも典型的」で「もっとも成功をおさめた」スポークスマンと言えば、彼の見解によれば、ラーダークリシュナンである。Halbfass著、*India and Europe: An Essay in Understanding*, State University of New York Press, 1988年、248, 251ページ参照。また、K. Satchidananda Murty, Ashok Vohra共著、*Radhakrishnan: His Life and Ideas*, State University of New York Press, 1990年、Troy Wilson Organ著、*Radhakrishnan and the Ways of Oneness of East and West*, Ohio University Press, 1989年、Robert N. Minor著、*Radhakrishnan: A Religious Biography*, State University of New York Press, 1987年とも比較せよ。

（3） Radhakrishnan著、"The Religion of the Spirit and the World's Need: Fragments of a Confession", Paul A. Schilpp編、*The Philosophy of Sarvepalli Radhakrishnan*, ニューヨーク、Tudor Publishing社、1952年、3-82ページ。また、ラーダークリシュナンの次の著書と比較せよ。*The Hindu View of Life*, ロンドン、George Allen & Unwin社、1927年、*An Idealist View of Life*, ロンドン、George Allen & Unwin社、1932年。

（4） Radhakrishnan著、"Fragments of a Confession", 4ページ。Michel Foucault著、*The History of Sexuality*, vol.1: *Introduction*, ニューヨーク、Vintage Books社、1980年、59ページ参照。確かにラーダークリシュナンは、1937年にもう一つ（概略の域を出ていないが）自伝風の報告を書いている。次の著書を参照。"My Search for the Truth", Vergilius Ferm編、*Religion in Transition*, ニューヨーク、Macmillan社、1937年、11-59ページ。

（5） Radhakrishnan前掲書、6-7ページ。彼は7章で次のようにつけ加えている。「われわれの時代の目立った特徴は、われわれの時代を傷つけた戦争や独裁制というよりはむしろ、異なった諸文明が他の文明へ与えたインパクトであり、それらの相互作用であり、精神の真理と人類の統一に基づく新しい文明の出現である」。

（6） 前掲書、8-10ページ。伝統主義者たちに背を向けて、ラーダークリシュナンは次のようにのべている。「法を規定する主人に心酔することによって、われわれには休息と信頼と安全が与えられる。疑いによって疲労し、思い悩む心に対して、権威主義的宗教は解放感と目的感を与える。しかしながら、われわれは権威を過度に崇める人々から理性的批判を期待することはできない」。A. K. クマーラスワミ〔インド美術研究家 1877～1947〕を含めて、ヒンドゥー教伝統主義者についてのコメントやラーダークリシュナンの彼らへの批評については、ハルファースの *India and Europe*, 254-55ページ参照。

（7） Radhakrishnan前掲書、10ページ。ラーダークリシュナンの行なっている、「宗教的体験」に裏打ちされたものとしてのヒンドゥー教の主張にも、同じ強調が明らかに見られる。彼は次のように書いている。「ヒンドゥー教の宗教哲学は、経験的基盤から出発し、そこへと回帰する。この基盤のみが、人間の本性自体と同じくらいの広さをもつのである。……インドに暮らす人々の、さまざまな現実直観や経典の意義を受け入れることによって、ヒンドゥー教はもっとも多様な薄織物と無限に近い多様な色調から構成されたつづれ織りとなっている」。*The Hindu View of life*, 16-17ページ参照。

（8） "Fragments of a Confession"（『告白の断片集』), 31-32ページ。彼は次のように補足している。「存在の無意識的世界があり、そこからさまざまな世界が、精神に導かれて自己自身を形成する。プルシャとプラクリティの二元論は究極のものではあり得ない」。

Cambridge Companion to Heidegger, Cambridge University Press, 1993年、188-89ページ。ホイの提起では、この問題は「解釈学のサークル」の意味に深く関わっている。彼は次のように書いている。「脱構築は解釈のサークルにおいて、実に決定的な瞬間となり得る。というのは、テクストの転換性が十分にとりあげられ得るという確認にその技術が用いられたからだ。もし再構築の意味するものが、解釈者が熟知しているものをテクストのなかで読み返すということか、意味の統一を見い出す努力のために解釈者が現に生じている緊張や矛盾を見逃すべきだということであるならば、理解のサークルは純粋に再構築的であるはずはない。だが、サークルは純粋に脱構築的であることもできない。というのは、脱構築されるべき想定された意味が最初にあるはずであり、緊張と矛盾の発見はそれ自身、テクストのなかで実際に進行しているものの理解の投影だからだ」(192ページ)。

(27) とくにMartin Heidegger著、"The End of Philosophy and the Task of Thinking", *On Time and Being*, Joan Stambaugh訳、ニューヨーク、Harper & Row社、1972年、55-73ページ参照（邦訳『存在と時間』松尾啓吉訳、勁草書房、1960-1966年)。ヨーロッパ中心主義やギリシャ中心主義の傾向については、たとえば Rainer Martin著、"Heidegger and the Greeks", Tom Rockmore, Joseph Margolis編、*The Heidegger Case: On Philosophy and Politics* , Temple University Press, 1992年、167-87ページ参照。

(28) J. L. Mehta著、"Heidegger and Vedenta: Reflections on a Questionable Theme", Graham Parkes編、*Heidegger and Asian Thought* , University of Hawaii Press, 1987年、27ページ。脚注に彼はこうつけ加えている。「しかし、サンスクリットに形而上学的要素を認めたとしても、それがこの表象的要素、あるいは対象化するような要素に対抗して発展させた調整策について研究することが求められるだろう。それは、表象と表象の強制の拒否が緊張と均衡をもって行われる発話の様式という調整策であり、その研究からサンスクリット自身のユニークな資質を明らかにすることができる」。

(29) Raimundo Panikkar著、"Eine unvollendete Symphonie", Günther Neske編、*Erinnerung an Martin Heidegger*, フューリンゲン、Neske社、1977年、175ページ、および彼の "What is Comparative Philosophy Comparing ? ", Gerald J. Larson, Eliot Deutsch編、*Interpreting across Boundaries: New Essays in Comparative Philosophy*, Princeton University Press, 1988年、130ページ参照。後者のエッセイで、パニッカーは「命令哲学」としての純粋な比較哲学をも提起している。この用語が意味するのは、「客観的、中立的、卓越的な優位な観点から哲学を比較するよう求めることなく、世界のあらゆる哲学的な場面で学ぶことを辞さない開かれた哲学的態度」(127ページ)である。

(30) Nirmal Verma著、"India and Europe: Some Reflections on Self and Other", *Kavita Asia*, ボパール、1990年、121, 127, 132, 137, 144ページ。

第3章

(1) Wilfred Cantwell Smith著、"Comparative Religion: Whither and Why?", Willard G. Oxtoby編、*Religious Diversity: Essays by Wilfred Cantwell Smith*, ニューヨーク、Harper & Row社、1976年、140-41ページ。142ページでは、東西の交流についての以下のような簡潔な要約を行っている。

　他者の宗教研究における西洋の学問の伝統的形態は、「それ」を個人化することなく、一般化して提示することであった。近年における最初の大革新は、観察対象となる宗教を個人化することであり、その結果、「彼ら」の行う討論が眼に見えるようになるのである。その間に、観察者は個人として対象と関わりをもつようになり、その結果、状況は個人としての「彼ら」について「私たち」が語るという形態となる。次の段階は対話であり、そン、Routledge & Kegan Paul社、1958年、3-7ページ参照（邦訳『社会科学の理念——ウィトゲンシュタイン哲学と社会研究——』森川則雄訳、新曜社、1984年）。

(15)　Gadamer著、*Das Erbe Europas*, 28-30ページ。

(16)　前掲書、31-34ページ。

(17)　"Die Zukunft der europäischen Geisteswissenschaften", *Das Erbe Europas*, 37-39, 42-45ページ。"The Future of the European Humanities"という題の英語翻訳については、Misgeld, Nicholson編、*Hans-Georg Gadamer on Education, Poetry, and History*, 193-208ページ参照。

(18)　Gadamer著、*Das Erbe Europas*, 35, 46-48ページ。

(19)　前掲書、49, 52, 57-58ページ。ヘルダーについては、R.T. Clark著、*Herder: His Life and Thought*, University of California Press, 1955年、およびIsaiah Berlin著、*Vico and Herder: Two Studies in the History of Ideas*、ニューヨーク、Viking Press, 1976年（邦訳『ヴィーコとヘルダー——理念と歴史　二つの試論——』小池けい訳、みすず書房、1981年）と比較せよ。

(20)　Gadamer前掲書、58-62ページ。寛容については、Robert Paul Wolff, Barrigton Moore, Jr., Herbert Marcuse共著、*A Critique of Pure Tolerance*, ボストン、Beacon Press, 1965年（邦訳『純粋寛容批判』大沢真一郎訳、せりか書房、1968年）とも比較せよ。

(21)　Jacques Derrida著、*The Other Heading: Reflections on Today's Europe*, Pascale-Anne Brault, Michael B. Naas共訳、Indiana University Press, 1992年、38-41ページ（邦訳『他の岬——ヨーロッパと民主主義』高橋哲哉他訳、みすず書房、1993年）。

(22)　前掲書、14-15ページ。

(23)　前掲書、29, 76-77ページ。デリダは二重の命令、つまり、二重の責務の数多くの代替的な定式を、言い換えれば、ポスト冷戦状況だけでなくポスト形而上学的なわれわれの状況を明晰に浮き上がらせる定式を提起している。彼によれば（77-79ページ）同じ責務が「資本に終焉をもたらすと言って民主主義とヨーロッパの遺産を破壊した全体主義のドグマティズム」を批判することを命じる。「しかし、われわれが同一化することを学ぶべき新しい相貌のもとにそのドグマティズムを据える資本の宗教をも批判することを命じる」。異なった領域では同じ二重の責務が、「差異、言語、少数派、特異性を尊重するとともに、形式的な法の普遍性、翻訳の欲望、一致と一義性、多数性の法則、人種主義やナショナリズムや異邦人嫌悪への反対をも尊重すること」を命じる。より哲学的領域ではその二重の責務は、「こうした批判の、批判の理念の、批判的伝統の徳を錬磨するよう命じるとともに、批判と問いとを超えて、この徳を台なしにすることなく思考し、その縁をはみ出すような脱構築的系譜学のもとに、それを服さしめるよう」命じる。後者の側面は、次の点に関係する。「理性の権威のもとに置かれることのないすべてのものに寛容であり、それを尊重することを命じる。問題は信であり、信のさまざまな形態なのだ、と言えるかもしれない。問題はまた、問いを立てるにせよ立てないにせよ、種々の思考であって、これらの思考は理性と理性の歴史とを思考すべく試みながら、必然的に理性の秩序＝命令を超え出るのだが、だからといって単にそれだけのことから非合理的になるわけではなく、ましてや非合理主義的になるわけではない、とも言えるかもしれない」。デリダのエッセイは別の点に関して(54-55ページ)、ハーバーマス流の批判理論に関連する「コミュニケーション的理性」や透明な理性の一方的なとりあげ方を批判している。

(24)　前掲書、9-10ページ。

(25)　社会科学における文化理論については、Fred Inglis著、*Cultural Studies*, オックスフォード、Blackwell社、1993年、およびMargaret Archer著、*Culture and Agency: The Place of Culture in Social Theory*, Cambridge University Press, 1988年を比較せよ。

(26)　David Couzens Hoy著、"Heidegger and the Heumeneutic Turn", Charles B. Guignon編、*The*

"Atemkristall", フランクフルト、Suhrkamp社、1973年、7ページ。

(4) 前掲書、9-12ページ。ガダマーは代名詞をときおり特定的に用いることで、曖昧さを多少減じている。そして、「読者自身」の代わりに「詩人自身」に置き換え、「汝の意味の決定性」をもたらす可能性について論じている。

(5) 前掲書、14-18, 39ページ。

(6) 前掲書、110ページ。これらの注釈は、ガダマーが他の箇所で(113ページ)次の点を観察する妨げとはなっていない。すなわち、単語の多層的な意味、あるいは「多数価値」を正確に指摘したり、「言説の進行のなかで安定化され」たりし、ここに「たとえ純粋なポエジーであっても、すべてのタイプの言説に必然的に特有な一義性」が存在するということである。

(7) 前掲書、112-15ページ。「語句の家族」の概念については、Jean-François Lyotard著、*The Differend: Phrases in Dispute*, Georges Van Den Abbeele訳、University of Minnesota Press, 1988年(邦訳『文の抗争』陸井四郎他訳、法政大学出版局、1989年)と比較せよ。「知的競合(アゴーン)的対話」に関しては、拙著*Margins of Political Discourse*, State University of New York Press, 1989年、16-19, 109ページと William E. Connolly著、*Identity/Difference: Democratic Negotiations of Political Paradox*, Cornell University Press, 1991年、33ページ参照。

(8) Gadamer前掲書、118-21ページ。

(9) 前掲書、129-31ページ。ガダマーがつけ加えているように、「『最終的な』解釈などというものはあり得ない。すべての解釈は近似をめざすにすぎない。解釈が自らの歴史的所在を想定せず、テクストの『歴史的な有効性』のなかにそれ自身をはさみ入れない場合、解釈そのものの具体的な可能性は損なわれてしまうだろう」(133-34ページ)。

(10) Gadamar著、"Letter to Dallmayr", Diane P. Michelfelder, Richard E. Palmer編、*Dialogue and Deconstruction: The Gadamer-Derrida Encounter*, State University of New York Press, 1989年、96-97ページ参照。この手紙は、ガダマーとデリダを比較して対照させたエッセイへの返答である。同書の中の"Hermeneutics and Deconstruction: Gadamer and Derrida in Dialogue", 76-92ページ参照。

(11) Gadamer著、"Hermeneutics and Logocentrism", Michelfelder, Palmer著、*Dialogue and Deconstruction*, 119, 125ページ(前の引用では、明瞭化のために翻訳をわずかに変更した)。同書の Gadamer著、"Destruktion and Deconstruction", 102-13ページとも比較せよ。

(12) Gadamer著、"Die Vielfalt Europas: Erbe und Zukunft", *Das Erbe Europas: Beiträge*, フランクフルト、Suhrkamp社、1989年、7, 10-11ページ(著者自身による翻訳)。"The Diversity of Europe: Inheritance and Future" という題の英語翻訳については、Dieter Misgeld, Graeme Nicholson編、*Hans-Georg Gadamer on Education, Poetry, and History: Applied Hermeneutics*, Lawrence Schmidt, Monica Reuss共訳、State University of New York Press, 1992年、221-36ページ参照。

(13) Gadamer著、*Das Erbe Europas*, 13-14ページ。フッサールに関しては、とくに彼の "Vienna Lecture"(1993), *The Crisis of European Sciences and Transcendental Phenomenology*, David Carr訳、Northwestern University Press, 1970年、269-99ページと比較せよ。また、Martin Heidegger著、*Beiträge zur Philosophie (Vom Ereignis)*, Friedrich-Wilhelm von Herrmann編、*Gesamtausgabe* 65, フランクフルト、Klostermann社、1989年とも比較せよ。

(14) Gadamer前掲書、15-17, 20-24ページ。フッサールの生活世界の概念については、*The Crisis of European Sciences*, 48-53ページ参照。生活世界と世界の連続的転換についてのフッサールやハイデガーからデリダまでの議論は、拙著 "Life-World: Variations on a Theme", Stephen K. White編、*Life-World and Politics: Between Modernity and Postmodernity, Essays in Honor of Fred Dallmayr*, University of Notre Dame Press, 1989年、25-65ページ参照。哲学の「下層労働者」の見解に関しては、Peter Winch著、*The Idea of a Social Science and Its Relation to Philosophy*, ロンド

(32)　Todorov 前掲書、247, 249-51 ページ。彼はさらに次のように続ける。「人類学者の物の見方は実り多いものである。しかし旅行者は風変わりなものに好奇心を抱いてバリやバイアへと足を向けるが、異質さの経験は金を払っての休暇の間だけのものであるから、そこから得られる収穫はごくわずかなものにすぎない」(251 ページ)。バフチンにおける対話については、Katerina Clark, Michael Holquist 著、*Mikhail Bakhtin*, ケンブリッジ、Belknap Press 社、1984 年、9-12, 347-50 ページ参照。

(33)　Connolly 著、*Identity/Difference*, 13-14, 36-37, 166-67 ページ。彼は同じ作品のなかで（33 ページ）彼の立場を知的競合（アゴーン）的対話という用語で言い表している。彼の *The Ethos of Pluralization*、University of Minnesota Press, 1995 年も参照。コノリーの見解と多くの点で共通点が見られるものとして、Young 著、*Justice and the Politics of Difference* があるが、とりわけ "Postmodernist Critique of the Logic of Identiry", "Emancipation through the Politics of Difference", "Reclaiming the Meaning of Difference" を参照。彼女はエピローグでグローバルレベルでの問題にも簡単にふれているが、ここで「非均質社会における審議としての政治的理想」についての主張を展開している。

(34)　中世の対話に関してはたとえば、A. M. Goichon 著、*La philosophie d'Avicenne et son influence en Europe médiévale*, パリ、Adrien-Maisonneuve 社、1951 年、Robert Hammond 著、*The Philosophy of Alfarabi and Its Influence on Medieval Thought*, ニューヨーク、Hobson 社、1947 年などを、また最近のものでは、David Burrell 著、*Knowing the Unknowable God: Ibn-Sina, Maimonides, Aquinas*, University of Notre Dame Press, 1986 年などを参照。

(35)　Heptaplomeres については、Jean Bodin 著、*Colloquium of the Seven about the Secrets of the Sublime*, Marion L. D. Kuntz 訳、Princeton University Press, 1975 年を参照。

(36)　アクバル帝については、Sri Ram Sharma 著、*The Religious Policy of the Mughal Emperors*, ロンドン、Oxford University Press, 1940 年、Emmy Wellesz 著、*Akbar's Religious Thought*, ロンドン、Allen & Unwin 社、1952 年、Pierre Du Jarric 著、*Akbar and the Jesuits*, ニューヨーク、Harper & Row 社、1926年、Ashirbadi L. Srivastava 著、*Akbar the Great*, アグラ、Agarwala 社、1962 年、および S. M. Burke 著、*Akbar: The Greatest Mogul*, デリー、Manoharlal 社、1989 年を参照。この他、Wm. Theodore de Bary 著、*East Asian Civilization: A Dialogue in Five Stages*, Harvard University Press, 1988 年、ix-x, 33 ページ。引用は、Miyamoto Shoson 著、"The Relation of Philosophical Theory to Practical Affairs in Japan", Charles A. Moore 編、*The Japanese Mind*, University of Hawaii Press, 1967 年、7 ページによる。

(37)　Bary 著、*East Asian Civilizations*, 123-24, 127, 138 ページ参照。

(38)　Todorov 前掲書、249, 254 ページ。

第 2 章

(1)　この文脈では以下のものを比較せよ。Immanuel Wallerstein 著、*Geopolitics and Geoculture: Essays on the Changing World-System*, Cambridge University Press, 1991 年（邦訳『ポスト・アメリカ――世界システムにおける地政学と地政文化――』丸山勝訳、藤原書店、1991 年）。Mike Featherstone 編、*Global Culture: Nationalism, Globalization and Modernity*, Sage Publications 社、1990 年。

(2)　対話的政治についてのガダマーの初期の記述の見方に関する概念上の議論は、Robert R. Sullivan 著、*Political Hermeneutics: The Early Thinking of Hans-Georg Gadamar*, Pennsylvania State University Press, 1989 年を参照。

(3)　Hans-Georg Gadamar 著、*Wer bin Ich und Wer bist Du? Ein Komentar zu Paul Celans Gedichtfolge*

A. R. Desai著、*State and Society in India: Essays in Dissent*, ボンベイ、Popular Prakashan社、1974年、およびManoranjan Mohanty著、"Secularism: Hegemonic and Democratic", *Perspectives*, 1989年6月3日号、1219-20ページも参照。

(27) Niccolo Machiavelli著、"Discourses on the First Ten Books of Titus Livius", *The Prince and the Discourses*, ニューヨーク、Modern Library社、1950年、119ページ。次も参照。Thomas Hobbes著、*Leviathan*, ニューヨーク、Dutton社、1953年、63-66, 87-96ページ。およびJohn Rawls著、"Kantian Constructivism in Ethical Theory", 539, 542ページ。

(28) Machiavelli著、*The Prince and the Discourses*, "The Communist Manifesto", Robert C. Tucker編、*The Marx-Engels Reader*, ニューヨーク、Norton & Co社、1972年、336, 338-40, 344-45ページ参照。「共産党宣言」は工業化賛美のあまり、以下の引用に見られるように先進的西洋社会と第三世界諸国との間の関係については明晰さを欠いている(339ページ)。「ブルジョアジーは国家を都市の支配のもとに置いた……ちょうど国家を都市に依存させたように、未開あるいは半未開の国を文明国に、農民の国をブルジョアジーの国に、東洋を西洋に従属せしめたのである」。

(29) Jean-Paul Sartre著、*Being and Nothingness: An Essay on Phenomenological Ontology*, Hazel E. Barnes訳、ニューヨーク、Philosophical Library社、1956年、258, 260-63, 287-89, 296-97, 364ページ。およびJean-François Lyotard著、*The Postmodern Condition: A Report on Knowledge*, Geoff Bennington, Brian Massumi共訳、University of Minnesota Press, 1984年、11-13, 15-17ページ。*Being and Nothingness*および*The Postmodern Condition*の両書についてのさらにつっ込んだ議論は、拙著"The Look and Interpersonal Conflict: Sartre", *Twilight of Subjectivity*, University of Massachusetts Press, 1981年、72-85ページ。および"Polis and Cosmopolis", *Margins of Political Discourse*, State University of New York Press, 1989年、10-15ページ参照(私見によれば、リオタールは別の文脈においてかなり対決的姿勢を緩和させている)。

(30) Frantz Fanon著、*The Wretched of the Earth*, ニューヨーク、Grove Press社、1963年、29-30ページ、およびCornel West著、"The New Cultural Politics of Difference", Russell Ferguson他編、*Out There: Marginalization and Contemporary Cultures*, MIT Press, 1991年、25ページ。

(31) Todorov著、*The Conquest of America*, 250ページ。ハーバーマスについては、彼の"Toward a Universal Pragmatics", *Communication and the Evolution of Society*, Thomas McCarthy訳、ボストン、Beacon Press社、1979年、1-68ページ。および*The Theory of Communicative Action*, vol.1: *Reason and the Rationalization of Society*, Thomas McCarthy訳、ボストン、Beacon Press社、1984年、8-42ページ参照。これについての批評は、拙著"Transcendental Hermeneutics and Universal Pragmatics", *Language and Politics*, University of Notre Dame Press, 1984年、115-47ページ。および"Habermas and Rationality", *Life-World, Modernity, and Critique*, 132-59ページ参照。リベラルな中立主義についてコノリーは次のようにのべている。「ハーバーマスは実存的な問題を政治理論から除外しようという願望に駆り立てられているが、しかしいくらそのようなことをしたところでそれは再びじわりと浸み出してくるに違いない。彼は公的生活が実存的苦悩を解決したり除去することができないという理由で、それらを公共での議論からはずして構わないのだと考えているらしい」。これについては*Identity/Difference*を参照。ガダマーについては、彼の*Truth and Method*, Joel Weinsheimer, Donald G. Marshall共著、ニューヨーク、Crossroad社、1989年を、また彼の後期の見解については、第2章以下を参照。Alasdair MacIntyre著、*Three Rival Versions of Moral Enquiry: Encyclopedia, Genealogy, and Tradition*, University of Notre Dame Press, 1990年、222-24ページ参照。彼はハーバーマスの主張する伝統からの解放に対抗して伝統擁護を唱えるにもかかわらず、奇妙なことにハーバーマス派の言うような議論とよく似た合理主義的な異文化交流のモデルを提唱している。

(23)　Edwin O. Reischauer著、*Ennin's Travels in T'ang China,* ニューヨーク、Ronald Press社、1955年、vii-viii, 3-4ページ。*Ennin's Diary: The Record of a Pilgrimage to China in Search of the Law,* Edwin O. Reischauer訳、ニューヨーク、Ronald Press社、1955年（邦訳『円仁唐代中国への旅』田村完誓訳、講談社、1999年）も参照。異文化接触の旅で忘れてならないのはイスラム教徒のイブン・バットゥータである。彼は1325年から1349年にかけてタンジールから出発してメッカへと向かい、近東を経てインド、中国へと旅した。Ross E. Dunn著、*The Adventures of Ibn Battuta: A Muslim Traveler of the 14th Century,* University of California Press, 1986年を参照。

(24)　次を参照。John Rawls著、*A Theory of Justice*, Harvard University Press, 1971年、60-65, 126-27ページ。"Kantian Construction in Moral Theory", *Journal of Philosophy* 77, 1980年、536ページ。Ronald Dworkin著、*Taking Rights Seriously,* Harvard University Press, 1978年、272-73ページ（邦訳『正義論』矢島釣次監訳、紀伊國屋書店、1979年）。"Liberalism", Stuart Hampshire編、*Public and Private Morality,* Cambridge University Press, 1978年、127ページ、およびBruce Ackerman著、*Social Justice and the Liberal State,* Yale University Press, 1980年、11ページ。中立性や公的倫理が果たす役割についての問題は、むろんこれらリベラルな思想家の間でも大きな見解の相違があり、とりわけロールズの「政治的リベラリズム」主張によっていっそう際立ってきた。この相違については、Chantal Mouffe著、*The Return of the Political,* ロンドン、Verso社、1993年、102-8ページ参照。ハーバーマスの倫理理論は、論争あるいは「コミュニカティブ」アプローチのいっそうの活性化を主張するものではあるが、手続き的リベラリズムと共通する部分が多々ある。とりわけ（手続き的）公正さないし「正義」を「善意」よりも上に置く点においてである。これについては彼の、*Moral Consciousness and Communicative Action,* Christian Lenhardt, Shierry Weber Nicholson共訳、ケンブリッジ、MIT（Massachusetts Institute of Technology）Press, 1990年、98-106ページ参照のこと。批評については、拙著"Kant and Critical Theory", *Life-World, Modernity, and Critique,* ケンブリッジ、Polity Press, 1991年、105-31ページ参照。

(25)　William E. Connolly著、*Identity/Difference: Democratic Negotiations of Political Paradox,* Cornell University Press, 1991年、160-61ページ（邦訳『アイデンティティ／差異：他者性の政治』杉田敦他訳、岩波書店、1998年）。Michael J. Perry著、*Morality, Politics, and Law: A Bicentennial Essay,* ニューヨーク、Oxford University Press, 1988年、4, 57-73ページ参照。ペリーは見たところヒラリー・ブットナムの言う「エルサレムを基盤とする宗教」に影響された倫理観をもっていることがわかるが、彼の「ハート」は奇妙なことに、「なにかインド的な精神性（たとえばヒンドゥー教のヴェーダーンタや大乗仏教などに見られる）」とセム系宗教に根ざしている。Putnam著、*The Many Faces of Realism,* イリノイ、Open Court社、1987年、60ページ参照。コノリーと似ているが、これをいっそう発展させたロールズ的手続き主義への批評については、Iris Marion Young著、*Justice and the Politics of Difference,* Princeton University Press, 1990年、4-5, 15-38ページ参照。

(26)　Ashis Nandy著、"The Politics of Secularism and the Recovery of Religious Tolerance", *Alternatives* 13, 1988年、189ページ。ここからさらに次のような記述が続く。

> 今日の多くのインド人にとって、非宗教主義なるものは一連の標準化されたイデオロギー的産物と社会的プロセスからなるより大きなパッケージ——開発、メガ・サイエンスあるいは国家の安全などといったものはそれらのうちでも代表的なものであるが——の一部分としてやってくる。このパッケージは、弱者や非同調分子に対する実力行使を容認または正当化するため社会を構成する人々にとっては、過去の時代に教会、ウーラマー〔イスラムの学識者〕、僧団あるいはブラフマンが演じたと同じ役割を果たしている（185ページ）。

1979年、Guillermo Bonfil Batalla著、*Mexico Profundo: Una Civilización negada,* メキシコシティー、Grijalbo社、1989年、Denis Goulet著、*Mexico: Development Strategies for the Future*, University of Notre Dame Press, 1983年、50-56ページ。

(18)　Crawford Young前掲書、101-3, 107-8ページ。次も参照。Lloyd, Susanne Rudolph著、*The Modernity of Tradition,* 36-49ページ。M. N. Srinivas著、*Caste in Modern India and Other Essays,* ボンベイ、Asia Publishing House社、1962年。Harold A. Gould著、*Caste Adaptation in Modernizing Indian Society,* デリー、Chanakya Publications社、1988年、 esp. ch.7, 143-55ページ ("Sanskritization and Westernization").

(19)　Paul Vinogradoff著、*Roman Law in Medieval Europe,* オックスフォード、Clarendon Press社、第2版、1929年、142ページ。彼はローマ法の受容の土台をなすものとして社会・経済的な要因があったことを指摘している。「ローマ法は、実際のところ高度に発達した社会的相互関係をもった時代の産物であったので、多くの面で『経済的』発展の要請に応えるものであった……『伝統的』なコモンローの充実化が社会的に必要となったとき、ローマの制度は教育だけでなく裁判においても力を発揮するようになった。全体的に言えば、中世期においてのローマ法のたどった歴史を見れば、それが転換期という状況のなかで思想の潜在的活力と組織力であったことがわかる」(143-44ページ)。ギリシャ文化の起源についてはMartin Bernal著、*Black Athena: The Afroasiatic Roots of Classical Civilization,* Rutgers University Press, 1987年を参照。ヘレニズム時代の文化融合については、William W. Tarn著、*Hellenistic Civilization,* ロンドン、Arnold & Co社、1927年。Moses Hadas著、*Hellenistic Culture: Fusion and Diffusion,* ニューヨーク、Columbia University Press, 1959年を参照。

(20)　マルコ・ポーロの旅行については、Aldo Ricci訳、*The Travels of Marco Polo,* ロンドン、Routledge & Kegan Paul社、1950年、およびHenry H. Hart著、*Marco Polo: Venetian Adventurer,* University of Oklahoma Press, 1967年などを参照。革命前フランスにおける中国趣味の拡がりについては、David Maland著、*Culture and Society in Seventeenth-Century France,* ニューヨーク、Scribner社、1970年、およびPeter France著、*Politeness and Its Discontents: Problems in French Classical Culture,* Cambridge University Press, 1992年を参照。「中国風装飾様式」という形での文化借用は、19世紀における産業革命および海外市場への飽くなき欲望の結果として、軍事的征服と植民地化という形に乱暴に変えられてしまった。ここで「不平等条約」の強制あるいは後の阿片戦争（これにより西洋の植民地化勢力が中国人に阿片使用を狡猾に押しつけた）などの卑劣なやり方に知らぬ顔を決めこむわけにはいかない。

(21)　Heinrich Dumoulin著、*Zen Buddhism: A History,* vol.1: *India and China,* James W. Heisig, Paul Kittner共訳、ニューヨーク、Macmillan社、1988年、64-65, 68ページ。彼はこのなかで(67-68ページ)次のようにのべている。

> この時期における同化を見ると、仏教の教えを中国的な思考形式にあわせたり、あるいは中国的思考法を仏教理論に統合しようとする動きが着実に進展していることが認められる。仏教概念である「般若、真如、菩提」などは中国化され、またその一方では大乗仏教は「無為」というきわめて中国的な概念をそのなかに取り込んだ。仏教と道教との間の顕著な内部的親和性の最深部には、大乗仏典のみならず荘子、老子、その他の中国思想家を突き動かしている世界や人間生活に対する自然主義的な考え方があるように思える。

次も参照。Erick Zürcher著、*The Buddhist Conquest of China,* 2 vols, ライデン、Brill社、1959年。Kenneth Ch'en著、*Buddhism in China: A Historical Survey,* Princeton University Press, 1964年。R. H. Robinson著、*Early Madhyamika in India and China,* University of Wisconsin Press, 1967年。

(22)　Dumoulin前掲書、64, 68-69, 86-84ページ。

（13） Todorov前掲書、151-53, 160, 168, 171ページ。セプルベダの引用は彼の書いた*Democrates secundo: De las justas causas de la guerra contra los Indios*, マドリッド、Instituto F. de Vitoria, 1951年、20, 33ページからのものである。ラス・カサスの答弁については彼の*In Defense of the Indians*, Stafford Poole訳、Northwestern Illinois University Press, 1974年、40ページ参照。次も参照。Las Casas著、*The Tears of the Indians*, John Phillips訳、初版、1656年、ニューヨーク、Oriole Chapbooks社、1972年。ジョン・フィリップスの翻訳本はもともとオリバー・クロムウェルに献じられたもので、新世界におけるスペインおよびスペインの覇権に対する軍事行動を誘い出すねらいをもつものであった。しかし実際にはクロムウェルはすでにこれよりも2年も前に西インド諸島におけるスペイン領への攻撃をしかけているので、わざわざこのようなはたらきかけをするには及ばなかったのであるが。クロムウェルの非ピューリタン同国人、アイルランドのカトリック教徒、スペイン討伐に失敗した将軍たちに対して見せた残虐性（後にこのつけをロンドン塔の牢獄で支払うはめとなるのであるが）から判断して、彼がスペイン人征服者たちとそれほど隔たっていたとは考えられない。

（14） Lloyd, Susanne Rudolph著、*The Modernity of Tradition*, University of Chicago Press, 1967年, 119-20, 137-38ページ。タミル・ナードゥおよびその他における最近の改宗については（通常ヒンドゥーという限定された観点から議論されているが）次を参照のこと。Devendra Swarup編、*Politics of Conversion*, デリー、Deendayal Research Institute, 1986年。

（15） Crawford Young著、*The Politics of Cultural Pluralism*, University of Wisconsin Press, 1976年、71ページ。次も参照。Rupert Emerson著、*From Empire to Nation*, Harvard University Press, 1960年、95-96ページ。Ronald Cohen, John Middleton著、*From Tribe to Nation in Africa*, スクラントン、Chandler Publishing, 1970年。Partha Chatterjee著、*Nationalist Thought and the Colonial World*, デリー、Oxford University Press, 1987年。同化の定義については、Milton M. Gordon著、*Assimilation in American Life*, ニューヨーク、Oxford University Press, 1964年、62ページ。およびCrawford Young前掲書、15-16ページ参照。また、Edward H. Spicer著、"Acculturation", *International Encyclopedia of the Social Sciences*, ニューヨーク、Crowell, Collier and Macmillan社、1968年、第1巻21-25ページも参照。

（16） 次を参照。Nathan Glazer, Daniel P. Moynihan著、*Beyond the Melting Pot*, Harvard University Press, 1963年。Milton M. Gordon前掲書、159ページ。Michael Novak著、*The Rise of the Unmeltable Ethnics*, ニューヨーク、Macmillan社、1971年。多文化主義については、M. G. Smith著、"Social and Cultural Pluralism", Vera Rubin編、*Social and Cultural Pluralism in the Caribbean*, Annals of the New York Academy of Sciences 83, 1960年1月、763-77ページ。文化的連合については Horace M. Kallen著、*Culture and Democracy in the United States*, ニューヨーク、Boni and Liveright社、1924年。イスラエルにおける同化については、S. N. Eisenstadt, Rivkah Bar-Yosef, Chaim Adler著、*Integration and Development in Israel*, ニューヨーク、Praeger社、1970年。Judith T. Shuval著、*Immigrants on the Threshold*, ニューヨーク、Macmillan社、1968年を参照。イスラエル・パレスチナ紛争については、Deborah J. Gerner著、*One Land, Two Peoples*, ボルダー、Westview Press社、1991年、およびHaim Gordon, Rivka Gordon編、*Israel/Palestine: The Quest for Dialogue*, ニューヨーク、Orbis Books社、1991年、などを参照。

（17） クロフォード・ヤングがフィリピンの政治・文化史を論じたのは「統合と多文化主義」の表題においてであった。*The Politics of Cultural Pluralism*, 327-67ページ参照。彼の独立後のラテンアメリカ論については85ページ、メスティーソ化のプロセスについては436-38, 440-42ページ参照。ラテンアメリカにおけるメルティング・ポット論への最近の反論は Rodolfo Stavenhagen著、*Problemas étnicos y campesinos*, メキシコシティー、Institute Nacional Indigenista,

無視するような制度をスペイン領アメリカのためにつくりあげることは可能であった。新世界の形態はこうした考えを、もっとも優れたものとして、もしくはもっとも有効なものとしてモデルにすることこともできた。そして中央政府をわずらわせた形態はおおむね無視することもできた。

（4） Todorov 前掲書、248ページ。彼は辛辣に次のように続けている。「平等主義はある意味では（西洋）キリスト教および現代資本主義国家イデオロギーの特徴であるが、同時に植民地拡大に役立つものでもあった。すなわちこれはいくぶん模範的歴史の驚くべきもう一つの教訓である。メキシコとペルーの征服については、Eric Wolf著、*Sons of the Shaking Earth*, University of Chicago Press, 1962年、および William H. Prescott著、*The Conquest of Peru*, ニューヨーク、Mentor Books社、1961年。

（5） Todorov 前掲書、30, 42-43ページ。

（6） 前掲書、127, 132, 145ページ（性差別の部分を筆者訂正）。トドロフはヨーロッパ植民地主義の将来について暗い予感を抱いている（145ページ）。

中央政府や王室法令の力の及ばぬ所で、あらゆる制約が失われ、社会的つながりが早々と緩んだり断ち切られたことによりあらわとなったのは、原始的な性質や個々人のなかに眠る獣性ではなく、近代的存在すなわち実際に大きな将来性をもち、道徳性などの規制をなんら受けず、気のおもむくにまかせて人を殺しても構わぬといった行動であった。このスペイン人の「野蛮性」は遺伝性のものでも獣的なものでもない。それはまったく人間的なものであり、近代という時代の到来を予告するものであった。

（7） 前掲書、175ページ。

（8） John Leddy Phelan著、*The Hispanization of the Philippines: Spanish Aims and Filipino Responses, 1565-1700*, University of Wisconsin Press, 1959年、4-9, 136ページ。

（9） トドロフはコロンブスの航海の年がイスラム教徒（ムーア人）——およびユダヤ人——の最終的なスペインからの追放の年と奇妙に一致していることに注目している。彼は次のように書いている。「1492年という年はスペインの歴史において二つの動きを象徴している。すなわち、この同じ年の内にグラナダでの最終的な戦闘においてムーア人に勝利し、またユダヤ人を領土から追放することによって内部における他者を排斥したことと、全アメリカをやがてラテン化してしまった結果としての外部の他者の発見であった」(*The Conquest of America*, 50ページ)。

(10) 次を参照。William W. Cash著、*The Expansion of Islam*, ロンドン、Edinburgh House Press社、1928年。 Bernard Lewis著、*The Arabs in History*, ニューヨーク、Harper & Row社、第4版、1966年。Hamilton A. R. Gibb著、*Studies in the Civilization of Islam*, Princeton University Press, 1982年。

(11) 次を参照。Bernardino de Sahagún著、*Historia general de las cosas de Nueva España*, メキシコシティー、Porrua社、1956年、vol.3 “Prologue”. この部分はTodorov前掲書、222ページで引用されている。次も参照。St. Augustine著、*The City of God*, Vernon J. Bourke編、ガーデンシティー、Doubleday社、1958年(books 1, 2, 6, 7)39-77, 119-43ページ。初期キリスト教によって行われた「chresis(利用)」および「usus justus(民法)」についてはPaul Hacker著、“The Christian Attitude Toward Non-Christian Religions”, *Zeitschrift für Missionswissenschaft und Religionswissenschaft* 55, 1971年、81-97ページ。

(12) 以上の引用はすべて Todorov, 前掲書、43ページによる。雑誌類は別にして、トドロフは以下より引用している。*The Life of the Admiral Christopher Columbus*, Rutgers University Press, 1959年、26, 62ページ。

ーの解釈学に通じるところがある。

(11)　メータは次のようにも指摘している。「まちがっても、安易な妥協や和解は『統合』と呼ばれることはない。(西洋の) 科学的意識と過去の遺産との間の緊張をあらわにする容赦のなさが、われわれの宗教的伝統についての正しい問題の建て方を教えてくれ、われわれの現在の状況についての適切な回答を導いてくれるのである」。"Problems of Inter-Cultural Understanding in University Studies of Religion", *India and the West: The Problem of Understanding*, チコ (カリフォルニア)、Scholars Press社、1985年、125ページ。

(12)　Pantham著、*Some Dimensions of the Universality of Philosophical Hermeneutics*, 131-33ページ参照。また、メータは "Understanding and Tradition", *India and the West*誌で以下のようにのべている。

　自分たちの過去に背を向け、過去を捨て去り、西洋の自己理解の最後の果実を人間の普遍的なものとして最終的な目的として受け入れることはできるだろうか。あるいは、西洋の精神的哲学的な活動を無意味なものとして拒否し、自分自身を特殊インド的な哲学化のなかに閉じ込め、あるいは西洋の精神的哲学的な活動を無意味なものとして拒否し、われわれ自身を特殊インド的な哲学とインドの言語のなかに閉じ込めてしまおうとするのか。それというのも、われわれの言語が英語という異なる意味によって未だ歪められていないという理由からくると思われるのだが。相互的な他者性のなかでお互いが理解し、それぞれの言語を習得し、両方の世界のメンバーとしてほんとうに役立つような考え方や話し方の方法を考案することを始めるべきであろうか。

第1章

(1)　Tzvetan Todorov著、*The Conquest of America: The Question of the Other*, Richard Howard訳、ニューヨーク、Harper & Row社、1984年、133-37ページ (邦訳『他者の記号学――アメリカ大陸の征服』及川馥・大谷尚文・菊地良夫訳、法政大学出版局、1986年)。「もしもジェノサイドの語が少しでも正確に用いられた状況があるとするなら、まさしくこれがその例である。これは割合から言っても (約90%あるいはそれ以上の消滅)、また絶対数においても記録的なものであった。住民7000万の人命が失われたとされているからである。コロンブスの航海とその影響については、Djelal Kadir著、*Columbus and the Ends of the Earth: Europe's Prophetic Rhetoric as Conquering Ideology*, University of California Press, 1992年。John Dyson著、*Columbus—for Gold, God, and Glory,* ニューヨーク、Simon & Schuster社、1991年。Zvi Dov-Ner著、*Columbus and the Age of Discovery*、ニューヨーク、Morrow社、1991年。Stephen Greenblatt著、*Marvelous Possessions: The Wonder of the New World*, University of Chicago Press, 1991年。

(2)　相互承認の規範はヘーゲル、とりわけ彼の *Phenomenology* での「認められるための闘争」の説明からきている。G. W. F. Hegel著、*Phenomenology of Mind*, J. B. Ballie訳、ニューヨーク、Harper & Row社、1967年、228-40ページ参照。「解放的配慮」および「あるがままにまかせる」については、Martin Heidegger著、*Sein und Zeit,* チュービンゲン、Niemeyer社、第11版、1967年、26, 121-22ページ。次も参照。Stephen K. White著、*Political Theory and Postmodernism*, Cambridge University Press, 1991年、55-74ページ。

(3)　George M. Foster著、*Culture and Conquest; America's Spanish Heritage*, シカゴ、Quadrangle Books社、1967年、10-14ページ。彼はさらに次のようにのべる (15-16ページ)。

　スペイン文化の同じようなタイプの単純化もしくは「払拭」は政治・経済計画の分野でも明らかである。支配者にとって理想的なスペインの政治・経済制度、すなわちスペインにおいて個々の都市、グループ、社会階級が長い年月をかけて獲得してきた権利や特権を

原　註

序論

（1）　Thomas Pantham著、“Some Dimensions of the Universality of Philosophical Hermeneutics: A Conversation with Hans-Georg Gadamer”, *Journal of Indian Council of Philosophical Research* 誌9, 1992年、132ページ。

（2）　Hans-Georg Gadamer著、*Heideggers Wege: Studien zum Spätwerk*, チュービンゲン、Mohr社、1983年を参照。

（3）　Otto Pöggeler著、*West-East Dialogue: Heideggar and Lao-tzu*, およびPaul Shih-yi Hsiao著、“Heidegger and Our Translation of the Tao Te Ching”, Parkes編、*Heidegger and Asian Thought*誌を参照。

（4）　歴史的背景については、Parkes著、“Introduction”, *Heideggar and Asian Thought*誌、5-7ページ 参照。

（5）　Heidegger著、*What Is Called Thinking ?*, J. Glenn Gray訳、ニューヨーク、Harper & Row社、1968年、52ページ。

（6）　Jacques Derrida著、*The Other Heading: Reflections on Today's Europe*, Pascale-Anne Brault, Michael B. Naas共訳、Indiana University Press, 1992年、24, 29, 38-39ページ、デリダの哲学的著作はしばしば西洋思想と東洋思想の比較の研究を促進する役割を果たしてきた。

（7）　Edward W. Said著、*Orientalism*, ニューヨーク、Vintage Books社、1979年、1-3ページ（邦訳『オリエンタリズム』板垣雄三・杉田英明監修、今沢紀子訳、平凡社、1986年）。

（8）　前掲書、41, 203-4ページ。

（9）　前掲書、5, 24, 71ページ、「現実の」、すなわち「真の」オリエントについては、21-22, 67, 203ページ 参照。

> 現実の、真のオリエント（イスラムやアラブなど）などというものが存在するということを主張するのが本書の目的ではない。また、「よそ者」の見通しに対する「身内」の見通しが特権性をもっているということを言おうとしているのでもない。そうではなくて、「オリエント」はそれ自身で独立した存在であり、土着的でまったく「異なった」人々が住んでいる地理的な領域であるという概念はおおいに議論の余地があるということを私は論じようとしているのだ。

ここでのべられる矛盾関係が解消される一つの動きとして、次のような文章がある（前掲書、326ページ）。

> 私がこのような書物を発表しようと思ったのは、これまで詳しく紹介してきたように、墜落しきっていない、少なくとも人間の真実に目を閉ざさない学問が生きていると信じたからである。今日、イスラムの歴史、宗教、文明、また社会学や人類学の分野で多くの研究者が働いていて、学問として実に深く価値ある業績をあげているのである。

ここで、サイードはとくにクリフォード・ギアツの業績を高く評価している。

（10）　たとえばサイードの*Covering Islam: How the Media and the Experts Determine How We See the Rest of the World*, ニューヨーク、Pantheon Books社、1981年、のKnowledge and Interpretationの章を参照。「とりあえず、ある異文化の知識が積極性をもつのは以下の二つの条件が満たされたときであると言うことができる。一つは、異文化を学んでいる者たちがその文化や人々に対して強制的な関係にないと確信できるとき。もう一つは、その第一の条件を補足し満たすものであるが、人間社会に関する知識が、「自然の知識と対置されて論じられるとき、私が解釈と呼んできたものの効用が不可欠であるということ」。この文脈から見ると、サイードはガダマ

言語論的転回……………………………………………………………………………………第4章

デカルトに始まる近代哲学は「意識」や「観念」を主題とする。この意識中心主義はやがて不可知論や独我論に陥ることになるが、19世紀末から20世紀初めにかけて、この閉塞状況打破の試みとして、哲学を「意識」の領域から「言語」の領域へ転換させようとする動きのこと。

『リグ・ヴェーダ』……………………………………………………………………………第4章

古代インド、バラモン教の聖典ヴェーダ4種のうちの1つ。リグとは賛歌の意味。神への賛歌を集大成したもの。インド最古の文献。

『ヴィシュヌ・プラーナ』／『バーガヴァタ・プラーナ』……………………………第4章

プラーナ文献は、神々に捧げられ神々によって広く知られる宗教的文献である。テーマは古代から近世に至る歴史的なものである。『ヴィシュヌ・プラーナ』はヴィシュヌ教の神話全体をまとめたものであり、『バーガヴァタ・プラーナ』はクリシュナの生涯も描かれている。

ヴァイシェーシカ学派……………………………………………………………………第5・6章

インド哲学の一派。勝論学派とも呼ばれる。「語の意味するところ」を原義とし、句義について説を展開した。「実体」「性質」「運動」「普遍」「特殊」「内属関係」の6つの原理で現象界の諸事物の構成を解明しようとする。この派は、原因のなかに結果があらかじめ存在することはないという、因果論を主張する。また、あらゆるものごとを徹底的に基体と属性、限定されるものと限定するものととらえ、その相互関係を緻密に規定する。

マヌ法典……………………………………………………………………………………第6章

古代インドの法典。紀元前2世紀から紀元後2世紀頃の成立。その内容はヒンドゥー教徒の守るべき宗教的義務、人間としてのあり方や価値観が体系的にのべられている。

コミュナリズム………………………………………………………………………………第7章

地方自治主義、地域主義。中央集権に対して自己の所属する地域、民族、種族、宗教、言語などの同一性にもとづく社会、共同体を守り、その優位性を保持しようとする考え方。

基礎づけ主義…………………………………………………………………………………第8章

ある事物、理論、行為について、それが正しいかどうかについての判断にあたって、究極的な根拠を求める立場。したがって、相対主義とはあい容れない。

ポピュリスト…………………………………………………………………………………第8章

人民主義、大衆（迎合）主義を奉じる人々。ナチズムやマッカーシズム、あるいは中南米での都市組織労働者・中間層を基礎とした個人独裁体制の推進者なども含めての総称。

コミュニタリアニズム………………………………………………………………………第9章

共同体主義とも言う。集団よりも個人の自由を重視するリバタリアニズム（自由至上主義、自由尊重主義）とは反対に、個人に先行する共同体を優先し、そのなかでの個人の価値の追求と主体の責務が求められる。

ヴェーダーンタ学派……………………………………………………………………第3・4・5章

インド哲学のもっとも有力な学派。「ヴェーダーンタ」とは、「ヴェーダ聖典の終わりの部分（奥義書）」を意味し、ウパニシャッドをさす。ヴェーダ聖典の解釈学的・体系的研究は、ミーマーンサー（考究）と呼ばれる。ヴェーダ聖典の知識部に関する研究であるヴェーダーンタ学派と、祭事部の研究であるミーマーンサー学派は、相補関係にあり、双方で正統バラモン哲学の総体をなす。５世紀にこの派の根本聖典である『ブラフマ・スートラ』が編纂された。純粋精神（プルシャ）と根本物質（プラクリティ）の二元論を説くサーンキヤ学派に対抗して、ブラフマンが宇宙の唯一絶対の究極原因であるという一元論を展開した。ウパニシャッド文献、『バガヴァッド・ギーター』、『ブラフマ・スートラ』の三部聖典（プラスターナトラーヤ）を基本文献としている。

不二一元論（アドヴァイタ・ヴェーダーンタ）学派………………………第3・4・5・6章

ヴェーダーンタ学派中のもっとも有力な学派。シャンカラを開祖とする。ウパニシャッドの「梵我一如」の思想を踏まえ、宇宙の根本原理であるブラフマンは、個人の本体であるアートマンと同一のものであり、それ以外のすべては無明（アヴィドヤ）または、幻影（マーヤー）として実存していないとする哲学的立場。

ラーマーヌジャの制限不二説・人格神論…………………………………………………第3章

彼はシャンカラのように、ブラフマンを知そのものとはせず、精神と非精神を兼ね備えた最高神としてとらえ、ブラフマンに制限を与えた（制限不二説）。彼においては、この最高神はヴィシュヌであり、ナーラーヤナである。この点においてシャンカラよりも宗教的色彩が強い。彼はヴィシュヌに帰依することによって、階級差別を超えて解脱の道が開かれていると主張した（人格神論）。

ブラフマー（梵天）、ヴィシュヌ、シヴァ……………………………………………第3章

ヒンドゥー教の三大神。ブラフマーは、宇宙の最高原理であるブラフマンを神格化したもので、世界の創造神。ヴィシュヌ神はこの世界を維持し、シヴァ神は破壊するとされる。『バガヴァッド・ギーター』では、ヴィシュヌ神が主神とされ、クリシュナはその化身である。

現存在（ダーザイン）………………………………………………………第3・4・8・9章

ハイデガーの存在論において、人間存在を意味する。われわれ人間は存在了解をもち、存在の意味についての問いを発する存在可能性を備えた存在者であるとの理解に立ち、これを術語化したもの。

サムサーラ（輪廻）……………………………………………………………第3・5・8章

現世の生活。車輪が廻転して止まるところがないように、人間が迷いの「この世界」において、我執の生活を限りなく継続していくこと。

バクティ（信愛）……………………………………………………………………第3・4章

感情に訴える敬虔主義によって生まれた熱烈な宗教的感情。バクティ（信愛）による敬虔な信仰があって、初めて神の恩寵を得るとされる。

サーンキヤ学派……………………………………………………………………第3・6章

有（サット）が精神的原理であるにもかかわらず、物質を生み出す根源と考えるウッダーラカの説を批判し、精神（プルシャ）と物質（プラクリティ）を立てることから出発する二元論の哲学。

『ブラフマ・スートラ』……………………………………………………………第3・4・5章

ヴェーダーンタ学派の根本聖典とされているもの。この聖典では、絶対者はブラフマンであり、ブラフマンによって世界は「遊戯」として創造される。また、ブラフマンはアートマン（個我）と同一視され、アートマンはブラフマンの部分であるとされる。この両者の関係の解釈をめぐって、学派の分立が生まれた。

『バガヴァッド・ギーター』…………………………………………………第3・4・7・8章

「神の詩」を意味するインド古代の叙事詩『マハーバーラタ』の一部をなす宗教・哲学的教訓詩編。略して『ギーター』とも呼ぶ。1世紀頃の成立。作者不明。詩編は、戦意を失ってしまった最強の戦士アルジュナに対して、何事も顧みることなく各自の本分を尽くせと説く、神クリシュナの言葉として語られている。クリシュナは人間の個我は永遠不滅であり、肉体のみが生滅すると説く。自らの欲望や、ことの結果、報酬などを顧みることなく、結果を神にゆだね、神への信愛（バクティ）の道、各自の本務を行うことが、解脱への道であると説く。

ラーダークリシュナンの視点から見たインド思想……………………………第3章

ラーダークリシュナンが言及しているヴェーダーンタ学派は、インド思想の根幹をなすウパニシャッド思想の中心概念としてのブラフマン（梵）の研究を主題としており、この学派は8世紀のシャンカラによって体系化が進んだ。シャンカラによれば、真の実在はブラフマンのみであり、それは「万物の基盤」であり、同時にまた「創造活動」でもある。この活動が「無明（アヴィドヤ）」と結合して、現象世界が創造される。その現象世界は、マーヤー（幻影）と呼ばれ、雑多のものであるが、単なる妄想にすぎぬものではない。なぜなら、それは超越論的存在の派生物であり、「存在に依存した部分的実体」でもあるからだ。

シャンカラの根本思想は、「梵我一如説」である。ブラフマン（梵＝神）と個人存在の根本主体としての我（アートマン＝魂）は本来は同一であるが、経験的世界、現象的世界においてはそのようには思われない。それは、現象世界のマーヤー（幻影）の根源にある無明（アヴィドヤ）のせいである。われわれにとって必要なのは、このような真実の見えない「とらわれ」状態から抜け出し、「梵我一如」に達することである。ラーダークリシュナンによれば、これは「経験的自我」の「神化」の過程、すなわち、幻影の虜になったエゴの解体過程である。ヴェーダーンタ学派は、アドヴァイタ（非二元性）の立場に立ち、「自他同一」であるがゆえに、自分と他人との間に区別はなく、非造物としての人類の連帯が可能となる。

「梵我同一」をはかるためには、現象世界を単なる「幻影」としてとらえ、現実逃避を行ってはいけない。なぜなら、すでにのべたように、現実世界は超越的存在としてのブラフマンの派生物でもあるからである。したがって、「とらわれ」から抜け出すのは、この現実世界にこそ出発点があり、それは宗教（生きた信仰）によって可能となるのだ。宗教による「梵我一如」の具体的道筋を示しているのが、『バガヴァッド・ギーター』である。『バガヴァッド・ギーター』におけるクリシュナは、人間の現状と超越的存在に橋を架ける。また、自己超越を通して神との統一への道が現実世界における活動としてのカルマ・ヨーガ（行動の道）にあること、この行為は「見返りの放棄」をともなった世界との連帯の実践であることが示される。ラーダークリシュナンによる行動の強調は、シャンカラには見られないものであり、またヒンドゥー教を現実逃避と決めつける西欧近代化思想批判にもなっている。

用語解説

知的競合（アゴーン）的……………………………………………………第1・2・5・7・8・9章

アゴーンとは、もともと古代ギリシャで行われていた闘技をさす。広く社会や政治などの分野での、競合、競争を表す意味として使われる。

多文化主義（マルチカルチュラリズム）／メルティング・ポット……第1・2・5・9章

同一の国家、社会、共同体の内部に多様な文化・歴史・言語などのアイデンティティの共存をはかるため、マイノリティの政治的・経済的・社会的な不平等をなくそうとする運動およびその主流。多様な民族集団が一つに融合する「メルティング・ポット」をめざすのではなく、それぞれが個別・独自の文化を保持したままで混在する、「サラダ・ボウル」式社会をめざす考えもその一つである。

ゼロサム・ゲーム……………………………………………………………………第1章

プレイヤー間の利益の合計がつねにゼロとなるような、どちらかが得すれば、他方は必ず損をするようなゲーム。

地平の融合……………………………………………………………………第1・2・9章

ガダマーが『真理と方法』で、歴史的テキストの理解を現象的に記述する際に用いた概念。過去のテキストの解釈や人の対話においては、解釈する側（われわれ）と解釈される側（テキストや対話の相手など）のそれぞれの属している地平が融合することにより、より大きな普遍性が得られるという説。

解釈学的循環……………………………………………………………………第2章

ガダマーによれば、歴史的に形成された地平としての先行理解（先入見）において理解や解釈が行われる。そして、経験を通じることによって、この先行理解は絶えず修正を受け、また拡大していくとされる。

脱構築……………………………………………………………第2・3・6・7・8・9章

デリダの用語。プラトン、アリストテレス以来の西欧の存在論、形而上学を基盤とするあらゆる考え方の批判の上に、神や理性などの階層秩序を解体し、多元論的立場から新しい哲学、思想の構築をめざす立場。

ウパニシャッド…………………………………………………………第2・3・4・5・8章

前600年～前300年頃成立した古代インドの一群の哲学書。全体を貫く根本思想は、大宇宙の本体であるブラフマン（梵）と個人の本質であるアートマン（個我）の一体性を説く「梵我一如」の観念的一元論の思想である。

モークシャ（解脱）……………………………………………………第2・4・6・7章

我執からの解放。究極の解放。

マ　行

ヤ　行

ラ　行

タ　行

ナ　行

ハ　行

人名索引

ア　行

カ　行

サ　行

高垣友海（たかがき　ともみ）

グローバルネットワーク21常任理事。教育学（語学教育、異文化交流）専攻。「開発とアイヌ文化」（共著『地球村の行方』新評論　1999）。C. スパニョリ『アジアの民話』（共訳　同時代社　2001）。

松本祥志（まつもと　しょうじ）

札幌学院大学法学部教授。国際法、アフリカ法専攻。「ソマリアと国際連合」（『法学セミナー』471号　1994）。「アフリカ人権憲章の問題点と課題」（共著『21世紀世界の人権』明石書店　1977）。「開発援助と人間の発展」（共著『人類・開発・ＮＧＯ』新評論　1997）。「人間の国際的権利」（共著『地球村の行方』新評論　1999）。

山本　伸（やまもと　しん）

四日市大学短期大学部助教授。カリブ文学専攻。Ｒ．カーニー『20世紀の日本人――アメリカの黒人の日本人観　1990―1945』（五月書房　1995）。「90年代カリブ文学の諸相」（『黒人研究』No.66　1996）。「デイヴィッド・ラダー：現代に生きるカリブのグリオ」（『ミュージック・マガジン』8月号　1998）。「開発を『監視（モニター）』する文化」（共著『地球村の行方』新評論　1999）。

翻訳者紹介（50音順）

片岡幸彦（かたおか　さちひこ）

監訳者紹介を参照。

北島義信（きたじま　ぎしん）

四日市大学環境情報学部教授。真宗高田派正泉寺住職。アフリカ英語文学、宗教社会論専攻。『激動の文学』（共著　信濃毎日新聞社　1995）。『アフリカ世界とのコミュニケーション』（文理閣 1996）。土着文化論と人類の未来」（共著『人類・開発・ＮＧＯ』新評論 1997）。「地域性こそ普遍的文化の原点」（共著『地球村の行方』新評論　1999）。「真宗信心と現代」（共著『リーラー「遊」』vol.1　文理閣　2000）。

小林和弘（こばやし　かずひろ）

グローバルネットワーク21事務局員。ラテンアメリカ地域研究専攻。「今日のラテンアメリカ農業の概観――その変容と危機」（『アジア・アフリカ研究』vol.35 no.1　1995）。

小林　誠（こばやし　まこと）

立命館大学国際関係学部助教授。国際政治学論専攻。「国境の向こうへ、世界へ――国際関係へのまなざし」（共著『プログレマティーク国際関係』東信堂　1996）。"Meta-Politics of International Relations"（*Ritsumeikan Journal of International Relations and Area Studies*, vol.9, 1996）。「現代国際理論の問題構成――旅程Ⅰ：国際社会から世界社会へ」（『立命館国際研究』第９巻第４号　1997年３月）。

小森久衛（こもり　きゅうえい）

四日市大学短期大学部（幼児教育学科）教授。教育学専攻。『大学再生の条件――大学教育に新しい風を』（共著　東海高等教育研究所編　大月書店　1991）。「人間的（教育＝学習）経験の基盤の超越論的事実性について――学力・能力概念の『批判的』考察」（『暁学園短期大学紀要』No.27　1993）。「超越論的相互主観性と客観的実在性――Ｂ．フッサールの『対象』概念について」（『四日市大学短期大学部紀要』No.33　1999）。

芝山　豊（しばやま　ゆたか）

清泉女学院短期大学助教授。比較文学比較文化・東アジア地域文化研究（モンゴル近代文学）専攻。『近代化と文学――モンゴル近代文学史を考える』（アルド書店　1987）。「夢のゴビ　バヴォーギーン・ルハグヴァスレンと今日のモンゴル文学」（『グリオ』vol.8 1994）。"BURKHAN AND KAMI A Comparative Study of the Idea of Deity in Mongolia and Japan"（MONGOLICA Vol.6 1997）。「村上春樹とモンゴル　もうひとつのオリエンタリズム」（『モンゴル研究』No.17　1998）。

監訳者紹介

片岡幸彦（かたおか　さちひこ）

羽衣学園短期大学国際コミュニケーション学科教授。国際NPOグローバルネットワーク21事務局長。国際文化論、異文化関係論、地域研究論専攻。主著に、『アフリカ心と顔』（青山社　1986）、『現代社会の危機と文化』（青山社　1989）、『地球化時代の国際文化論』（お茶の水書房　1994）他。編著に、『人類・開発・ＮＧＯ』（新評論　1997）、『地球村の行方』（新評論　1999）他。訳書に、Ｍ．セガレーヌ『妻と夫の社会史』（新評論 1983）、Ｏ．センベーヌ『帝国最後の男』（新評論　1988）、Ｔ．ヴェルヘルスト『文化・開発・ＮＧＯ』（新評論 1994）他。

●グローバルネットワーク21〈人類再生シリーズ〉②
オリエンタリズムを超えて――東洋と西洋の知的対決と融合への道

（検印廃止）

2001年3月20日　初版第1刷発行

監訳者　片岡幸彦
発行者　武市一幸

発行所　株式会社　新評論

〒169-0051　東京都新宿区西早稲田3-16-28
http://www.shinhyoron.co.jp

TEL　03(3202)7391
FAX　03(3202)5832
振替　00160-1-113487

定価はカバーに表示してあります
落丁・乱丁本はお取り替えします

装幀　山田英春
印刷　新栄堂
製本　河上製本

Printed in Japan
ISBN4-7948-0513-6 C0036

■〈開発と文化〉を問うシリーズ

T．ヴェルヘルスト／片岡幸彦監訳 **文化・開発・NGO** ❶ ISBN4-7948-0202-1	A5 290頁 3300円 〔94〕	【ルーツなくしては人も花も生きられない】国際ＮＧＯの先進的経験の蓄積によって提起された問題点を通し、「援助大国」日本に最も欠けている情報・ノウハウ・理念を学ぶ。
J．フリードマン／斉藤千宏・雨森孝悦監訳 **市民・政府・NGO** ❷ ISBN4-7948-0247-1	A5 318頁 3400円 〔95〕	【「力の剥奪」からエンパワーメントへ】貧困、自立、性の平等、永続可能な開発等の概念を包括的に検証！　開発と文化のせめぎ合いの中でＮＧＯの社会・政治的役割を考える。
C．モーザ／久保田賢一・久保田真弓訳 **ジェンダー・開発・NGO** ❸ ISBN4-7948-0329-X	A5 374頁 3800円 〔96〕	【私たち自身のエンパワーメント】男女協働社会にふさわしい女の役割、男の役割、共同の役割を考えるために。巻末付録必見：行動実践のためのジェンダー・トレーニング法！
片岡幸彦編 **人類・開発・NGO** ❹ ISBN4-7948-0376-1	A5 280頁 3200円 〔97〕	【「脱開発」は私たちの未来を描けるか】開発と文化のあり方を巡り各識者が徹底討議！山折哲雄、T．ヴェルヘルスト、河村能夫、松本祥志、櫻井秀子、勝俣誠、小林誠、北島義信。
D.ワーナー＆ D.サンダース／池住義憲・若井晋監訳 **いのち・開発・NGO** ❺ ISBN4-7948-0422-9	A5 462頁 3800円 〔98〕	【子どもの健康が地球社会を変える】「地球規模で考え、地域で行動しよう」をスローガンに、先進的国際保健ＮＧＯが健康の社会的政治的決定要因を究明！ＮＧＯ学徒のバイブル！
若井晋・三好亜矢子・生江明・池住義憲編 **学び・未来・NGO** ❻ ISBN4-7948-0515-2	A5 336頁 予価3300円 〔01〕	【ＮＧＯに携わるとは何か】第一線のＮＧＯ関係者22名が自らの豊富な経験とＮＧＯ活動の歩みの成果を批判的に振返り、21世紀をはばたく若い世代に発信する熱きメッセージ！

表示価格は全て消費税抜きの価格です。

GN21 Global Network 21

グローバルネットワーク21

21世紀のオルタナティヴを世界に発信！

□世界は新たな千年紀へと足を踏み出しました。人類はこれまで目ざましい科学技術の発展を達成しましたが、地域紛争、資源食糧問題、環境破壊、文化的創造力の喪失などの深刻な問題群に対し、未だ有効な対処法を見い出していません。

□これらの問題解決は、これまでのように、国家再生、企業再建、あるいは新技術への期待という方法やビジョンだけに頼って実現できるものではありません。私たちが「地球村」や「地球市民」の視点に立って、「地球村の思想」をいう新しいコンセプトを追究するのも、新しい解決への道を探る試みです。

□私たちグローバルネットワーク21は、世界各地の問題意識を同じくする個人・組織と手を携え、日本から世界に向けて、21世紀の展望を切り開くオルタナティヴを発信していこうと考えています。

コーディネーター　片岡　幸彦

●海外ネットワーク拠点

パリ
ダカール
ロンドン
カイロ
ニューヨーク
ブリュッセル
ロサンゼルス
イスタンブール
メキシコシティ
バンコク
ウランバートル
ケープタウン
南京
他

●Global Network 21の事業

・研究会、セミナーの開催
・論文・資料・情報等の交換・収集
・雑誌、単行本の企画・編集

原稿募集

レポート、書評、エッセイなど形式は自由

事務局　556-0013 大阪市浪速区戎本町1-5-18 ヴィラなにわⅡ 801
TEL/FAX 06-6643-4550
東京事務所　169-0051 東京都新宿区西早稲田3-16-28 新評論編集部内
TEL 03-3202-7391 FAX 03-3202-5832
京都事務所　604-8851 京都市中京区壬生上大竹町27-19 セプテ
TEL 075-822-5812 FAX 075-822-5813
E-mail; GN21745@aol.com